会计学国家级教学团队系列教材
暨南大学成人教育会计本科系列教材

经济数学

王　林　主编

Mathematics for Economics

暨南大学出版社
JINAN UNIVERSITY PRESS
中国·广州

图书在版编目（CIP）数据

经济数学/王林主编．—广州：暨南大学出版社，2014.6（2020.3 重印）
（暨南大学成人教育会计本科系列教材）
ISBN 978－7－5668－0957－5

Ⅰ.①经…　Ⅱ.①王…　Ⅲ.①经济数学—成人高等教育—教材　Ⅳ.①F224.0

中国版本图书馆 CIP 数据核字（2014）第 054627 号

经济数学
JINGJI SHUXUE
主　编：王　林

出 版 人：徐义雄
责任编辑：潘雅琴　邓家昭
责任校对：黄　斯
责任印制：汤慧君　周一丹

出版发行：暨南大学出版社（510630）
电　　话：总编室（8620）85221601
营销部（8620）85225284　85228291　85228292（邮购）
传　　真：（8620）85221583（办公室）　85223774（营销部）
网　　址：http：//www.jnupress.com　http：//press.jnu.edu.cn
排　　版：广州市天河星辰文化发展部照排中心
印　　刷：佛山市浩文彩色印刷有限公司
开　　本：787mm×960mm　1/16
印　　张：15.125
字　　数：300 千
版　　次：2014 年 6 月第 1 版
印　　次：2020 年 3 月第 3 次
印　　数：5001—7000 册
定　　价：38.00 元

总　序

会计是经济信息系统的重要组成部分和一种国际商业语言。将会计主体的财务信息真实、完整、及时地传递给内外部财务信息使用者，并满足这些财务信息使用者决策时的需要，这些对政府、投资者、债权人和管理者都是非常重要的。近年来，我国资本市场的诞生、规范和发展，彻底改变了我国企业传统的财务管理理念与方法，企业的投融资管理面临新的环境、方式和方法。财务与会计执业者所面临的各种外部环境（包括经济、政治、法律、文化环境等）发生了深刻变化，在经济全球化和管理信息复杂化的时代，会计人才不仅应具有系统、完备的会计与公司理财等方面的知识和技能，而且还必须具备国际视野，全面掌握国际会计准则，懂得国外主要经济体的相关会计法规、国际资本市场运行规律和其他相关的知识与技能。在这种背景下，为了满足会计人员学习、更新知识的需要，暨南大学会计学系、暨南大学教育学院、暨南大学出版社共同筹划了“暨南大学成人教育会计本科系列教材”，邀请暨南大学会计学系在各个学科具有丰富教学经验、有影响力的专家组成教材编写委员会，组织编写该系列教材，力求推出一套“理论与实务并重，本土化与国际化相融合，能够反映当前学科发展前沿水平，符合成人教育会计学本科特点的精品系列教材”。

“理论与实务并重”就是要针对会计学是实务性很强的经济管理科学这一特点，研究各成教会计教材所涉及的相关理论、方法及其应用，分析每一本教材的特点、难易程度和导读规律。既要讲清楚理论概念，又要设计必要的实例，通过案例教学，培养学生的实操能力。

“本土化与国际化相融合”就是要针对会计准则的国际趋同化与财务管理的国际市场化等趋势，在教材中充分借鉴国际标准和国外知名企业的先进管理理念和方法，并充分体现中国会计的特色和经验，力争做到本土化与国际化的有机结合。

“能够反映当前学科发展前沿水平”是指本系列教材应该在继承现有教材的优点和特色的基础上，吸收当前相关理论和实务操作的最新研究成果和发展动态，补充和修改相关教材体系与内容。其目的是使教材能够更好地适应新的环境变化，满足学生获取更多知识、增强专业技能的要求。

成人教育会计本科系列教材建设是一项长期而艰巨的任务，多年来，我们为此作出了不懈努力。我国的经济发展与改革日新月异，环境变化多样且复杂，相关理论和实务操作的研究成果不断涌现，由于我们的水平有限，本系列教材中存在的不周之处，恳请读者批评指正。

暨南大学成人教育会计本科系列教材编审委员会

2011 年 3 月

前　言

成人教育是国民教育的一个重要组成部分，随着我国高等教育事业的迅速发展，成人高等教育也有了很大发展，伴随而来，也存在一些需要不断完善的问题，如教材内容的深度和广度如何适合成教对象的特点，如何适应相应专业学科的需要。多年来，广大教师在工作实践中作了大量的尝试和探讨，积累了许多宝贵的经验，一致认为，成人教育使用的教材应与普通高等教育使用的教材有所区别，突出成人教育的特点。由于成教学员一边工作，一边学习，所以无足够时间进行预习、练习和复习，且他们基础薄弱，所以给成教对象使用的教材要有针对性。长期以来，我们一直在考虑如何减轻广大学员在学习过程中遇到的困难所造成的压力，减少初学者对高等数学的畏难情绪。因此，秉承简单、实用、通俗、易懂的宗旨，我们编写这本教材，力求做到既保持数学学科的系统性、科学性，又突出重点。习题选编尽量贴近学生的实际水平，做好教学难度的把握，立足于把数学作为一门工具课的基本要求，体现基础课为专业课服务的思想，使学生能够学以致用，同时兼顾教学大纲的要求，为将来进一步的学习打好基础。

具体来讲，我们是在认真总结，分析，吸收普高、大学预科、大专及成人教育的高等数学课程的教学改革经验的基础上，根据广东省成人高校“经济数学”课程教学大纲，遵循“以应用为目的，以必须、够用为度”的原则，结合我们多年从事经济数学方面的教学经验及同类教材发展趋势，针对大专层次的经济类专业的成教学生来编写这本教材的。它是一本适合经济、管理、社科及文史类专业学生学习成人高等数学课程的教材。

本书涵盖了被教学大纲列为基本要求的全部内容，以高等数学的基本知识、基本原理和基本技能为主要内容，对相关内容避开复杂的运算与特殊的技巧性运算，注重基本原理的理解和基本技能的掌握，在保证学科的科学性和系统性的前提下，兼顾教学和应用上必要的灵活性和适用性，在概念和定理的描述过程中，努力做到深入浅出，注重初等数学与高等数学的接轨，尽可能把实际背景和思想路线阐述清楚，但不追求复杂的逻辑论证，而侧重原理、公式的应用。针对成教对象的特点和相关专业学科的需要，本书把一些内容安排为选学，使学生能够正确理解所学基本概念和原理的实质，又不致陷入烦琐的讨论。重点体现在：突出基本概念的要素、基本性质的特点及基本计算方法的条理化，强调概念或公式的结构形式。书中选配大量的例题，有助于读者理解掌握。每道例题侧重于问题的形式特点及解决问题的思想方法。在很多概念、定理、性质和例题的后面给出一些说明，在说明中指出应该引起读者注意的问题或一些带有共性的问题特点，意在引导读者自学并提高效率。本书在内容的编排、知识点的衔接及习题的选编上，都充分考虑到成教对象的实际水平，由浅入深，循序渐进，章节之间衔接紧凑。

本书第一、第五、第六、第七、第八、第九章由王林老师编写，第二、第三、第四章由张卓老师编写，王林老师担任主编。本书在编写过程中得到了暨南大学成人教育会计本科系列教材编审委员会的大力支持，也得到了同专业老师的协助，在此表示衷心感谢！

限于水平，书中难免存在不足甚至错误，敬请专家、读者批评指正。

编　者

2013 年 8 月 23 日

目　录

注:带“ * ”号的内容对学生不作要求。

第一章　函　数

数学产生于生产实践和科学实验，并不断地发展，虽然我们以前学过数学，但这远远不能满足需要．为此，我们需要开阔视野，学习新的知识．本章就过去已学过的知识进行简单整理和复习，为下一步的学习打好基础．

第一节　基本概念

一、实数

定义 1.1.1　有理数和无理数统称为**实数**．

1. 实数系统表

- 实数
  - 有理数（有限小数或循环小数）
    - 整数
      - 正整数
      - 零
      - 负整数
    - 分数
      - 正分数
      - 负分数
  - 无理数（无限不循环小数）
    - 正无理数
    - 负无理数

2. 数轴

规定了原点、正方向和单位长度的直线叫作**数轴**．如图 1－1 所示．

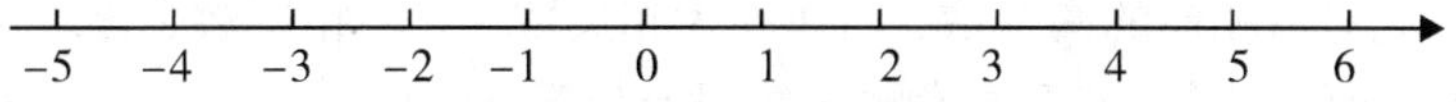

图 1－1

实数与数轴上的点是一一对应的，即数轴上的每一个点都表示唯一的实数；反之，每一个实数都可以用数轴上的一个点表示．数轴把数与形结合起来，是研究问题的有效工具．

3. **绝对值**

实数 a 的绝对值用 $|a|$ 表示，一个正数的绝对值是它本身；一个负数的绝对值是它的相反数；零的绝对值是零. 可表示为：

$$|a|=\begin{cases}a & (a>0)\\ 0 & (a=0).\\ -a & (a<0)\end{cases}$$

绝对值的几何意义：$|x|$ 表示数轴上坐标为 x 的点与原点之间的距离. 如图 1 - 2 所示.

如：$|2.5|=2.5$ 表示数轴上坐标为 2.5 的点与原点之间的距离. 如图 1 - 3 所示.

$\left|-\frac{2}{3}\right|=-\left(-\frac{2}{3}\right)=\frac{2}{3}$ 表示数轴上坐标为 $-\frac{2}{3}$ 的点与原点的距离为 $\frac{2}{3}$. 如图 1 - 3 所示.

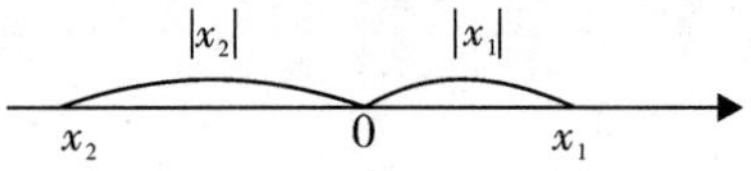

图 1 - 2

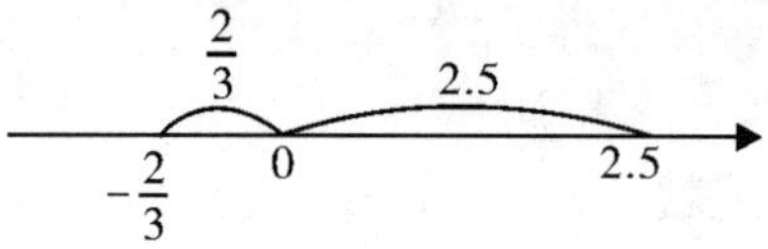

图 1 - 3

根据绝对值的定义，有如下性质：

(1) $|x|=\sqrt{x^2}$.

(2) $|-x|=|x|$.

(3) $-|x|\leqslant x\leqslant|x|$.

(4) $|x|<a\Leftrightarrow -a<x<a(a>0)$.

$|x|>a\Leftrightarrow x<-a$ 或 $x>a(a>0)$.

(5) $|x+y|\leqslant|x|+|y|$.

(6) $|x-y|\geqslant|x|-|y|$.

(7) $|xy|=|x|\cdot|y|$.

(8) $\left|\frac{x}{y}\right|=\frac{|x|}{|y|}\quad(y\neq 0)$.

4. **相反数和倒数**

符号相反，绝对值相同的两个数，叫作互为相反数. 零的相反数是零.

1 除以某数的商，叫作这个数的倒数，零没有倒数.

如:2 与 -2 互为相反数, 2 与 $\frac{1}{2}$ 互为倒数.

二、集合

1. **集合的定义**

把一组确定的对象看成一个整体就形成了一个**集合**. 集合通常用大写字母 A、B、C…

表示.

如：$A=\{$全体中国人$\}$，$B=\{$中国所有城市$\}$，$C=\{$所有偶数$\}$等.

2. 元素

集合里的每个对象都叫作这个集合的**元素**，一般用小写字母 a、b、c…表示.

注意：集合里的元素可以是物、人、数等.

3. 元素与集合的关系

如果 a 是集合 A 的元素，就说 a 属于 A，记作 $a\in A$；如果 a 不是集合 A 的元素，就说 a 不属于 A，记作 $a\notin A$.

4. 常见的几种数集

若集合里的元素是数，简称**数集**.

自然数组成的集合简称**自然数集**，记作 N；

正整数组成的集合简称**正整数集**，记作 N^* 或 N_+；

整数组成的集合简称**整数集**，记作 Z；

有理数组成的集合简称**有理数集**，记作 Q；

全体实数组成的集合简称**实数集**，记作 R.

例如，$1\in N$，$0.617\in Q$，$\sqrt{2}\in R$，$\pi\in R$.

注意：集合里如果不含任何元素，叫作**空集**，记作 $\varnothing$.

5. 集合的表示法

（1）列举法：把集合里的元素一一列举出来的方法叫作**列举法**，如$\{1, 2, 3\}$.

（2）描述法：用确定的条件表示某些对象是否属于这个集合的方法叫作**描述法**. 如：$\{$三角形$\}$，$\{x \mid x<5\}$，$\{x \mid x^2-3x-2=0\}$.

6. 集合与集合的关系

（1）子集：对于两个集合 A 与 B，如果集合 A 的任何一个元素都是集合 B 的元素，那么集合 A 叫作集合 B 的**子集**，记作 $A\subseteq B$ 或 $B\supseteq A$.

由子集的定义知道：$A\subseteq A$，$\varnothing\subseteq A$；如果 $A\subseteq B$，$B\subseteq C$，那么 $A\subseteq C$.

（2）真子集：对于两个集合 A 与 B，如果 $A\subseteq B$，且 $A\neq B$，那么集合 A 叫作集合 B 的**真子集**，记作 $A\subsetneqq B$ 或 $B\supsetneqq A$，如图 1－4 所示.

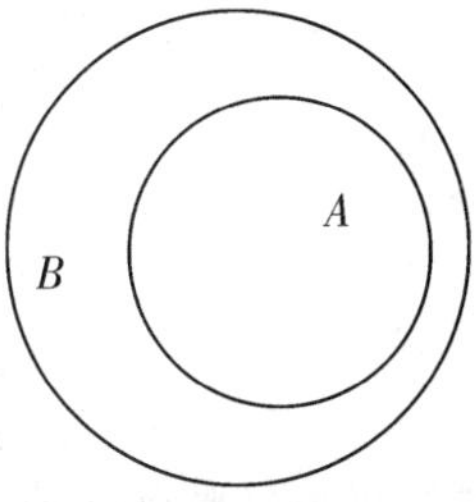

图 1－4

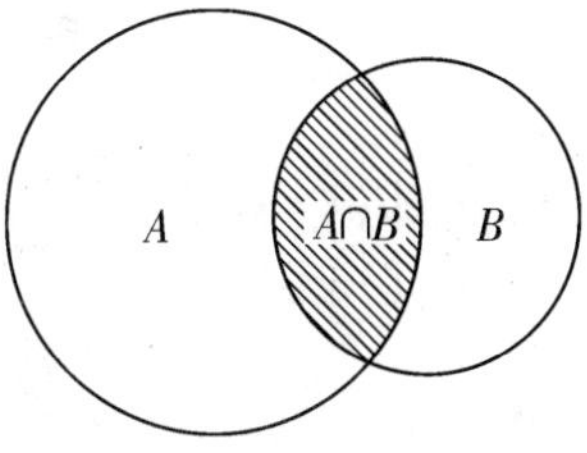

图 1－5

（3）交集：由所有属于集合 A 且属于集合 B 的元素所组成的集合，叫作集合 A 与集合 B 的**交集**，记作 $A\cap B$，如图 1－5 所示.

由交集的定义知道：$A \cap A = A$，$\varnothing \cap A = \varnothing$，$A \cap B = B \cap A$.

(4) 集合相等：对于两个集合 A 与 B，如果 $A \subseteq B$，且 $B \subseteq A$，那么就说集合 A 与集合 B 相等，记作：$A = B$.

(5) 并集：由所有属于集合 A 或属于集合 B 的元素所组成的集合，叫作集合 A 与集合 B 的**并集**，记作 $A \cup B$，如图 1－6 和图 1－7 所示.

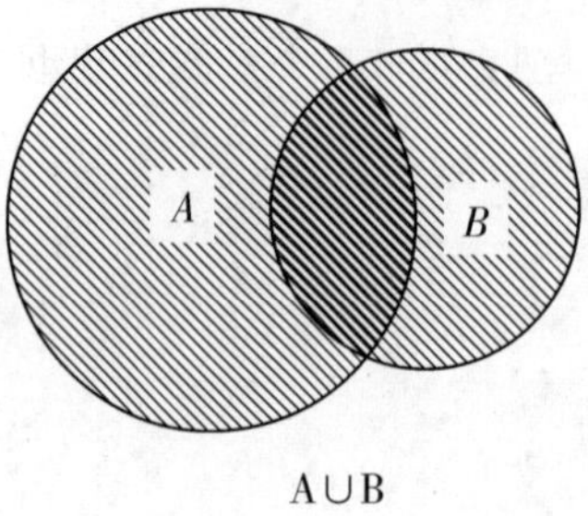

图 1－6

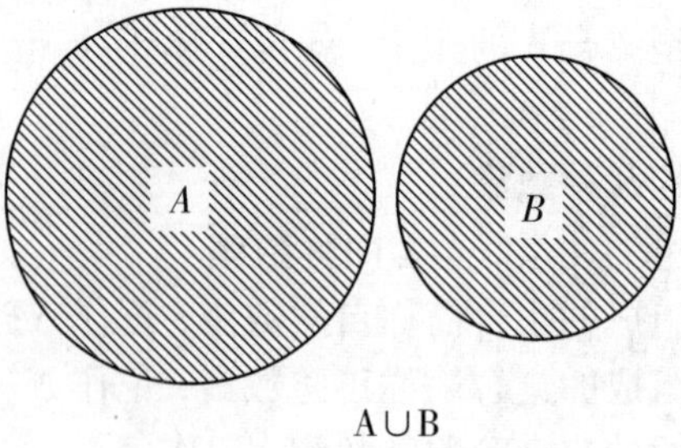

图 1－7

(6) 全集与补集：

全集：在研究集合与集合之间的关系时，这些集合常常都是一个给定的集合的子集，这个给定的集合叫作**全集**，用 U 表示.

补集：S 是一个集合，A 是 S 的一个子集（即 $A \subseteq S$），由 S 中所有不属于 A 的元素组成的集合，叫作 S 中的子集 A 的**补集**（或余集），记作 $\complement_S A$，即

$$\complement_S A = \{x \mid x \in S, \text{且} x \notin A\}.$$

如图 1－8 所示.

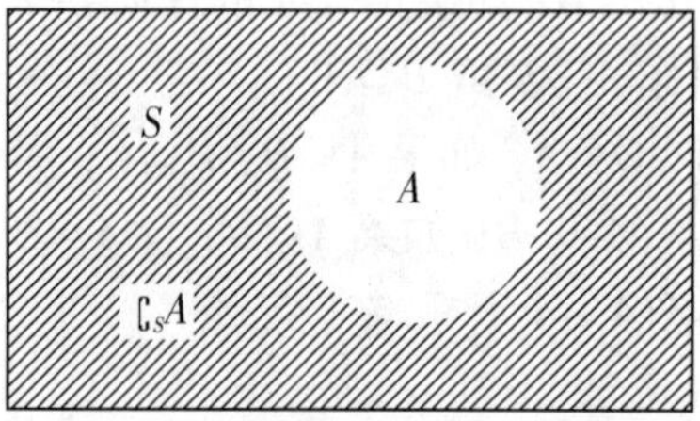

图 1－8

由补集的定义知道：$A \cap \complement_S A = \varnothing$；

$$A \cup \complement_S A = S.$$

7. 区间

由于今后研究的集合大多数是数的集合，为了方便表示数的集合，我们引入了区间的概念.

设 a、b 是两个实数，并且 $a < b$，那么：

(1) 数集 $\{x \mid a < x < b\}$ 称为以 a，b 为端点的开区间，记作 (a, b);.

(2) 数集$\{x \mid a \leqslant x \leqslant b\}$称为以 a，b 为端点的闭区间，记作$[a, b]$；

(3) 数集$\{x \mid a < x \leqslant b\}$(或$\{x \mid a \leqslant x < b\}$)称为以 a，b 为端点的半开半闭区间，记作$(a, b]$(或$[a, b)$).

还有几种无限区间：

(1) $\{x \mid x > a\} = (a, +\infty)$；

$\{x \mid x \geqslant a\} = [a, +\infty)$.

(2) $\{x \mid x < a\} = (-\infty, a)$；

$\{x \mid x \leqslant a\} = (-\infty, a]$.

(3) 全体实数集 $R = (-\infty, +\infty)$.

习题 1.1

1. 选择题.

(1)和数轴上的点一一对应的是(　　).

A. 整数　　B. 有理数　　C. 无理数　　D. 实数

(2) $|a| = 2$，$|b| = 1$，则 $a + b$ 的值一定是(　　).

A. 3　　B. 1　　C. -3　　D. 以上答案都不对

(3)9 的平方根与$\sqrt{4}$的积是(　　).

A. 6　　B. ± 6　　C. 18　　D. ± 18

2. 用区间表示满足下列不等式的所有 x 的集合.

(1) $|x| < 2$；　　(2) $|x| \geqslant 3$；　　(3) $0 < |x - 1| \leqslant 3$.

第二节　函数的概念

一、常量与变量

在观察和研究某一现象的过程中，我们常常会遇到各种不同的量，其中有的量在过程中不发生变化，我们称其为**常量**；有的量在过程中是变化的，也就是可以取不同的数值，我们称其为**变量**. 例如，一种产品的单价为一定值时，销售数量越多，销售收入就越多，在这里单价为一常量，销售数量和销售收入为变量. 通常，用字母 a，b，c 等表示常量，用字母 x，y，z 等表示变量.

在同一个自然现象、社会现象或技术活动过程中，往往同时有几个变量，这几个变量互相联系并遵循一定的变化规律. 为了研究变量与变量之间的关系及变化规律，我们引入函数的定义.

二、函数的定义

定义 1.2.1 设 D 是一个非空实数集合，如果有一个对应规则，使每一个 $x\in D$，都有唯一确定的实数 y 与之对应，则称这个对应规则是定义在 D 上的一个函数关系，或称变量 y 是变量 x 的函数，记为

$$y=f(x).$$

其中 x 称为**自变量**,y 称为**因变量**. 集合 D 称为函数的**定义域**，函数值的集合称为函数的**值域**，记为 $f(D)$. 即

$$f(D)=\{y\mid y=f(x),\ x\in D\}\subseteq R.$$

例如：圆的面积 S 和半径 r 之间的关系可表示为 $S=\pi r^2$；在路程问题中，当速度 v 为常量时，路程 s 和时间 t 的关系可表示为 $s=v\cdot t$.

对于函数的概念，我们应注意以下几点.

(1) 符号 $y=f(x)$ 只表示 y 是 x 的函数，并不是 y 等于 f 和 x 的乘积，如果同时考察几个函数，为区别起见，可以分别表示为 $f(x)$，$g(x)$，$\varphi(x)$，….

(2) 函数有两个要素：函数的对应关系和定义域. 给出一个函数，就是同时给出了对应关系和定义域. 如果说两个函数相等，就是指两个函数的定义域和对应关系完全相同，另外，表示变量的字母不是固定的，可以用不同的字母表示变量. 如 $y=2x+3$ 和 $S=2t+3$ 都表示同一函数.

(3) 有时，函数的定义域应根据其实际意义，如前面提到的圆的面积公式 $S=\pi r^2$ 所表示的函数，自变量圆半径 r 只能是正数. 一般情况下，如果不考虑函数的具体意义，它的定义域可以由对应关系本身来决定，如函数 $y=\sqrt{1-x^2}$，其定义域是能计算 $\sqrt{1-x^2}$ 的一切 x 值，即闭区间 $[-1,1]$.

(4) $f(x_0)$ 或 $y|_{x=x_0}$ 表示函数 $y=f(x)$ 在点 $x=x_0$ 处的对应值.

三、函数的表示法

为了把函数关系表示出来，我们通常采用分析法（或称公式法）、图示法及表格法三种方法表示函数.

(1)分析法：两个变量之间的函数关系通过公式或分析式给出.

如：$y=2x^2+3x+1$，　$y=\dfrac{1}{1+x}$，　$y=\sin x$.

由于用分析法表示的函数形式比较简单、完整，便于从数学上对函数作定量的分析和计算，所以是我们今后主要采用的方法. 但在实际问题中，有些函数很难，甚至不可能用公式表示,因此我们也要掌握其他方法.

(2)图示法：如果把自变量 x 和因变量 y 分别看成平面直角坐标系上点的横坐标和纵坐标，则函数的图像一般是坐标平面上的一条曲线.

(3)列表法：如常见的对数表、三角函数表等都是把自变量中的一系列值与其对应的

函数值列成表.

在实际问题中，我们主要根据不同的情况和需要，采用不同的方法.

四、分段函数

在用公式法表达函数关系时，有些函数在其定义域内因变量与自变量的对应关系不能用同一数学公式表达出来，而需要用若干个不同的公式分段表达，用这种方式表达的函数，称为**分段函数**.

下列为几个分段函数及其示意图.

例 1.2.1　$y=\begin{cases}1, & x>0\\ 0, & x=0.\\ -1, & x<0\end{cases}$

如图 1-9 所示.

例 1.2.2　$y=|x|=\begin{cases}x, & x\geqslant 0\\ -x, & x<0\end{cases}.$

如图 1-10 所示.

例 1.2.3　$y=\begin{cases}x^2, & x<0\\ 2x, & 0\leqslant x<1.\\ 3, & x\geqslant 1\end{cases}$

如图 1-11 所示.

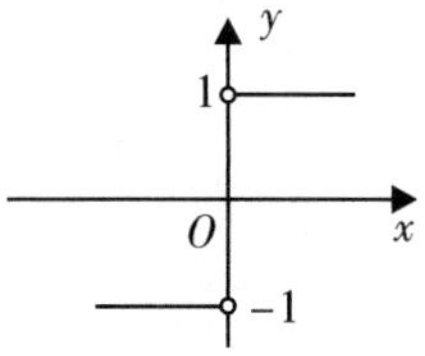

图 1-9

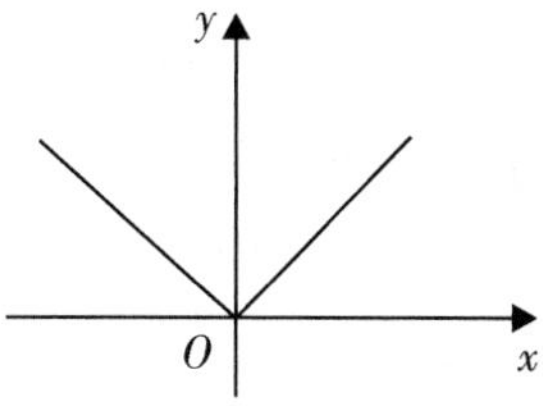

图 1-10

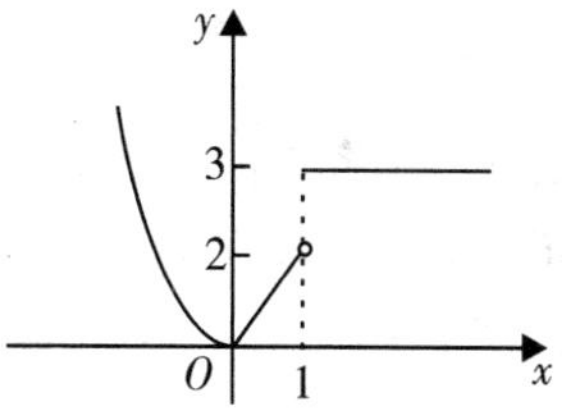

图 1-11

五、函数的定义域

对于实际问题中的函数，其定义域由该问题的实际情况来确定.

一般对于未指明实际意义的函数 $y=f(x)$，规定使 $f(x)$ 有意义的全部实数 x 的集合，就是函数的定义域.

例 1.2.4　圆的面积 S 是半径 r 的函数：$S=\pi r^2$.

解：如果考虑实际意义，由于半径 $r>0$，所以此函数的定义域 $D=(0, +\infty)$.

如果不考虑实际意义，对这样一个函数 $S=\pi r^2$，其定义域为 $D=(-\infty, +\infty)$.

例 1.2.5　求函数 $y=\dfrac{1}{x^2-3x+2}$ 的定义域.

解：　因为分式的分母不能为零，所以要求

$x^2-3x+2\neq 0$，即 $(x-2)(x-1)\neq 0$，

即 $x \neq 2$ 且 $x \neq 1$，于是可得函数的定义域 $D = (-\infty, 1) \cup (1, 2) \cup (2, +\infty)$.

例 1.2.6 求函数 $y = \sqrt{9 - x^2}$ 的定义域.

解： 因为二次根式下被开方数必须非负，所以，

$9 - x^2 \geqslant 0$，

即 $x^2 \leqslant 9$，所以 $|x| \leqslant 3$，

原函数的定义域为 $[-3, 3]$.

例 1.2.7 求函数 $y = \dfrac{1}{\sqrt{5 - x}} + \ln(x - 2)$ 的定义域.

解： 要使函数有意义，必须 $\begin{cases} 5 - x > 0 \\ x - 2 > 0 \end{cases}$，

解得 $\begin{cases} x < 5 \\ x > 2 \end{cases}$，

所以，原函数的定义域为 $(2, 5)$.

六、函数值

$y = f(x)$ 表示 y 是 x 的函数，$f(x_0)$ 表示当 $x = x_0$ 时，所对应的 y 值.

例 1.2.8 已知 $f(x) = 1 + \dfrac{3}{x}$，求 $f(3)$，$f(-1)$.

解： $f(3) = 1 + \dfrac{3}{3} = 1 + 1 = 2$，

$f(-1) = 1 + \dfrac{3}{-1} = -2$.

例 1.2.9 已知 $f(x) = x^2 - 4x$，求 $f(x+1)$，$f(x^2)$.

解： $f(x+1) = (x+1)^2 - 4(x+1) = x^2 + 2x + 1 - 4x - 4 = x^2 - 2x - 3$；

$f(x^2) = (x^2)^2 - 4x^2 = x^4 - 4x^2$.

例 1.2.10 已知 $y = \begin{cases} 1 + x^2, & x < 0 \\ 3x, & 0 \leqslant x < 1 \\ 4, & x \geqslant 1 \end{cases}$，求 $f(-1)$，$f(0)$，$f(\dfrac{1}{2})$，$f(1)$，$f(2)$.

解： $f(-1) = 1 + (-1)^2 = 2$，$f(0) = 3 \times 0 = 0$，$f(\dfrac{1}{2}) = 3 \times \dfrac{1}{2} = \dfrac{3}{2}$，

$f(1) = 4$，$f(2) = 4$.

例 1.2.11 已知 $f(x) = \begin{cases} 2x - 1, & x < 0 \\ (x-1)^2, & x \geqslant 0 \end{cases}$，求 $f(x+1)$.

解： $f(x+1) = \begin{cases} 2(x+1) - 1, & x + 1 < 0 \\ (x + 1 - 1)^2, & x + 1 \geqslant 0 \end{cases}$

即 $f(x+1) = \begin{cases} 2x + 1, & x < -1 \\ x^2, & x \geqslant -1 \end{cases}$.

习题 1.2

1. 下列函数中，两个函数相同的是(　　).

A. $f(x)=\lg x^2$, $g(x)=2\lg x$　　B. $f(x)=\lg\frac{x+1}{x-1}$, $g(x)=\lg(x+1)-\lg(x-1)$

C. $f(u)=\sqrt{\frac{1+u}{1-u}}$, $g(v)=\sqrt{\frac{1+v}{1-v}}$　　D. $f(x)=x$, $f(x)=\sqrt{x^2}$

2. 已知$f(x)=\frac{x-1}{x+1}$，求$f(0)$，$f(1)$，$f(-\frac{1}{2})$，$f(a)(a\neq -1)$，$f(-x)$，$f(\frac{1}{x})$，$f(x+1)$.

3. 已知$f(x)=\frac{2x}{1+x^2}$，求$f(x^2+1)$.

4. 已知$f(x)=\begin{cases}x+2, & x>0\\ 0, & x=0\\ x-2, & x<0\end{cases}$，作出函数$f(x)$的图像，并求$f(-1)$，$f(0)$，$f(-x)$.

5. 求函数的定义域.

(1) $f(x)=\frac{2x}{x-1}$；　　(2) $f(x)=\lg(2x-1)$；

(3) $f(x)=\sqrt{2x-1}+\frac{1}{\sqrt{4-x}}$；　　(4) $f(x)=\frac{3}{x-5}+\lg(10-x)-\sqrt{x-3}$.

第三节　函数的基本性质

一、函数的奇偶性

定义 1.3.1　设函数 $y=f(x)$ 的定义域为 D，如果对于任一 $x\in D$，都有 $-x\in D$ 且使 $f(-x)=f(x)$ 恒成立，则称 $y=f(x)$ 为**偶函数**；若对于任一 $x\in D$，都有 $-x\in D$ 且使 $f(-x)=-f(x)$ 恒成立，则称 $y=f(x)$ 为**奇函数**.

偶函数的图像关于 y 轴对称，如图 1－12 所示；奇函数的图像关于原点对称，如图 1－13 所示.

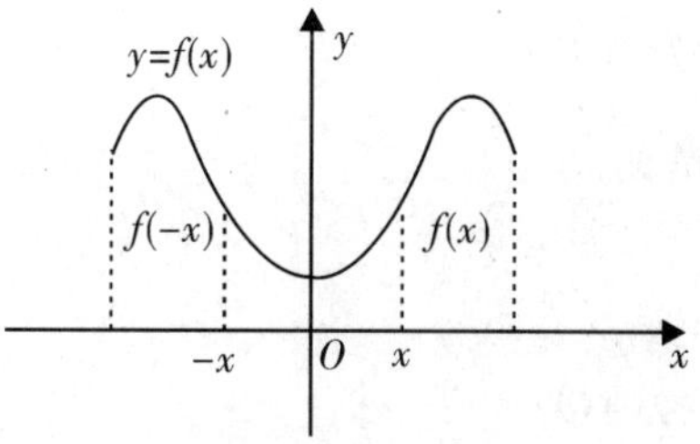

图 1－12

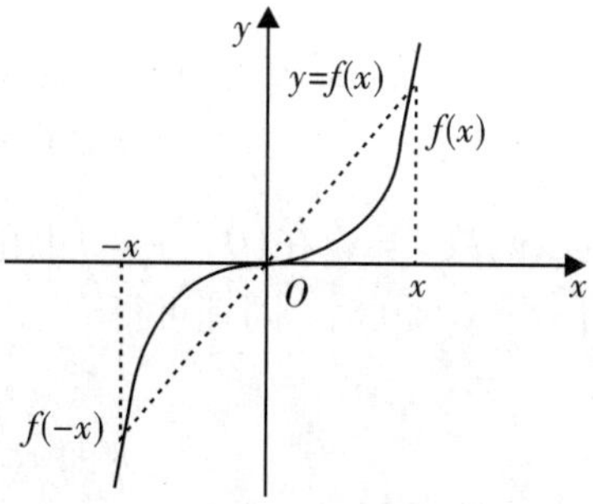

图 1－13

例 1.3.1 判断下列函数的奇偶性.

(1) $y=x^4+1$;(2) $y=\frac{a^x-a^{-x}}{2}$; (3) $y=2x^4-3x^2$; (4) $y=x+6$.

解: (1) $f(-x)=(-x)^4+1=x^4+1=f(x)$, 故函数 $y=x^4+1$ 是偶函数.

(2) $f(-x)=\frac{a^{-x}-a^{-(-x)}}{2}=\frac{-a^x+a^{-x}}{2}=-\frac{a^x-a^{-x}}{2}=-f(x)$, 故函数 $y=\frac{a^x-a^{-x}}{2}$ 是奇函数.

(3) $f(-x)=2(-x)^4-3(-x)^2=2x^4-3x^2=f(x)$, 故函数 $y=2x^4-3x^2$ 是偶函数.

(4) $f(-x)=-x+6$, 可见 $f(-x)\neq -f(x)$, 且 $f(-x)\neq f(x)$,故函数 $y=x+6$ 既不是偶函数, 也不是奇函数.

二、函数的单调性

定义 1.3.2 如果函数 $f(x)$ 在区间 (a, b) 内随着 x 增大而增大, 即对于 (a, b) 内任意两点 x_1 和 x_2, 当 $x_1<x_2$ 时, 有 $f(x_1)<f(x_2)$, 则称函数 $f(x)$ 在区间 (a, b) 内是严格**单调增**, 其函数图像如图 1-14 所示.

如果函数 $f(x)$ 在区间 (a, b) 内随着 x 增大而减少, 即对于 (a, b) 内任意两点 x_1 和 x_2, 当 $x_1<x_2$ 时, 有 $f(x_1)>f(x_2)$,则称函数 $f(x)$ 在区间 (a, b) 内是严格**单调减**, 其函数图像如图 1-15 所示.

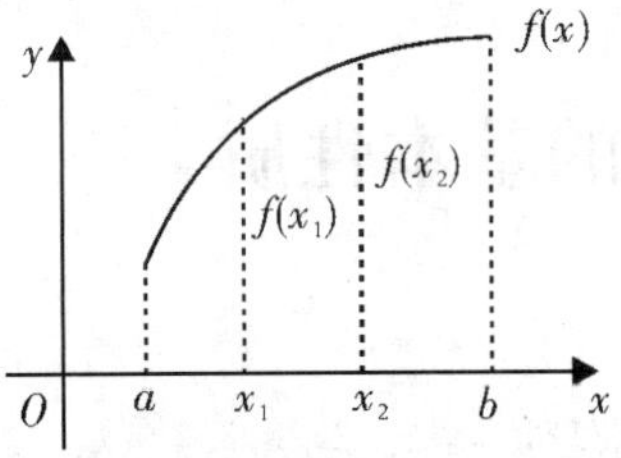

图 1-14

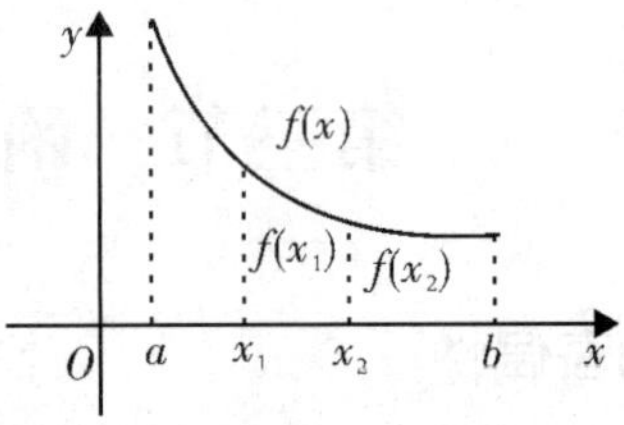

图 1-15

例 1.3.2 讨论函数 $y=x^2$ 的单调性.

解: 函数 $y=x^2$ 的定义域为 $D=(-\infty, +\infty)$,

当 $x_1<x_2$, 且都为正数时, 由不等式的性质得

$$x_1^2<x_2^2,$$

$$\text{即} f(x_1)<f(x_2).$$

所以函数 $y=x^2$ 在 $(0, +\infty)$ 上单调增加.

当 $x_1<x_2\leqslant 0$ 时, 同理可得

$$x_1^2>x_2^2,$$

$$\text{即} f(x_1)>f(x_2)$$

所以函数 $y=x^2$ 在 $(-\infty, 0]$ 上单调减少.

三、函数的有界性

定义 1.3.3　设函数 $f(x)$ 的定义域为 D，如果存在正数 M，使任意 $x\in D$，有 $|f(x)|\leqslant M$,则称函数 $f(x)$ 是**有界**的.

有界函数的图像夹在两条平行于 x 轴的直线 $y=M$ 和 $y=-M$ 所确定的带形区域内，如图 1－16 所示.

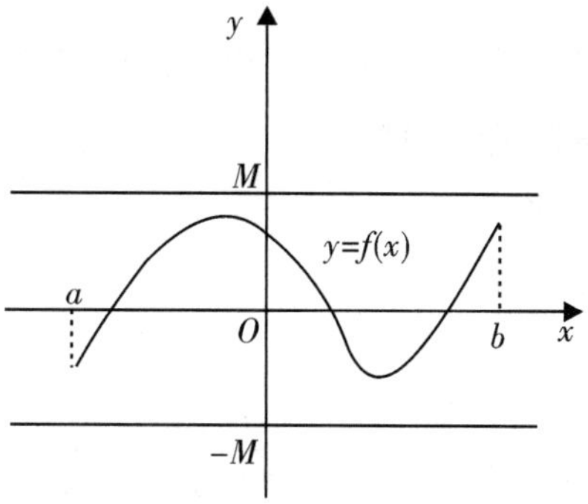

图 1－16

例如，三角函数 $y=\sin x$，$y=\cos x$ 在 $(-\infty, +\infty)$ 内有界，这是因为 $|\sin x|\leqslant 1$，$|\cos x|\leqslant 1$.

四、函数的周期性

定义 1.3.4　对函数 $f(x)$，若存在非零常数 T，使得 $f(x+T)=f(x)$ 恒成立，则称此函数为**周期函数**，满足这个等式的最小正数 T，称为函数的**最小正周期**.

如果周期函数的定义域是 $(-\infty, +\infty)$，那么这种函数的几何特征是，当以周期 T 为长度作任何相连的区间段时，函数图像在这区间段上的形状都是相同的，如图1－17所示.

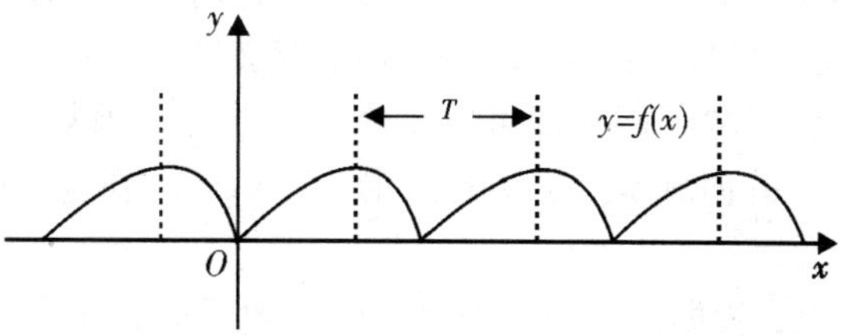

图 1－17

常见的周期函数有：

$y=C$，T 为任何数.

$y=\sin x$，T 为 2π.

$y=\cos x$，T 为 2π.

$y=\tan x$，T 为 π.

习题 1.3

1. 函数 $y=x^3$ 在区间$[-1, 1]$上不是(　　).

A. 奇函数　　B. 单调函数　　C. 有界函数　　D. 周期函数

2. 判断下列函数的奇偶性.

(1) $y=\frac{1}{2x}$；　(2) $y=x^5+3x^3-2x$；　(3) $y=x\sin x$；　(4) $y=\frac{e^x+e^{-x}}{2}$.

3. 判断下列函数在指定区间的单调性.

(1) $y=3x+2$　$(-\infty, +\infty)$；

(2) $y=\frac{1}{1+x^2}$　$[0, +\infty)$.

第四节　复合函数与反函数

一、复合函数

定义 1.4.1　设 y 是 u 的函数，$y=f(u)$，而 u 又是 x 的函数，$u=\varphi(x)$，如果 $\varphi(x)$ 的值域全部包含于 $f(u)$ 的定义域内，那么通过 u 可使 $y=f[\varphi(x)]$ 成为 x 的函数，这个函数就称为由函数 $y=f(u)$ 和 $u=\varphi(x)$ 复合而成的**复合函数**，u 称为**中间变量**. 复合函数表示为

$$y=f[\varphi(x)].$$

例 1.4.1　设 $y=\sqrt{1+u^2}$，$u=\sin x$，求它们构成的复合函数.

解：　复合函数为 $y=\sqrt{1+(\sin x)^2}$，定义域为$(-\infty, +\infty)$.

注意：复合函数的中间变量可以不止一个.

例 1.4.2　设 $y=f(u)=u^3$，$u=\lg v$，$v=x^2+1$，求它们构成的复合函数.

解：　它们构成的复合函数为：$y=\lg^3(x^2+1)$，定义域为$(-\infty, +\infty)$.

还必须注意，不是任何两个函数都可以复合成一个复合函数的. 例如，$y=\arcsin u$ 和 $u=5+x^2$，由于 $u=5+x^2$ 的值域是$[5, +\infty)$，而 $y=\arcsin u$ 在这个区间内没有意义，所以它们不能复合成复合函数.

根据复合函数的概念，我们可以把一个复杂的函数看成若干个简单函数的复合，这个过程称为**复合函数的分解**，因此，将一个复合函数进行分解，就是引进适当的中间变量，把该复合函数看成几个简单函数的复合.

例 1.4.3　引进中间变量，将 $y=\ln(x^2+1)$ 分解成简单函数.

解：　令 $u=x^2+1$，则 $y=\ln(x^2+1)$ 可由 $y=\ln u$ 和 $u=x^2+1$ 复合而成.

例 1.4.4　函数 $y=2^{\cos^2(2x+1)}$ 是由哪些简单函数复合而成的？

解： 令 $y=2^u$，$u=v^2$，$v=\cos w$，$w=2x+1$，

则函数 $y=2^{\cos^2(2x+1)}$ 是由以上几个简单函数复合而成的.

二、反函数

定义 1.4.2 已知函数 $y=f(x)$，定义域为 D，值域为 $f(D)$，由函数定义可知，对于任意一个 $x\in D$，按照对应关系 f，存在唯一 $y\in f(D)$ 与 x 对应. 反之，若对于任一 $y\in f(D)$，存在唯一的且满足关系 $y=f(x)$ 的 $x\in D$ 与之对应，其对应规则记为 f^{-1}，那么这个以 $f(D)$ 为定义域的函数 $x=f^{-1}(y)$ 称为 $y=f(x)$ 的**反函数**，或称它们互为反函数.

对于函数 $y=f(x)$，x 为自变量，y 为因变量，定义域为 D，值域为 $f(D)$.

对于函数 $x=f^{-1}(y)$，y 为自变量，x 为因变量，定义域为 $f(D)$，值域为 D.

在实际处理中，习惯上以 x 为自变量，y 为因变量，因此，将 $x=f^{-1}(y)$ 中的 x 改为 y，y 改为 x，成为 $y=f^{-1}(x)$，我们说 $y=f^{-1}(x)$ 是 $y=f(x)$ 的反函数，或者说两者互为反函数，此时两个函数的图像在同一个坐标平面 xOy 内关于直线 $y=x$ 对称.

例 1.4.5 求函数 $y=x^3+1$ 的反函数.

解： 由 $y=x^3+1$ 可得 $x^3=y-1$，即 $x=\sqrt[3]{y-1}$，

将 x 换成 y，y 换成 x，于是得 $y=x^3+1$ 的反函数为 $y=\sqrt[3]{x-1}$.

它们的图像如图 1－18 所示.

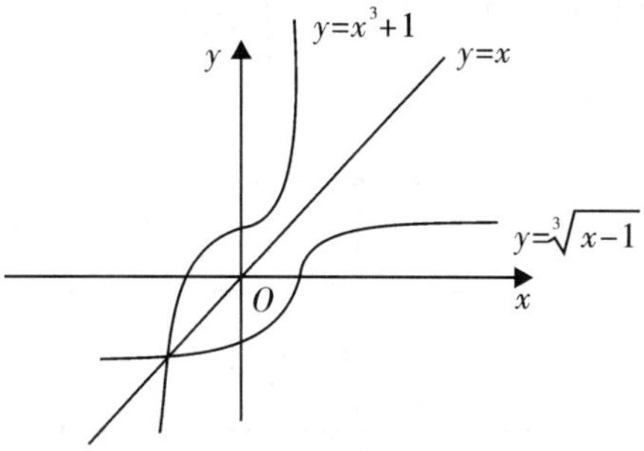

图 1－18

习题 1.4

1. 求下列函数的反函数.

(1) $y=3x-1$； (2) $y=x^5-8$； (3) $y=\dfrac{x+3}{x+4}$.

2. 指出下列函数是由哪些函数复合而成的.

(1) $y=\sqrt{x^2+1}$； (2) $y=\cos^3(1+3^{-2x})$.

第五节　基本初等函数与初等函数

一、基本初等函数

幂函数、指数函数、对数函数、三角函数、反三角函数和常数函数统称为**基本初等函数**. 微积分中常见的函数都是由这些函数构成的.

基本初等函数是指以下几类函数.

(1) 常数函数　$y=C$.

(2) 幂函数　$y=x^{\alpha}$(α 为实常数).

(3) 指数函数　$y=a^{x}(a>0, a\neq 1)$.

(4) 对数函数　$y=\log_{a}x(a>0, a\neq 1)$.

(5) 三角函数　$y=\sin x$, $y=\cos x$, $y=\tan x$, $y=\cot x$, $y=\sec x$, $y=\csc x$.

(6) 反三角函数　$y=\arcsin x$, $y=\arccos x$, $y=\arctan x$, $y=\operatorname{arccot} x$ 等.

这里指数函数与对数函数(同底)互为反函数, 每个反三角函数是相应三角函数在单调区间上的反函数.

下面我们分别介绍这六类基本初等函数的情况.

1. 常数函数

常数函数 $y=C$ 的定义域为$(-\infty, +\infty)$, 是偶函数, 图像是平行于 x 轴的直线, 如图 1－19 所示.

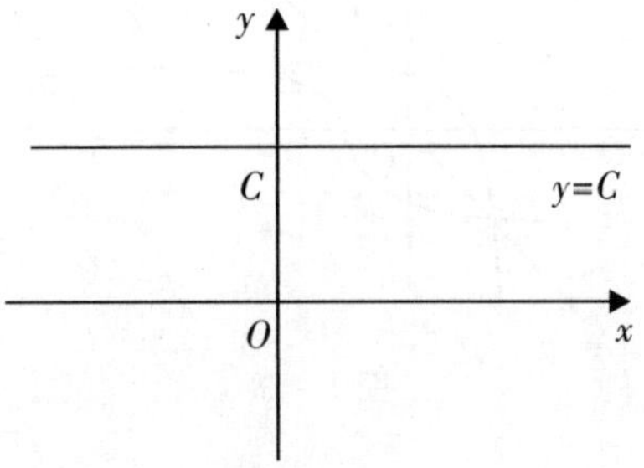

图 1－19

2. 幂函数

幂函数 $y=x^{\alpha}$(α 为实常数)的定义域因 α 的取值不同而不同, 为了比较, 我们分别取 α 为正数和 α 为负数的几个数值并在坐标平面内作出图像. 如图 1－20 和图 1－21 所示.

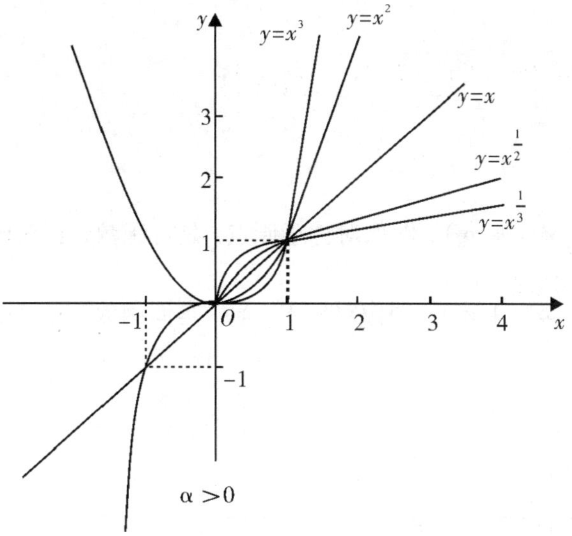

图 1－20

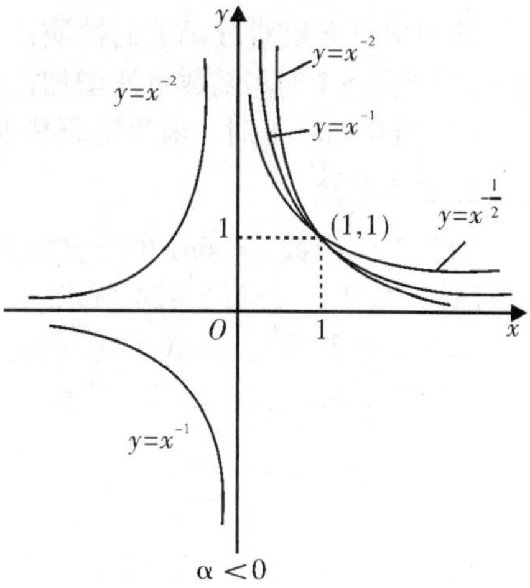

图 1－21

从图中可看出幂函数的性质：

(1)当 $\alpha>0$ 或 $\alpha<0$ 时，图像都经过点(1，1)；

(2)当 $x\in R^{+}$ 且 $\alpha>0$ 时，幂函数 $y=x^{\alpha}$ 为增函数(如图 1－20 所示)；

(3)当 $x\in R^{+}$ 且 $\alpha<0$ 时，幂函数 $y=x^{\alpha}$ 为减函数(如图 1－21 所示).

3. 指数函数

指数函数 $y=a^{x}(a>0,\ a\neq1)$ 的定义域为 $(-\infty,\ +\infty)$，图像通过点(0，1)，如图 1－22 所示.

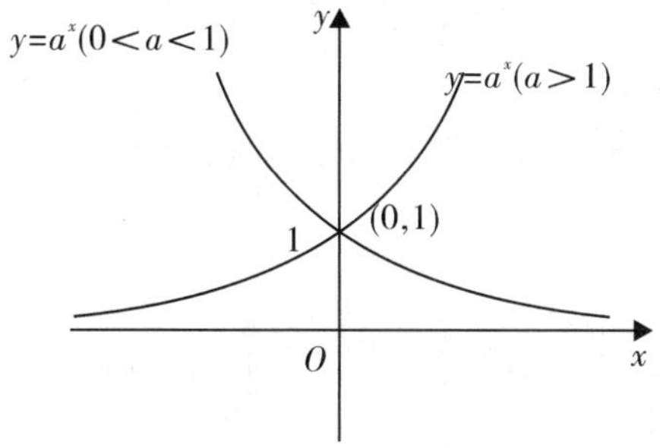

图 1－22

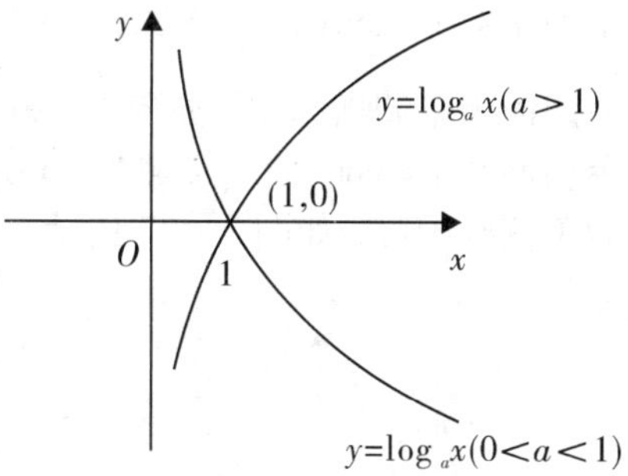

图 1－23

从图中可看出指数函数的性质：

(1)当 $a>1$ 时，函数单调增加；

(2)当 $0<a<1$ 时，函数单调减少.

4. 对数函数

对数函数 $y=\log_{a}x(a>0,\ a\neq1)$ 的定义域为 $(0,\ +\infty)$，图像通过点(1，0)，如图 1－23

所示.

从图中可看出对数函数的性质:

(1)当 $a>1$ 时，函数单调增加;

(2)当 $0<a<1$ 时，函数单调减少.

5. 三角函数

(1) 正弦函数 $y=\sin x$ 的定义域为$(-\infty,+\infty)$，图像对称于原点，是奇函数、有界函数，周期 $T=2\pi$，如图 1-24 所示.

(2) 余弦函数 $y=\cos x$ 的定义域为$(-\infty,+\infty)$，图像对称于 y 轴，是偶函数、有界函数，周期 $T=2\pi$，如图 1-25 所示.

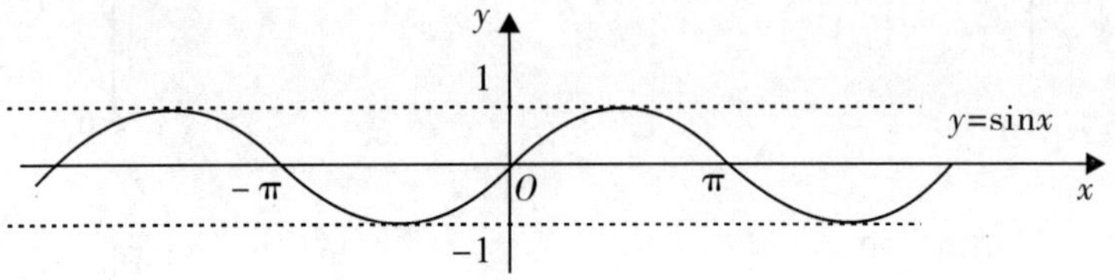

图 1-24

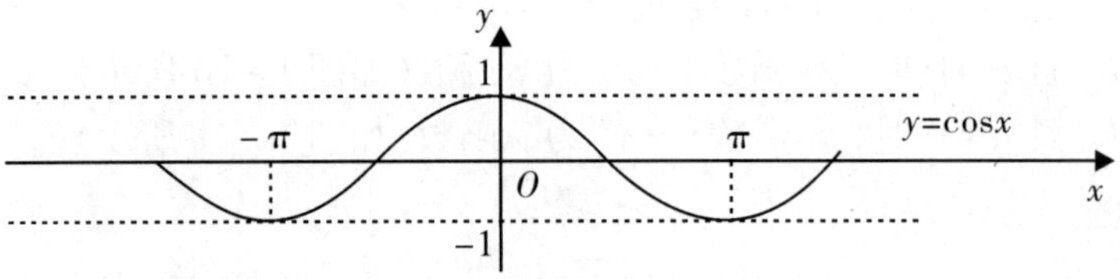

图 1-25

(3) 正切函数 $y=\tan x$ 的定义域为 $\{x \mid x\neq(2n+1)\frac{\pi}{2},\ n\in Z\}$，是奇函数，周期 $T=\pi$，在每一个周期内为单调增函数，如图 1-26 所示.

(4) 余切函数 $y=\cot x$ 的定义域为 $\{x \mid x\neq n\pi,\ n\in Z\}$，是奇函数，周期 $T=\pi$，在每一个周期内为单调减函数，如图 1-27 所示.

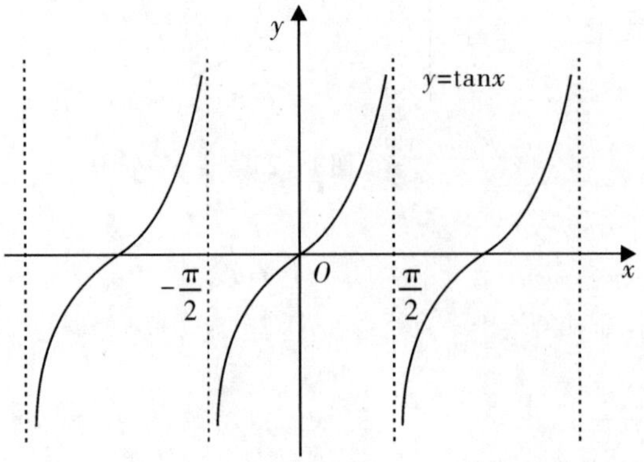

图 1-26

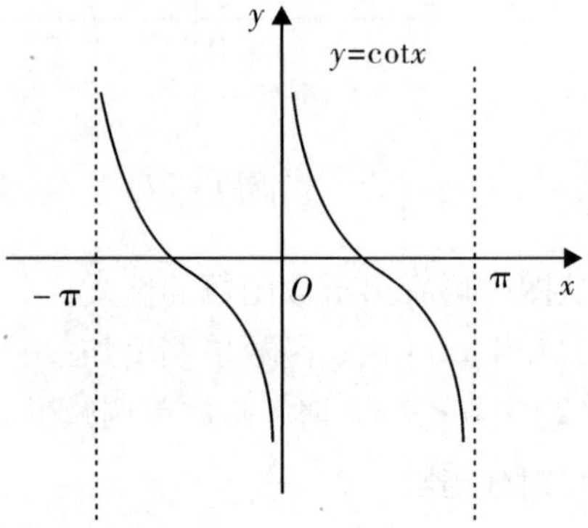

图 1-27

至于正割函数 $y=\sec x$ 和余割函数 $y=\csc x$ 就不在此一一讨论.

6. 反三角函数

（1）$y=\arcsin x$ 的定义域为 $[-1,1]$，值域为 $\left[-\frac{\pi}{2},\frac{\pi}{2}\right]$，单调增加，如图 1－28 所示.

（2）$y=\arccos x$ 的定义域 $[-1,1]$，值域 $[0,\pi]$，单调减少，如图 1－29 所示.

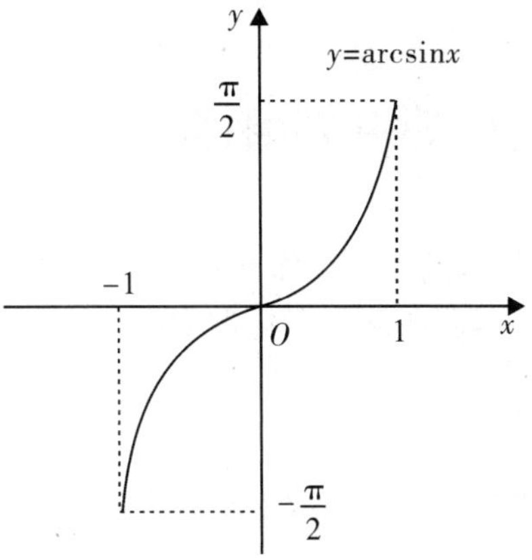

图 1－28

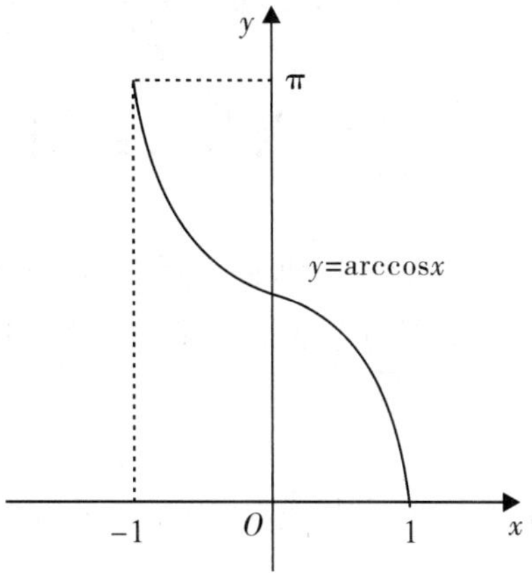

图 1－29

（3）$y=\arctan x$ 的定义域为 $(-\infty,+\infty)$，是奇函数，单调增加，如图 1－30 所示.

（4）$y=\operatorname{arccot} x$ 的定义域为 $(-\infty,+\infty)$，单调减少，如图 1－31 所示.

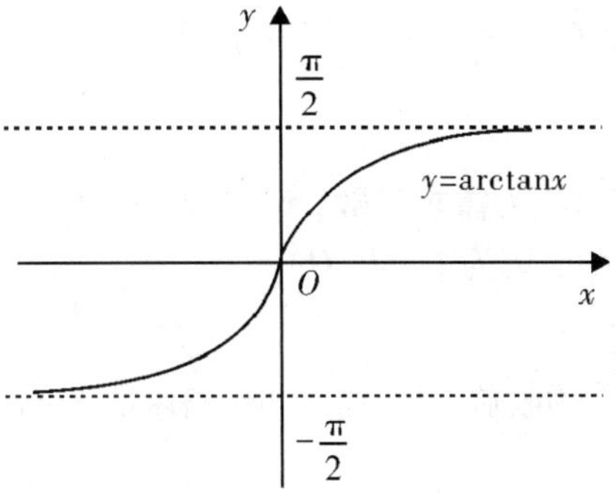

图 1－30

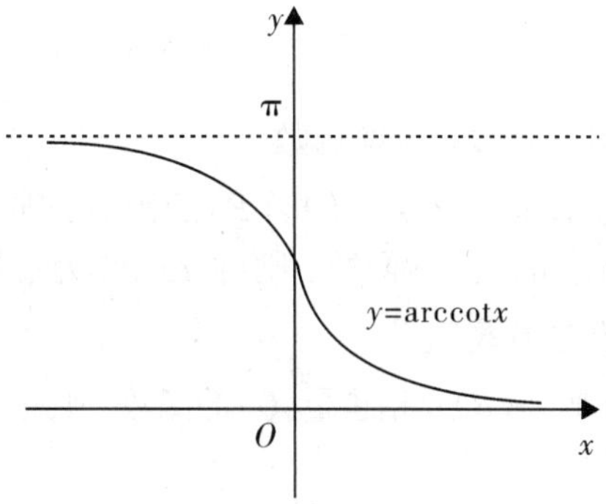

图 1－31

二、初等函数

由基本初等函数经过有限次的四则运算和复合所构成的函数，统称为**初等函数**. 例如：$y=2x^2+\sin x$，$y=\sqrt{1-x^2}$，$y=\log_2(x-\sqrt{1+x^2})$，$y=\sin x+\tan x$ 等都是初等函数.

习题 1.5

1. 下列函数中，(　　)不是基本初等函数.

A. $y=\sqrt[3]{\dfrac{1}{x}}$　　B. $y=\lg(1-x)$　　C. $y=(\dfrac{1}{10})^{x}$　　D. $y=10^{\sqrt{8}}$

2. 利用幂函数的性质，比较下列各组值的大小.

(1) $0.5^{\frac{3}{2}}$, $0.6^{\frac{3}{2}}$；(2) $4.5^{\frac{3}{4}}$, $4.7^{\frac{3}{4}}$；(3) $\sqrt{2}^{-\frac{4}{5}}$, $\sqrt{5}^{-\frac{4}{5}}$；(4) $1.8^{-\frac{1}{3}}$, $2.5^{-\frac{1}{3}}$.

第六节　经济分析中常用的函数

在经济活动分析中，我们经常会遇到各种各样的变量，如产量(x)、价格(P)、成本(C)、需求量或销售量(Q)、收益(R)和利润(L)等. 在某些变化过程中，其中某两个变量构成一定的函数关系.

1. 成本函数

在某个过程中，如果成本(C)是产量(x)的函数，则称该函数为**成本函数**，记为 $C=C(x)$，这时平均成本为$\overline{C}=\dfrac{C(x)}{x}$.

例如，某厂为了生产某种产品，需一次性投入 b 元的生产准备费，另外每生产一件产品需支出 a 元，所以生产 x 件产品的总成本 C 是产量 x 的函数，即

$$C=C(x)=ax+b.$$

其中 b 称为**固定成本**，ax 称为**可变成本**，而 $\overline{C}=\dfrac{C(x)}{x}=\dfrac{ax+b}{x}$称为**平均成本**.

2. 需求函数和价格函数

如果需求量(Q)是价格(P)的函数，则称该函数为**需求函数**，记为 $Q=Q(P)$. 如果价格(P)是需求量(Q)的函数，则称该函数为**价格函数**，记为 $P=P(Q)$.

3. 收益函数

如果收益(R)是销售量(Q)的函数，则称该函数为**收益函数**. 如已知价格函数 $P=P(Q)$，则收益函数为

$$R=PQ=QP(Q)=R(Q).$$

4. 利润函数

已知成本函数 $C=C(x)$，收益函数 $R=R(Q)$，在销售量 Q 等于产量 x 时，则利润 L 是产量 x 的函数，该函数称为**利润函数**，记为

$$L=L(x)=R(x)-C(x).$$

例 1.6.1　生产某种商品的总成本(单位：元)是 $C(x)=500+2x$，求生产 50 件这种产品时的总成本和平均成本.

解：　生产 50 件商品时的总成本为

$$C(50)=500+2\times 50=600(\text{元}).$$

由于平均成本为

$$\overline{C}=\frac{C(x)}{x}=\frac{500}{x}+2,$$

故生产 50 件商品时的平均成本为

$$\overline{C}=\frac{500}{50}+2=12(\text{元/件}).$$

例 1.6.2　已知生产某种商品 x 件时的总成本(单位：万元)为 $C(x)=10+5x+0.2x^2$，如果每售出一件该商品的收入为 9 万元，求：

(1) 该商品的利润函数；

(2) 求生产 10 件该商品时的总利润和平均利润；

(3) 求生产 20 件该商品时的总利润.

解：　(1) 由题意可知，该商品的收入函数为

$$R(x)=9x(\text{万元}).$$

又已知 $C(x)=10+5x+0.2x^2$，

则该商品的利润函数为

$$\begin{aligned}L(x)&=R(x)-C(x)\\&=9x-(10+5x+0.2x^2)\\&=4x-10-0.2x^2(\text{万元}).\end{aligned}$$

平均利润函数为

$$\overline{L}=\frac{L(x)}{x}=4-\frac{10}{x}-0.2x(\text{万元/件}).$$

(2) 生产 10 件该商品时的利润为

$$\begin{aligned}L(10)&=4\times 10-10-0.2\times 10^2\\&=10(\text{万元}).\end{aligned}$$

此时的平均利润为

$$\begin{aligned}\overline{L}&=4-\frac{10}{10}-0.2\times 10\\&=1(\text{万元}).\end{aligned}$$

(3) 生产 20 件该商品时的总利润为

$$\begin{aligned}L(20)&=4\times 20-10-0.2\times 20^2\\&=-10(\text{万元}).\end{aligned}$$

习题 1.6

1. 已知某商品的需求函数是 $Q=200-5P$，试求该商品的收入函数，并求出销售 20 件该商品时的总收入和平均收入.

2. 设某产品的成本函数为 $C(x)=1000+8x+\frac{8000}{x}$，求：

（1）产量为 100 时的总成本；

（2）产量为 100 时的平均成本.

第二章　极限与连续

第一节　极限的概念

极限的概念是微积分学的基础，它的提出可以追溯到很久以前. 我国古代的哲学名著《庄子》中有这样的叙述：“一尺之棰，日取其半，万世不竭. ”翻译成白话文就是：一根一尺长的木棒，每天截取一半，永远取不完. 这就很清楚地引进了极限的概念.

1. 数列的极限

考察无穷数列

$$x_n=\frac{1}{n},\ n=1,2,3,\cdots$$

即

$$1,\frac{1}{2},\frac{1}{3},\cdots,\frac{1}{n},\cdots$$

显然，当项数 n 无限增大时，x_n 越来越小以至无限地接近于零，这时，我们说当 n 趋于无限大时，x_n 趋于零，或者说数列 $\{x_n\}$ 的极限是零.

一般地，数列极限有如下定义.

定义 2.1.1　对于数列 $\{x_n\}$，当 n 无限增大时，若通项 x_n 无限地趋近于某个确定的常数 A，则称 A 为数列 $\{x_n\}$ 的**极限**，或称数列 $\{x_n\}$ 收敛于 A，记为

$$\lim_{n\to\infty}x_n=A \text{ 或 } x_n\to A(n\to\infty).$$

否则，称数列 $\{x_n\}$ 没有极限，或称该数列发散或极限不存在.

如数列 $\{x_n\}$ 的极限可记为 $\lim\limits_{n\to\infty}\frac{1}{n}=0$.

类似地，可以讨论函数的极限.

2. 函数的极限

函数的极限可分为两类情况.

(1) $x\to\infty$ 时，函数 $f(x)$ 的极限.

例 2.1.1 考察函数 $y=f(x)=\dfrac{1}{x}$.

当自变量 x 无限增大时，$\dfrac{1}{x}$ 越来越小以至无限地接近于零，这里，x 无限增大包括 x 只取正值(即 $x\to+\infty$)而无限增大，以及 x 只取负值($x\to-\infty$)而其绝对值无限增大.

一般地，当 $x\to\infty$ 时，函数 $f(x)$ 的极限有如下定义：

定义 2.1.2 如果当 x 的绝对值 $|x|$ 无限增大时，函数 $f(x)$ 无限趋近于常数 A，则称函数 $f(x)$ 在 $x\to\infty$ 时以 A 为极限，或称 $f(x)$ 在 $x\to\infty$ 时收敛于 A，记作

$$\lim_{x\to\infty}f(x)=A \text{ 或 } f(x)\to A(x\to\infty).$$

如果限制 x 从正的方向无限增加，则记作

$$\lim_{x\to+\infty}f(x)=A \text{ 或 } f(x)\to A(x\to+\infty).$$

如果限制 x 从负的方向无限增加，则记作

$$\lim_{x\to-\infty}f(x)=A \text{ 或 } f(x)\to A(x\to-\infty).$$

如：当 $x\to\infty$ 时，函数 $f(x)=\dfrac{1}{x}$ 的极限记为

$$\lim_{x\to\infty}\frac{1}{x}=0.$$

(2) $x\to x_0$ 时，函数 $f(x)$ 的极限.

①单侧极限.

例 2.1.2 考察函数 $y=f(x)=\begin{cases}1, & x>0\\ 0, & x=0\\ -1, & x<0\end{cases}$，如图 2-1 所示.

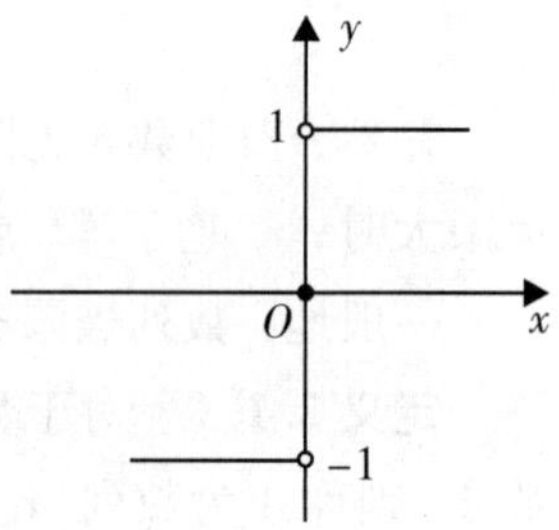

图 2-1

观察可知：

当 $x\to0^-$ 时，即 x 自原点左侧趋于原点时，函数 $f(x)$ 趋于 -1；

当 $x\to0^+$ 时，即 x 自原点右侧趋于原点时，函数 $f(x)$ 趋于 1.

此时，称函数 $f(x)$ 在原点的左极限为 -1，右极限为 1.

一般地，函数 $f(x)$ 的单侧极限有如下定义.

定义 2.1.3 当 x 从 x_0 左侧($x<x_0$)趋向 x_0 时，$f(x)$ 以 A 为极限，则称 A 为函数 $f(x)$ 的左极限，记作

$$\lim_{x\to x_0^-}f(x)=A.$$

当 x 从 x_0 右侧($x>x_0$)趋向 x_0 时，$f(x)$ 以 A 为极限，则称 A 为函数 $f(x)$ 的右极限，记作

$$\lim_{x\to x_0^+}f(x)=A.$$

如：对于函数 $y=f(x)=\begin{cases}1, & x>0\\ 0, & x=0\\ -1, & x<0\end{cases}$ 在 $x=0$ 处的单侧极限为

$$\lim_{x\to 0^-}f(x)=-1,\ \lim_{x\to 0^+}f(x)=1.$$

②双侧极限.

对于函数 $f(x)$，在自变量 x 从 x_0 的两侧趋于 x_0 的情况下有如下定义.

定义 2.1.4　设函数 $f(x)$ 在 x_0 点的某个邻域内有定义（x_0 可除外），当 x 无限接近于 x_0 时，$f(x)$ 无限接近于某个确定的常数 A，则称 A 为函数 $f(x)$ 在 $x\to x_0$ 时的极限. 记为

$$\lim_{x\to x_0}f(x)=A \text{ 或 } f(x)\to A(x\to x_0).$$

例如，对函数 $y=f(x)=x+2$，当自变量 x 从 1 的左右两侧趋于 1 时，相应的函数值 $f(x)$ 无限接近于 3，则称 $f(x)$ 的极限是 3，记为

$$\lim_{x\to 1}(x+2)=3.$$

讨论极限问题，必须指明相应的过程. 例如，对同一个函数 $y=f(x)=\dfrac{1}{x}$，当 $x\to\infty$ 时，它的极限是 0；当 $x\to 1$ 时，它的极限是 1.

这里所说的"过程"，意义比较广泛. 对数列 $y=x_n$ 来说，它指的是"项数 n 无限增大"，即 $n\to\infty$，对函数 $y=f(x)$ 来说，它指的可以是变量 x 趋于某个固定值 x_0，即 $x\to x_0$，也可以指 x 趋于正无穷大（即 $x\to+\infty$）或 x 趋于负无穷大（即 $x\to-\infty$）或泛指 x 趋于无穷大，即包括 $x\to+\infty$ 和 $x\to-\infty$ 两种情况.

（3）单侧极限与双侧极限的关系.

根据单侧极限与双侧极限的定义，显然有下面的定理.

定理 2.1.1　当 $x\to x_0$ 时，函数 $f(x)$ 极限存在的充分必要条件是它在 x_0 处的左右极限存在且相等.

例如：在例 2.1.2 中，

因为 $\lim\limits_{x\to 0^-}f(x)=-1$，$\lim\limits_{x\to 0^+}f(x)=1$，$\lim\limits_{x\to 0^-}f(x)\neq\lim\limits_{x\to 0^+}f(x)$，

所以原函数在 $x=0$ 处极限不存在.

又如函数 $y=\sin x$，在 $x=\dfrac{\pi}{2}$ 处，

因为 $\lim\limits_{x\to(\frac{\pi}{2})^-}\sin x=1$，$\lim\limits_{x\to(\frac{\pi}{2})^+}\sin x=1$，$\lim\limits_{x\to(\frac{\pi}{2})^-}\sin x=\lim\limits_{x\to(\frac{\pi}{2})^+}\sin x$，

所以根据定理 2.1.1，函数 $y=\sin x$ 在 $x=\dfrac{\pi}{2}$ 处极限存在.

习题 2.1

1. 观察下列数列，当 $x\to\infty$ 时是否有极限？

(1) $0,\ \frac{1}{2},\ \frac{2}{3},\ \frac{3}{4},\ \frac{4}{5},\ \cdots$;

(2) $1,\ \frac{3}{2},\ \frac{1}{3},\ \frac{5}{4},\ \frac{1}{5},\ \frac{7}{6},\ \cdots$;

(3) $1,\ \frac{1}{2},\ 1,\ \frac{3}{4},\ 1,\ \frac{5}{6},\ \cdots$.

2. 当 $n\to\infty$时，数列 $y_n=(-1)^n\frac{n}{n+1}$的极限是(　　).

A. 1　　B. -1　　C. 0　　D. 不存在

3. 设函数 $f(x)=\begin{cases}x+k, & x<-1\\ x^2, & x\geqslant 1\end{cases}$ (k 为常数)，问 k 为何值时，$f(x)$ 在 $x=-1$ 处有极限？

第二节　无穷大量与无穷小量

为了深入讨论极限的性质和进行极限的运算，本节用极限的概念来研究两类具有特殊变化趋势的变量——无穷大量与无穷小量.

一、无穷大量

定义 2.2.1　如果变量 y 在给定的变化过程($x\to x_0$ 或 $x\to\infty$)中其绝对值$|y|$无限增大，则称变量 y 是**无穷大量**. 记为

$$\lim y=\infty \text{或 } y\to\infty\ (x\to x_0 \text{ 或 } x\to\infty).$$

例如，$y=\frac{1}{x}$，当 x 越接近零时，y 的绝对值越大，即当 $x\to 0$ 时，它的绝对值可以大于任意给定的不论多么大的正数.

有时还需区分"∞"的符号，如果从某时刻起，变量 y 总取正值且趋于无穷大，则称变量 y 为正无穷大量，记作 $\lim y=+\infty$. 如果从某时刻起，变量 y 总取负值且绝对值趋于无穷大，则称变量 y 为负无穷大量，记作 $\lim y=-\infty$.

例如，$\lim\limits_{x\to 0}\frac{1}{x^2}=+\infty$，$\lim\limits_{x\to 0^+}\frac{1}{x}=+\infty$，$\lim\limits_{x\to 0^-}\frac{1}{x}=-\infty$，$\lim\limits_{x\to 0}\frac{1}{x}=\infty$.

注意：无穷大量是在其变化过程中绝对值无限变大的量，而任何很大的常数都不是无穷大量，例如 8^{800} 不是无穷大量.

无穷大量有下列性质：

性质 1　有界变量与无穷大量之和仍为无穷大量.

性质 2　极限非零的变量与无穷大量之积仍为无穷大量.

性质 3　无穷大量与无穷大量之积仍为无穷大量.

例 2.2.1　在什么条件下，下列函数为无穷大量.

（1）$y=\dfrac{1}{(x-1)^2}$；　（2）$y=\dfrac{2}{x-2}$；　（3）$y=10^{-x}$；　（4）$y=\mathrm{e}^x$.

解：（1）因为$\lim\limits_{x\to1}\dfrac{1}{(x-1)^2}=\infty$，所以当 $x\to1$ 时，函数 y 为无穷大量.

（2）因为$\lim\limits_{x\to2^+}\dfrac{2}{x-2}=+\infty$，$\lim\limits_{x\to2^-}\dfrac{2}{x-2}=-\infty$，即当 $x\to2$ 时，$|y|$无限增大，所以当 $x\to2$ 时，函数 y 为无穷大量.

（3）因为 $\lim\limits_{x\to-\infty}10^{-x}=+\infty$，所以当 $x\to-\infty$ 时，函数 y 为无穷大量.

（4）因为 $\lim\limits_{x\to+\infty}\mathrm{e}^x=+\infty$，所以当 $x\to+\infty$ 时，函数 y 为无穷大量.

二、无穷小量

定义 2.2.2　当 $x\to x_0$ 或 $x\to\infty$ 时，若函数 $f(x)$ 以零为极限，则称函数 $f(x)$ 为当 $x\to x_0$ 或 $x\to\infty$ 时的**无穷小量**.

例如，因为$\lim\limits_{x\to2}(x-2)=0$，所以$(x-2)$是当 $x\to2$ 时的无穷小量.

又如，因为$\lim\limits_{x\to0}\sin x=0$，所以 $\sin x$ 是当 $x\to0$ 时的无穷小量.

无穷小量是在其变化过程中绝对值无限变小的量，但任何一个绝对值很小的常数(0 除外)都不是无穷小量.

根据极限的定义、性质和四则运算法则，可以发现无穷小量有如下性质：

性质 1　有限个无穷小量的代数和仍为无穷小量.

性质 2　有界函数与无穷小量的乘积仍是无穷小量.

性质 3　有限个无穷小量之积仍为无穷小量.

三、无穷大量与无穷小量的关系

我们来观察 $y=\dfrac{1}{x}$，当 $x\to0$ 时，$y\to\infty$；当 $x\to\infty$ 时，$y\to0$.

定理 2.2.1　在变量 y 的变化过程中：

（1）若 y 是无穷大量，则其倒数是无穷小量.

（2）若 $y(y\neq0)$是无穷小量，则其倒数是无穷大量.

习题 2.2

1. 观察下列变量，当 $x\to0$ 时，哪些是无穷小量？哪些是无穷大量？

$\sqrt{x}$，$\dfrac{x}{x^2}$，$\dfrac{x^2}{x}$，$\sin x$，$\cot x$，x^2-100，$\dfrac{x+1}{x}$，$\dfrac{x}{\sqrt{1+x}}$，2^{-x}.

2. 观察函数 $y=\frac{1}{(x-1)^2}$ 在什么变化过程中是无穷小量？在什么变化过程中是无穷大量？

第三节　极限的运算法则

一、几个重要的极限

（1）$\lim\limits_{n\to\infty}\frac{1}{n}=0$；（2）$\lim\limits_{n\to\infty}C=C$（$C$ 是常数）；（3）$\lim\limits_{n\to\infty}q^n=0(|q|<1)$.

二、数列极限的四则运算法则

如果 $\lim\limits_{n\to\infty}a_n=A$，$\lim\limits_{n\to\infty}b_n=B$，那么

（1）$\lim\limits_{n\to\infty}(a_n\pm b_n)=A\pm B$；

（2）$\lim\limits_{n\to\infty}(a_n\cdot b_n)=A\cdot B$；

（3）$\lim\limits_{n\to\infty}\frac{a_n}{b_n}=\frac{A}{B}(B\neq 0)$.

特别地，如果 C 是常数，那么 $\lim\limits_{n\to\infty}Ca_n=CA$.

（4）如果 k 是正整数，那么 $\lim\limits_{n\to\infty}a_n^k=(\lim\limits_{n\to\infty}a_n)^k=A^k$.

三、无穷递缩等比数列各项的和

定义 2.3.1　公比的绝对值小于 1 的无穷等比数列的前 n 项和，在 n 无限增大时的极限，叫作这个**无穷递缩等比数列各项的和**，记作：$S=\lim\limits_{n\to\infty}S_n$.

据定义 2.3.1，可推得 $S=\lim\limits_{n\to\infty}S_n=\lim\limits_{n\to\infty}\frac{a_1(1-q^n)}{1-q}=\frac{a_1}{1-q}\ (0<|q|<1)$.

四、两边夹法则

如果无穷数列 $\{x_n\}$，$\{y_n\}$，$\{z_n\}$ 满足：

（1）$y_n\leqslant x_n\leqslant z_n(n=1,2,3,\cdots)$；

（2）$\lim\limits_{n\to\infty}y_n=A$，$\lim\limits_{n\to\infty}z_n=A$（$A$ 为常数）.

那么 $\lim\limits_{n\to\infty}x_n=A$.

例 2.3.1　求下列极限.

（1）$\lim\limits_{n\to\infty}\frac{3n^2+2n+1}{n^2+1}$；

（2）$\lim\limits_{n\to\infty}\frac{2n+1}{n^2+1}$.

分析：因为分子分母都无极限，故不能直接运用商的极限运算法则，可通过将分子分母变形同除以n^2后再求极限；$\frac{3n^2+2n+1}{n^2+1}$的分子次数等于分母次数，极限为两首项(最高项)系数之比；$\frac{2n+1}{n^2+1}$的分子次数小于分母次数，极限为0.

解：（1）原式$=\lim\limits_{n\to\infty}\dfrac{3+\frac{2}{n}+\frac{1}{n^2}}{1+\frac{1}{n^2}}=\dfrac{3+0+0}{1+0}=3$；

（2）原式$=\lim\limits_{n\to\infty}\dfrac{\frac{2}{n}+\frac{1}{n^2}}{1+\frac{1}{n^2}}=\dfrac{0+0}{1+0}=0$

注意：要避免出现下面两种错误：

① 原式$=\dfrac{\lim\limits_{n\to\infty}(3n^2+2n+1)}{\lim\limits_{n\to\infty}(n^2+1)}=\dfrac{\infty}{\infty}=1$；

② 因为$\lim\limits_{n\to\infty}(3n^2+2n+1)$，$\lim\limits_{n\to\infty}(n^2+1)$不存在，所以原式无极限，但是当分子次数高于分母次数时，极限不存在. 一般地，若$a_0\neq0$，$b_0\neq0$，k，l是正整数，则

$$\lim_{n\to\infty}\frac{a_0n^k+a_1n^{k-1}+\cdots+a_k}{b_0n^l+b_1n^{l-1}+\cdots+b_l}=\lim_{n\to\infty}n^{k-l}\frac{a_0+\frac{a_1}{n}+\cdots+\frac{a_k}{n^k}}{b_0+\frac{b_1}{n}+\cdots+\frac{b_l}{n^l}}=\begin{cases}0, & k<l\\ \dfrac{a_0}{b_0}, & k=l.\\ \infty, & k>l\end{cases}$$

例 2.3.2　求下列极限.

（1）$\lim\limits_{n\to\infty}(\sqrt{n^2+n}-n)$；

（2）$\lim\limits_{n\to\infty}\dfrac{4}{\sqrt{n^2+3n}-\sqrt{n^2+1}}$.

分析：因为$\sqrt{n^2+n}$与n，$\sqrt{n^2+3n}$与$\sqrt{n^2+1}$都没有极限，所以可先将分子(分母)有理化后再求极限.

解：（1）原式$=\lim\limits_{n\to\infty}\dfrac{n}{\sqrt{n^2+n}+n}=\lim\limits_{n\to\infty}\dfrac{1}{\sqrt{1+\frac{1}{n}}+1}=\dfrac{1}{2}$.

（2）原式
$$=\lim_{n\to\infty}\frac{4(\sqrt{n^2+3n}+\sqrt{n^2+1})}{(\sqrt{n^2+3n}-\sqrt{n^2+1})(\sqrt{n^2+3n}+\sqrt{n^2+1})}$$
$$=\lim_{n\to\infty}\frac{4(\sqrt{n^2+3n}+\sqrt{n^2+1})}{(n^2+3n)-(n^2+1)}$$
$$=\lim_{n\to\infty}\frac{4\left(\sqrt{1+\frac{3}{n}}+\sqrt{1+\frac{1}{n^2}}\right)}{3-\frac{1}{n}}=\frac{8}{3}.$$

注意：要避免出现下面两种错误：

① $\lim\limits_{n\to\infty}(\sqrt{n^2+n}-n)=\lim\limits_{n\to\infty}\sqrt{n^2+n}-\lim\limits_{n\to\infty}n=\infty-\infty=0$；

② $\lim\limits_{n\to\infty}\sqrt{n^2+n}-n)=\lim\limits_{n\to\infty}\sqrt{n^2+n}-\lim\limits_{n\to\infty}n=\infty-\infty$ 不存在.

例 2.3.3 求$\lim\limits_{n\to\infty}(\frac{2}{n^2}+\frac{4}{n^2}+\cdots+\frac{2n}{n^2})$.

分析：因为极限的运算法则只适用于有限个数列，所以需先求和再求极限.

解： 原式$=\lim\limits_{n\to\infty}\frac{2+4+6+\cdots+2n}{n^2}=\lim\limits_{n\to\infty}\frac{n(n+1)}{n^2}=\lim\limits_{n\to\infty}(1+\frac{1}{n})=1$.

注意：要避免出现原式$=\lim\limits_{n\to\infty}\frac{2}{n^2}+\lim\limits_{n\to\infty}\frac{4}{n^2}+\cdots+\lim\limits_{n\to\infty}\frac{2n}{n^2}=0+0+\cdots+0=0$ 这样的错误.

例 2.3.4 求$\lim\limits_{n\to\infty}\dfrac{1+\frac{1}{3}+\frac{1}{9}+\cdots+\frac{1}{3^{n-1}}}{1+\frac{1}{9}+\frac{1}{81}+\cdots+\frac{1}{9^{n-1}}}$.

分析：该式为无穷递缩等比数列.

解： 原式$=\lim\limits_{n\to\infty}\dfrac{\dfrac{1-(\frac{1}{3})^n}{1-\frac{1}{3}}}{\dfrac{1-(\frac{1}{9})^n}{1-\frac{1}{9}}}=\lim\limits_{n\to\infty}\frac{4}{3}\cdot\dfrac{1-(\frac{1}{3})^n}{1-(\frac{1}{9})^n}=\frac{4}{3}$.

或原式$=\dfrac{\lim\limits_{n\to\infty}(1+\frac{1}{3}+\frac{1}{9}+\cdots+\frac{1}{3^{n-1}})}{\lim\limits_{n\to\infty}(1+\frac{1}{9}+\frac{1}{81}+\cdots+\frac{1}{9^{n-1}})}=\dfrac{\dfrac{1}{1-\frac{1}{3}}}{\dfrac{1}{1-\frac{1}{9}}}=\frac{4}{3}$.

例 2.3.5 已知$\lim\limits_{n\to\infty}(\frac{n^2+1}{n+1}-an-b)=1$，求实数 a，b 的值.

分析：分子与分母必须同次数.

解： 因为原式$=\lim\limits_{n\to\infty}\frac{(1-a)n^2-(a+b)n-b+1}{n+1}=1$，

所以$\begin{cases}1-a=0\\-(a+b)=1\end{cases}$，解得 $a=1$，$b=-2$.

例 2.3.6 求$\lim\limits_{n\to\infty}\left(\frac{1}{\sqrt{n^2+1}}+\frac{1}{\sqrt{n^2+2}}+\cdots+\frac{1}{\sqrt{n^2+n}}\right)$.

分析：从两边逼近的方法即用两边夹原则求极限.

解：因为$\frac{1}{\sqrt{n^2+n}}+\cdots+\frac{1}{\sqrt{n^2+n}}\leqslant\frac{1}{\sqrt{n^2+1}}+\frac{1}{\sqrt{n^2+2}}+\cdots+\frac{1}{\sqrt{n^2+n}}\leqslant\frac{1}{\sqrt{n^2+1}}+\cdots+\frac{1}{\sqrt{n^2+1}}$，

即$\frac{n}{\sqrt{n^2+n}}\leqslant\frac{1}{\sqrt{n^2+1}}+\frac{1}{\sqrt{n^2+2}}+\cdots+\frac{1}{\sqrt{n^2+n}}\leqslant\frac{n}{\sqrt{n^2+1}}$.

而$\lim\limits_{n\to\infty}\frac{n}{\sqrt{n^2+n}}=\lim\limits_{n\to\infty}\frac{n}{\sqrt{n^2+1}}=1$，

所以$\lim\limits_{n\to\infty}\left(\frac{1}{\sqrt{n^2+1}}+\frac{1}{\sqrt{n^2+2}}+\cdots+\frac{1}{\sqrt{n^2+n}}\right)=1$.

五、函数极限的四则运算法则

当 $x\to x_0$ 时，函数极限有下面的四则运算法则，它们在极限运算中具有重要的作用.

如果$\lim\limits_{x\to x_0}f(x)=a$，$\lim\limits_{x\to x_0}g(x)=b$，那么

（1）$\lim\limits_{x\to x_0}[f(x)\pm g(x)]=\lim\limits_{x\to x_0}f(x)\pm\lim\limits_{x\to x_0}g(x)=a\pm b$.

（2）$\lim\limits_{x\to x_0}[f(x)\cdot g(x)]=\lim\limits_{x\to x_0}f(x)\cdot\lim\limits_{x\to x_0}g(x)=a\cdot b$.

（3）$\lim\limits_{x\to x_0}\frac{f(x)}{g(x)}=\frac{\lim\limits_{x\to x_0}f(x)}{\lim\limits_{x\to x_0}g(x)}=\frac{a}{b}(b\neq0)$.

这些法则对于 $x\to\infty$ 的情况仍然成立.

由$\lim\limits_{x\to x_0}[f(x)\cdot g(x)]=\lim\limits_{x\to x_0}f(x)\cdot\lim\limits_{x\to x_0}g(x)$不难得到：

$\lim\limits_{x\to x_0}[Cf(x)]=C\lim\limits_{x\to x_0}f(x)$（$C$ 为常数）.

（4）$\lim\limits_{x\to x_0}[f(x)]^n=[\lim\limits_{x\to x_0}f(x)]^n(n\in N^*)$.

由上面的运算法则可知：

$\lim\limits_{x\to x_0}x^n=(\lim\limits_{x\to x_0}x)^n={x_0}^n$，即$\lim\limits_{x\to x_0}x^n={x_0}^n$；

$\lim\limits_{x\to\infty}\frac{1}{x^n}=\lim\limits_{x\to\infty}\left(\frac{1}{x}\right)^n=(\lim\limits_{x\to\infty}\frac{1}{x})^n=0^n=0(n\in N^*)$，即$\lim\limits_{x\to\infty}\frac{1}{x^n}=0$.

注意：使用极限运算法则的前提是各部分极限存在.

例 2.3.7　求下列极限.

（1）$\lim\limits_{x\to\infty}\frac{4x^3+x-7}{2x^3-x+4}$；

（2）$\lim\limits_{x\to\infty}\frac{2x^2+x-4}{3x^3-x^2+1}$.

分析：这是$\frac{\infty}{\infty}$型不定式，将分子分母同时除以最高次项后再求解.

解：（1）原式$=\lim\limits_{x\to\infty}\frac{4+\frac{1}{x^2}-\frac{7}{x^3}}{2-\frac{1}{x^2}+\frac{4}{x^3}}=\frac{4+0-0}{2-0+0}=2$；

(2) 原式 $=\lim\limits_{x\to\infty}\dfrac{\dfrac{2}{x}+\dfrac{1}{x^2}-\dfrac{4}{x^3}}{3-\dfrac{1}{x}+\dfrac{1}{x^3}}=\dfrac{0+0-0}{3-0+0}=0.$

一般地，若 $a_0\neq0$，$b_0\neq0$，k，l 是非负整数，则

$$\lim_{x\to\infty}\frac{a_0x^k+a_1x^{k-1}+\cdots+a_k}{b_0x^l+b_1x^{l-1}+\cdots+b_l}=\lim_{x\to\infty}x^{k-l}\frac{a_0+\dfrac{a_1}{x}+\cdots+\dfrac{a_k}{x^k}}{b_0+\dfrac{b_1}{x}+\cdots+\dfrac{b_l}{x^l}}=\begin{cases}0, & k<l\\ \dfrac{a_0}{b_0}, & k=l.\\ \infty, & k>l\end{cases}$$

例 2.3.8 求下列极限.

(1) $\lim\limits_{x\to+\infty}\dfrac{1}{\sqrt{x^2+x}-x}$;

(2) $\lim\limits_{x\to\infty}(\sqrt{x^2+1}-\sqrt{x^2-1})$.

分析：这涉及 $\infty-\infty$ 型不定式，可先将分子(分母)有理化，再求解.

解：

(1) 原式 $=\lim\limits_{x\to+\infty}\dfrac{\sqrt{x^2+x}+x}{(\sqrt{x^2+x}-x)(\sqrt{x^2+x}+x)}=\lim\limits_{x\to+\infty}\dfrac{\sqrt{x^2+x}+x}{x}=\lim\limits_{x\to+\infty}(\sqrt{1+\dfrac{1}{x}}+1)=2$;

(2) 原式 $=\lim\limits_{x\to\infty}\dfrac{(\sqrt{x^2+1}-\sqrt{x^2-1})(\sqrt{x^2+1}+\sqrt{x^2-1})}{\sqrt{x^2+1}+\sqrt{x^2-1}}=\lim\limits_{x\to\infty}\dfrac{2}{\sqrt{x^2+1}+\sqrt{x^2-1}}=0.$

例 2.3.9 求下列极限.

(1) $\lim\limits_{x\to2}(3x-1)$;

(2) $\lim\limits_{x\to\frac{\pi}{2}}\ln\sin x$;

(3) $\lim\limits_{x\to1}\dfrac{2x^2+x+1}{x^3+2x^2-1}$.

分析：x_0 对函数有定义，只需把 x_0 代入函数表达式算出函数值即可.

解： (1) 原式 $=3\times2-1=5$;

(2) 原式 $=\ln\sin\dfrac{\pi}{2}=\ln1=0$;

(3) 原式 $=\dfrac{2\times1^2+1+1}{1^3+2\times1^2-1}=2.$

例 2.3.10 求下列极限.

(1) $\lim\limits_{x\to2}\dfrac{x^2-4}{x-2}$;

(2) $\lim\limits_{x\to1}\dfrac{x^2-1}{2x^2-x-1}$.

分析：这是 $\dfrac{0}{0}$ 型不定式，x_0 对函数无定义，因此可利用因式分解将分母中的零因子消去.

解：（1）原式 $=\lim\limits_{x\to 2}(x+2)=4$；

（2）原式 $=\lim\limits_{x\to 1}\dfrac{(x+1)(x-1)}{(2x+1)(x-1)}=\lim\limits_{x\to 1}\dfrac{x+1}{2x+1}=\dfrac{2}{3}$.

一般地，若 $a_0\neq 0$，$b_0\neq 0$，k，l 是非负整数，则

$$\lim_{x\to x_0}\frac{a_0k^k+a_1x^{k-1}+\cdots+a_{k-1}x+a_k}{b_0x^l+b_1x^{l-1}+\cdots+b_{l-1}x+b_l}=\lim_{x\to x_0}\frac{P(x)}{Q(x)}=\begin{cases}\dfrac{P(x_0)}{Q(x_0)},\ Q(x_0)\neq 0\\ \infty,\ Q(x_0)=0,\ P(x_0)\neq 0.\\ \text{化简后再计算},\ P(x_0)=Q(x_0)=0\end{cases}$$

例 2.3.11　求下列极限.

（1）$\lim\limits_{x\to 4}\dfrac{\sqrt{x}-2}{x-4}$；

（2）$\lim\limits_{x\to 0}\dfrac{x}{\sqrt{x+1}-1}$.

分析：这是 $\dfrac{0}{0}$ 型不定式，可利用分子（分母）有理化的方法将分母中的零因子消去.

解：（1）原式 $=\lim\limits_{x\to 4}\dfrac{(\sqrt{x}-2)(\sqrt{x}+2)}{(x-4)(\sqrt{x}+2)}=\lim\limits_{x\to 4}\dfrac{x-4}{(x-4)(\sqrt{x}+2)}=\lim\limits_{x\to 4}\dfrac{1}{\sqrt{x}+2}=\dfrac{1}{4}$；

（2）原式 $=\lim\limits_{x\to 0}\dfrac{x(\sqrt{x+1}+1)}{(\sqrt{x+1}-1)(\sqrt{x+1}+1)}=\lim\limits_{x\to 0}\dfrac{x(\sqrt{x+1}+1)}{x}=\lim\limits_{x\to 0}(\sqrt{x+1}+1)=2$.

习题 2.3

1. 求下列各式的极限.

（1）$\lim\limits_{n\to\infty}\dfrac{3n^2-2n+5}{4n^2+n-3}$；　　（2）$\lim\limits_{n\to\infty}\left(\dfrac{n^3}{2n^2-1}-\dfrac{n^2}{2n-1}\right)$.

2. 求下列各式的极限.

（1）$\lim\limits_{n\to\infty}(\sqrt{n^2+1}-n)$；　　（2）$\lim\limits_{n\to\infty}(\sqrt{n+1}-\sqrt{n})\sqrt{n}$.

3. 求下列各式的极限.

（1）$\lim\limits_{n\to\infty}\left[n\left(1-\dfrac{1}{3}\right)\left(1-\dfrac{1}{4}\right)\left(1-\dfrac{1}{5}\right)\cdots\left(1-\dfrac{1}{n+2}\right)\right]$；

（2）$\lim\limits_{n\to\infty}\left(\dfrac{3}{n^2}+\dfrac{7}{n^2}+\dfrac{11}{n^2}+\cdots+\dfrac{4n-1}{n^2}\right)$；

（3）$\lim\limits_{n\to\infty}\dfrac{1+\dfrac{1}{2}+\dfrac{1}{4}+\cdots+\dfrac{1}{2^{n-1}}}{1+\dfrac{1}{3}+\dfrac{1}{9}+\cdots+\dfrac{1}{3^{n-1}}}$.

4. 已知$\lim\limits_{n\to\infty}\left(\frac{n^2+1}{n+1}-an-b\right)=0$，求 a，b 的值.

5. 求下列各式的极限.

（1）$\lim\limits_{n\to\infty}\frac{\sin n\theta}{n}$；（2）$\lim\limits_{n\to\infty}n\left(\frac{1}{n^2+\pi}+\frac{1}{n^2+2\pi}+\cdots+\frac{1}{n^2+n\pi}\right)$.

6. 求下列各式的极限.

（1）$\lim\limits_{x\to\infty}\frac{x^2+3x+2}{x^2-1}$；（2）$\lim\limits_{x\to\infty}\frac{3x^2-11x+6}{2x^2-5x-3}$.

7. 求下列各式的极限.

（1）$\lim\limits_{x\to-1}(2x^3+3x+4)$；（2）$\lim\limits_{x\to1}\frac{2x}{1+x+x^2}$.

8. 求下列各式的极限.

（1）$\lim\limits_{x\to1}\frac{3x^2-11x+6}{2x^2-5x-3}$；（2）$\lim\limits_{x\to1}\frac{x^2-2x+1}{x^3-1}$.

9. 求下列各式的极限.

（1）$\lim\limits_{x\to3}\frac{\sqrt{x-1}-\sqrt{2}}{x-3}$；（2）$\lim\limits_{x\to+\infty}(\sqrt{x+1}-\sqrt{x})$.

第四节　两个重要极限（推理过程作为选学）

下面我们讨论在微积分中常常用到的两个重要极限.

1. 重要极限 I　$\lim\limits_{x\to0}\frac{\sin x}{x}=1$　　（2－1）

观察当 $x\to0$ 时函数的变化趋势：

x（弧度）	0.50	0.10	0.05	0.04	0.03	0.02	…
$\frac{\sin x}{x}$	0.9585	0.9983	0.9996	0.9997	0.9998	0.9999	…

当x 取正值趋近于 0 时，$\frac{\sin x}{x}\to1$，即$\lim\limits_{x\to0^+}\frac{\sin x}{x}=1$；

当 x 取负值趋近于 0 时，$-x\to0$，$-x>0$，$\sin(-x)>0$. 于是

$$\lim_{x\to0^-}\frac{\sin x}{x}=\lim_{-x\to0^+}\frac{\sin(-x)}{(-x)}.$$

综上所述，得$\lim\limits_{x\to0}\frac{\sin x}{x}=1$.

推广：若$\lim\limits_{x\to a}\varphi(x)=0$（$a$ 可以是有限数 x_0，$\pm\infty$或∞），则

$$\lim_{x\to a}\frac{\sin[\varphi(x)]}{\varphi(x)}=\lim_{\varphi(x)\to0}\frac{\sin[\varphi(x)]}{\varphi(x)}=1.$$

例 2.4.1　求下列极限.

(1) $\lim\limits_{x\to0}\dfrac{\sin3x}{x}$;　　(2) $\lim\limits_{x\to0}\dfrac{\tan x}{x}$;

(3) $\lim\limits_{x\to0}\dfrac{1-\cos x}{x^2}$;　　(4) $\lim\limits_{x\to0}\dfrac{\tan x-\sin x}{x^3}$.

解：(1) 原式 $=\lim\limits_{x\to0}\dfrac{3\sin3x}{3x}=3\lim\limits_{t\to0}\dfrac{\sin3x}{3x}=3\times1=3$;

(2) 原式 $=\lim\limits_{x\to0}\dfrac{\dfrac{\sin x}{\cos x}}{x}=\lim\limits_{x\to0}\left(\dfrac{\sin x}{x}\cdot\dfrac{1}{\cos x}\right)=\lim\limits_{x\to0}\dfrac{\sin x}{x}\cdot\lim\limits_{x\to0}\dfrac{1}{\cos x}=1\times1=1$;

(3) 原式 $=\lim\limits_{x\to0}\dfrac{2\sin^2\dfrac{x}{2}}{x^2}=\lim\limits_{x\to0}\dfrac{\sin^2\dfrac{x}{2}}{2\left(\dfrac{x}{2}\right)^2}=\lim\limits_{x\to0}\left(\dfrac{1}{2}\cdot\dfrac{\sin\dfrac{x}{2}}{\dfrac{x}{2}}\cdot\dfrac{\sin\dfrac{x}{2}}{\dfrac{x}{2}}\right)=\dfrac{1}{2}$;

(4) 原式 $=\lim\limits_{x\to0}\dfrac{\dfrac{\sin x}{\cos x}-\sin x}{x^3}=\lim\limits_{x\to0}\dfrac{\sin x\cdot\dfrac{1-\cos x}{\cos x}}{x^3}=\lim\limits_{x\to0}\dfrac{\sin x}{x}\cdot\lim\limits_{x\to0}\dfrac{1}{\cos x}\cdot\lim\limits_{x\to0}\dfrac{1-\cos x}{x^2}=1\times$

$\dfrac{1}{2}=\dfrac{1}{2}$.

例 2.4.2　求下列极限.

(1) $\lim\limits_{x\to\infty}x\sin\dfrac{1}{x}$;　　(2) $\lim\limits_{x\to1}\dfrac{\cos\dfrac{\pi x}{2}}{1-x}$.

解：(1) 设 $\dfrac{1}{x}=t$，则 $x=\dfrac{1}{t}$. 因为 $x\to\infty$，所以 $t\to0$.

原式 $=\lim\limits_{t\to0}\dfrac{1}{t}\sin t=\lim\limits_{t\to0}\dfrac{\sin t}{t}=1$.

(2) 设 $1-x=t$，则 $x=1-t$. 因为 $x\to1$，所以 $t\to0$.

$$\text{原式}=\lim_{t\to0}\frac{\cos\left(\dfrac{\pi}{2}-\dfrac{\pi}{2}t\right)}{t}=\lim_{t\to0}\frac{\sin\dfrac{\pi}{2}t}{t}=\frac{\pi}{2}\lim_{t\to0}\frac{\sin\dfrac{\pi}{2}t}{\dfrac{\pi}{2}t}=\frac{\pi}{2}\times1=\frac{\pi}{2}.$$

2. 重要极限Ⅱ　$\lim\limits_{x\to\infty}\left(1+\dfrac{1}{x}\right)^x=\mathrm{e}$　　(2-2)

观察当 $x\to+\infty$ 时函数的变化趋势：

x	1	2	10	1000	10000	100000	1000000	…
$(1+\frac{1}{x})^x$	2	2.25	2.594	2.717	2.7181	2.7182	2.71828	…

当x取正值并无限增大时，$(1+\frac{1}{x})^x$是逐渐增大的，但是不论x如何大，$(1+\frac{1}{x})^x$的值总不会超过3. 实际上如果继续增大x，即当$x\to+\infty$时，可以验证$(1+\frac{1}{x})^x$趋近于一个确定的无理数e, e = 2.718281828…

当$x\to-\infty$时，函数$(1+\frac{1}{x})^x$有类似的变化趋势，只是它是逐渐减小而趋向于e.

综上所述，得$\lim\limits_{x\to\infty}(1+\frac{1}{x})^x=\mathrm{e}$.

注意：(2-2)式的特点：

(1) 形如$(1+\text{无穷小})^{\text{无穷大}}$，它是"$1^\infty$"型不定式；

(2) "无穷小"与"无穷大"的解析式互为倒数.

推广：(1) 若$\lim\limits_{x\to a}\varphi(x)=\infty$，(a 可以是有限数$x_0$，$\pm\infty$或$\infty$)，则

$$\lim_{x\to a}\left(1+\frac{1}{\varphi(x)}\right)^{\varphi(x)}=\lim_{\varphi(x)\to\infty}\left[1+\frac{1}{\varphi(x)}\right]^{\varphi(x)}=\mathrm{e}.$$

(2) 若$\lim\limits_{x\to a}\varphi(x)=0$，($a$ 可以是有限数x_0，$\pm\infty$或∞)，则

$$\lim_{x\to a}\left[1+\varphi(x)\right]^{\frac{1}{\varphi(x)}}=\lim_{\varphi(x)\to 0}\left[1+\varphi(x)\right]^{\frac{1}{\varphi(x)}}=\mathrm{e}.$$

如果(2-2)式中，令$\frac{1}{x}=t$，则$x\to\infty$时$t\to 0$，代入后得到

$$\lim_{t\to 0}(1+t)^{\frac{1}{t}}=\mathrm{e}.$$

例 2.4.3 求下列极限.

(1) $\lim\limits_{x\to\infty}(\frac{x+1}{x})^{-x}$；　(2) $\lim\limits_{x\to 0}(\frac{1+2x}{1-2x})^{\frac{1}{x}}$；　(3) $\lim\limits_{x\to 0}(1+\sin x)^{-\csc x}$.

解：(1) 原式$=\lim\limits_{x\to\infty}\left[(1+\frac{1}{x})^x\right]^{-1}=\mathrm{e}^{-1}=\frac{1}{\mathrm{e}}$.

(2) 原式$=\lim\limits_{x\to 0}\left[(1+\frac{4x}{1-2x})^{\frac{1-2x}{4x}}\right]^{\frac{4x}{1-2x}\cdot\frac{1}{x}}=\mathrm{e}^{\lim\limits_{x\to 0}\frac{4}{1-2x}}=\mathrm{e}^4$.

(3) 原式$=\lim\limits_{x\to 0}\left[(1+\sin x)^{\frac{1}{\sin x}}\right]^{-1}=\mathrm{e}^{-1}=\frac{1}{\mathrm{e}}$.

例 2.4.4 求下列极限.

(1) $\lim\limits_{x\to\infty}(1-\frac{2}{x})^x$；　(2) $\lim\limits_{x\to\infty}(\frac{3-x}{2-x})^x$.

解：（1）设 $-\frac{2}{x}=t$，则 $x=-\frac{2}{t}$. 因为 $x\to\infty$，所以 $t\to 0$.

$$原式=\lim_{t\to 0}(1+t)^{-\frac{2}{t}}=[\lim_{t\to 0}(1+t)^{\frac{1}{t}}]^{-2}=\frac{1}{e^2}.$$

（2）设 $\frac{3-x}{2-x}=1+u$，则 $x=2-\frac{1}{u}$. 因为 $x\to\infty$，所以 $u\to 0$.

$$原式=\lim_{u\to 0}(1+u)^{2-\frac{1}{u}}=\lim_{u\to 0}[(1+u)^{-\frac{1}{u}}\cdot(1+u)^2]$$

$$=[\lim_{u\to 0}(1+u)^{\frac{1}{u}}]^{-1}\cdot[\lim_{u\to 0}(1+u)^2]=\frac{1}{e}.$$

例 2.4.5　求下列极限.

（1）$\lim\limits_{x\to 0}\frac{\ln(1+x)}{x}$；　（2）$\lim\limits_{x\to 0}\frac{e^x-1}{x}$.

解：（1）原式 $=\lim\limits_{x\to 0}\ln(1+x)^{\frac{1}{x}}=\ln e=1$.

（2）设 $e^x-1=t$，则 $x=\ln(1+t)$，因为 $x\to 0$，所以 $t\to 0$.

$$原式=\lim_{t\to 0}\frac{t}{\ln(1+t)}=\frac{1}{\lim\limits_{t\to 0}\frac{\ln(1+t)}{t}}=\frac{1}{1}=1.$$

重要极限Ⅱ也可以用于连续复利的本利和及现值的计算.

设有本金 A_0，年利率为 r，则一年后得利息 A_0r，本利和为

$$A_0+A_0r=A_0(1+r),$$

n 年后得利息 nA_0r，本利和为

$$A_0+nA_0r=A_0(1+nr).$$

这是单利的利息计算公式.

现在，如果将第一年所得的利息第二年归入本金按原定利率计息，则第二年开始时，本金为 $A_0(1+r)$，第二年后得利息 $A_0(1+r)r$，本利和应为

$$A_0(1+r)+A_0(1+r)r=A_0(1+r)^2.$$

依此类推，n 年后应得本利和 $A_0(1+r)^n$，这就是一般复利的计算.

进一步，如果要求一年结算两次，则半年后得利息 $A_0\cdot\frac{r}{2}$，本利和为

$$A_0+A_0\cdot\frac{r}{2}=A_0(1+\frac{r}{2}).$$

下半年得利息 $A_0(1+\frac{r}{2})\cdot\frac{r}{2}$，一年后的本利和为

$$A_0(1+\frac{r}{2})+A_0(1+\frac{r}{2})\cdot\frac{r}{2}=A_0(1+\frac{r}{2})^2.$$

如果要求一年结算 3 次，类似地可算出一年后的本利和为 $A_0\left(1+\frac{r}{3}\right)^3$.

一般地，如果要求一年结算 m 次，一年后的本利和就是 $A_0\left(1+\frac{r}{m}\right)^m$.

考虑到资金周转过程是不断持续地进行的，计算利息分期越细越合理，则应让 $m\to\infty$，这恰是重要极限Ⅱ，即一年后的本利和应为

$$A_1=\lim_{m\to\infty}A_0\left(1+\frac{r}{m}\right)^m=A_0\mathrm{e}^r.$$

因此两年后的本利和为 $A_2=A_1\mathrm{e}^r=A_0\mathrm{e}^{2r}$.

n 年后的本利和则为 $A_n=A_0\mathrm{e}^{nr}$.

这就是连续复利公式.

以上讨论的利息计算问题，在财务决策中有重要应用. 进行财务决策时，一定要有利息的概念. 按单利计算，现在的 A 元，n 年后值 $A(1+nr)$元，因此，n 年后的 A 元，现在只值$\frac{A}{1+nr}$元，$A(1+nr)$元称为 A 元 n 年后的**未来值**，$\frac{A}{1+nr}$元称为 n 年后 A 元的**现值**.

同样，若按复利计算，现在的 A 元，n 年后的未来值是 $A(1+r)^n$ 元；n 年后的 A 元，现值则是 $A(1+r)^{-n}$元.

按连续复利计算，现在的 A 元，n 年后的未来值是 $A\mathrm{e}^{nr}$元；n 年后的 A 元，现值为 $A\mathrm{e}^{-nr}$元.

因此，发生在不同时刻的现金收益不能简单相比，必须折算到相同的时刻，这就叫金钱的时间因素. 注意，在复利和连续复利的情况下，时间因素的影响特别显著. 如果时间长，利率稍有变动，未来收益的现值就可能差很多，时间越长，差距越大.

例 2.4.6 若企业有一笔收益，现在收回可得 10 万元，推迟两年收回则可得 12.5 万元，究竟应该选择哪个方案，就需用现值的公式做比较. 按连续复利计算，两年后的 12.5 万元的现值为

$$A_0=12.5\mathrm{e}^{-2r}$$

对不同的 r 值，计算出 A_0.

r(%)	6	8	12	15	18
A_0	11.09	10.65	9.83	9.26	8.72

我们看到，如果利率较低，例如 $r=6\%$，推迟两年是有利的，因为两年后获得的 12.5 万元，现值为 11.09 万元，超过 10 万元；如果利率较高，就要慎重考虑；如果利率很高，推迟的决策可能是错误的.

习题 2.4

1. 求下列各题的极限.

(1) $\lim\limits_{x\to0}\dfrac{\sin3x}{5x}$;　　(2) $\lim\limits_{x\to0}\dfrac{\sin3x}{\sin5x}$;

(3) $\lim\limits_{x\to0}\dfrac{\sin x\tan x}{x^2}$;　　(4) $\lim\limits_{x\to1}\dfrac{\sin(1-x)}{1-x^2}$.

2. 求下列各题的极限.

(1) $\lim\limits_{x\to\infty}\left(1+\dfrac{2}{x}\right)^{x}$;　　(2) $\lim\limits_{x\to\infty}\left(1+\dfrac{1}{x}\right)^{x+2}$;

(3) $\lim\limits_{x\to\infty}\left(1-\dfrac{1}{x}\right)^{2x}$;　　(4) $\lim\limits_{x\to\infty}\left(1-\dfrac{1}{x^2}\right)^{x}$.

3. 设本金为 10 万元，年利率为 2.5%，若一月结算一次，试分别按复利和连续复利公式计算满 8 年的本利和.

4. 若年利率为 2.5%，按连续复利计算，现值为多少时，10 年后的本利和为 2.5 万元?

第五节　函数的连续性及相关性质

连续函数不仅是微积分的研究对象，而且微积分中的主要概念、定理、公式、法则等，往往要求函数具有连续性. 本节将以极限为基础介绍连续函数的概念、运算及一些性质.

一、函数在某一点处的连续性

在日常生活中，我们往往会遇到以下两种变化情况：一种是连续变化的情况，如水银柱高度随温度的改变而连续变化；另一种变化情况是间断的或跳跃的，如邮费随邮件重量的增加而作阶梯式的增加. 这些例子启发我们去研究函数连续与不连续的问题.

例 2.5.1　画出下列函数的图像，并讨论各函数在 $x=1$ 处的特点.

(1) $f(x)=x+1$;　　(2) $f(x)=\dfrac{x^2-1}{x-1}$;

(3) $f(x)=\begin{cases}x+1, & x>1\\ x-1, & x\leqslant1\end{cases}$;　　(4) $f(x)=\begin{cases}x+1, & x\neq1\\ 1, & x=1\end{cases}$.

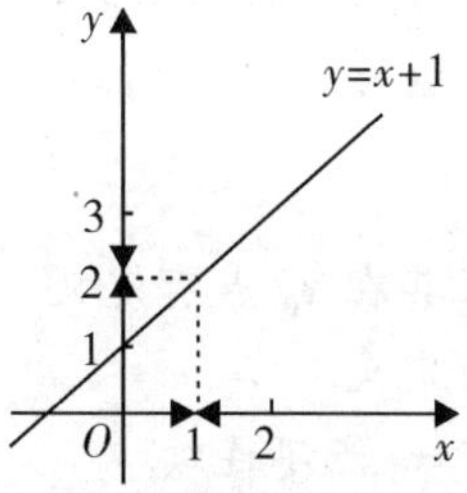

图 2－2

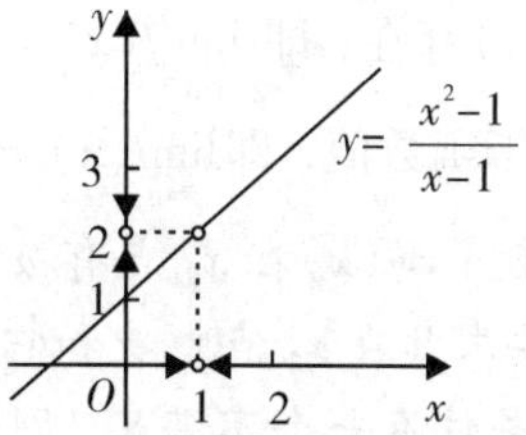

图 2－3

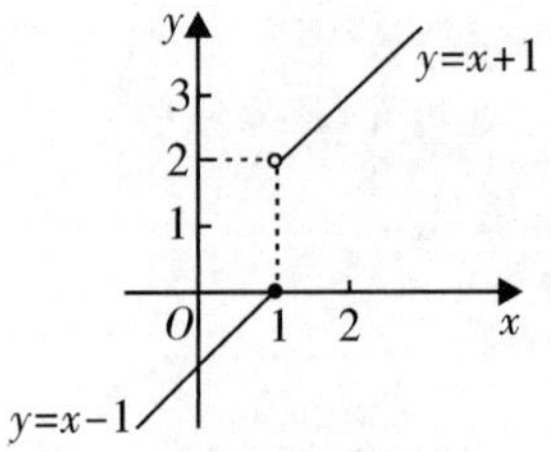

图 2-4

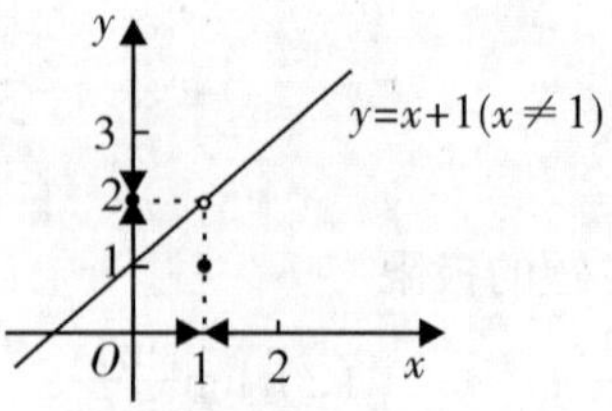

图 2-5

分析:

(1) 函数 $f(x)=x+1$ 在 $x=1$ 处有定义，图像(如图 2-2)在对应于自变量 $x=1$ 的点处是不间断的或者说是连续的. 在数量上，$f(x)$ 在 $x=1$ 处的极限与函数值相等，即成立 $\lim\limits_{x\to 1}f(x)=f(1)$.

(2) 函数 $f(x)=\dfrac{x^2-1}{x-1}$ 在 $x=1$ 处无定义，图像(如图 2-3)在对应于自变量 $x=1$ 的点处是间断的或者说是不连续的. 在数量上，$\lim\limits_{x\to 1}f(x)=2$ 虽然存在，但 $f(1)$ 无意义，所以两者没有相等关系.

(3) 函数 $f(x)=\begin{cases}x+1, & x>1\\ x-1, & x\leqslant 1\end{cases}$ 在 $x=1$ 处有定义，图像(如图 2-4)在对应于自变量 $x=1$ 的点处是间断的或者说是不连续的. 在数量上，$\lim\limits_{x\to 1^+}f(x)$，$\lim\limits_{x\to 1^-}f(x)$ 存在却不相等，因此 $\lim\limits_{x\to 1}f(x)$ 不存在，所以 $f(x)$ 在 $x=1$ 处的极限值与函数值没有相等关系.

(4) 函数 $f(x)=\begin{cases}x+1, & x\neq 1\\ 1, & x=1\end{cases}$ 在 $x=1$ 处有定义，图像(如图 2-5)在对应于自变量 $x=1$ 的点处是间断的或者说是不连续的. 在数量上，$\lim\limits_{x\to 1}f(x)=2$ 虽然存在，但 $f(1)=1$，所以两者没有相等关系.

从上可知，所谓“函数的连续变化”，从直观上来看，它的图像是连续不断的，或者说“可以笔尖不离纸面地一笔画成”；从数量上分析，当自变量的变化微小时，函数值的变化也是很微小的，即函数在某点处的极限值等于这点处的函数值.

定义 2.5.1 设函数 $y=f(x)$ 在 x_0 的某一个邻域 $U(x_0,\delta)$ 内有定义，若 $\lim\limits_{x\to x_0}f(x)=f(x_0)$，则称函数 $f(x)$ 在 x_0 处**连续**，称 x_0 为函数 $f(x)$ 的**连续点**.

从定义 2.5.1 可以看出，函数 $f(x)$ 在 x_0 处连续必须同时满足以下三个条件:

(1) 函数 $y=f(x)$ 在 x_0 的一个邻域内有定义，即有确定的函数值；

(2) 极限 $\lim\limits_{x\to x_0}f(x)$ 存在，即 $\lim\limits_{x\to x_0^-}f(x)=\lim\limits_{x\to x_0^+}f(x)=A$；

(3) 极限值等于函数值，即 $\lim\limits_{x\to x_0}f(x)=A=f(x_0)$.

注意：(1) 函数 $y=f(x)$ 在 x_0 点有极限并不要求其在 x_0 点有定义，而函数 $y=f(x)$ 在点 $x=x_0$ 连续，则要求其在 x_0 点本身和它的邻域内有定义.

(2) 如果三个条件有一个不满足，则函数 $f(x)$ 在 x_0 点不连续.

例 2.5.2　试讨论函数 $f(x)=x^2+1$ 在 $x=2$ 处的连续性.

解：　因为函数 $f(x)=x^2+1$ 在 $x=2$ 及其附近有定义. $f(2)=5$，$\lim\limits_{x\to2}f(x)=\lim\limits_{x\to2}(x^2+1)=5$，$\lim\limits_{x\to2}f(x)=5=f(2)$.

所以函数 $f(x)=x^2+1$ 在 $x=2$ 处连续.

例 2.5.3　讨论函数 $f(x)=\begin{cases}x\cos\dfrac{1}{x}+1, & x\neq0\\ 1, & x=0\end{cases}$ 在 $x=0$ 处的连续性.

解：　因为 $\lim\limits_{x\to0}f(x)=\lim\limits_{x\to0}(x\cos\dfrac{1}{x}+1)=1$，$f(0)=1$，即 $\lim\limits_{x\to0}f(x)=1=f(0)$，

所以函数 $f(x)$ 在 $x=0$ 处连续.

例 2.5.4　讨论函数 $f(x)=\begin{cases}x, & 0\leqslant x<1\\ 1, & x=1\\ 2-x, & 1<x\leqslant2\end{cases}$ 在 $x=1$ 处的连续性.

解：　因为 $f(x)$ 在点 $x=1$ 处有意义，且 $f(1)=1$，

$\lim\limits_{x\to1^-}f(x)=\lim\limits_{x\to1^-}x=1$，$\lim\limits_{x\to1^+}f(x)=\lim\limits_{x\to1^+}(2-x)=1$，

即 $\lim\limits_{x\to1^-}f(x)=\lim\limits_{x\to1^+}f(x)=1$，

$\lim\limits_{x\to1}f(x)=1=f(1)$，

所以函数 $f(x)$ 在 $x=1$ 处连续.

相应于函数在点 x_0 处的左、右极限的概念，可以给出函数在点 x_0 处的左、右连续的定义.

定义 2.5.2　如果函数 $y=f(x)$ 在 x_0 及其左半邻域 $(x_0-\delta, x_0)$ 有定义，且 $\lim\limits_{x\to x_0^-}f(x)=f(x_0)$，则称函数 $y=f(x)$ 在 x_0 处**左连续**；如果函数 $y=f(x)$ 在 x_0 及其右半邻域 $(x_0, x_0+\delta)$ 有定义，且 $\lim\limits_{x\to x_0^+}f(x)=f(x_0)$，则称函数 $y=f(x)$ 在 x_0 处**右连续**.

定理 2.5.1　函数 $y=f(x)$ 在 x_0 处连续的充分必要条件是 $y=f(x)$ 在点 x_0 处既左连续又右连续.

例 2.5.5　讨论函数 $f(x)=\begin{cases}1+\cos x, & x<\dfrac{\pi}{2}\\ \sin x, & x\geqslant\dfrac{\pi}{2}\end{cases}$ 在 $x=\dfrac{\pi}{2}$ 处的连续性.

解：　因为 $\lim\limits_{x\to(\frac{\pi}{2})^-}f(x)=\lim\limits_{x\to(\frac{\pi}{2})^-}(1+\cos x)=1=f\left(\dfrac{\pi}{2}\right)$，$\lim\limits_{x\to(\frac{\pi}{2})^+}f(x)=\lim\limits_{x\to(\frac{\pi}{2})^+}\sin x=1=f(\dfrac{\pi}{2})$，

所以 $f(x)$ 在 $x=\dfrac{\pi}{2}$ 处既左连续又右连续.

所以 $f(x)$ 在 $x=\dfrac{\pi}{2}$ 处连续.

例 2.5.6　讨论函数 $f(x)=\begin{cases}x^2, & x\geqslant1\\ \dfrac{\sin x}{x}, & 0<x<1\end{cases}$ 在 $x=1$ 处的连续性.

解： 因为$\lim\limits_{x\to 1^-}f(x)=\lim\limits_{x\to 1^-}\frac{\sin x}{x}=\sin 1\neq f(1)=1$，即$f(x)$在$x=1$处没有左连续，所以函数$f(x)$在$x=1$处不连续.

二、连续函数的概念

定义 2.5.3 如果函数$y=f(x)$在开区间(a, b)内的每一点都是连续的，则称函数$y=f(x)$**在开区间(a, b)内连续**，或者说$y=f(x)$是(a, b)内的连续函数.

如果函数$y=f(x)$在闭区间$[a, b]$上有定义，在开区间(a, b)内连续，且在区间的两个端点$x=a$与$x=b$处分别是右连续和左连续，即$\lim\limits_{x\to a^+}f(x)=f(a)$，$\lim\limits_{x\to b^-}f(x)=f(b)$，则称函数$y=f(x)$**在闭区间$[a, b]$上连续**，或者说$f(x)$是闭区间$[a, b]$上的连续函数.

例如，函数$f(x)=1-x^2$在闭区间$[-1, 1]$上连续，而函数$f(x)=\frac{1}{x}$在开区间$(0, 1)$内连续，但在闭区间$[0, 1]$上不连续，因为它在点$x=0$处不是右连续.

函数$f(x)$在它定义域内的每一点都连续，则称$f(x)$为**连续函数**.

三、函数的间断点

定义 2.5.4 设函数$f(x)$在点x_0的某一去心邻域内有定义，在x_0处可有定义也可无定义，若函数$f(x)$在点x_0处不连续，则称点x_0是函数$f(x)$的一个**间断点**或**不连续点**.

由函数$f(x)$在点x_0连续的定义可知，函数$f(x)$在点x_0处不连续应至少有下列三种情形之一：

(1) $f(x)$在x_0处没有定义；

(2) $f(x)$在x_0处有定义，但极限$\lim\limits_{x\to x_0}f(x)$不存在；

(3) $f(x)$在x_0处有定义，极限$\lim\limits_{x\to x_0}f(x)$存在，但$\lim\limits_{x\to x_0}f(x)\neq f(x_0)$.

例如：(1) 函数$f(x)=\frac{1}{x}$在$x=0$处无定义，所以$x=0$是其间断点；

(2) 函数$f(x)=\begin{cases}x^2, & x\geqslant 0,\\ x+1, & x<0,\end{cases}$在$x=0$处有定义$f(0)=0$，但$\lim\limits_{x\to 0^+}f(x)=0$，$\lim\limits_{x\to 0^-}f(x)=1$，故$\lim\limits_{x\to 0}f(x)$不存在，所以$x=0$是$f(x)$的间断点；

(3) 函数$f(x)=\begin{cases}\frac{x^2-1}{x-1}, & x\neq 1,\\ 1, & x=1,\end{cases}$在$x=1$处有定义$f(1)=1$，但$\lim\limits_{x\to 1}f(x)=2$，即$\lim\limits_{x\to 1}f(x)\neq f(1)$，极限存在但不等于$f(1)$，所以$x=1$是$f(x)$的间断点.

四、闭区间上连续函数的性质

定义 2.5.5 设函数$f(x)$在集合X上有定义，如果有$x_0\in X$，且对于任意$x\in X$都有$f(x)\leqslant f(x_0)$或$f(x)\geqslant f(x_0)$，则称$f(x_0)$是函数$f(x)$在X上的最大值或最小值.

定理 2.5.2（最大值最小值定理） 闭区间上的连续函数必能取到最大值和最小值.

如图 2-6 是一个在闭区间$[a, b]$上的连续函数的图像，是包括两个端点的一条不间断的曲线，因此它必定有最高点 P 和最低点 Q，P 与 Q 的纵坐标正是函数的最大值和最小值.

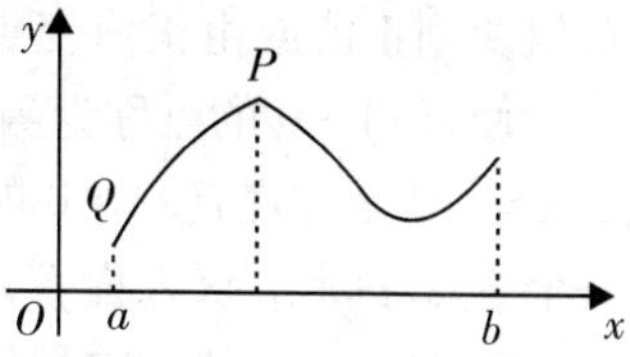

图 2-6

注意：如果函数仅在开区间(a, b)或半闭半开区间$(a, b]$、$[a, b)$内连续，或函数在闭区间$[a, b]$上有间断点，那么函数在该区间上就不一定有最大值或最小值.

例如：(1) 如图 2-7，函数 $y=x$ 在开区间(a, b)内是连续的，但函数在开区间(a, b)内就既无最大值，也无最小值.

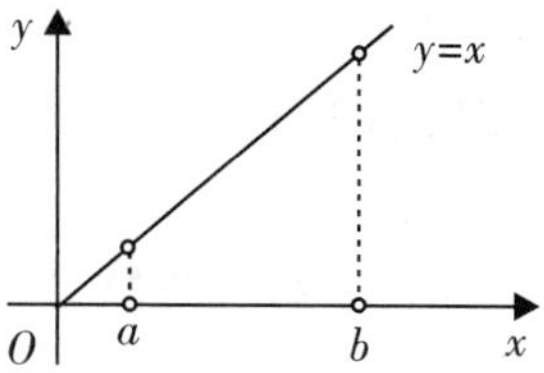

图 2-7

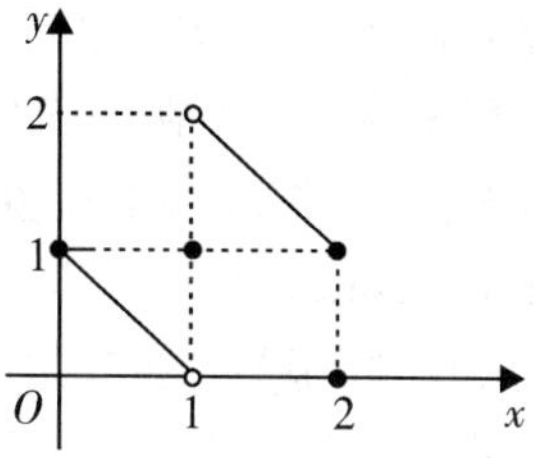

图 2-8

(2) 如图 2-8，函数 $f(x)=\begin{cases} -x+1, & 0\leqslant x<1 \\ 1, & x=1 \\ -x+3, & 1<x\leqslant 2 \end{cases}$ 在闭区间$[0, 2]$上有间断点 $x=1$，它在闭区间$[0, 2]$上也是既无最大值，又无最小值.

定理 2.5.3（介值定理） 若 $f(x)$ 在闭区间$[a, b]$上连续，m 与 M 分别是 $f(x)$ 在闭区间$[a, b]$上的最小值和最大值，u 是介于 m 与 M 之间的任一实数，$m\leqslant u\leqslant M$，则在$[a, b]$上至少存在一点 ξ，使得 $f(\xi)=u$.

介值定理的几何意义：如图 2-9，介于两条水平直线 $y=m$ 与 $y=M$ 之间的任一条直线 $y=u$ 与 $y=f(x)$ 的图像曲线至少有一个交点.

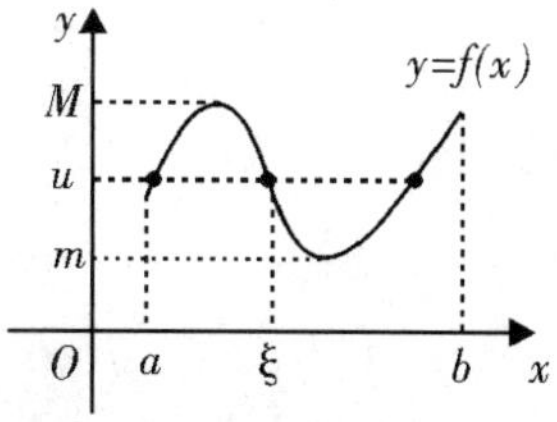

图 2-9

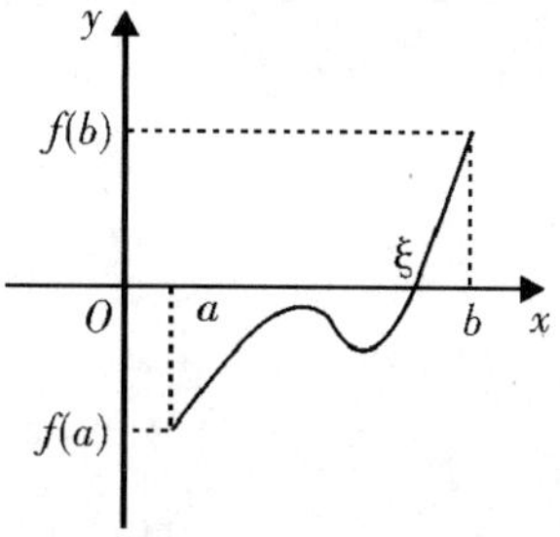

图 2-10

定理 2.5.4（零点存在定理） 若 $f(x)$ 在闭区间$[a, b]$上连续，且 $f(a)$ 与 $f(b)$ 异号，则在(a, b)内至少有一个根，即至少存在一点 ξ，使 $f(\xi)=0$.

零点存在定理的几何意义：如图 2－10 所示的一条连续曲线，若其上的点的纵坐标由负值变到正值或由正值变到负值时，则曲线至少要穿过x 轴一次.

使$f(x)=0$ 的点称为函数 $y=f(x)$的零点. 如果 $x=\xi$ 是函数$f(x)$的零点，即$f(\xi)=0$，那么 $x=\xi$ 就是方程$f(x)=0$ 的一个实根；反之方程$f(x)=0$ 的一个实根 $x=\xi$ 就是函数$f(x)$的一个零点. 因此，求方程$f(x)=0$ 的实根与求函数$f(x)$的零点是一回事. 正因为如此，定理 2.5.4的推论通常称为**方程根的存在定理**.

例 2.5.7　证明方程 $x^3-3x=1$ 在区间$(1, 2)$内至少有一根.

证明：设$f(x)=x^3-3x-1$，易知函数$f(x)$在闭区间$[1, 2]$上连续，

又$f(1)=-3<0, f(2)=1>0$.

根据零点存在定理，在$(1, 2)$内至少存在一点 ξ，使得$f(\xi)=0$，

即$\xi^3-3\xi-1=0 \quad (1<\xi<2)$.

即是说方程 $x^3-3x=1$ 在区间$(1, 2)$内至少有一根 ξ.

例 2.5.8　证明方程 $x-2\sin x=1$ 至少有一个正根小于 3.

证明：设$f(x)=x-2\sin x-1$.

因为$f(x)$为初等函数，在其定义区间$(-\infty, +\infty)$内连续，

所以$f(x)$在$[0, 3]$上连续.

又因为$f(0)=-1<0, f(3)=3-2\sin 3-1>0$，

所以根据零点定理，在$(0, 3)$内至少存在一个 ξ，使得$f(\xi)=0$，

即方程 $x-2\sin x=1$ 至少有一个正根小于 3.

习题 2.5

1. 求下列函数的间断点.

(1) $y=\dfrac{1}{(x-3)^2}$；　(2) $y=\dfrac{1-x^2}{x^2-3x+2}$.

2. 函数$f(x)=\begin{cases} x^2, & x\leqslant 0 \\ x+1, & x>0 \end{cases}$在点 $x=0$ 处是否连续？

3. 证明方程 $x^4+7x=3x^2+10$ 在$(1, 2)$内至少有一实数根.

第三章　导数与微分

微分学是微积分的重要组成部分，它的基本概念是导数与微分，其中导数反映出函数相对于自变量的变化快慢的程度，而微分则指明当自变量有微小变化时，函数大体上变化多少.

在这一章中，我们主要讨论导数和微分的概念以及它们的计算方法，至于导数的应用，将在第四章讨论.

第一节　导数的概念

为了说明微分学的基本概念——导数，我们先讨论两个问题：瞬时速度问题和切线问题.

一、引例

1. 瞬时速度问题

在物理学中，已知物体做匀速直线运动时，物体的位移 s 与所经过的时间 t 的比，就是物体运动的速度 v，即

$$v=\frac{s}{t}.$$

这个速度在匀速直线运动过程中的任何时刻都是一样的.

如果物体作非匀速直线运动，也就是说，在运动过程的各个时刻，物体运动的快慢不一样，这时，设已知物体的运动规律为 $s=s(t)$，从 t_0 到 $t_0+\Delta t$（Δt 称为时间改变量）这段时间内，物体的位移（即位置改变量）是

$$\Delta s=s(t_0+\Delta t)-s(t_0),$$

那么，位置改变量 Δs 与时间改变量 Δt 的比，就是这段时间内物体的平均速度 $\bar{v}$，即

$$\bar{v}=\frac{\Delta s}{\Delta t}=\frac{s(t_0+\Delta t)-s(t_0)}{\Delta t},$$

平均速度的大小反映在这段时间内物体运动快慢的平均程度.

为了更精确地刻画非匀速运动，还需知道物体在某一时刻的“速度”，即所谓瞬时速度，这个瞬时速度怎样求呢？

下面以自由落体运动为例，来说明作非匀速直线运动的物体在某一时刻的瞬时速度的求法.

自由落体的运动规律是

$$s=s(t)=\frac{1}{2}gt^2,$$

其中 g 是重力加速度，通常取 $g=9.8$ 米/秒^2. 现在来求 $t=3$ 秒这一时刻落体的“速度”.

先考察从 $t=3$ 到 $t=3+\Delta t$ 这段时间内的运动情况.

从 $t=3$ 到 $t=3+\Delta t$ 所经历的时间为

$$(3+\Delta t)-3=\Delta t,$$

在这段时间内落体所走的路程记为 Δs，则

$$\begin{aligned}\Delta s&=\frac{1}{2}g(3+\Delta t)^2-\frac{1}{2}g\cdot 3^2\\&=3g\Delta t+\frac{1}{2}g(\Delta t)^2,\end{aligned}$$

因此，在这段时间内落体运动的平均速度是

$$\begin{aligned}\bar{v}&=\frac{\Delta s}{\Delta t}\\&=\frac{3g\Delta t+\frac{1}{2}g(\Delta t)^2}{\Delta t}\\&=3g+\frac{1}{2}g\cdot\Delta t.\end{aligned}$$

当 Δt 很小时，从 3 秒到 $3+\Delta t$ 秒这段时间内落体运动的快慢变化也不大，因此，可以用这段时间内的平均速度近似地反映落体在 3 秒时的“速度”. 当 Δt 越小时，一般来讲，这种近似就越精确. 现在我们计算一下 t 从 3 秒分别到 3.1 秒、3.01 秒、3.001 秒、3.0001 秒… 各段时间内的平均速度，把所得数据列表如下：

t(秒)	s(米)	Δt(秒)	Δs(米)	$\bar{v}=\frac{\Delta s}{\Delta t}$(米/秒)
3	$4.5g$			
3.1	$4.805g$	0.1	$0.305g$	$3.05g$
3.01	$4.53005g$	0.01	$0.03005g$	$3.005g$
3.001	$4.5030005g$	0.001	$0.0030005g$	$3.0005g$
3.0001	$4.500300005g$	0.0001	$0.000300005g$	$3.00005g$
…	…	…	…	…

从上表可以看出，平均速度$\frac{\Delta s}{\Delta t}$随着 Δt 变化而变化，当 Δt 越小时，$\frac{\Delta s}{\Delta t}$越接近一个定值 $3g$. 这个值就是 $\Delta t\to 0$ 时$\frac{\Delta s}{\Delta t}$的极限. 我们规定这个极限为落体在 $t=3$ 秒时的速度，也叫“瞬时速度”，用 v 表示，根据求极限的法则，得

$$v=\lim_{\Delta t\to 0}\frac{\Delta s}{\Delta t}=\lim_{\Delta t\to 0}(3g+\frac{1}{2}g\Delta t)=3g=29.4(\text{米/秒}).$$

一般地，我们规定，非匀速直线运动在某一时刻 t_0 的瞬时速度 v，就是运动物体在 t_0 到 $t_0+\Delta t$ 一段时间内的平均速度在 $\Delta t\to 0$ 时的极限，即

$$v=\lim_{\Delta t\to 0}\frac{\Delta s}{\Delta t}=\lim_{\Delta t\to 0}\frac{s(t_0+\Delta t)-s(t_0)}{\Delta t}.$$

平均速度$\frac{\Delta s}{\Delta t}$在 $\Delta t\to 0$ 时转化为瞬时速度，瞬时速度的大小刻画了物体在某一时刻运动的快慢，在这个过程中，我们建立了瞬时速度的概念，同时也提供了实际计算它的程序.

2. 切线问题

相切是微分学的重要概念，是在任意小的邻域内研究问题，简单地说，切线是割线的极限位置. 下面给出切线的定义.

设有曲线 C 及 C 上的一点 M(图 3 - 1)，在点 M 外另取 C 上一点 N，作割线 MN. 当点 N 沿曲线 C 趋于点 M 时，如果割线 MN 绕点 M 旋转而趋于极限位置 MT，直线 MT 就称为曲线 C 在点 M 处的切线. 这里极限位置的含义是：只要弦长$|MN|$趋于零，$\angle NMT$ 也趋于零.

现在就以曲线 C 为函数 $y=f(x)$的图像的情形来讨论切线问题. 设 $M(x_0,y_0)$是曲线 C 上的一个点(图 3 - 2)，则 $y_0=f(x_0)$. 根据上述定义要定出曲线 C 在点 M 处的切线，只要定出切线的斜率就行了. 为此，在点 M 外另取 C 上的一点 $N(x,y)$，于是割线 MN 的斜率为

$$\tan\varphi=\frac{y-y_0}{x-x_0}=\frac{f(x)-f(x_0)}{x-x_0}.$$

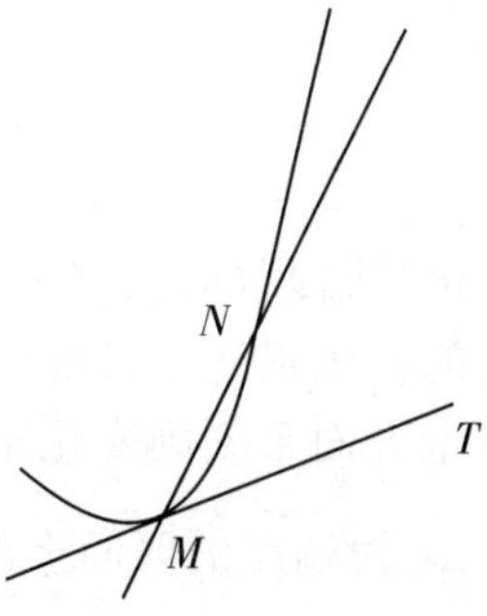

图 3 - 1

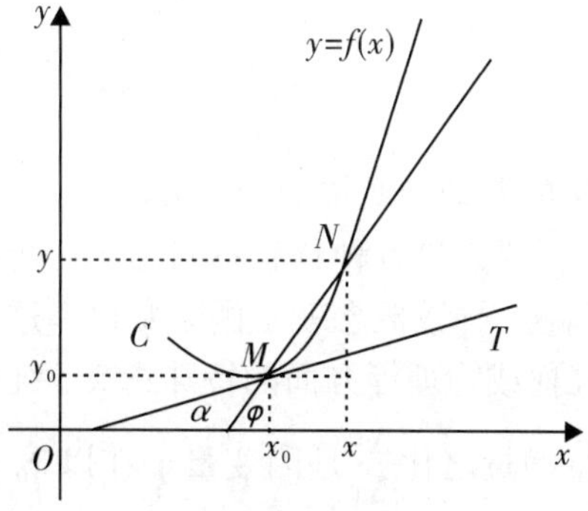

图 3 - 2

其中 φ 为割线 MN 的倾角. 当点 N 沿曲线 C 趋于点 M 时，$x \to x_0$，如果 $x \to x_0$ 时，上式的极限存在，设为 k，即 $k = \lim\limits_{x \to x_0} \dfrac{f(x) - f(x_0)}{x - x_0}$ 存在，则此极限 k 是割线斜率的极限，也就是切线的斜率. 这里 $k = \tan\alpha$，其中 α 是切线 MT 的倾角. 于是，通过点 $M(x_0, f(x_0))$ 且以 k 为斜率的直线 MT 便是曲线 C 在点 M 处的切线. 事实上，由 $\angle NMT = \varphi - \alpha$ 以及 $x \to x_0$ 时 $\varphi \to \alpha$，可见 $x \to x_0$ 时(这时 $|MN| \to 0$)，$\angle NMT \to 0$，因此直线 MT 确为曲线 C 在点 M 处的切线.

二、导数的定义

从前面的讨论中我们知道，要研究物体作非匀速直线运动时在某一时刻的快慢，就需要引进瞬时速度，也就是位移函数对时间的瞬时“变化率”(简称“变化率”)$v = \lim\limits_{\Delta t \to 0} \dfrac{\Delta s}{\Delta t}$ 的概念. 在实际问题中有很多这种函数变化率的模型，例如物理中的瞬时速度、化学反应速度、经济中的边际分析等等，因此，撇开具体实际意义，一般地从数量关系来研究函数的变化率，将对很多实际问题的解决具有普遍意义. 为此，我们引进一个新的数学概念——导数.

定义 3.1.1 设函数 $y = f(x)$ 在点 x_0 的某个邻域内有定义，当自变量 x 在 x_0 处取得增量 Δx(点 $x_0 + \Delta x$ 仍在该邻域内)时，相应地，函数 y 取得增量 $\Delta y = f(x_0 + \Delta x) - f(x_0)$；如果 $\dfrac{\Delta y}{\Delta x}$ 之比，当 $\Delta x \to 0$ 时的极限存在，则称函数 $y = f(x)$ 在点 x_0 处可导，并称这个极限为函数 $y = f(x)$ 在点 x_0 处的**导数**，记为 $y'|_{x=x_0}$，即

$$y'\Big|_{x=x_0} = \lim_{\Delta x \to 0} \frac{\Delta y}{\Delta x} = \lim_{\Delta x \to 0} \frac{f(x_0 + \Delta x) - f(x_0)}{\Delta x}. \qquad (3-1)$$

也可记作 $f'(x_0)$，$\dfrac{\mathrm{d}y}{\mathrm{d}x}\Big|_{x=x_0}$ 或 $\dfrac{\mathrm{d}f(x)}{\mathrm{d}x}\Big|_{x=x_0}$.

函数 $f(x)$ 在点 x_0 处可导有时也说成 $f(x)$ 在点 x_0 处具有导数或导数存在.

导数的定义式(3-1)也可采取不同的形式，常见的有

$$f'(x_0) = \lim_{h \to 0} \frac{f(x_0 + h) - f(x_0)}{h} \qquad (3-2)$$

和

$$f'(x_0) = \lim_{x \to x_0} \frac{f(x) - f(x_0)}{x - x_0}. \qquad (3-3)$$

(3-2)式中的 h 即自变量的增量 Δx.

在实际中，需要讨论各种具有不同意义的变量的变化“快慢”问题，在数学上就是所谓函数的变化率问题. 导数概念就是函数变化率这一概念的精确描述. 它撇开了自变量和因变量所代表的几何或物理等方面的特殊意义，纯粹从数量方面来刻画变化率的本质：因变量增量与自变量增量之比 $\dfrac{\Delta y}{\Delta x}$ 是因变量 y 在以 x_0 和 $x_0 + \Delta x$ 为端点的区间上的平均变化率，而导数 $y'\Big|_{x=x_0}$ 则是因变量在点 x_0 处的变化率，它反映了因变量随自变量的变化而变化的

快慢程度.

如果(3－1)极限不存在，就说函数 $y=f(x)$ 在点 x_0 处不可导. 如果不可导的原因是 $\Delta x\to 0$ 时，比式 $\frac{\Delta y}{\Delta x}\to\infty$，为了方便起见，也往往说函数 $y=f(x)$ 在点 x_0 处的导数为无穷大.

上面讲的是函数在一点处可导. 如果函数 $y=f(x)$ 在开区间 I 内的每点处都可导，就称函数 $f(x)$ 在开区间 I 内可导. 这时，对于任一 $x\in I$，都对应着 $f(x)$ 的一个确定的导数值，这样就构成了一个新的函数，这个函数叫作原来函数 $y=f(x)$ 的导函数，记作 y'，$f'(x)$，$\frac{\mathrm{d}y}{\mathrm{d}x}$ 或 $\frac{\mathrm{d}f(x)}{\mathrm{d}x}$.

在(3－1)式或(3－2)式中把 x_0 换成 x，即得导函数的定义式

$$y'=\lim_{\Delta x\to 0}\frac{f(x+\Delta x)-f(x)}{\Delta x}$$

或

$$f'(x)=\lim_{h\to 0}\frac{f(x+h)-f(x)}{h}.$$

注意：*在以上两式中，虽然 x 可以取区间 I 内的任何数值，但在极限过程中，x 是常量，Δx 或 h 是变量.*

显然，函数 $f(x)$ 在点 x_0 处的导数 $f'(x_0)$ 就是导函数 $f'(x)$ 在点 $x=x_0$ 处的函数值，即

$$f'(x_0)=f'(x)\Big|_{x=x_0}.$$

导函数 $f'(x)$ 简称导数，而 $f'(x_0)$ 是 $f(x)$ 在 x_0 处的导数或导数 $f'(x)$ 在 x_0 处的函数值.

三、求导数举例

根据导数的定义，求导数的步骤如下：

(1)求改变量 $\Delta y=f(x+\Delta x)-f(x)$.

(2)求比 $\frac{\Delta y}{\Delta x}=\frac{f(x+\Delta x)-f(x)}{\Delta x}$.

(3)求极限 $\lim\limits_{\Delta x\to 0}\frac{\Delta y}{\Delta x}=f'(x)$.

下面根据导数定义求一些简单函数的导数.

例 3.1.1　求 $y=x^2$ 在点 $x=1$ 处的导数.

解：　$\Delta y=(1+\Delta x)^2-1^2=1+2\Delta x+(\Delta x)^2-1=2\Delta x+(\Delta x)^2$，

$$\frac{\Delta y}{\Delta x}=\frac{2\Delta x+(\Delta x)^2}{\Delta x}=2+\Delta x,$$

$$\lim_{\Delta x\to 0}\frac{\Delta y}{\Delta x}=\lim_{\Delta x\to 0}(2+\Delta x)=2.$$

即 $y'|_{x=1}=2$.

例 3.1.2 已知 $y=x^3-2x+1$，求 y'. 并求在点 $x=2$ 处的导数.

解： $\Delta y=(x+\Delta x)^3-2(x+\Delta x)+1-(x^3-2x+1)$

$=(3x^2-2)\Delta x+3x(\Delta x)^2+(\Delta x)^3$,

$$\frac{\Delta y}{\Delta x}=3x^2-2+3x\Delta x+(\Delta x)^2,$$

$$y'=\lim_{\Delta x\to 0}\frac{\Delta y}{\Delta x}=3x^2-2.$$

即 $y'\Big|_{x=2}=3\cdot 2^2-2=10$.

在熟悉求导步骤之后，运算的过程可以缩短. 我们可以采用下列例题的方式来计算.

例 3.1.3 已知 $y=\sqrt{x}$，求 y'.

解： $y'=\lim\limits_{\Delta x\to 0}\frac{\Delta y}{\Delta x}=\lim\limits_{\Delta x\to 0}\frac{\sqrt{x+\Delta x}-\sqrt{x}}{\Delta x}=\lim\limits_{\Delta x\to 0}\frac{1}{\sqrt{x+\Delta x}+\sqrt{x}}=\frac{1}{2\sqrt{x}}$.

四、导数的几何意义

从前面的讨论可知：函数 $y=f(x)$ 在点 x_0 处的导数 $f'(x_0)$ 在几何上表示曲线 $y=f(x)$ 在点 $M(x_0, f(x_0))$ 处的切线的斜率，即 $f'(x_0)=\tan\alpha$，其中 α 是切线的倾角(图 3－3).

根据导数的几何意义并应用直线的点斜式方程，可知曲线 $y=f(x)$ 在点 $M(x_0, y_0)$ 处的切线方程为 $y-y_0=f'(x_0)(x-x_0)$.

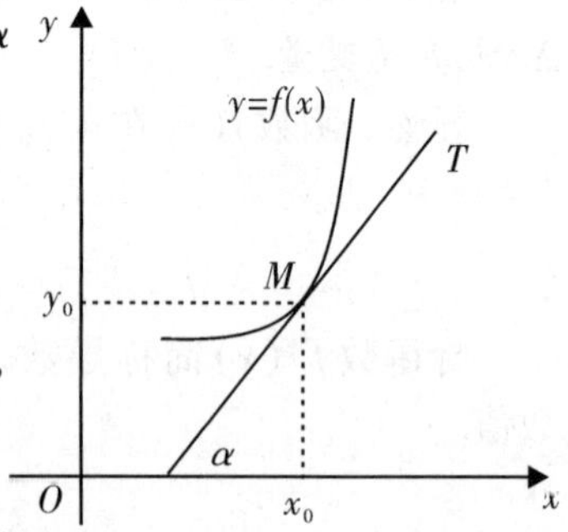

图 3－3

注意： 当 $\alpha=\frac{\pi}{2}$ 时，导数不存在，这时切线 MT 平行于 y 轴，切线方程为 $x=x_0$.

过切点 $M(x_0, y_0)$ 且与切线垂直的直线叫作曲线 $y=f(x)$ 在点 M 处的法线. 如果 $f'(x_0)\neq 0$，法线的斜率为 $-\frac{1}{f'(x_0)}$，从而法线方程为 $y-y_0=-\frac{1}{f'(x_0)}(x-x_0)$.

注意： 当 $f'(x_0)=0$ 时，法线平行于 y 轴，法线的方程为 $x=x_0$. 当切线 MT 平行于 y 轴时，法线平行于 x 轴，这时法线的方程为 $y=y_0$.

例 3.1.4 已知曲线 $y=\frac{1}{3}x^3$ 上的一点 $P(2, \frac{8}{3})$. 求：

(1) 过 P 点的切线的斜率；

(2) 过 P 点的切线的方程；

(3) 过 P 点的法线的方程.

解：（1）$y' = \lim\limits_{\Delta x \to 0}\dfrac{\Delta y}{\Delta x}$

$$= \lim_{\Delta x \to 0}\frac{\frac{1}{3}(x+\Delta x)^3 - \frac{1}{3}x^3}{\Delta x}$$

$$= \frac{1}{3}\lim_{\Delta x \to 0}\frac{3x^2\Delta x + 3x(\Delta x)^2 + (\Delta x)^3}{\Delta x}$$

$$= \frac{1}{3}\lim_{\Delta x \to 0}[3x^2 + 3x \cdot \Delta x + (\Delta x)^2]$$

$$= x^2,$$

$$y'|_{x=2} = 2^2 = 4.$$

故在点 P 处的切线的斜率等于 4.

（2）在点 P 处的切线的方程为

$$y - \frac{8}{3} = 4(x-2).$$

即 $12x - 3y - 16 = 0$.

（3）在点 P 处的法线的方程为

$$y - \frac{8}{3} = -\frac{1}{4}(x-2).$$

即 $3x + 12y - 38 = 0$.

*五、函数的可导性与连续性的关系

函数在一点处可导与它在该点处连续的关系：

定理 3.1.1　如果函数 $y=f(x)$ 在点 x_0 处可导，那么 $y=f(x)$ 在点 x_0 处连续.

证明：因为函数 $y=f(x)$ 在点 x_0 处可导，所以 $\lim\limits_{\Delta x \to 0}\dfrac{f(x_0+\Delta x)-f(x_0)}{\Delta x} = f'(x_0)$.

令 $x = x_0 + \Delta x$，$x \to x_0$，相当于 $\Delta x \to 0$，于是

$$\lim_{\Delta x \to 0}f(x) = \lim_{\Delta x \to 0}[f(x_0+\Delta x) - f(x_0) + f(x_0)]$$

$$= \lim_{\Delta x \to 0}\frac{f(x_0+\Delta x)-f(x_0)}{\Delta x} \cdot \Delta x + \lim_{\Delta x \to 0}f(x_0)$$

$$= \lim_{\Delta x \to 0}\frac{f(x_0+\Delta x)-f(x_0)}{\Delta x} \cdot \lim_{\Delta x \to 0}\Delta x + f(x_0)$$

$$= f'(x_0) \cdot 0 + f(x_0)$$

$$= f(x_0).$$

因此，函数 $y=f(x)$ 在点 x_0 处连续.

但是，函数 $y=f(x)$ 在点 x_0 处连续不一定表示在该点处可导.

例如函数 $y=|x|$ 在点 $x=0$ 处连续，如图 3－4，考察函数 $y=|x|$ 在点 $x=0$ 处是否可导.

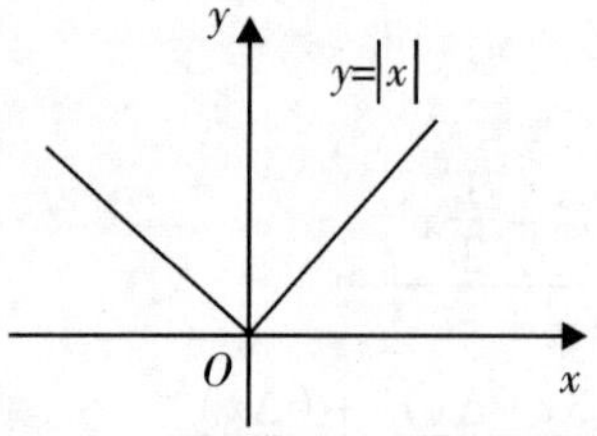

图 3-4

因为 $\Delta y=|0+\Delta x|-|0|=|\Delta x|=\begin{cases}\Delta x, & \Delta x>0\\ -x, & \Delta x<0\end{cases}$,

所以 $\lim\limits_{\Delta x\to 0^+}\dfrac{\Delta y}{\Delta x}=\lim\limits_{\Delta x\to 0^+}\dfrac{\Delta x}{\Delta x}=1$,

$$\lim_{\Delta x\to 0^-}\frac{\Delta y}{\Delta x}=\lim_{\Delta x\to 0^-}\frac{-\Delta x}{\Delta x}=-1.$$

由此可见，当 $\Delta x\to 0$ 时，$\dfrac{\Delta y}{\Delta x}$的左、右极限不等，所以，当 $\Delta x\to 0$ 时，$\dfrac{\Delta y}{\Delta x}$的极限不存在，因此，函数 $y=|x|$在点 $x=0$ 处不可导. 从图像上看，曲线 $y=|x|$在点 $O(0, 0)$处没有切线.

以上结果告诉我们，函数在某一点可导则必定在该点连续，但在该点连续不一定在该点可导. 如果函数在某一点不连续，我们可以断定它在该点一定不可导.

由上例，我们可引出左导数、右导数的概念.

定义 3.1.2 一般地，设函数 $y=f(x)$，$\Delta y=f(x_0+\Delta x)-f(x_0)$，如果$\dfrac{\Delta y}{\Delta x}$的左极限存在，就把左极限 $\lim\limits_{\Delta x\to 0^-}\dfrac{\Delta y}{\Delta x}$叫作 $f(x)$在点 x_0 处的**左导数**，记作 $f'_-(x_0)$. 同理，如果$\dfrac{\Delta y}{\Delta x}$的右极限存在，就把右极限 $\lim\limits_{\Delta x\to 0^+}\dfrac{\Delta y}{\Delta x}$叫作 $f(x)$在点 x_0 处的**右导数**，记作 $f'_+(x_0)$.

根据左、右极限存在且相等是极限存在的充要条件，可得**左、右导数存在且相等是导数存在的充要条件**. 即当且仅当 $f'_-(x_0)=f'_+(x_0)$时，函数在点 $x=x_0$ 处可导.

如果函数 $y=f(x)$在开区间(a, b)内可导，在左端点 $x=a$ 处存在右导数，在右端点 $x=b$ 处存在左导数，我们就说函数 $y=f(x)$在闭区间$[a, b]$上可导.

例 3.1.5 说明函数 $f(x)=\begin{cases}\dfrac{\sqrt{1+x}-1}{\sqrt{x}}, & x>0\\ 0, & x\leqslant 0\end{cases}$ 在 $x=0$ 处连续但不可导.

解： $\lim\limits_{x\to 0^+}f(x)=\lim\limits_{x\to 0^+}\dfrac{\sqrt{1+x}-1}{\sqrt{x}}=\lim\limits_{x\to 0^+}\dfrac{x}{\sqrt{x}(\sqrt{1+x}+1)}$

$$=\lim_{x\to 0^+}\frac{\sqrt{x}}{\sqrt{1+x}+1}=0=f(0),$$

$$\lim_{x\to 0^-}f(x)=0=f(0),$$

即 $\lim\limits_{x\to 0}f(x)=0=f(0)$.

因此，函数 $f(x)$ 在 $x=0$ 处连续.

由导数定义，得

$$\lim_{\Delta x\to 0^+}\frac{\Delta f(x)}{\Delta x}=\lim_{\Delta x\to 0^+}\frac{\frac{\sqrt{1+\Delta x}-1}{\sqrt{\Delta x}}-0}{\Delta x}$$

$$=\lim_{\Delta x\to 0^+}\frac{1}{\sqrt{\Delta x}(\sqrt{1+\Delta x}+1)}=\infty,$$

即 $f(x)$ 在 $x=0$ 处的右导数不存在，所以函数 $y=f(x)$ 在 $x=0$ 处不可导.

例 3.1.6　函数 $f(x)=\begin{cases}x^2, & x\leqslant 1\\ 2x-1, & x>1\end{cases}$ 在 $x=1$ 处是否可导？

解： $f'_-(1)=\lim\limits_{\Delta x\to 0^-}\dfrac{f(1+\Delta x)-f(1)}{\Delta x}=\lim\limits_{\Delta x\to 0^-}\dfrac{(1+\Delta x)^2-1}{\Delta x}=\lim\limits_{\Delta x\to 0^-}\dfrac{2\Delta x+(\Delta x)^2}{\Delta x}$

$=\lim\limits_{\Delta x\to 0^-}(2+\Delta x)=2$,

且 $f'_+(1)=\lim\limits_{\Delta x\to 0^+}\dfrac{f(1+\Delta x)-f(1)}{\Delta x}=\lim\limits_{\Delta x\to 0^+}\dfrac{2(1+\Delta x)-1-1}{\Delta x}=\lim\limits_{\Delta x\to 0^+}\dfrac{2\Delta x}{\Delta x}=\lim\limits_{\Delta x\to 0^+}2=2$,

从而 $f'_-(1)=f'_+(1)$,

所以 $f(x)$ 在点 $x=1$ 处可导，且 $f'(1)=2$.

例 3.1.7　函数 $f(x)=\begin{cases}x^3, & x<0\\ x, & x\geqslant 0\end{cases}$ 在 $x=0$ 处是否可导？

解： $f'_-(0)=\lim\limits_{\Delta x\to 0^-}\dfrac{f(0+\Delta x)-f(0)}{\Delta x}=\lim\limits_{\Delta x\to 0^-}\dfrac{(0+\Delta x)^3-0}{\Delta x}=\lim\limits_{\Delta x\to 0^-}(\Delta x)^2=0$,

且 $f'_+(0)=\lim\limits_{\Delta x\to 0^+}\dfrac{f(0+\Delta x)-f(0)}{\Delta x}=\lim\limits_{\Delta x\to 0^+}\dfrac{(0+\Delta x)-0}{\Delta x}=\lim\limits_{\Delta x\to 0^+}1=1$,

从而 $f'_-(0)\neq f'_+(0)$,

所以 $f(x)$ 在点 $x=0$ 处不可导.

习题 3.1

1. 已知函数 $y=5x-2$，当自变量的值由 3 变为 2 时，相应的函数增量 $\Delta y=$________.

2. 已知质点按规律 $s=2t^2+5t+1$（距离 s 的单位是米，时间 t 的单位是秒）做直线运动，则质点在 $t=6$ 秒时的瞬时速度为________.

3. 已知物体的运动规律为 $s=t^3$（距离 s 的单位是米），求该物体在 $t=2$ 秒时的瞬时速度.

4. 根据导数的定义求函数 $f(x)=10x^2$ 在点 $x=-1$ 处的导数.

5. 求函数 $y=x^2$ 在点 $x=2$ 处的导数.

6. 求曲线 $y=x^2$ 上点(2，4)处的切线方程.

7. 求抛物线 $y=\dfrac{1}{4}x^2$ 在点(2，1)处的切线方程和法线方程.

8. 求曲线 $y=x^3$ 在点(1, 1)处的切线方程及法线方程.

9. 设函数 $f(x)=\begin{cases}x^2, & x\leqslant 1\\ ax+b, & x>1\end{cases}$，为了使函数 $f(x)$ 在 $x=1$ 处连续且可导，a，b 应取什么值?

10. 函数 $f(x)=\begin{cases}x^2+2, & 0\leqslant x<1\\ 3x-1, & x\geqslant 1\end{cases}$ 在点 $x=1$ 处是否可导?

11. 已知 $f(x)=\begin{cases}x^2, & x\geqslant 0\\ -x, & x<0\end{cases}$，求 $f'_+(0)$ 及 $f'_-(0)$，$f'(0)$ 是否存在?

第二节　导数的基本公式与法则

前面我们根据导数的定义，求出了一些简单函数的导数. 但是，对于比较复杂的函数，直接根据定义来求它们的导数往往很困难. 本节将介绍几个基本初等函数的导数公式和求导数的几个基本法则. 借助这些公式和法则，我们就能比较方便地求出常见的函数的导数.

一、几种常见函数的导数

1. 常数函数的导数

设函数 $f(x)=C$（C 为常数），则 $(C)'=0$.

证明：设 $y=f(x)=C$，则

$$\Delta y=f(x+\Delta x)-f(x)=C-C=0,$$

$$\frac{\Delta y}{\Delta x}=\frac{0}{\Delta x}=0,$$

$$f'(x)=\lim_{\Delta x\to 0}\frac{\Delta y}{\Delta x}=0.$$

即 $(C)'=0$.

这就是说，常数函数的导数等于零.

2. 幂函数的导数

设函数 $f(x)=x^n$（n 为正整数），则 $(x^n)'=nx^{n-1}$.

证明：设 $y=f(x)=x^n$，则

$$\begin{aligned}\Delta y&=(x+\Delta x)^n-x^n\\&=[x^n+C_n^1x^{n-1}\Delta x+C_n^2x^{n-2}(\Delta x)^2+\cdots+C_n^n(\Delta x)^n]-x^n\\&=C_n^1x^{n-1}\Delta x+C_n^2x^{n-2}(\Delta x)^2+\cdots+C_n^n(\Delta x)^n,\end{aligned}$$

$$\frac{\Delta y}{\Delta x}=C_n^1x^{n-1}+C_n^2x^{n-2}\Delta x+\cdots+C_n^n(\Delta x)^{n-1},$$

$$f'(x)=\lim_{\Delta x\to 0}\frac{\Delta y}{\Delta x}=\lim_{\Delta x\to 0}[C_n^1x^{n-1}+C_n^2x^{n-2}\Delta x+\cdots+C_n^n(\Delta x)^{n-1}]$$

$$= C_n^1 x^{n-1} = nx^{n-1}.$$

即 $(x^n)' = nx^{n-1}$.

3. 正弦函数与余弦函数的导数

设函数 $f(x) = \sin x$，则 $(\sin x)' = \cos x$.

证明：设 $y = f(x) = \sin x$，则

$$\frac{\Delta y}{\Delta x} = \frac{\sin(x+\Delta x) - \sin x}{\Delta x} = \frac{2\cos\left(x+\frac{\Delta x}{2}\right)\sin\frac{\Delta x}{2}}{\Delta x} = \frac{\cos\left(x+\frac{\Delta x}{2}\right)\sin\frac{\Delta x}{2}}{\frac{\Delta x}{2}}.$$

$$f'(x) = \lim_{\Delta x\to 0}\frac{\Delta y}{\Delta x} = \lim_{\Delta x\to 0}\cos\left(x+\frac{\Delta x}{2}\right)\frac{\sin\frac{\Delta x}{2}}{\frac{\Delta x}{2}}$$

$$= \lim_{\Delta x\to 0}\cos\left(x+\frac{\Delta x}{2}\right)\cdot\lim_{\Delta x\to 0}\frac{\sin\frac{\Delta x}{2}}{\frac{\Delta x}{2}}$$

$$= \cos x \cdot 1 = \cos x.$$

即 $(\sin x)' = \cos x$.

这就是说，正弦函数的导数是余弦函数.

用类似的方法，可求 $\cos x$ 的导数.

设函数 $f(x) = \cos x$，则 $(\cos x)' = -\sin x$.

就是说，余弦函数的导数是负的正弦函数.

二、函数的和、差、积、商的求导法则

为简化求导数的计算，下面利用导数的定义来导出求导数的四则运算法则. 为此，设函数 $u = u(x)$ 及 $v = v(x)$ 在点 x 处具有导数 $u' = u'(x)$ 及 $v' = v'(x)$.

法则 1　两个函数的和(或差)的导数，等于这两个函数的导数的和(或差)，即

$$(u \pm v)' = u' \pm v'.$$

证明：设 $y = f(x) = u(x) \pm v(x)$，则

$$\Delta y = [u(x+\Delta x) \pm v(x+\Delta x)] - [u(x) \pm v(x)]$$
$$= [u(x+\Delta x) - u(x)] \pm [v(x+\Delta x) - v(x)]$$
$$= \Delta u \pm \Delta v,$$

$$\frac{\Delta y}{\Delta x} = \frac{\Delta u}{\Delta x} \pm \frac{\Delta v}{\Delta x},$$

$$\lim_{\Delta x\to 0}\frac{\Delta y}{\Delta x} = \lim_{\Delta x\to 0}\left[\frac{\Delta u}{\Delta x} \pm \frac{\Delta v}{\Delta x}\right] = \lim_{\Delta x\to 0}\frac{\Delta u}{\Delta x} \pm \lim_{\Delta x\to 0}\frac{\Delta v}{\Delta x}.$$

即 $y' = (u \pm v)' = u' \pm v'$.

这个法则可推广到任意有限个函数，即

$$(u_1 \pm u_2 \pm \cdots \pm u_n)' = u'_1 \pm u'_2 \pm \cdots \pm u'_n.$$

例 3.2.1 求 $y = x^4 - x^2 - x$ 的导数.

解： $y' = (x^4)' - (x^2)' - x' = 4x^3 - 2x - 1.$

例 3.2.2 求 $y = x^3 + \sin x - 2$ 的导数.

解： $y' = (x^3)' + (\sin x)' - 2' = 3x^2 + \cos x.$

法则 2 两个函数的积的导数，等于第一个函数的导数乘以第二个函数，加上第一个函数乘以第二个函数的导数，即

$$(uv)' = u'v + uv'.$$

证明： 设 $y = f(x) = u(x)v(x)$，则

$$\begin{aligned}\Delta y &= u(x+\Delta x)v(x+\Delta x) - u(x)v(x)\\ &= u(x+\Delta x)v(x+\Delta x) - u(x)v(x+\Delta x) + u(x)v(x+\Delta x) - u(x)v(x)\\ &= v(x+\Delta x)[u(x+\Delta x) - u(x)] + u(x)[v(x+\Delta x) - v(x)]\\ &= \Delta u \cdot v(x+\Delta x) + u(x)\Delta v.\end{aligned}$$

$$\frac{\Delta y}{\Delta x} = \frac{\Delta u}{\Delta x}v(x+\Delta x) + u(x)\frac{\Delta v}{\Delta x},$$

因为 $v(x)$ 在点 x 处可导，所以它在点 x 处连续，于是当 $\Delta x \to 0$ 时，$v(x+\Delta x) \to v(x)$，从而

$$\lim_{\Delta x \to 0}\frac{\Delta y}{\Delta x} = \lim_{\Delta x \to 0}\left[\frac{\Delta u}{\Delta x}v(x+\Delta x)\right] + \lim_{\Delta x \to 0}\left[u(x)\frac{\Delta v}{\Delta x}\right] = u'v + uv',$$

即 $y' = (uv)' = u'v + uv'$.

由法则 2，可得

$$(Cu)' = Cu + Cu' = 0 \cdot u + Cu' = Cu',$$

也就是说，常数与函数的积的导数，等于常数乘以函数的导数，即

$$(Cu)' = Cu'.$$

积的求导法则也可推广到任意有限个函数之积的情形. 例如：

$$\begin{aligned}(uvw)' &= [(uv)w]' = (uv)'w + (uv)w'\\ &= (u'v + uv')w + uvw'\\ &= u'vw + uv'w + uvw',\end{aligned}$$

即 $(uvw)' = u'vw + uv'w + uvw'$.

例 3.2.3 求 $y = 2x^3 - 3x^2 + 5x - 4$ 的导数.

解： $y' = 6x^2 - 6x + 5.$

例 3.2.4 求下列函数的导数.

（1）$y = (2x^2 + 3)(3x - 2)$；

（2）$y = 5\sin x\cos x$；

（3）$y = ax^2\sin x + bx^3\cos x$；

(4) $y=(x-1)(x-2)(x-3)$.

解：(1)方法一：

$$y'=(2x^2+3)'(3x-2)+(2x^2+3)(3x-2)'$$
$$=4x\cdot(3x-2)+(2x^2+3)\cdot 3=18x^2-8x+9.$$

方法二：

$$y=(2x^2+3)(3x-2)$$
$$=6x^3-4x^2+9x-6,$$
$$y'=18x^2-8x+9.$$

(2) $y'=5(\sin x\cos x)'=5[(\sin x)'\cos x+\sin x(\cos x)']$
$$=5(\cos^2 x-\sin^2 x)=5\cos 2x.$$

(3) $y'=(ax^2\sin x)'+(bx^3\cos x)'$
$$=a[(x^2)'\sin x+x^2(\sin x)']+b[(x^3)'\cos x+x^3(\cos x)']$$
$$=2ax\sin x+ax^2\cos x+3bx^2\cos x-bx^3\sin x$$
$$=(2a-bx^2)x\sin x+(a+3b)x^2\cos x.$$

(4) $y'=(x-1)'(x-2)(x-3)+(x-1)(x-2)'(x-3)+(x-1)(x-2)(x-3)'$
$$=(x-2)(x-3)+(x-1)(x-3)+(x-1)(x-2)$$
$$=3x^2-12x+11.$$

例 3.2.5 $f(x)=x^3+4\cos x-\sin\dfrac{\pi}{2}$，求$f'(x)$及$f'(\dfrac{\pi}{2})$.

解：$f'(x)=3x^2-4\sin x$,

$$f'(\frac{\pi}{2})=\frac{3}{4}\pi^2-4.$$

法则3 两个函数的商的导数，等于分子的导数与分母的积，减去分母的导数与分子的积，再除以分母的平方，即

$$(\frac{u}{v})'=\frac{u'v-uv'}{v^2}\ (v\neq 0).$$

证明：设$y=f(x)=\dfrac{u(x)}{v(x)}$，则

$$\Delta y=\frac{u(x+\Delta x)}{v(x+\Delta x)}-\frac{u(x)}{v(x)}$$
$$=\frac{u(x+\Delta x)v(x)-u(x)v(x+\Delta x)}{v(x+\Delta x)v(x)}$$
$$=\frac{[u(x+\Delta x)v(x)-u(x)v(x)]-[u(x)v(x+\Delta x)-u(x)v(x)]}{v(x+\Delta x)v(x)}$$
$$=\frac{[u(x+\Delta x)-u(x)]v(x)-u(x)[v(x+\Delta x)-v(x)]}{v(x+\Delta x)v(x)}$$
$$=\frac{\Delta u\cdot v(x)-u(x)\cdot\Delta v}{v(x+\Delta x)v(x)}.$$

$$\frac{\Delta y}{\Delta x}=\frac{\frac{\Delta u}{\Delta x}\cdot v(x)-u(x)\cdot\frac{\Delta v}{\Delta x}}{v(x+\Delta x)v(x)}$$

因为 $v(x)$ 在点 x 处可导，所以 $v(x)$ 在点 x 处连续，当 $\Delta x\to 0$ 时，$v(x+\Delta x)\to v(x)$，从而

$$\lim_{\Delta x\to 0}\frac{\Delta y}{\Delta x}=\frac{u'(x)v(x)-u(x)v'(x)}{[v(x)]^2},$$

即 $y'=\left(\frac{u}{v}\right)'=\frac{u'v-uv'}{v^2}$.

例 3.2.6 求 $y=\frac{x^2}{\sin x}$ 的导数.

解： $y'=\frac{(x^2)'\sin x-x^2(\sin x)'}{\sin^2 x}=\frac{2x\sin x-x^2\cos x}{\sin^2 x}$.

例 3.2.7 已知 $f(x)=\frac{x+3}{x^2+3}$，求：(1) 在点 $x=3$ 处的导数；(2) x 为何值时 $f'(x)=0$.

解： (1) $y'=\frac{1\cdot(x^2+3)-(x+3)\cdot 2x}{(x^2+3)^2}=\frac{-x^2-6x+3}{(x^2+3)^2}$,

$$y'\Big|_{x=3}=\frac{-9-18+3}{(9+3)^2}=\frac{-24}{144}=-\frac{1}{6}.$$

(2) 令 $y'=0$，有 $-x^2-6x+3=0$，解此方程得

$x=-3\pm 2\sqrt{3}$,

故 $f'(-3+2\sqrt{3})=0$，$f'(-3-2\sqrt{3})=0$.

例 3.2.8 求证当 n 是负整数时，公式 $(x^n)'=nx^{n-1}$ 仍然成立.

证明： 令 $n=-m$，则 m 为正整数.

$$(x^n)'=(x^{-m})'=\left(\frac{1}{x^m}\right)'$$

$$=\frac{0\cdot x^m-mx^{m-1}}{x^{2m}}$$

$$=-mx^{-m-1}=nx^{n-1}.$$

例 3.2.9 求 $y=2x^2-3x+4-\frac{3}{x}+\frac{2}{x^2}$ 的导数.

解： $y=2x^2-3x+4-3x^{-1}+2x^{-2}$,

$$y'=4x-3+3x^{-2}-4x^{-3}=4x-3+\frac{3}{x^2}-\frac{4}{x^3}.$$

例 3.2.10 $y=\tan x$，求 y'.

解： $y'=(\tan x)'=\left(\frac{\sin x}{\cos x}\right)'$

$$=\frac{(\sin x)'\cos x-\sin x(\cos x)'}{\cos^2 x}$$

$$=\frac{\cos^2x+\sin^2x}{\cos^2x}=\frac{1}{\cos^2x}=\sec^2x.$$

即$(\tan x)'=\sec^2x$.

这就是正切函数的导数公式.

例 3. 2. 11　$y=\sec x$，求 y'.

解：$y'=(\sec x)'=(\frac{1}{\cos x})'$

$$=\frac{1'\cos x-1\cdot(\cos x)'}{\cos^2x}$$

$$=\frac{\sin x}{\cos^2x}=\sec x\cdot\tan x.$$

即$(\sec x)'=\sec x\cdot\tan x$.

这就是正割函数的导数公式.

用类似方法，还可求得余切函数及余割函数的导数公式：

$(\cot x)'=-\csc^2x$,

$(\csc x)'=-\csc x\cdot\cot x$.

三、复合函数的求导法则

设 y 是 u 的函数：$y=f(u)$，而 u 又是 x 的函数：$u=\varphi(x)$，那么 y 是 x 的复合函数，即 $y=f[\varphi(x)]$. 关于这个复合函数的求导，有下面的法则.

复合函数求导法则　如果 $u=\varphi(x)$ 在点 x 处可导，而 $y=f(u)$ 在点 $u=\varphi(x)$ 处可导，则复合函数 $y=f[\varphi(x)]$ 在点 x 处可导，且其导数为

$$f'[\varphi(x)]=f'(u)\cdot\varphi'(x).$$

简写为 $y'_x=y'_u\cdot u'_x$.

证明：给 x 以改变量 Δx，则函数 $u=\varphi(x)$ 的对应改变量为 Δu，对于改变量 Δu，函数 $y=f(u)$ 的对应改变量为 Δy，设 $\Delta u\neq0$（当 $\Delta u=0$ 时公式仍成立，证明从略），有

$$\frac{\Delta y}{\Delta x}=\frac{\Delta y}{\Delta u}\cdot\frac{\Delta u}{\Delta x},$$

因为 $u=\varphi(x)$ 在点 x 处可导，所以 $u=\varphi(x)$ 在点 x 处连续，因此，当 $\Delta x\to0$ 时，$\Delta u\to0$，故 $\lim\limits_{\Delta x\to0}\frac{\Delta y}{\Delta x}=\lim\limits_{\Delta x\to0}\frac{\Delta y}{\Delta u}\cdot\lim\limits_{\Delta x\to0}\frac{\Delta u}{\Delta x}=\lim\limits_{\Delta u\to0}\frac{\Delta y}{\Delta u}\cdot\lim\limits_{\Delta x\to0}\frac{\Delta u}{\Delta x}$，即 $y'_x=y'_u\cdot u'_x$.

这个法则可以推广到两个以上的中间变量，例如，如果 $y=y(u)$，$u=u(v)$，$v=v(x)$，则 $y'_x=y'_u\cdot u'_v\cdot v'_x$.

例 3. 2. 12　求 $y=(2x+1)^5$ 的导数.

解：设 $y=u^5$，$u=2x+1$，

根据复合函数求导法则，有

$y'_x=y'_u\cdot u'_x=(u^5)'_u\cdot(2x+1)'_x$

$$=5u^4\cdot 2=5(2x+1)^4\cdot 2$$
$$=10(2x+1)^4.$$

注意:利用复合函数的求导法则求导后，要把中间变量换成自变量的函数.

从上例可以看出，求复合函数的导数时，首先要分析所给的函数是由哪几个简单函数复合而成的，适当选定中间变量，明确每次是哪个变量对哪个变量求导数，然后利用简单函数的求导公式、导数的运算法则及复合函数的求导法则，就可以求出所给函数的导数.

对复合函数的分解比较熟练后，中间变量和中间步骤可省略不写. 有的经过多次复合及四则运算合成的复合函数，也可以利用复合函数的求导法则，由外向里，逐层求导.

例 3.2.13 求 $y=(ax-b\sin^2 wx)^3$ 的导数.

解: $y'=3(ax-b\sin^2 wx)^2(a-2b\sin wx\cdot\cos wx\cdot w)$

$=3(ax-b\sin^2 wx)^2(a-bw\sin 2wx)$.

例 3.2.14 求 $y=\sin nx\sin^n x$ 的导数.

解: $y'=n\cos nx\sin^n x+\sin nx\cdot n\sin^{n-1}x\cdot\cos x$

$=n\sin^{n-1}x(\sin x\cos nx+\cos x\sin nx)$

$=n\sin^{n-1}x\cdot\sin(n+1)x$.

四、反函数的导数

反正弦函数与正弦函数互为反函数，已知正弦函数的导数，能否由此求出反正弦函数的导数呢?

下面，我们先研究互为反函数的两个函数的导数之间的关系.

反函数的求导法则 已知函数 $y=f(x)$ 是函数 $x=\varphi(y)$ 的反函数，$y=f(x)$ 在点 x 处连续，$x=\varphi(y)$ 在对应点 y 处的导数不等于零，那么，$y=f(x)$ 在点 x 处有导数，且

$$y'_x=\frac{1}{x'_y}.$$

或记作 $f'(x)=\dfrac{1}{\varphi'(y)}$.

证明: 给 x 以改变量 Δx，相应地，$y=f(x)$ 的改变量为

$$\Delta y=f(x+\Delta x)-f(x).$$

当 $\Delta x\neq 0$ 时，一定有 $\Delta y\neq 0$，否则不等的两个值 x 与 $x+\Delta x$ 将对应同一函数值 y，这和“$y=f(x)$ 与 $x=\varphi(y)$ 互为反函数”矛盾，因此

$$\frac{\Delta y}{\Delta x}=\frac{1}{\frac{\Delta x}{\Delta y}}.$$

因为 $y=f(x)$ 在点 x 处连续，所以当 $\Delta x\to 0$ 时，$\Delta y\to 0$，又由于 $x=\varphi(y)$ 在对应点 y 处有不等于零的导数，因此

$$\lim_{\Delta x\to 0}\frac{\Delta y}{\Delta x}=\lim_{\Delta y\to 0}\frac{1}{\frac{\Delta x}{\Delta y}}=\frac{1}{\lim\limits_{\Delta y\to 0}\frac{\Delta x}{\Delta y}}=\frac{1}{x'_y},$$

即有 $y'_x=\dfrac{1}{x'_y}$.

或记为 $f'(x)=\dfrac{1}{\varphi'(y)}$.

上述结论可以简单地说成：反函数的导数等于直接函数导数的倒数.

下面用反函数的求导法则来导出反三角函数的导数公式.

(1) $(\arcsin x)'=\dfrac{1}{\sqrt{1-x^2}}$.

证明：设 $y=\arcsin x(-1\leqslant x\leqslant 1)$，则

$$x=\sin y\left(-\frac{\pi}{2}\leqslant y\leqslant\frac{\pi}{2}\right)$$

$y=\arcsin x$ 在 $(-1,1)$ 上连续，且当 $-\dfrac{\pi}{2}<y<\dfrac{\pi}{2}$ 时，$x'=\cos y>0$，由反函数的求导法则可得

$$y'_x=\frac{1}{x'_y}=\frac{1}{(\sin y)'}=\frac{1}{\cos y}=\frac{1}{\sqrt{1-\sin^2 y}}=\frac{1}{\sqrt{1-x^2}}.$$

即 $(\arcsin x)'=\dfrac{1}{\sqrt{1-x^2}}$.

注意：公式只在 $-1<x<1$ 时成立，当 $x=\pm 1$ 时，对应的 y 值是 $\pm\dfrac{\pi}{2}$，这时 $x'_y=\cos y=0$，不满足反函数的求导法则所要求的条件.

同理可得：

(2) $(\arccos x)'=-\dfrac{1}{\sqrt{1-x^2}}$.

(3) $(\arctan x)'=\dfrac{1}{1+x^2}$.

证明：设 $y=\arctan x(-\infty<x<+\infty)$，则

$$x=\tan y\left(-\frac{\pi}{2}<y<\frac{\pi}{2}\right).$$

容易验证它满足反函数求导法则所要求的条件，于是有

$$y'_x=\frac{1}{x'_y}=\frac{1}{(\tan y)'}=\frac{1}{\sec^2 y}=\frac{1}{1+\tan^2 y}=\frac{1}{1+x^2},$$

即 $(\arctan x)'=\dfrac{1}{1+x^2}$.

同理可得：

(4) $(\text{arccot}\, x)'=-\dfrac{1}{1+x^2}$

例 3.2.15 求下列函数的导数.

（1）$y=\arcsin\frac{x}{3}$;

（2）$y=\arcsin\frac{1-x^2}{1+x^2}\quad(x>0)$;

（3）$y=\arctan 2x$;

（4）$y=\arctan\frac{x}{1-x^2}$.

解:

（1）$y'=\frac{1}{\sqrt{1-(\frac{x}{3})^2}}\cdot(\frac{x}{3})'=\frac{1}{\sqrt{1-\frac{x^2}{9}}}\cdot\frac{1}{3}=\frac{1}{\sqrt{9-x^2}}$.

（2）$y'=\frac{1}{\sqrt{1-(\frac{1-x^2}{1+x^2})^2}}\cdot(\frac{1-x^2}{1+x^2})'=\frac{1+x^2}{2x}\cdot\frac{-4x}{(1+x^2)^2}=-\frac{2}{1+x^2}(x>0)$.

（3）$y'=\frac{1}{1+(2x)^2}\cdot(2x)'=\frac{2}{1+4x^2}$.

（4）$y'=\frac{1}{1+(\frac{x}{1-x^2})^2}\cdot(\frac{x}{1-x^2})'=\frac{(1-x^2)^2}{(1-x^2)^2+x^2}\cdot\frac{1-x^2-x\cdot(-2x)}{(1-x^2)^2}=\frac{1+x^2}{1-x^2+x^4}$.

五、对数函数的导数

1. $(\ln x)'=\frac{1}{x}$

证明: 设 $y=f(x)=\ln x$, 则

$$\Delta y=\ln(x+\Delta x)-\ln x=\ln\frac{x+\Delta x}{x}=\ln(1+\frac{\Delta x}{x}),$$

$$\frac{\Delta y}{\Delta x}=\frac{1}{\Delta x}\ln(1+\frac{\Delta x}{x})=\frac{1}{x}\cdot\frac{x}{\Delta x}\ln(1+\frac{\Delta x}{x})=\frac{1}{x}\ln(1+\frac{\Delta x}{x})^{\frac{x}{\Delta x}},$$

$$\lim_{\Delta x\to 0}\frac{\Delta y}{\Delta x}=\frac{1}{x}\lim_{\Delta x\to 0}\ln(1+\frac{\Delta x}{x})^{\frac{x}{\Delta x}}.$$

令 $a=\frac{\Delta x}{x}$, 则当 $\Delta x\to 0$ 时, $a\to 0$, 从而

$$\lim_{\Delta x\to 0}(1+\frac{\Delta x}{x})^{\frac{x}{\Delta x}}=\lim_{a\to 0}(1+a)^{\frac{1}{a}}=e.$$

令 $(1+\frac{\Delta x}{x})^{\frac{x}{\Delta x}}=u$, 根据上式, 当 $\Delta x\to 0$ 时, $u\to e$, 由于对数函数是连续函数, $\ln u$ 在点 $u=e$ 处连续, 于是有

$$\lim_{\Delta x\to 0}(1+\frac{\Delta x}{x})^{\frac{x}{\Delta x}}=\lim_{u\to e}\ln u=\ln e=1.$$

所以 $y' = \lim\limits_{\Delta x \to 0}\dfrac{\Delta y}{\Delta x} = \dfrac{1}{x} \cdot \lim\limits_{\Delta x \to 0}\ln\left(1+\dfrac{\Delta x}{x}\right)^{\frac{x}{\Delta x}} = \dfrac{1}{x} \cdot \ln e = \dfrac{1}{x}$.

2. $(\log_a x)' = \dfrac{1}{x\ln a} = \dfrac{\log_a e}{x}$

证明： $(\log_a x)' = \left(\dfrac{\ln x}{\ln a}\right)' = \dfrac{1}{\ln a} \cdot \dfrac{1}{x} = \dfrac{1}{x\ln a}$.

又 $\ln a = \dfrac{\log_a a}{\log_a e} = \dfrac{1}{\log_a e}$,

故 $(\log_a x)' = \dfrac{1}{x\ln a} = \dfrac{\log_a e}{x}$.

例 3.2.16　求证：$(\ln|x|)' = \dfrac{1}{x}$.

证明： 当 $x>0$ 时，$y=\ln x$，$y' = \dfrac{1}{x}$；

当 $x<0$ 时，$y=\ln(-x)$，$y' = \dfrac{1}{-x} \cdot (-x)' = \dfrac{1}{x}$.

所以，不论 $x>0$ 或 $x<0$，都有 $(\ln|x|)' = \dfrac{1}{x}$.

例 3.2.17　求下列函数的导数.

(1) $y=\ln(2x^2+3x+1)$；

(2) $y=\ln\tan\left(\dfrac{x}{2}+\dfrac{\pi}{4}\right)$.

解：

(1) $y' = \dfrac{1}{2x^2+3x+1} \cdot (2x^2+3x+1)' = \dfrac{4x+3}{2x^2+3x+1}$.

(2)
$$\begin{aligned} y' &= \frac{1}{\tan\left(\frac{x}{2}+\frac{\pi}{4}\right)} \cdot \left[\tan\left(\frac{x}{2}+\frac{\pi}{4}\right)\right]' \\ &= \frac{1}{\tan\left(\frac{x}{2}+\frac{\pi}{4}\right)} \cdot \frac{1}{\cos^2\left(\frac{x}{2}+\frac{\pi}{4}\right)} \cdot \left(\frac{x}{2}+\frac{\pi}{4}\right)' \\ &= \frac{1}{\tan\left(\frac{x}{2}+\frac{\pi}{4}\right)} \cdot \frac{1}{\cos^2\left(\frac{x}{2}+\frac{\pi}{4}\right)} \cdot \frac{1}{2} \\ &= \frac{1}{\sin\left(x+\frac{\pi}{2}\right)} = \frac{1}{\cos x} = \sec x. \end{aligned}$$

六、指数函数的导数

1. $(e^x)' = e^x$

证明： 指数函数 $y=e^x$ 与对数函数 $x=\ln y$ 互为反函数，根据反函数的求导法则和对数

求导公式，有

$$(e^x)'=\frac{1}{(\ln y)'}=\frac{1}{\frac{1}{y}}=y=e^x,$$

即 $(e^x)'=e^x$.

2. $(a^x)'=a^x\ln a$

证明：因为 $a^x=(e^{\ln a})^x=e^{x\ln a}$，

所以 $(a^x)'=(e^{x\ln a})'=e^{x\ln a}\cdot(x\ln a)'=e^{x\ln a}\cdot\ln a=a^x\cdot\ln a$.

例 3.2.18 求下列函数的导数.

(1) $y=x^3e^x$;

(2) $y=e^{3x}$;

(3) $y=e^{ax}\cos bx$;

(4) $y=a^{5x}$.

解：

(1) $y'=3x^2e^x+x^3e^x=(3+x)x^2e^x$.

(2) $y'=e^{3x}\cdot 3=3e^{3x}$.

(3) $y'=ae^{ax}\cos bx+e^{ax}\cdot(-\sin bx)\cdot b=e^{ax}(a\cos bx-b\sin bx)$.

(4) $y'=a^{5x}\ln a\cdot(5x)'=5a^{5x}\ln a$.

例 3.2.19 当 a 为任意实数时，有公式 $(x^a)'=ax^{a-1}$.

证明：当 a 为任意实数时，我们只考虑 $x>0$，这时

$$x^a=(e^{\ln x})^a=e^{a\ln x},$$

$$(x^a)'=(e^{a\ln x})'=e^{a\ln x}\cdot(a\ln x)'=\frac{a}{x}e^{a\ln x}=\frac{a}{x}\cdot x^a=ax^{a-1}.$$

这就是一般的幂函数的导数公式.

例 3.2.20 求下列函数的导数.

(1) $y=x^{-\frac{1}{3}}(1-x^{\frac{8}{3}})$;

(2) $y=\sqrt{(x^2-a^2)^3}$;

(3) $y=\frac{1}{(1-3x)^4}$.

解：(1) $y=x^{-\frac{1}{3}}(1-x^{\frac{8}{3}})=x^{-\frac{1}{3}}-x^{\frac{7}{3}}$,

故 $y'=-\frac{1}{3}x^{-\frac{4}{3}}-\frac{7}{3}x^{\frac{4}{3}}$.

(2) $y=(x^2-a^2)^{\frac{3}{2}}$,

故 $y'=\frac{3}{2}(x^2-a^2)^{\frac{1}{2}}\cdot 2x=3x\sqrt{x^2-a^2}$.

(3) $y=\frac{1}{(1-3x)^4}=(1-3x)^{-4}$,

故 $y'=-4(1-3x)^{-5}\cdot(1-3x)'=12(1-3x)^{-5}=\frac{12}{(1-3x)^5}$.

七、隐函数的导数

函数 $y=f(x)$ 表示两个变量 y 与 x 之间的对应关系，这种对应关系可以用各种不同的方式表达. 前面我们遇到的函数，例如 $y=\sin x$，$y=\ln x+\sqrt{1-x^2}$ 等，这种函数表达方式的特点是：等号左端是因变量的符号，而右端是含有自变量的式子，当自变量取定义域内任一值时，由这式子能确定对应的函数值. 用这种方式表达的函数叫作**显函数**. 有些函数的表达方式却不是这样，例如，方程 $x+y^3-1=0$ 表示一个函数，因为当变量 x 在 $(-\infty, +\infty)$ 内取值时，变量 y 有确定的值与之对应. 例如，当 $x=0$ 时，$y=1$；当 $x=-1$ 时，$y=\sqrt[3]{2}$ 等等. 这样的函数称为隐函数.

一般地，如果在方程 $F(x, y)=0$ 中，当 x 取某区间内的任一值时，相应地总有满足这一方程的唯一的 y 值存在，那么就说方程 $F(x, y)=0$ 在该区间内确定了一个**隐函数**.

把一个隐函数化成显函数，叫作隐函数的显化. 例如从方程 $x+y^3-1=0$ 解出 $y=\sqrt[3]{1-x}$，就把隐函数化成了显函数. 隐函数的显化有时是困难的，甚至是不可能的. 但在实际问题中，有时需要计算隐函数的导数，因此，我们希望有一种方法，不管隐函数能否显化，都能直接由方程算出它所确定的隐函数的导数来.

对隐函数求导，只要把方程 $F(x, y)=0$ 的两边对 x 求导，再解出 y'_x. 即可. 注意，y 是 x 的函数，在对 y 或 y 的函数求导时，利用复合函数求导法则就可以了.

下面通过具体例子来说明这种方法.

例 3.2.21　求由方程 $e^y+xy-e=0$ 所确定的隐函数 y 的导数 y'_x.

解：　我们把方程两边分别对 x 求导数，得

$$(e^y+xy-e)'=0,$$
$$e^y\cdot y'_x+y+x\cdot y'_x=0,$$
$$整理得, y'_x=-\frac{y}{x+e^y}(x+e^y\neq 0).$$

在这个结果中，分式中的 y 是由方程 $e^y+xy-e=0$ 所确定的隐函数.

例 3.2.22　求由方程 $y^5+2y-x-3x^7=0$ 所确定的隐函数 y 在 $x=0$ 处的导数 $y'\big|_{x=0}$.

解：　我们把方程两边分别对 x 求导数，得

$$(y^5+2y-x-3x^7)'=0,$$
$$5y^4\cdot y'_x+2y'_x-1-21x^6=0,$$
$$整理得\ y'_x=\frac{1+21x^6}{2+5y^4}.$$

因为当 $x=0$ 时，从原方程得 $y=0$，所以

$$y'\Big|_{x=0}=\frac{1}{2}.$$

八、导数公式

初等函数是由常数和基本初等函数经过有限次的四则运算和有限次的函数复合步骤所

得到的并可用一个式子表示的函数. 为了解决初等函数的求导问题，前面已经求出了常数和全部基本初等函数的导数，还推出了函数的和、差、积、商的求导法则以及复合函数的求导法则. 利用这些导数公式以及求导法则，可以比较方便地求初等函数的导数. 由前面所举的例子可见，基本初等函数的求导公式和求导法则，在初等函数的求导运算中起着重要的作用，我们必须熟练地掌握它. 为了便于查阅，我们把这些导数公式和求导法则归纳如下：

1. 常数和基本初等函数的导数公式

(1) $(C)'=0$, C 为常数；

(2) $(x^n)'=nx^{n-1}$, n 为实数；

(3) $(\sin x)'=\cos x$;

(4) $(\cos x)'=-\sin x$;

(5) $(\tan x)'=\sec^2 x$;

(6) $(\cot x)'=-\csc^2 x$;

(7) $(\sec x)'=\sec x\tan x$;

(8) $(\csc x)'=-\csc x\cot x$;

(9) $(e^x)'=e^x$;

(10) $(a^x)'=a^x\ln a$;

(11) $(\ln x)'=\dfrac{1}{x}$;

(12) $(\log_a x)'=\dfrac{1}{x\ln a}$;

(13) $(\arcsin x)'=\dfrac{1}{\sqrt{1-x^2}}$;

(14) $(\arccos x)'=-\dfrac{1}{\sqrt{1-x^2}}$;

(15) $(\arctan x)'=\dfrac{1}{1+x^2}$;

(16) $(\operatorname{arccot} x)'=-\dfrac{1}{1+x^2}$.

2. 函数的和、差、积、商的求导法则

设 $u=u(x)$, $v=v(x)$ 都可导，则

(1) $(u\pm v)'=u'\pm v'$;

(2) $(Cu)'=Cu'$（C 是常数）；

(3) $(uv)'=u'v+uv'$;

(4) $\left(\dfrac{u}{v}\right)'=\dfrac{u'v-uv'}{v^2}\ (v\neq 0)$.

3. 复合函数的求导法则

设 $y=f(u)$，而 $u=\varphi(x)$，且 $f(u)$ 及 $\varphi(x)$ 都可导，则复合函数 $y=f[\varphi(x)]$ 的导数为

$$f'[\varphi(x)]=f'(u)\cdot\varphi'(x) \text{ 或 } y'_x=y'_u\cdot u'_x.$$

习题 3.2

1. 求下列函数的导数.

(1) $y=3x^4-23x^3+40x-10$;

(2) $y=ax^3-bx+c$(a, b, c 为常数);

(3) $y=x^2+\cos x$.

2. 求下列函数的导数.

(1) $y=(3x^2+1)(2-x)$;

(2) $y=(1+\sin x)(1-2x)$;

(3) $y=(x^2-1)(x^2-3)(x^2-5)$.

3. 求下列函数的导数.

(1) $y=\dfrac{x-1}{x+1}$;

(2) $y=\dfrac{\cos x}{1-x^2}$;

(3) $y=\dfrac{\sin x}{x}$.

4. 求下列函数的导数.

(1) $y=1+\dfrac{2}{x}+\dfrac{3}{x^2}-\dfrac{4}{x^3}$;

(2) $y=\dfrac{4}{x^5}+\dfrac{7}{x^4}-\dfrac{2}{x}+12$;

(3) $y=\dfrac{-3x^4+3x^2-5}{x^3}$.

5. 求下列函数的导数.

(1) $y=\ln\dfrac{1+3x^2}{2-x^2}$;

(2) $y=\lg(1+\cos x)$;

(3) $y=\ln(\ln x)$.

6. 求下列函数的导数.

(1) $y=x^n\cdot e^{-x}$;

(2) $y=e^{2x}\cdot\ln x$;

(3) $y=e^{x2+1}$;

(4) $y=a^{2x+1}$.

7. 求下列函数的导数.

(1) $y=(2x+5)^4$;

(2) $y=\cos(4-3x)$.

8. 求下列函数的导数.

(1) $y=\arcsin(1-2x)$;

(2) $y=\arctan(x^2)$;

(3) $y=(\arcsin x)^2$;

(4) $y=x\cdot\arcsin x$;

(5) $y=\arccos(1-x)$;

(6) $y=(\arctan x)^2$.

9. 求由下列方程所确定的隐函数 y 的导数 y'_x.

(1) $y^2-2xy+9=0$;

(2) $xy=e^{x+y}$;

(3) $y=1-xe^y$.

*第三节　高阶导数

我们知道，变速直线运动的速度 $v(t)$ 是位移函数 $s(t)$ 对时间 t 的导数，即 $v=s'(t)$，而加速度 a 又是速度 v 对时间 t 的变化率，即速度 v 对时间 t 的导数，为 $a=v'(t)=(s'(t))'=s''(t)$. 这种导数的导数 $(s')'$ 叫作 s 对 t 的二阶导数，记作 $s''(t)$. 所以，直线运动的加速度就是位移函数 s 对时间 t 的二阶导数. 这就是二阶导数的物理意义.

一般地，函数 $y=f(x)$ 的导数 $y'=f'(x)$ 仍然是 x 的函数. 我们把 $y'=f'(x)$ 的导数叫作函数 $y=f(x)$ 的二阶导数，记作 y'' 或 $f''(x)$，即

$$y''=(y')'.$$

相应地，把 $y=f(x)$ 的导数 $f'(x)$ 叫作函数 $y=f(x)$ 的一阶导数.

类似地，二阶导数的导数，叫作三阶导数，三阶导数的导数叫作四阶导数，…，一般地，$(n-1)$ 阶导数的导数叫作 n 阶导数，分别记作 $y''',y^{(4)},\cdots,y^{(n)}$.

函数 $y=f(x)$ 具有 n 阶导数，也常说函数 $f(x)$ 为 n 阶可导. 如果函数 $f(x)$ 在点 x 处具有 n 阶导数，那么 $f(x)$ 在点 x 处的某一邻域内必定具有一切低于 n 阶的导数. 二阶及二阶以上的导数统称高阶导数.

由此可见，求高阶导数就是多次连续地求导数. 所以，我们仍可应用前面学过的求导方法来计算高阶导数.

例 3.3.1　$y=ax+b$，求 y''.

解：　$y'=a, y''=0$.

例 3.3.2　$s=\sin\omega t$，求 s''.

解：　$s'=\omega\cos\omega t$，$s''=-\omega^2\sin\omega t$.

例 3.3.3　设 $y=2x^3-x^2+1$，求 y''.

解：　$y'=6x^2-2x$，$y''=12x-2$.

例 3.3.4　设 $y=e^x\cos x$，求 $y'|_{x=0}$，$y''|_{x=0}$.

解：　$y'=e^x\cos x-e^x\sin x=e^x(\cos x-\sin x)$，

$y''=e^x(\cos x-\sin x)+e^x(-\sin x-\cos x)=-2e^x\sin x$.

故 $y'|_{x=0}=1, y''|_{x=0}=0$.

例 3.3.5　求函数 $y=e^x$ 的 n 阶导数.

解：　$y'=e^x$，$y''=e^x$，$\cdots, y^{(n)}=e^x$.

习题 3.3

1. 已知 $y=\sin x$，则 $y^{(10)}=($　　$)$.

A. $\sin x$　　　B. $\cos x$　　　C. $-\sin x$　　　D. $-\cos x$

2. 求下列函数的二阶导数.

(1) $y=x\ln x$;

(2) $y=\tan x$;

(3) $y=2x^2+\ln x$;

(4) $y=e^{2x-1}$;

(5) $y=x\cos x$;

(6) $y=\ln(1-x^2)$.

3. 设 $f(x)=(x+10)^3$，求 $f''(2)$.

第四节　微　分

一、微分的定义

在实际问题中，有时需要考虑：当自变量有较小的改变时，函数改变多少. 如果函数很复杂，计算函数的改变量也就会很复杂. 能不能找到一个既简便而又具有较高精确度的计算函数改变量的近似值的方法呢？下面先来分析一个实例.

设有边长为 x 的正方形铁片，加热后边长增加了 Δx（图 3－5），求铁片的面积约增加多少.

加热前铁片的面积为 $y=f(x)=x^2$，当边长增加了 Δx，铁片面积的增加量就是函数 $f(x)$ 的改变量 $\Delta y=(x+\Delta x)^2-x^2=x^2+2x\cdot\Delta x+(\Delta x)^2-x^2=2x\cdot\Delta x+(\Delta x)^2$.

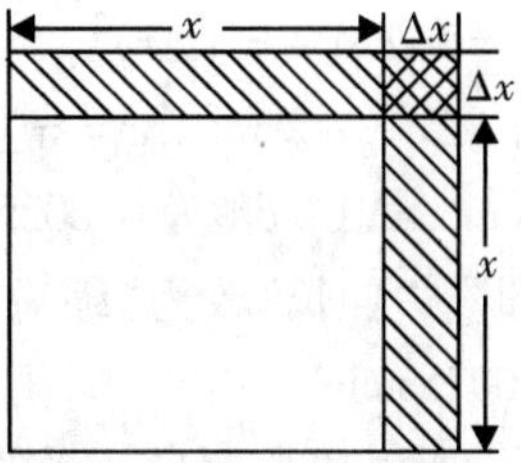

图 3－5

Δy 由两部分组成，一部分是 Δx 的线性函数 $2x\cdot\Delta x$(图 3－5 中单线阴影部分的面积)，另一部分是$(\Delta x)^2$(图 3－5 中双线阴影部分的面积).

如果以 $2x\cdot\Delta x$ 作为 Δy 的近似值，其误差为 $\Delta y-2x\cdot\Delta x=(\Delta x)^2$.

这个误差$(\Delta x)^2$ 显然随着$|\Delta x|$(在这个实际问题中，$\Delta x>0$，可以去掉绝对值符号)的减小而减小，而且，$(\Delta x)^2$ 要比$|\Delta x|$减小得更快些(例如，$|\Delta x|$从 0.1 减小到 0.01，$(\Delta x)^2$ 就相应地从 0.01 减小到 0.0001)，当$|\Delta x|$很小时，$(\Delta x)^2$ 比$|\Delta x|$要小得多(例如$|\Delta x|=10^{-5}$，$(\Delta x)^2=10^{-10}$)，因此式子 $\Delta y=2x\cdot\Delta x+(\Delta x)^2$ 右边的两项中，第一项 $2x\cdot\Delta x$ 是主要部分. 当$|\Delta x|$很小时，可认为铁片面积增加量 $\Delta y\approx 2x\cdot\Delta x$.

这样我们可以用计算 $2x\cdot\Delta x$ 来代替计算 $y=x^2$ 的改变量 Δy，这比计算 Δy 来得简便，且有一定的精确度.

由 $2x=(x^2)'=f'(x)$，于是上例中有

$$\Delta y\approx f'(x)\cdot\Delta x.$$

由此实例引出微分的定义.

定义 3.4.1 设函数 $y=f(x)$在点 x 处可导，则 $y=f(x)$在点 x 处的导数$f'(x)$与自变量的改变量 Δx 的积叫作函数 $y=f(x)$在点 x 处关于改变量 Δx 的**微分**，简称函数 y 的微分，记作 $\mathrm{d}y$，即

$$\mathrm{d}y=f'(x)\Delta x.$$

因此，在 $y=x^2$ 时，

$$\Delta y\approx f'(x)\Delta x=\mathrm{d}y.$$

即函数的改变量 Δy 可用它的微分近似地表示出来. 对于一般的可导函数也有同样的结果，我们就不证明了. 这样，我们就可把计算较为复杂的 Δy 转化为计算 $\mathrm{d}y$，即只要求出导数值$f'(x)$再乘以 Δx 就行了.

例 3.4.1 半径为 10cm 的金属圆片加热后，半径伸长了 0.05cm，求此时面积的微分 $\mathrm{d}A$ 与 $\Delta A-\mathrm{d}A$ 的值.

解： 以 A 表示圆片的面积，r 表示圆片的半径，则 $A=\pi r^2$.

根据题意，取 $r=10$，$\Delta r=0.05$. 这时，

$\mathrm{d}A=2\pi r\cdot\Delta r=2\pi\times10\times0.05=\pi(\mathrm{cm}^2)$，

又 $\Delta A=\pi(r+\Delta r)^2-\pi r^2=2\pi r\Delta r+\pi(\Delta r)^2$，

故 $\Delta A-\mathrm{d}A=2\pi r\cdot\Delta r+\pi(\Delta r)^2-2\pi r\cdot\Delta r=\pi(\Delta r)^2=\pi(0.05)^2=0.0025\pi(\mathrm{cm}^2)$.

所以面积的微分 $\mathrm{d}A$ 为 $\pi\mathrm{cm}^2$，$\Delta A-\mathrm{d}A$ 为 $0.0025\pi\mathrm{cm}^2$.

本例中，如果“加热”改为“冷却”，“伸长”改为“缩短”，这时，可取 $r=10$，$\Delta r=-0.05$，于是 $\mathrm{d}A$ 为 $-\pi\mathrm{cm}^2$，$\Delta A-\mathrm{d}A$ 为 $-0.0025\pi\mathrm{cm}^2$.

当 $y=x$ 时，$\mathrm{d}y=\mathrm{d}x=x'\Delta x=\Delta x$，所以通常把自变量的改变量 Δx 记作 $\mathrm{d}x$，即 $\mathrm{d}x=\Delta x$，称为自变量的微分，于是函数 $y=f(x)$的微分也可以写成

$$dy = f'(x)dx. \tag{3-4}$$

在(3-4)式两边同时除以 dx，得到 $f'(x)=\frac{dy}{dx}$，这样，函数 $y=f(x)$ 的导数 $f'(x)$ 就等于函数的微分 dy 与自变量的微分 dx 的商. 所以导数也叫**微商**. 今后，我们也采用记号 $\frac{dy}{dx}$ 来表示函数 $y=f(x)$ 的导数 $f'(x)$，即

$$\frac{dy}{dx}=f'(x)=y'_x=\lim_{\Delta x\to 0}\frac{\Delta y}{\Delta x}.$$

二、微分的几何意义

为了对微分有比较直观的了解，我们来说明微分的几何意义.

在直角坐标系中，函数 $y=f(x)$ 的图像是一条曲线. 对于某一固定的 x_0 值，曲线上有一个确定点 $M(x_0, y_0)$，当自变量 x 有微小增量 Δx 时，就得到曲线上另一点 $N(x_0+\Delta x, y_0+\Delta y)$. 从图 3-6 可知：

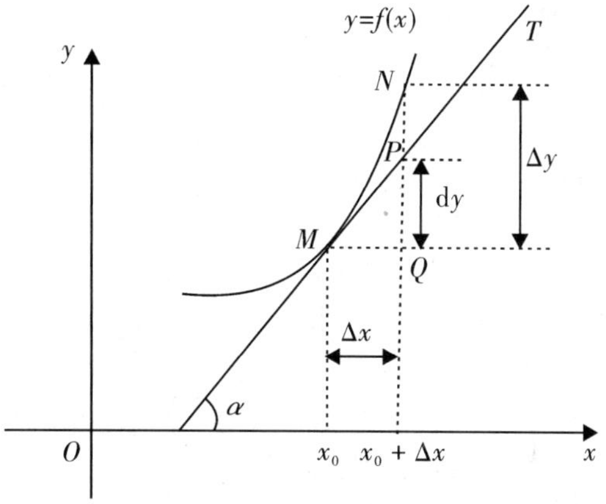

图 3-6

$MQ=\Delta x$，$QN=\Delta y$.

过点 M 作曲线的切线 MT，它的倾斜角为 α，则

$$QP = MQ \cdot \tan\alpha = \Delta x \cdot f'(x_0),$$

即 $dy = QP$.

所以，当自变量的改变量为 Δx 时，Δy 就是曲线的纵坐标的改变量，dy 就是切线的纵坐标的改变量，这就是函数的**微分的几何意义**.

由此可见，当 Δy 是曲线 $y=f(x)$ 上的点的纵坐标的增量时，dy 就是曲线的切线上点的纵坐标的相应增量. 当 $|\Delta x|$ 很小时，$|\Delta y - dy|$ 比 $|\Delta x|$ 小得多. 因此在点 M 的邻近，我们可以用切线段来近似代替曲线段. 这种在一定条件下以直代曲的方法是微分和积分中常用的典型方法.

三、基本初等函数的微分公式与微分运算法则

从函数的微分的表达式

$$dy = f'(x)dx$$

可以看出，要计算函数的微分，只要计算函数的导数，再乘以自变量的微分即可. 计算微分或导数的方法也叫微分法. 因此，可得如下微分公式和微分运算法则.

1. 基本初等函数的微分公式

由基本初等函数的导数公式，可以直接写出基本初等函数的微分公式.

(1) $d(x^n) = nx^{n-1}dx$;

(2) $d(\sin x) = \cos x dx$;

(3) $d(\cos x) = -\sin x dx$;

(4) $d(\tan x) = \sec^2 x dx$;

(5) $d(\cot x) = -\csc^2 x dx$;

(6) $d(\sec x) = \sec x \tan x dx$;

(7) $d(\csc x) = -\csc x \cot x dx$;

(8) $d(a^x) = a^x \ln a dx$;

(9) $d(e^x) = e^x dx$;

(10) $d(\log_a x) = \frac{1}{x\ln a}dx$;

(11) $d(\ln x) = \frac{1}{x}dx$;

(12) $d(\arcsin x) = \frac{1}{\sqrt{1-x^2}}dx$;

(13) $d(\arccos x) = -\frac{1}{\sqrt{1-x^2}}dx$;

(14) $d(\arctan x) = \frac{1}{1+x^2}dx$;

(15) $d(\text{arccot} x) = -\frac{1}{1+x^2}dx$.

2. 函数和、差、积、商的微分法则

由函数和、差、积、商的求导法则，可推得相应的微分法则（下面的 u, v 均为 x 的可微函数）.

(1) $d(u \pm v) = du \pm dv$;

(2) $d(Cu) = Cdu$;

(3) $d(uv) = vdu + udv$;

(4) $d\left(\frac{u}{v}\right) = \frac{vdu - udv}{v^2} (v \neq 0)$.

现在我们以乘积的微分法则为例加以证明.

根据函数微分的表达式，有

$$d(uv)=(uv)'dx.$$

再根据乘积的求导法则，有

$$(uv)'=u'v+uv'.$$

于是 $$d(uv)=(u'v+uv')dx=u'vdx+uv'dx.$$

由于 $$u'dx=du,\ v'dx=dv,$$

所以 $$d(uv)=vdu+udv.$$

其他法则都可以用类似方法证明.

例 3.4.2 求下列函数的微分.

（1）$y=\sin x$；（2）$y=\arctan x$.

解：（1）$dy=(\sin x)'dx=\cos x dx$.

（2）$dy=(\arctan x)'dx=\dfrac{1}{1+x^2}dx$.

例 3.4.3 求下列函数的微分.

（1）$y=e^{ax}\sin bx$；（2）$y=\dfrac{\ln x}{x}$.

解：（1）方法一：

$$\begin{aligned} dy &= e^{ax}d(\sin bx)+\sin bx d(e^{ax}) \\ &= e^{ax}\cdot b\cos bx dx+\sin bx\cdot ae^{ax}dx \\ &= e^{ax}(b\cos bx+a\sin bx)dx. \end{aligned}$$

方法二：

因 $y'=ae^{ax}\sin bx+e^{ax}\cos bx\cdot b=e^{ax}(a\sin bx+b\cos bx)$，

故 $dy=e^{ax}(a\sin bx+b\cos bx)dx$.

（2）方法一：

$$dy=\frac{xd(\ln x)-\ln x dx}{x^2}=\frac{x\cdot\frac{1}{x}dx-\ln x dx}{x^2}=\frac{1-\ln x}{x^2}dx.$$

方法二：

$$dy=\left(\frac{\ln x}{x}\right)'dx=\frac{\frac{1}{x}\cdot x-\ln x}{x^2}dx=\frac{1-\ln x}{x^2}dx.$$

求微分时，可以直接利用微分的运算法则和公式来求，也可以先求导，再根据微分的定义 $dy=f'(x)dx$ 求出.

四、微分在近似计算中的应用

在实际问题中，经常会遇到一些复杂的计算公式，如果直接用这些公式进行计算，那是很费力的. 微分往往可以把一些复杂的计算公式改为简单的近似公式来代替.

前面说过, 如果 $y=f(x)$ 在点 x_0 处的导数 $f'(x_0)\neq 0$, 且 $|\Delta x|$ 很小时, 我们有

$$\Delta y\approx \mathrm{d}y=f'(x_0)\Delta x.$$

这个式子也可以写为

$$\Delta y=f(x_0+\Delta x)-f(x_0)\approx f'(x_0)\Delta x. \tag{3-5}$$

或

$$f(x_0+\Delta x)\approx f(x_0)+f'(x_0)\Delta x. \tag{3-6}$$

在(3-6)式中令 $x=x_0+\Delta x$, 即 $\Delta x=x-x_0$, 那么(3-6)式可改写为

$$f(x)\approx f(x_0)+f'(x_0)(x-x_0). \tag{3-7}$$

如果 $f(x_0)$ 与 $f'(x_0)$ 都容易计算, 那么可利用(3-5)式来近似计算 Δy, 利用(3-6)式来近似计算 $f(x_0+\Delta x)$, 或利用(3-7)式来近似计算 $f(x)$. 这种近似计算的实质就是用 x 的线性函数 $f(x_0)+f'(x_0)(x-x_0)$ 来近似表达函数 $f(x)$. 从导数的几何意义可知, 这也就是用曲线 $y=f(x)$ 在点 $(x_0, f(x_0))$ 处的切线来近似代替该曲线(就切点邻近部分来说).

例 3.4.4 有一批半径为 1cm 的球, 为了提高球面的光洁度, 要镀上一层铜, 厚度定为 0.01cm. 估计一下每个球需用铜多少 g?(铜的密度是 $8.9\mathrm{g/cm^3}$)

解: 先求出镀层的体积, 再乘上密度就得到每个球需用铜的质量.

因为镀层的体积等于两个球体体积之差, 所以它就是球体体积 $V=\frac{4}{3}\pi R^3$ 当 R 自 R_0 取得增量 ΔR 时的增量 ΔV. 我们求 V 对 R 的导数:

$$V'\Big|_{R=R_0}=\left(\frac{4}{3}\pi R^3\right)'\Big|_{R=R_0}=4\pi R_0^{\ 2},$$

由(3-5)式得 $\Delta V\approx 4\pi R_0^{\ 2}\Delta R$.

将 $R_0=1$, $\Delta R=0.01$ 代入上式, 得

$$\Delta V\approx 4\times 3.14\times 1^2\times 0.01\approx 0.13(\mathrm{cm^3}).$$

因此镀每个球需用的铜约为

$$0.13\times 8.9\approx 1.16(\mathrm{g}).$$

下面我们来推导一些常用的近似公式. 为此, 在(3-7)式中取 $x_0=0$, 于是得

$$f(x)\approx f(0)+f'(0)x. \tag{3-8}$$

由(3-8)式可以推出以下几个在实际中常用的近似公式(下面都假定 $|x|$ 是较小的数值):

(1) $\sqrt[n]{1+x}\approx 1+\frac{1}{n}x$;

(2) $\sin x\approx x$(x 用弧度作单位);

(3) $\tan x\approx x$(x 用弧度作单位);

(4) $\mathrm{e}^x\approx 1+x$;

(5) $\ln(1+x)\approx x$;

(6) $(1+x)^n\approx 1+nx$(n 为实数);

(7) $\frac{1}{1+x}\approx 1-x$;

(8) $\arctan x\approx x$.

证明: (1) 取$f(x)=\sqrt[n]{1+x}$, 那么$f(0)=1$, $f'(0)=\frac{1}{n}(1+x)^{\frac{1}{n}-1}\Big|_{x=0}=\frac{1}{n}$, 代入(3-8) 式得

$$\sqrt[n]{1+x}\approx 1+\frac{1}{n}x.$$

(2) 取$f(x)=\sin x$, 那么$f(0)=0$, $f'(0)=\cos x\big|_{x=0}=1$, 代入(3-8) 式得

$$\sin x\approx x.$$

其他几个近似公式可用类似方法证明.

例 3.4.5 根据导出的近似公式, 求下列各式的近似值.

(1) $\sqrt{4.01}$;

(2) $\ln 1.002$.

解: (1) $\sqrt{4.01}=\sqrt{4(1+\frac{0.01}{4})}=2\sqrt{1+\frac{0.01}{4}}$,

利用公式 $\sqrt[n]{1+x}\approx 1+\frac{1}{n}x$, 得

$$\sqrt{4.01}\approx 2(1+\frac{1}{2}\times\frac{0.01}{4})=2.0025.$$

(2)利用公式 $\ln(1+x)\approx x$, 得

$$\ln 1.002=\ln(1+0.002)\approx 0.002.$$

习题 3.4

1. 求下列函数的微分.

(1) $y=ax^3+bx^2+cx+d$;

(2) $y=(2x^2-3)(3x+4)$;

(3) $y=\sin(2x+1)$.

2. 球壳的外直径是 50cm, 厚度是 0.1cm, 求球壳体积的近似值.

3. 计算下列各式的近似值.

(1) $\sqrt{9.01}$; (2) $\ln 1.01$.

第四章　导数的应用

在这一章，我们将更深入地从理论上研究函数的导数与函数值的变化两者之间的内在联系，并进而讨论导数的某些应用.

第一节　中值定理

一、罗尔中值定理

定理 4.1.1　如果函数 $f(x)$ 在闭区间 $[a, b]$ 内连续，在开区间 (a, b) 内可导，且在两端点处的函数值相等，即 $f(a)=f(b)$，那么至少存在一点 $\xi\in(a, b)$，使得 $f'(\xi)=0$.

罗尔中值定理的几何意义是说：在每一点都可导的一段曲线上，如果曲线的两端高度相等，则至少存在一条水平切线（如图 4－1）.

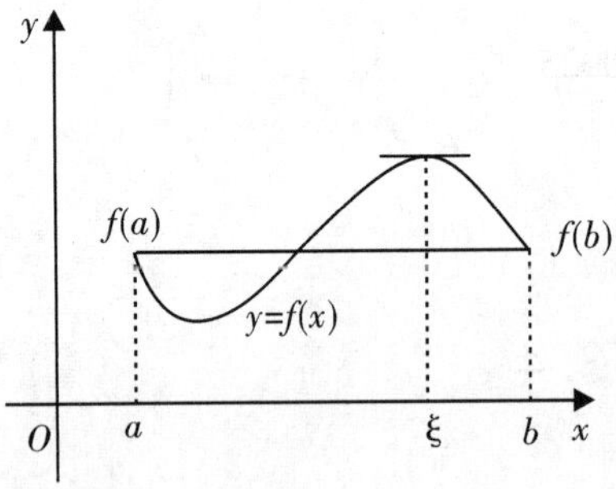

图 4－1

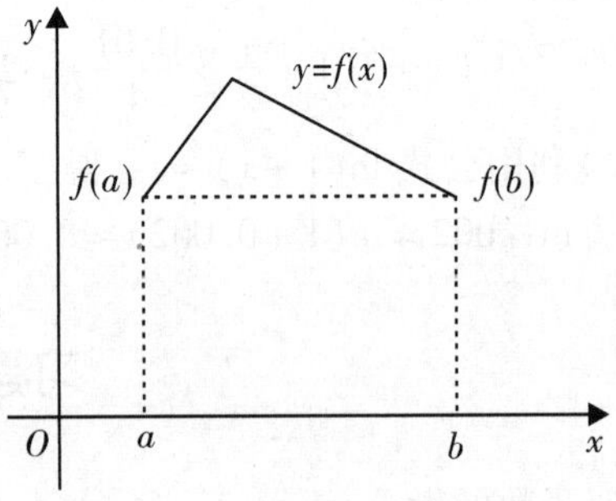

图 4－2

如果函数 $y=f(x)$ 在区间 $[a, b]$ 上不全满足罗尔中值定理的条件，那么这样的水平切线就可能不存在（如图 4－2）.

例 4.1.1　给定函数 $f(x)=x^2-2x-3$，验证 $f(x)$ 在 $[0, 2]$ 上满足罗尔中值定理的条件，并求出罗尔中值定理结论中的 ξ 的值.

解： $f(x)$ 显然在 $[0, 2]$ 上连续，在 $(0, 2)$ 内可导，且 $f(0)=f(2)=-3$. 所以 $f(x)$ 满足定理的三个条件.

由于 $f'(x)=2x-2$，

令 $f'(\xi)=2\xi-2=0$，得 $\xi=1$，

于是存在 $\xi=1\in(0, 2)$，使 $f'(1)=0$ 成立.

二、拉格朗日中值定理

定理4.1.2　函数$f(x)$在闭区间$[a, b]$内连续，在开区间(a, b)内可导，那么在(a, b)内至少有一点ξ，使得

$$f'(\xi)=\frac{f(b)-f(a)}{b-a}. \tag{4-1}$$

这个定理的几何意义是：导数$f'(\xi)$是曲线$y=f(x)$在点$(\xi, f(\xi))$处切线的斜率，而$\frac{f(b)-f(a)}{b-a}$表示$A(a, f(a))$和$B(b, f(b))$之间弦的斜率，如果函数$f(x)$满足拉格朗日中值定理的条件，则闭区间$[a, b]$上的连续曲线$y=f(x)$上每一点(端点除外)都可以作一条切线，且在曲线上至少有一点$M(\xi, f(\xi))$，$\xi\in(a, b)$，使得过点M的切线与弦AB平行(图4-3).

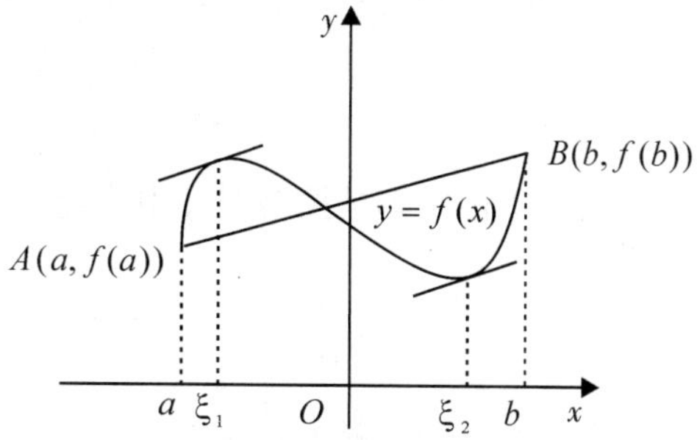

图4-3

罗尔中值定理是拉格朗日中值定理当$f(a)=f(b)$时的特殊情形.

例4.1.2　给定函数$f(x)=x^3$，验证在区间$[-1, 2]$上$f(x)$满足拉格朗日中值定理的条件，并求出定理结论中的ξ的值.

解：$f(x)$在$[-1, 2]$上连续，在$(-1, 2)$内可导，显然$f(x)$满足定理的条件.

又因为$f'(x)=3x^2$，$f(2)=8$，$f(-1)=-1$，

令$f'(\xi)=\frac{f(2)-f(-1)}{2-(-1)}$，

$3\xi^2=\frac{8-(-1)}{2-(-1)}$，

即$3\xi^2=3$，

于是$\xi=\pm1$.

因为$1\in(-1, 2)$，$-1\notin(-1, 2)$，

所以存在$\xi=1\in(-1, 2)$使得$f'(1)=\frac{f(2)-f(-1)}{2-(-1)}$成立.

拉格朗日中值定理的推论

推论1　若函数$f(x)$在区间I上可导，且$f'(x)\equiv0$，$x\in I$，则$f(x)$为I上的一个常量函数.

证明：任取两点x_1，$x_2\in I$(设$x_1<x_2$)，在区间$[x_1, x_2]$上应用拉格朗日中值定理，存在$\xi\in(x_1, x_2)\subset I$，使得

$$f(x_2)-f(x_1)=f'(\xi)(x_2-x_1)=0.$$

这就证得$f(x)$在区间I上任何两点之值相等.

由推论1又可进一步得到如下结论：

推论2　若函数$f(x)$和$g(x)$均在区间I上可导，且$f'(x)\equiv g'(x)$，$x\in I$，则在区间I上

$f(x)$与$g(x)$只相差某一常数，即

$$f(x)=g(x)+C(C\text{为某一常数}).$$

三、柯西中值定理

定理 4.1.3 如果$f(x)$与$g(x)$在闭区间$[a, b]$内连续，在开区间(a, b)内可导，在(a, b)内任一点处$g'(x)$都不等于0，则至少存在一点$\xi\in(a, b)$，使

$$\frac{f(b)-f(a)}{g(b)-g(a)}=\frac{f'(\xi)}{g'(\xi)}. \tag{4-2}$$

柯西中值定理是拉格朗日中值定理的推广.

习题 4.1

1. 验证下列函数在给定区间上满足罗尔中值定理的条件，并求出定理结论中的ξ的值.

(1) $f(x)=x^2-4x$, $x\in[1, 3]$； (2) $f(x)=\dfrac{1}{1+x^2}$, $x\in[-2, 2]$.

2. 验证下列函数在给定区间上满足拉格朗日中值定理的条件，并求出定理结论中的ξ的值.

(1) $f(x)=x^3-6x^2+11x-6$, $x\in[0, 3]$； (2) $f(x)=\ln x$, $x\in[1, \mathrm{e}]$.

3. 下列函数中，在$[-1, 1]$上满足罗尔中值定理条件的是(　　).

A. $y=\dfrac{1}{x}$　　B. $y=|x|$　　C. $y=1-x^2$　　D. $y=x-1$

第二节　洛必达法则

利用中值定理可推导出某些类型函数的极限的法则，例如两个无穷小量之比的极限、两个无穷大量之比的极限等. 这些类型的极限可能存在，也可能不存在. 我们称这种类型的极限为“未定式”.

下面介绍一个求未定式极限的法则——洛必达法则.

一、$\dfrac{0}{0}$型未定式

我们把两个无穷小量之比的极限，用记号“$\dfrac{0}{0}$”表示，称为$\dfrac{0}{0}$型未定式.

定理 4.2.1(洛必达法则 I) 设函数$f(x)$和$g(x)$满足条件：

(1) $\lim\limits_{x\to a}f(x)=\lim\limits_{x\to a}g(x)=0$；

(2) 在点a的某个邻域内(点a可以除外)可导，且$g'(x)\neq0$；

(3) $\lim\limits_{x \to a} \frac{f'(x)}{g'(x)} = A$(或$\infty$).

则必有

$$\lim_{x \to a} \frac{f(x)}{g(x)} = \lim_{x \to a} \frac{f'(x)}{g'(x)} = A(\text{或}\infty).$$

证明：已知$\lim\limits_{x \to a} f(x) = \lim\limits_{x \to a} g(x) = 0$，如果点$x = a$是$f(x)$和$g(x)$的连续点，则有$f(a) = g(a) = 0$，如果点$x = a$不是$f(x)$和$g(x)$的连续点，我们规定$f(a) = g(a) = 0$，使$f(x)$和$g(x)$在点$x = a$处连续.

设x为点a的某邻域内的任一点. 设$x > a$(小于a亦可)，则在区间$[a, x]$上$f(x)$与$g(x)$满足柯西中值定理的条件. 因此有

$$\frac{f(x)}{g(x)} = \frac{f(x) - f(a)}{g(x) - g(a)} = \frac{f'(\xi)}{g'(\xi)} \quad (a < \xi < x).$$

当$x \to a$时，$\xi \to a$. 求上式左、右两端当$x \to a$时的极限，则有

$$\lim_{x \to a} \frac{f(x)}{g(x)} = \lim_{\xi \to a} \frac{f'(\xi)}{g'(\xi)} = \lim_{x \to a} \frac{f'(x)}{g'(x)}.$$

当我们求出$\lim\limits_{x \to a} \frac{f'(x)}{g'(x)}$是常数或$\infty$时，就得出了$\lim\limits_{x \to a} \frac{f(x)}{g(x)}$的结果.

例 4.2.1　求$\lim\limits_{x \to 1} \frac{x^n - 1}{x - 1}$.

解：$\lim\limits_{x \to 1} \frac{x^n - 1}{x - 1} = \lim\limits_{x \to 1} \frac{(x^n - 1)'}{(x - 1)'} = \lim\limits_{x \to 1} \frac{nx^{n-1}}{1} = n.$

例 4.2.2　求$\lim\limits_{x \to 0} \frac{e^x - 1}{x^3 - 3x}$.

解：$\lim\limits_{x \to 0} \frac{e^x - 1}{x^3 - 3x} = \lim\limits_{x \to 0} \frac{(e^x - 1)'}{(x^3 - 3x)'} = \lim\limits_{x \to 0} \frac{e^x}{3x^2 - 3} = -\frac{1}{3}.$

例 4.2.3　求$\lim\limits_{x \to 1} \frac{\ln x}{(x - 1)^2}$.

解：$\lim\limits_{x \to 1} \frac{\ln x}{(x - 1)^2} = \lim\limits_{x \to 1} \frac{(\ln x)'}{[(x - 1)^2]'} = \lim\limits_{x \to 1} \frac{\frac{1}{x}}{2(x - 1)} = \lim\limits_{x \to 1} \frac{1}{2x(x - 1)} = \infty.$

二、$\frac{\infty}{\infty}$型未定式

我们把两个无穷大量之比的极限，用记号“$\frac{\infty}{\infty}$”表示，称为$\frac{\infty}{\infty}$型未定式.

定理 4.2.2(洛必达法则Ⅱ)　设函数$f(x)$和$g(x)$满足条件：

(1) $\lim\limits_{x \to a} f(x) = \lim\limits_{x \to a} g(x) = \infty$;

(2) 在点a的某个邻域内(点a可以除外)可导，且$g'(x) \neq 0$;

(3) $\lim\limits_{x \to a} \frac{f'(x)}{g'(x)} = A$(或$\infty$).

则必有

$$\lim_{x \to a}\frac{f(x)}{g(x)}=\lim_{x \to a}\frac{f'(x)}{g'(x)}=A(\text{或}\infty).$$

将这个定理中的变化过程 $x \to a$ 改为其他变化过程，定理的结论仍然成立.

例 4.2.4 求 $\lim\limits_{x \to 0}\dfrac{\ln x^2}{\dfrac{1}{x}}$.

解： $\lim\limits_{x \to 0}\dfrac{\ln x^2}{\dfrac{1}{x}}=\lim\limits_{x \to 0}\dfrac{(\ln x^2)'}{(\dfrac{1}{x})'}=\lim\limits_{x \to 0}\dfrac{\dfrac{2}{x}}{-\dfrac{1}{x^2}}=\lim\limits_{x \to 0}(-2x)=0.$

必要时，洛必达法则可多次使用. 换言之，如果 $\lim\limits_{x \to a}\dfrac{f'(x)}{g'(x)}$ 仍为 $\dfrac{0}{0}$ 型或 $\dfrac{\infty}{\infty}$ 型未定式，且 $f'(x)$ 与 $g'(x)$ 满足洛必达法则的条件，则可继续使用洛必达法则. 即有

$$\lim_{x \to a}\frac{f(x)}{g(x)}=\lim_{x \to a}\frac{f'(x)}{g'(x)}=\lim_{x \to a}\frac{f''(x)}{g''(x)}.$$

只要符合定理条件，就可依次类推，直到求出所要求的极限.

例 4.2.5 求 $\lim\limits_{x \to 0}\dfrac{x-\sin x}{x^3}$.

解： 连续两次应用洛必达法则可得

$$\lim_{x \to 0}\frac{x-\sin x}{x^3}=\lim_{x \to 0}\frac{(x-\sin x)'}{(x^3)'}=\lim_{x \to 0}\frac{1-\cos x}{3x^2}=\lim_{x \to 0}\frac{(1-\cos x)'}{(3x^2)'}=\lim_{x \to 0}\frac{\sin x}{6x}=\frac{1}{6}.$$

例 4.2.6 求 $\lim\limits_{x \to \infty}\dfrac{x^2-2x-5}{3x^2+x-6}$.

解： 连续两次应用洛必达法则可得

$$\lim_{x \to \infty}\frac{x^2-2x-5}{3x^2+x-6}=\lim_{x \to \infty}\frac{2x-2}{6x+1}=\lim_{x \to \infty}\frac{2}{6}=\frac{1}{3}.$$

注意： 使用洛必达法则时，首先要判断所求极限是否为 $\dfrac{0}{0}$ 型或 $\dfrac{\infty}{\infty}$ 型未定式. 只有 $\dfrac{0}{0}$ 型与 $\dfrac{\infty}{\infty}$ 型未定式才能直接使用洛必达法则.

洛必达法则只有在 $\lim\dfrac{f'(x)}{g'(x)}=A$（$A$ 为常量或 ∞）时才有效，否则洛必达法则失效，此时要用其他方法求极限.

例 4.2.7 求 $\lim\limits_{x \to 0}\dfrac{x^2\sin\dfrac{1}{x}}{\sin x}$.

解： $\lim\limits_{x \to 0}\dfrac{x^2\sin\dfrac{1}{x}}{\sin x}=\lim\limits_{x \to 0}\dfrac{(x^2\sin\dfrac{1}{x})'}{(\sin x)'}=\lim\limits_{x \to 0}\dfrac{2x\sin\dfrac{1}{x}-\cos\dfrac{1}{x}}{\cos x}.$

等式右端是振荡而无极限，所以洛必达法则失效. 但是，原极限是存在的，且可用下法求得：

$$\lim_{x\to 0}\frac{x^2\sin\frac{1}{x}}{\sin x}=\lim_{x\to 0}\left(\frac{x}{\sin x}\cdot x\sin\frac{1}{x}\right)=\left(\lim_{x\to 0}\frac{x}{\sin x}\right)\cdot\left(\lim_{x\to 0}x\sin\frac{1}{x}\right)=1\times 0=0.$$

三、0 · ∞型与∞ − ∞型未定式

除$\frac{0}{0}$型与$\frac{\infty}{\infty}$型未定式外，其他类型的未定式须先化为$\frac{0}{0}$型或$\frac{\infty}{\infty}$型未定式，若满足洛必达法则的条件，则可使用洛必达法则求极限.

例 4.2.8　求$\lim\limits_{x\to 0^+}x\ln x$.

解：

$$\begin{aligned}&\lim_{x\to 0^+}x\ln x \qquad (0\cdot\infty\text{型})\\&=\lim_{x\to 0^+}\frac{\ln x}{\frac{1}{x}} \qquad \left(\frac{\infty}{\infty}\text{型}\right)\\&=\lim_{x\to 0^+}\frac{\frac{1}{x}}{-\frac{1}{x^2}}=\lim_{x\to 0^+}(-x)=0.\end{aligned}$$

例 4.2.9　求$\lim\limits_{x\to 1}\left(\frac{1}{x-1}-\frac{1}{\ln x}\right)$.

解：

$$\begin{aligned}&\lim_{x\to 1}\left(\frac{1}{x-1}-\frac{1}{\ln x}\right) \qquad (\infty-\infty\text{型})\\&=\lim_{x\to 1}\frac{\ln x-x+1}{(x-1)\ln x} \qquad \left(\frac{0}{0}\text{型}\right)\\&=\lim_{x\to 1}\frac{\frac{1}{x}-1}{\ln x+1-\frac{1}{x}} \qquad \left(\frac{0}{0}\text{型}\right)\\&=\lim_{x\to 1}\frac{-\frac{1}{x^2}}{\frac{1}{x}+\frac{1}{x^2}}=\lim_{x\to 1}\frac{-1}{x+1}=-\frac{1}{2}.\end{aligned}$$

习题 4.2

1. 求下列极限.

（1）$\lim\limits_{x\to 0}\frac{a^x-b^x}{x}(a,\ b>0;a,\ b\neq 1)$；　（2）$\lim\limits_{x\to 0}\frac{e^x-1}{x^2-x}$；　（3）$\lim\limits_{x\to 4}\frac{x^2-6x+8}{x^2-5x+4}$；

（4）$\lim\limits_{x\to 0}\frac{(1+x)^n-1}{x}$，$n$ 为任意实数；　（5）$\lim\limits_{x\to 0}\frac{e^x+e^{-x}-2}{1-\cos x}$.

2. 求下列极限.

(1) $\lim\limits_{x\to+\infty}\frac{x^2}{e^x}$； (2) $\lim\limits_{x\to\infty}\frac{x^3+x^2+x-2}{2x^3+x-1}$； (3) $\lim\limits_{x\to+\infty}xe^{-x}$；

(4) $\lim\limits_{x\to0^+}x\ln^2x$； (5) $\lim\limits_{x\to0}(\frac{1}{x}-\frac{1}{e^x-1})$.

第三节　函数单调性的判定

我们已经学习过函数的单调性概念，现在我们利用导数来判断函数的单调性.

定理 4.3.1　设函数 $f(x)$ 在区间 (a, b) 内可导，如果在 (a, b) 内 $f'(x)>0$，那么 $f(x)$ 在 (a, b) 内是增函数；如果在 (a, b) 内 $f'(x)<0$，那么 $f(x)$ 在 (a, b) 内是减函数.

证明：在区间 (a, b) 内任取两点 x_1，x_2，且 $x_1<x_2$，根据拉格朗日中值定理可得

$$f(x_2)-f(x_1)=f'(\xi)(x_2-x_1),\ (x_1<\xi<x_2). \tag{4-3}$$

如果在区间 (a, b) 内 $f'(x)>0$，则 (4-3) 式中的 $f'(\xi)>0$ 且 $x_2-x_1>0$，因此由 (4-3) 式可知 $f(x_2)>f(x_1)$. 这就是说，$f(x)$ 在区间 (a, b) 内是增函数.

如果在区间 (a, b) 内 $f'(x)<0$，则 (4-3) 式中 $f'(\xi)<0$ 且 $x_2-x_1>0$，因此由 (4-3) 式可知 $f(x_2)<f(x_1)$. 这就是说，$f(x)$ 在区间 (a, b) 内是减函数.

例 4.3.1　确定函数 $f(x)=x^2-2x+4$ 在哪个区间内是增函数，哪个区间内是减函数？

解：$f'(x)=2x-2$.

解不等式 $2x-2>0$，得 $x>1$，因此 $f(x)$ 在 $(1, +\infty)$ 内是增函数；

解不等式 $2x-2<0$，得 $x<1$，因此 $f(x)$ 在 $(-\infty, 1)$ 内是减函数.

例 4.3.2　确定函数 $y=\frac{2}{x}$ 的单调区间.

解：$y'=-\frac{2}{x^2}$.

由于 $x\neq0$ 时，$-\frac{2}{x^2}<0$ 恒成立，所以 y 在 $(-\infty, 0)$ 和 $(0, +\infty)$ 内都是减函数.

例 4.3.3　确定函数 $f(x)=2x^3-9x^2+12x-3$ 的单调区间. .

解：方法一：

函数 $f(x)$ 的定义域为 R，$f'(x)=6x^2-18x+12=6(x-1)(x-2)$，

解不等式 $f'(x)>0$，得 $x<1$ 或 $x>2$，所以 $f(x)$ 在 $(-\infty, 1)$，$(2, +\infty)$ 内是增函数；

解不等式 $f'(x)<0$，得 $1<x<2$，所以 $f(x)$ 在 $(1, 2)$ 内是减函数.

方法二：

函数 $f(x)$ 的定义域为 R，$f'(x)=6x^2-18x+12=6(x-1)(x-2)$，

令 $f'(x)=0$，求得驻点 $x_1=1$，$x_2=2$，列表如下：

x	$(-\infty, 1)$	$(1, 2)$	$(2, +\infty)$
$f'(x)$	+	−	+
$f(x)$	↗	↘	↗

所以$f(x)$在$(-\infty, 1)$，$(2, +\infty)$内是增函数，在$(1, 2)$内是减函数.

习题 4.3

求下列函数的单调区间.

(1) $y=x^3-3x+7$；　(2) $y=\dfrac{x^2}{1+x^2}$；

(3) $y=x-e^x$；　(4) $y=x-\ln(1+x)$.

第四节　函数的极值

定义 4.4.1　如果函数 $y=f(x)$在点 x_0 附近有意义，并且$f(x_0)$的值比在 x_0 附近所有各点的函数值都大(或都小)，则称$f(x_0)$是函数 $y=f(x)$的一个极大值(或极小值). 极大值与极小值统称为极值.

根据第三节关于函数单调性的结论，我们可得出如下结论(图 4－4、4－5)：

可导函数$f(x)$的曲线在它的极值点 x_0 处的切线都平行于 x 轴，即 $f'(x_0)=0$，也就是说，可导函数的极值点一定是它的驻点，因此有下面定理：

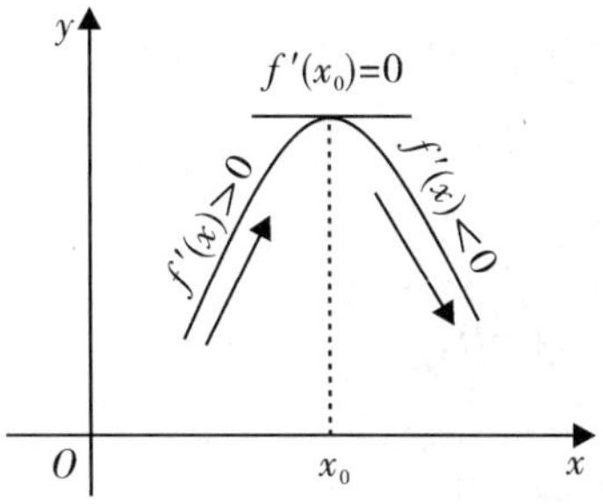

图 4－4

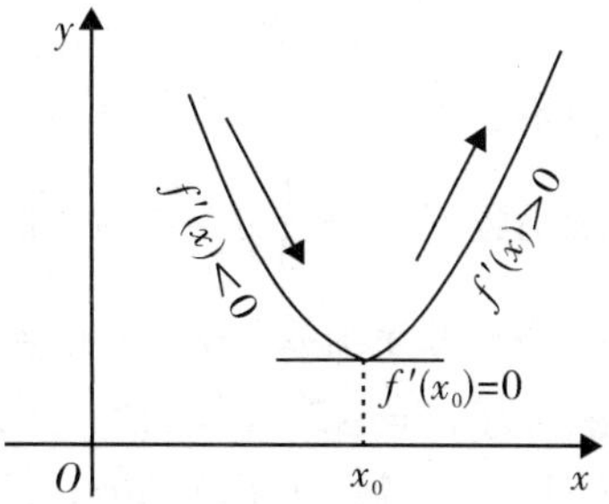

图 4－5

定理 4.4.1　如果函数 $y=f(x)$在 x_0 处有极值 $f(x_0)$ 且 $f'(x_0)$存在，则 $f'(x_0)=0$.

需要注意的是：

(1) 定理4.4.1 的逆定理不成立，即当$f'(x_0)$存在时，$f'(x_0)=0$ 是点 x_0 为极值点的必要条件，但不是充分条件. 换句话说，可导函数的驻点不一定是它的极值点，例如$f(x)=x^3$，其导数是$f'(x)=3x^2$，在 $x=0$ 处有$f'(0)=0$，即点 $x=0$ 是$f(x)=x^3$ 的驻点，但 $x=0$ 并不是它的极值点，如图 4－6 所示.

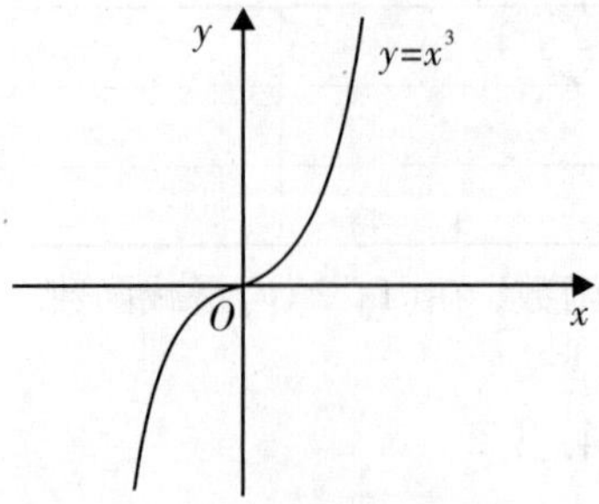

图 4 - 6

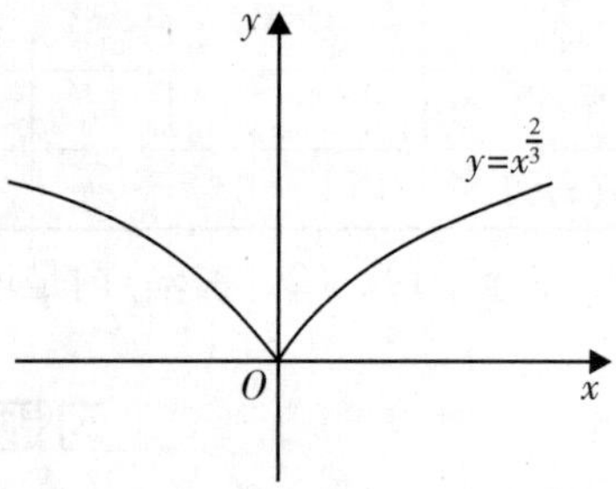

图 4 - 7

(2) 在函数导数不存在的点，函数有可能有极值.

如函数 $y=x^{\frac{2}{3}}$，$y'=\dfrac{2}{3\sqrt[3]{x}}$，在 $x=0$ 处导数不存在，但 $x=0$ 是函数的极小值点，如图 4 - 7 所示.

因此，在求可导函数的极值时，除了考虑 $f'(x)=0$ 的条件外，还要考虑 $f'(x)$ 不存在的点. 下面给出求函数极值的判别方法.

定理 4.4.2 如果函数 $f(x)$ 在点 x_0 的某邻域内可导且 $f'(x_0)=0$（或 $f(x)$ 在点 x_0 处连续，但 $f'(x_0)$ 不存在），并且 x 由小变大，经过 x_0 逐渐增大时，若 $f'(x)$ 的符号由正变负（或由负变正），那么在点 x_0 处必然存在极大值（极小值）.

综上所述，我们可以得到求可导函数 $f(x)$ 的极值的方法，如下：

(1) 求导数 $f'(x)$；

(2) 求 $f(x)$ 在定义域内的驻点；

(3) 检查 $f'(x)$ 在驻点和导数不存在的点的左右的符号，如果左正右负，那么 $f(x)$ 在这个驻点取极大值；如果左负右正，那么 $f(x)$ 在这个驻点取极小值；如果左右同号，那么 $f(x)$ 在这个驻点的函数值不是极值.

例 4.4.1 求函数 $f(x)=\dfrac{1}{3}x^3-4x+4$ 的极值.

解： 首先 $f(x)$ 是可导函数，令 $f'(x)=x^2-4=0$，

解得驻点为 $x_1=-2$，$x_2=2$.

当 x 变化时，$f(x)$、$f'(x)$ 的变化状态如下表：

x	$(-\infty, -2)$	-2	$(-2, 2)$	2	$(2, +\infty)$
$f'(x)$	+	0	−	0	+
$f(x)$	↗	极大值 $9\frac{1}{3}$	↘	极小值 $-1\frac{1}{3}$	↗

因此，当 $x=-2$ 时，函数 $f(x)$ 有极大值 $f(-2)=9\dfrac{1}{3}$；

当 $x=2$ 时，函数 $f(x)$ 有极小值 $f(2)=-1\frac{1}{3}$.

例 4.4.2　求函数 $f(x)=x+2\sin x$ 在区间 $[0,2\pi]$ 内的极值.

解：　因为 $f'(x)=1+2\cos x$，令 $1+2\cos x=0$，解得驻点为 $x_1=\frac{2\pi}{3}$，$x_2=\frac{4\pi}{3}$.

当 x 变化时，$f(x)$、$f'(x)$ 的变化状态如下表：

x	0	$(0,\frac{2\pi}{3})$	$\frac{2\pi}{3}$	$(\frac{2\pi}{3},\frac{4\pi}{3})$	$\frac{4\pi}{3}$	$(\frac{4\pi}{3},2\pi)$	2π
$f'(x)$		+	0	−	0	+	
$f(x)$	0	↗	极大值 $\frac{2\pi}{3}+\sqrt{3}$	↘	极小值 $\frac{4\pi}{3}-\sqrt{3}$	↗	2π

因此，当 $x=\frac{2\pi}{3}$ 时，函数 $f(x)$ 有极大值，且 $f(\frac{2\pi}{3})=\frac{2\pi}{3}+\sqrt{3}$；

当 $x=\frac{4\pi}{3}$ 时，函数 $f(x)$ 有极小值，且 $f(\frac{4\pi}{3})=\frac{4\pi}{3}-\sqrt{3}$.

例 4.4.3　已知函数 $f(x)=x^3-ax^2-bx+c$ 在 $x=-1$ 时有极大值 7，在 $x=3$ 时有极小值，求 a，b，c 和函数的极小值.

解：　$f'(x)=3x^2-2ax-b$，

因为函数在 $x=-1$ 和 $x=3$ 取得极值.

所以 $f'(-1)=f'(3)=0$.

又 $x=-1$ 时有极大值 7，即 $f(-1)=7$，列出方程组 $\begin{cases}3+2a-b=0\\27-6a-b=0\\-1-a+b+c=7\end{cases}$，

解方程组得 $\begin{cases}a=3\\b=9\\c=2\end{cases}$，

当 $x=3$ 时函数有极小值 $f(3)=-25$.

下面再给出可导函数另一种判定极值的方法.

定理 4.4.3　设函数 $f(x)$ 在 x_0 处具有二阶导数且 $f'(x_0)=0$，

(1) 如果 $f''(x_0)>0$，则 $f(x_0)$ 为 $f(x)$ 的极小值；

(2) 如果 $f''(x_0)<0$，则 $f(x_0)$ 为 $f(x)$ 的极大值.

例 4.4.4　求函数 $f(x)=x^3-6x^2+9x+1$ 的极值.

解：　$f'(x)=3x^2-12x+9$，

$f''(x)=6x-12$.

令 $f'(x)=0$，即 $f'(x)=3x^2-12x+9=3(x-1)(x-3)=0$

解得 $x_1=1$，$x_2=3$.

因为 $f''(1)=6-12=-6<0$，

$f''(3)=18-12=6>0$，

由定理4.4.3知，函数极大值 $f(1)=5$，极小值 $f(3)=1$.

习题4.4

1. 求下列函数的极值.

(1) $y=x^3-3x^2+7$；

(2) $y=x^4-2x^2+2$；

(3) $y=2x^3-x^4$；

(4) $y=\ln(x^2+1)$；

(5) $y=\dfrac{x^2}{1+x}$.

2. 函数 $y=x-\dfrac{3}{2}x^{\frac{2}{3}}$（　　）.

A. 有极大值0　　B. 有极大值1　　C. 有极小值 -1　　D. 无极值

3. 设函数 $y=2x^2+ax+3$ 在点 $x=1$ 处取得极小值，则 $a=$ ______.

第五节　最大值与最小值

在经济问题上，经常要研究在一定条件下，怎样使“材料最省”、“成本最低”、“投资最少”、“利润最大”等问题，在数学上，这类问题可归结为求函数的最大值和最小值的问题，而这也是导数的一个重要运用.

如果函数 $f(x)$ 在闭区间 $[a, b]$ 上连续，在开区间 (a, b) 内可导，从连续函数的性质可知，函数 $f(x)$ 在闭区间 $[a, b]$ 上有最大值与最小值. 如图4-8所示.

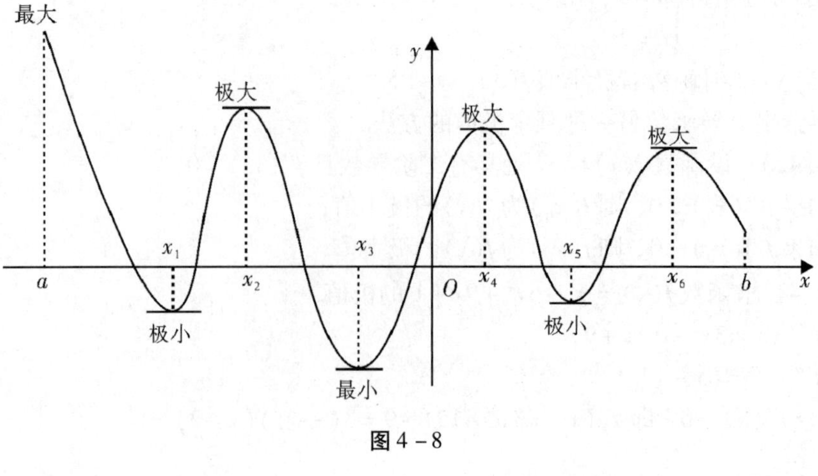

图4-8

因此，求闭区间$[a, b]$上的可导函数$f(x)$在$[a, b]$上的最大值与最小值，可以分两步来进行：

(1)求$f(x)$在(a, b)内的驻点；

(2)计算$f(x)$在驻点和端点的函数值，并把这些值加以比较，其中最大的一个为最大值，最小的一个为最小值.

我们知道，二次函数在其定义域内只有一个极值点，所以在包含极值点的闭区间上，二次函数的极大值就是最大值，极小值就是最小值.

例 4.5.1　求函数$f(x)=x^4-2x^2+5$在区间$[-2, 2]$上的最大值与最小值.

解：因为$f'(x)=4x^3-4x$，

令$4x^3-4x=0$，求得驻点为

$x_1=-1$，$x_2=0$，$x_3=1$.

这些驻点的函数值为

$y\Big|_{x=0}=5$，$\Big|_{x=\pm1}=4$.

区间端点的函数值为

$y\Big|_{x=\pm2}=13$.

把所求的函数值加以比较，得最大值为 13，最小值为 4.

在实际问题中，根据问题的性质可以分析出可导函数$f(x)$存在最大值和最小值，而且一定在定义区间内取得，此时，如果函数$f(x)$在定义区间内部只有一个驻点x_0，那么不必讨论$f(x_0)$是不是极值，即可判断$f(x_0)$是最大值还是最小值.

例 4.5.2　在边长为a的正方形铁皮的四个角上各剪掉一个大小相等的小正方形，然后折起四边做成一个无盖的铁盒. 问四个角上应剪掉多大的小正方形，才能使铁盒的容积最大？

解：设剪掉的小正方形的边长为x，$x\in(0, \frac{a}{2})$.

则铁盒的长为$a-2x$，宽为$a-2x$，高为x.

$V=x\cdot(a-2x)^2$，

$V'=(a-2x)^2+2x(a-2x)\cdot(-2)=(a-2x)(a-6x)$，

令$V'=0$，解得驻点$x_1=\frac{a}{6}\in(0, \frac{a}{2})$，$x_2=\frac{a}{2}\notin(0, \frac{a}{2})$.

因为在$(0, \frac{a}{2})$上只有唯一驻点，所以该驻点对应着V的最大值.

故$V(\frac{a}{6})=\frac{a}{6}(a-2\cdot\frac{a}{6})^2=\frac{2a^3}{27}$.

即四个角上应剪掉边长为$\frac{a}{6}$的小正方形，才能使铁盒的容积最大.

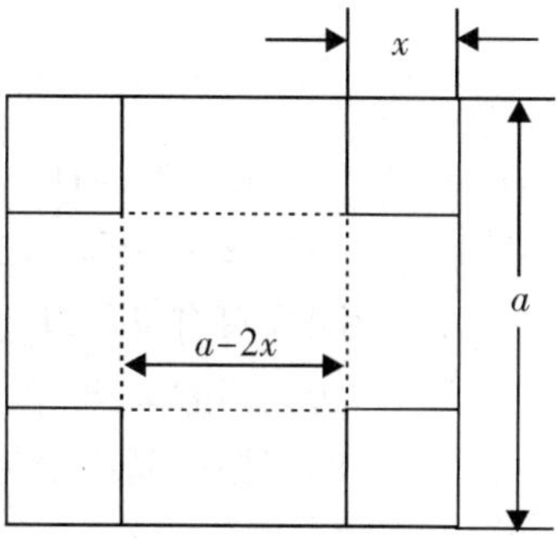

图 4－9

例 4.5.3　要修建一个面积为 162 平方米的矩形场地，正面围栏造价 10 元/米，其余三面围栏造价 8 元/米，问场地的长、宽各多少时，所用材料的总造价最低？

解： 设正面边长为 x 米，侧面边长为 y 米，总造价为 P.

则 $y=\frac{162}{x}$，

$P=10x+8(x+2\times\frac{162}{x})$，

$=18x+\frac{2592}{x}$，$x\in(0,162)$

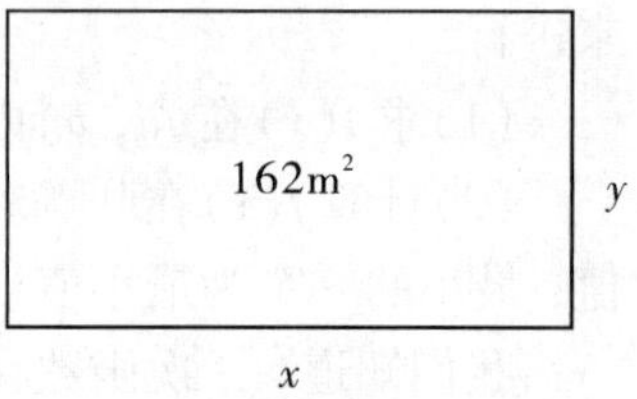

图 4－10

$P'=18-\frac{2592}{x^2}$，

令 $P'=0$，得 $18x^2=2592$，$x^2=144$，

解得驻点 $x_1=12\in(0,162)$，$x_2=-12\notin(0,162)$.

因为在 $(0,162)$ 上只有唯一驻点，所以该驻点对应着 P 的最小值.

所以当 $x=12$，$y=\frac{162}{12}=13.5$ 时，P 取得最小值.

即当场地正面边长为 12 米，两侧边长为 13.5 米时，总造价最低.

例 4.5.4 某工厂生产某产品，所生产的产品可以全部售出. 已知该产品的总成本函数为 $C=\frac{Q^2}{4}+12Q+100$，需求函数为 $P=40-\frac{Q}{4}$. 该产品的产量 Q(销量)的单位为吨，价格 P、成本 C、收益 R、利润 L 的单位为万元. 问产量为多少时，所获得的总利润最大？

解： 根据 $R=Q\cdot P$，有

$R=Q\cdot(40-\frac{Q}{4})=40Q-\frac{Q^2}{4}$，

根据 $L=R-C$，有

$$L=40Q-\frac{Q^2}{4}-(\frac{Q^2}{4}+12Q+100)$$

$$=28Q-\frac{Q^2}{2}-100,$$

$L'=28-Q$，

令 $L'=0$，得 $Q=28$.

因为只有唯一驻点，所以该驻点对应着 L 的最大值.

所以当 $Q=28$ 时，L 取得最大值. 此时，$L(28)=292$.

即当该产品产量为 28 吨时，总利润最大，最大利润为 292 万元.

习题 4.5

1. 求下列函数在给定区间上的最大值与最小值.

(1) $y=x^3-3x^2-9x-5$，$[-2,6]$；

(2) $y=\ln(x^2+1)$，$[-1,2]$；

(3) $y=x-\frac{3}{2}x^{\frac{2}{3}}$，$[-1,\frac{27}{8}]$.

2. 有长方形纸板，长 8cm，宽 5cm，将四角各剪去大小相同的小正方形，制成无盖纸盒，问小正方形的边长为多少时，盒子的容积最大？

3. 某工厂生产某产品，每批产量为 Q 吨，总成本为 C 万元，产品价格为 P 万元. 已知该产品需求函数为 $P=10-0.01Q$，总成本函数为 $C=100+4Q$. 求每批生产多少吨时总利润最大？此时总利润为多少？

4. 设 $f(x)=\frac{1}{3}x^3-x$，则 $x=1$ 是 $f(x)$ 在 $[-2, 2]$ 上的(　　).

A. 极小值点，但不是最小值点　　B. 极小值点，也是最小值点

C. 极大值点，但不是最大值点　　D. 极大值点，也是最大值点

5. 函数 $f(x)=\frac{1}{3}x^3-3x^2+9x$ 在 $[0, 4]$ 上的最大值点是 $x=$______.

*第六节　曲线的凸向和拐点

研究函数的变化规律，除用一阶导数考察其增减极值外，也可用二阶导数考察图像的凸向与拐点.

定理 4.6.1（连续函数的局部保号性质）　若函数 $f(x)$ 在点 x_0 处连续，且 $f(x_0)\neq 0$，则函数 $f(x)$ 在点 x_0 附近必与 $f(x_0)$ 同号，即

$$\text{当} f(x_0)>0 \text{时}, f(x)>0;$$
$$\text{当} f(x_0)<0 \text{时}, f(x)<0.$$

如果函数 $f(x)$ 的导函数 $f'(x)$ 在点 x_0 处连续，同时 $f'(x_0)>0$（或 $f'(x_0)<0$），根据连续函数的局部保号性质，则 $f'(x)$ 在点 x_0 处附近，必有 $f'(x)>0$（或 $f'(x)<0$），这表示 $f(x)$ 在点 x_0 处附近是增函数（或减函数）. 即函数 $f(x)$ 的图像在点 x_0 处附近是上升的（或下降的）.

当 $f'(x_0)>0$ 时，对于给定的函数 $f(x)$ 的图像在点 $P(x_0, f(x_0))$ 附近上升情况有四种，如图 4－11 所示.

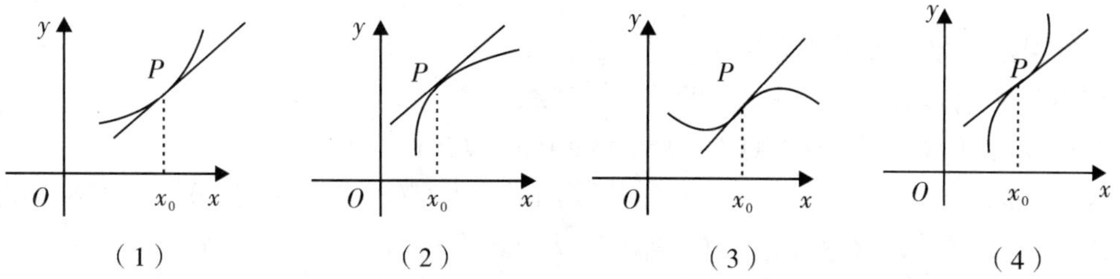

图 4－11

当 $f'(x_0)<0$ 时，对于给定的函数 $f(x)$ 的图像在点 $P(x_0, f(x_0))$ 附近下降情况也有四种，如图 4－12 所示.

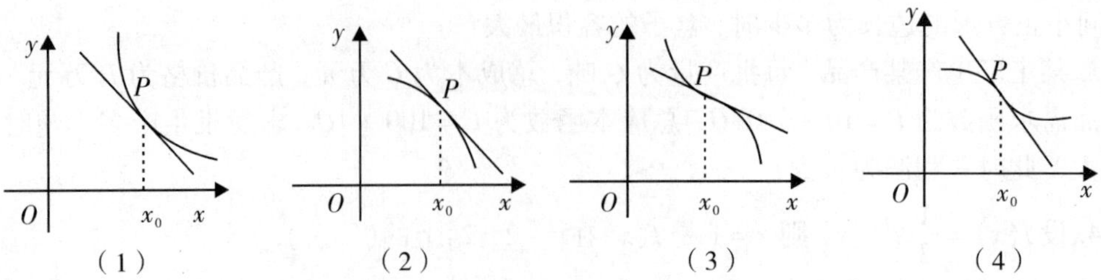

图 4 – 12

为了确切地了解函数$f(x)$在点$P(x_0, f(x_0))$附近的变化情况，准确地描绘函数$f(x)$的图像，我们还应该研究函数曲线的弯曲情况，即曲线的凸向与拐点，为此有下面的定义：

定义 4.6.1 设函数$y=f(x)$在点x_0处可导，则曲线$y=f(x)$在点$P(x_0, f(x_0))$处有切线，若此切线位于切点附近曲线的下方(切点除外)，则称曲线在点$x=x_0$处下凸. 若此切线位于切点附近曲线的上方(切点除外)，则称曲线在点$x=x_0$处上凸.

定义 4.6.2 如果曲线$y=f(x)$在区间(a, b)内所有点都下凸(或上凸)，则称曲线在区间(a, b)内下凸(或上凸).

定义 4.6.3 若曲线$y=f(x)$在切点$P(x_0, f(x_0))$的两侧改变了凸向，则称点P为曲线的拐点.

下面给出应用二阶导数判定曲线的凸向和拐点的办法：

定理 4.6.2 设函数$f(x)$在区间(a, b)内有二阶导数$f''(x)$，

(1) 如果对于所有点$x\in(a, b)$，有$f''(x)>0$，则曲线$y=f(x)$在区间(a, b)内下凸.

(2) 如果对于所有点$x\in(a, b)$，有$f''(x)<0$，则曲线$y=f(x)$在区间(a, b)内上凸.

例 4.6.1 判定曲线$y=\dfrac{1}{x}$的凸向.

解： 由于$f(x)=\dfrac{1}{x}, f'(x)=-\dfrac{1}{x^2}, f''(x)=\dfrac{2}{x^3}$，

所以当$x>0$时，$f''(x)>0$；当$x<0$时，$f''(x)<0$，这表明曲线$y=\dfrac{1}{x}$在$(-\infty, 0)$内为上凸；在$(0, +\infty)$内为下凸.

例 4.6.2 讨论曲线$y=x^4-1$的凸向和拐点.

解： 因$f''(x)=12x^2$且$f''(0)=0$，当$x\neq0$时，$f''(x)>0$.

因此，曲线$y=x^4-1$在$(-\infty, +\infty)$内下凸，虽然$f''(0)=0$，但点$(0, -1)$不是拐点.

由此可见，如果只有$f''(x_0)=0$，那么点$P(x_0, f(x_0))$也不一定是拐点.

例 4.6.3 判定曲线$y=\sin x$在区间$(-\pi, \pi)$内的凸向和拐点.

解： 因$f''(x)=-\sin x$，

当$x\in(-\pi, 0)$时，$f''(x)>0$，则曲线$y=\sin x$在区间$(-\pi, 0)$内下凸.

当$x\in(0, \pi)$时，$f''(x)<0$，则曲线$y=\sin x$在区间$(0, \pi)$内上凸.

从图像可以看出，曲线$y=\sin x$在原点的两侧改变了凸向，点$(0, 0)$为曲线的拐点，且

$f''(0)=0$.

由以上三个例题，我们分析了判定曲线拐点的条件，又可得到下面的定理：

定理 4.6.3　设函数 $f(x)$ 在点 x_0 附近有二阶导数，且满足下列条件：

(1) $f''(x_0)=0$；

(2) 在 $x=x_0$ 的两侧 $f''(x)$ 变号，则点 $P(x_0, f(x_0))$ 必为曲线 $y=f(x)$ 的拐点.

例 4.6.4　判定曲线 $y=x^3-6x^2+9x-1$ 的凸向和拐点.

解：因为 $f'(x)=3x^2-12x+9$，

$f''(x)=6x-12$，

所以 $f(x)$ 在 $(-\infty, 2)$ 内上凸，在 $(2, +\infty)$ 内下凸，点 $(2, 1)$ 为拐点.

x	$(-\infty, 2)$	2	$(2, +\infty)$
$f''(x)$	$-$	0	$+$
$f(x)$	上凸	1	下凸

例 4.6.5　当 a、b 为什么值时，点 $(1, 3)$ 是曲线 $y=ax^3+bx^2$ 的拐点.

解：因为点 $(1, 3)$ 是曲线 $y=ax^3+bx^2$ 的拐点，所以点 $(1, 3)$ 在曲线 $y=ax^3+bx^2$ 上，则 $a+b=3$.

又 $y'=3ax^2+2bx$，$y''=6ax+2b$.

当 $x=1$ 时，$y''=0$，即 $6a+2b=0$，

将上述条件联立得

$$a=-\frac{3}{2},\ b=\frac{9}{2}.$$

事实上，当 $y=-\frac{3}{2}x^3+\frac{9}{2}x^2$ 时，$y''=-9x+9$；当 $x<1$ 时，$y''>0$；当 $x>1$ 时，$y''<0$.

故点 $(1, 3)$ 是曲线 $y=-\frac{3}{2}x^3+\frac{9}{2}x^2$ 的拐点.

习题 4.6

讨论下列函数的凸向和拐点.

(1) $f(x)=x^4-2x^3+1$；

(2) $f(x)=x^2+\frac{1}{x}\ (x<0)$；

(3) $f(x)=\ln(x^2+1)$；

(4) $f(x)=-x^2+2x-1$；

(5) $f(x)=\frac{1}{3}x^3-x^2-3x+2$.

第七节　经济中边际和弹性的概念

一、边际的概念

企业管理人员为了判断增加生产在经济上是否有利，往往需要知道在现有产量的基础上，每增加一个单位产品所需的成本，即边际成本(marginal cost).

平均成本和边际成本是两个不同的概念：平均成本是总成本除以产量而得的每个单位产品的成本；边际成本是在考虑现有产量的基础上再增加一个单位产品所需的成本.

定义 4.7.1　总成本 $C=C(Q)$ 对产量 Q 的变化率 $C'(Q)$ 称为**边际成本**.

$C'(Q)$ 表示增加一个单位产量所需增加的成本.

例 4.7.1　某产品总成本 C 元为产量 Q 个的函数，$C=C(Q)=900+\frac{Q^2}{100}$，求生产 100 个产品时的平均成本及边际成本.

解： 平均成本为

$$\overline{C}(Q)=\frac{C(Q)}{Q}=\frac{900}{Q}+\frac{Q}{100},$$

因此生产 100 个产品时的平均成本为

$$\overline{C}(100)=10(\text{元/个}),$$

边际成本为

$$C'(Q)=\frac{Q}{50},$$

因此生产 100 个产品时的边际成本为

$$C'(100)=2(\text{元/个}).$$

这说明，生产前 100 个产品时，均分在每个产品上的成本为 10 元，在此基础上生产第 101 个产品，所需增加的成本大约为 2 元.

边际成本以及其他如边际消费、边际收益、边际税率等边际概念是经济学家常用的概念. 所谓"边际"，从数学上说就是"变化率". 事实上，导数就是变化率. 在许多实际问题中，量的变化常常比量本身更重要，因此函数的变化率比它的具体函数值更为人们所关心. 例如，知道明天的气温(比今天)要急剧下降，往往比只知道今天的气温而不知道明天的气温更有用.

二、弹性的概念

在前面，我们引入边际的概念，它反映的是自变量 x 与函数 y 的绝对改变量和绝对变化率. 我们在实际中认识到这还不能揭示自变量 x 与函数 y 的内在关系. 例如某商品现售价 10 元，拟涨价 1 元，而另一种商品现售价 1000 元，也拟涨价 1 元，两种商品绝对涨价都是 1 元，但与其原价格相比，第一种商品上涨了 10%，第二种商品只上涨了 0.1%，它们的相对涨价比是完全不一样的. 这就要求我们除了需要了解绝对变化率外，还需要了解相对变化率，因此我们引进函数弹性的概念.

定义 4.7.2　设函数 $y=f(x)$ 在点 x 处可导，称函数的相对改变量 $\frac{\Delta y}{y_0}$ 与自变量的相对改变量 $\frac{\Delta x}{x_0}$ 之比的极限 $\lim\limits_{\Delta x\to 0}\frac{\frac{\Delta y}{y_0}}{\frac{\Delta x}{x_0}}=\lim\limits_{\Delta x\to 0}\frac{\Delta y}{\Delta x}\cdot\frac{x_0}{y_0}=f'(x_0)\frac{x_0}{f(x_0)}$ 为函数 $y=f(x)$ 在点 $x=x_0$ 处的弹性，记作 $\frac{Ey}{Ex}\Big|_{x=x_0}$ 或 $\frac{E}{Ex}f(x_0)$. 对于一般的 x，若 $f(x)$ 可导，则有

$$\frac{Ey}{Ex}=\lim_{\Delta x\to 0}\frac{\frac{\Delta y}{y}}{\frac{\Delta x}{x}}=\lim_{\Delta x\to 0}\frac{\Delta y}{\Delta x}\cdot\frac{x}{y}=f'(x)\frac{x}{f(x)}=y'\frac{x}{y},$$

称为 $f(x)$ 的**弹性函数**.

函数 $f(x)$ 在点 x 的弹性 $\frac{E}{Ex}f(x)$ 反映了随 x 变化，函数 $f(x)$ 变化幅度的大小，也就是 $f(x)$ 在点 x 变化的强烈程度或灵敏度. 在经济中其意义解析为，当 x 改变 1% 时，$f(x)$ 改变 $\frac{E}{Ex}f(x)\%$，其值为正时表示增加，为负时表示减少.

例 4.7.2　设某商品的需求函数为 $Q(P)=\frac{500}{P}$，求当 $P=25$ 时的需求弹性.

解：

$$\frac{E}{EP}Q(P)=-\frac{500}{P^2}\cdot\frac{P}{\frac{500}{P}}=-\frac{500}{P^2}\cdot\frac{P^2}{500}=-1,$$

即 $\frac{E}{EP}Q(25)=-1$，

这说明当 $P=25$ 时，价格上涨 1%，需求将减少 1%.

例 4.7.3　设某商品的需求函数为 $Q(P)=\mathrm{e}^{-\frac{P}{5}}$，求：(1) 需求弹性函数；(2) 当 $P=3$，5，7 时的需求弹性.

解：(1) $\frac{E}{EP}Q(P)=-\frac{1}{5}\mathrm{e}^{-\frac{P}{5}}\cdot\frac{P}{\mathrm{e}^{-\frac{P}{5}}}=-\frac{P}{5}$.

(2) $\frac{E}{EP}Q(3)=-\frac{3}{5}=-0.6$，

$\frac{E}{EP}Q(5)=-\frac{5}{5}=-1$，

$\frac{E}{EP}Q(7)=-\frac{7}{5}=-1.4$.

这说明当 $P=3$ 时，价格每增加 1%，需求减少 0.6%；当 $P=5$ 时，价格每增加 1%，需求减少 1%；当 $P=7$ 时，价格每增加 1%，需求减少 1.4%.

习题 4.7

1. 已知某商品的总成本函数为 $C=200+\frac{Q^2}{4}$，求生产 10 个产品时的平均成本及边际成本.

2. 设某商品的需求函数为 $Q(P)=100e^{-\frac{P}{4}}$，求：(1) 需求弹性函数；(2) 当 $P=4$ 时的需求弹性.

第五章　不定积分

在微分学中，我们讨论了求已知函数的导函数问题. 但在许多实际问题中，特别是在科学技术和经济管理中，常常会遇到相反的情况，需要研究其逆命题，即已知一个函数的导数(或微分)，要求出这个函数. 这种由已知函数的导数(或微分)去求原来函数的问题就形成了不定积分的概念.

第一节　不定积分的概念

一、原函数的概念

定义 5.1.1　设 $f(x)$ 是定义在区间 D 上的已知函数. 若存在一个函数 $F(x)$，对任何 $x \in D$ 均有 $F'(x)=f(x)$ 或 $\mathrm{d}F(x)=f'(x)\mathrm{d}x$，则称函数 $F(x)$ 为已知函数 $f(x)$ 在区间 D 上的一个**原函数**.

如：因为 $(\sin x)'=\cos x$，$x\in(-\infty, +\infty)$，所以 $\sin x$ 是 $\cos x$ 在 $(-\infty, +\infty)$ 内的一个原函数. 同理可知 $\sin x+1$，$\sin x-3$，…都是 $\cos x$ 的原函数，又如，当 $x>0$ 时，$(\ln x)'=\frac{1}{x}$，于是 $\ln x$ 是 $\frac{1}{x}$ 在 $(0, +\infty)$ 内的一个原函数. 同理 $\ln x+1$，$\ln x+2$，…都是 $\frac{1}{x}$ 的原函数.

定理 5.1.1　如果函数 $f(x)$ 在区间 D 内有原函数 $F(x)$，那么对于任意常数 C，有 $[F(x)+C]'=F'(x)=f(x)$，即函数 $F(x)+C$ 也是 $f(x)$ 在 D 内的原函数.

这说明如果函数 $f(x)$ 在 D 内有原函数，那么它在 D 内就有无穷多个原函数.

定理 5.1.2　区间 D 内函数的所有原函数中，任意两个原函数之间只差一个常数.

证明：设 $F(x)$ 是函数 $f(x)$ 在区间 D 内的原函数，则 $F'(x)=f(x)$，

而 $[F(x)+C]'=F'(x)+0=f(x)$，

故 $F(x)+C$ 也是 $f(x)$ 在 D 内的原函数，即定理 5.1.1 成立.

设 $G(x)$ 是 $f(x)$ 在 D 内的另一原函数，则 $G'(x)=f(x)$，

那么 $[G(x)-F(x)]'=G'(x)-F'(x)=f(x)-f(x)=0$，

所以 $G(x)-F(x)=C$（C 为常数），即定理 5.1.2 成立.

这说明任何一个原函数都可以由一个已知原函数加上某个常数来表示.

由此可见，当 C 为任意常数时，表达式 $F(x)+C$ 就可以表示 $f(x)$ 的全体原函数.

二、不定积分的概念

定义 5.1.2 设函数 $F(x)$ 是 $f(x)$ 的一个原函数，则 $f(x)$ 的带有任意常数项的原函数 $F(x)+C$ 称为**不定积分**. 记作 $\int f(x)\mathrm{d}x$，即 $\int f(x)\mathrm{d}x = F(x)+C$. 其中 $\int$ 称为**积分符号**，x 称为**积分变量**，$F(x)$ 称为**被积函数**，$f(x)\mathrm{d}x$ 被称为**被积表达式**，C 称为**积分常数**.

由定义可知，求一个函数的不定积分，实际上就是求出它的某个原函数，再加上一个任意常数 C.

例 5.1.1 求不定积分 $\int \cos x\mathrm{d}x$.

解： 因为 $(\sin x)'=\cos x$，$\sin x$ 是 $\cos x$ 的一个原函数，

所以 $\int \cos x\mathrm{d}x=\sin x+C$.

例 5.1.2 求不定积分 $\int x^2\mathrm{d}x$.

解： 因为 $(\frac{1}{3}x^3)'=x^2$，$\frac{1}{3}x^3$ 是 x^2 的一个原函数，

所以 $\int x^2\mathrm{d}x=\frac{1}{3}x^3+C$.

例 5.1.3 求 $\int \mathrm{d}x$.

解： $\int \mathrm{d}x=\int 1\mathrm{d}x$

而 $(x)'=1$，即 $F(x)=x$ 是被积函数 $f(x)=1$ 的一个原函数，

所以 $\int \mathrm{d}x=x+C$.

三、不定积分的几何意义

如果 $F(x)$ 是 $f(x)$ 的一个原函数，则 $f(x)$ 的不定积分为 $\int f(x)\mathrm{d}x=F(x)+C$，对于每一个给定的常数 C，$F(x)+C$ 的图像表示坐标平面上的一条确定的曲线，这条曲线称为 $f(x)$ 的一条**积分曲线**，由于 C 可以取任意值，因此不定积分 $\int f(x)\mathrm{d}x$ 表示 $f(x)$ 的一组积分曲线，而其中任意一条积分曲线都可以由曲线 $y=F(x)$ 沿 y 轴上下平移得到. 或者说，在每一条积分曲线上横坐标相同的点的切线都是相互平行的（图 5 - 1）.

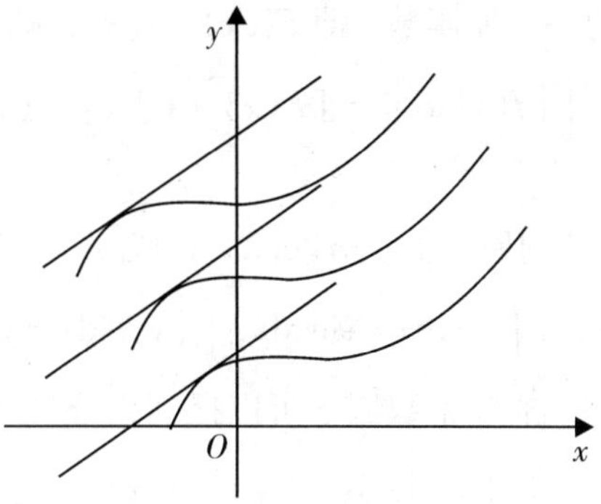

图 5－1

例 5.1.4　设曲线通过点(－1, 2), 且其上任一点处的切线斜率等于这一点横坐标的 2 倍, 求此曲线的方程.

解:　设所求曲线的方程为 $y=f(x)$, 由题设条件, 曲线上任一点(x, y)的切线斜率为

$$\frac{dy}{dx}=2x,$$

所以 $f(x)$ 是 $2x$ 的一个原函数, $2x$ 的任一原函数可表示为 $\int 2x dx = x^2 + C$, 故必有某个常数 C, 使 $f(x)=x^2+C$, 即曲线方程为 $y=x^2+C$,

因所求曲线通过点(－1, 2), 将 $x=-1$, $y=2$ 代入上式求得 $C=1$,

所以所求曲线方程为 $y=x^2+1$.

习题 5.1

1. 验证: 函数 $\frac{1}{2}e^{x^2}$, $\frac{1}{2}e^{x^2}-2$, $\frac{1}{2}e^{x^2}+4$, $\frac{1}{2}e^{x^2}+C$(C 为任意常数)都是 xe^{x^2} 的原函数.

2. 试求下面两个不定积分.

(1) $\int x\sqrt{x}dx$;　(2) $\int (e^x+\sin x)dx$.

3. 已知曲线上任意一点处的切线斜率等于该点横坐标的倒数, 且过点(e, 2), 试求此曲线的方程.

第二节　不定积分的基本性质

由不定积分的定义和导数的运算法则可得到如下性质:

性质 1　求不定积分和求导或求微分互为逆运算.

(1) $\left[\int f(x)dx\right]'=f(x)$ 或 $d\int f(x)dx=f(x)dx$;

(2) $\int F'(x)dx=F(x)+C$ 或 $\int dF(x)=F(x)+C$.

证明：设 $F(x)$ 是 $f(x)$ 的一个原函数，即 $F'(x)=f(x)$，则

$$\left[\int f(x)\mathrm{d}x\right]'=[F(x)+C]'=F'(x)=f(x),$$

所以(1) 式成立.

因为 $F(x)$ 是 $F'(x)$ 的原函数，所以(2) 式成立.

例如：$\left[\int \sin x\mathrm{d}x\right]'=\sin x$，$\mathrm{d}\int \sin x\mathrm{d}x=\sin x\mathrm{d}x$，$\int (x^2)'\mathrm{d}x=x^2+C$.

性质 2　在求不定积分时，非零常数因子可以提到积分号外面，即

$$\int kf(x)\mathrm{d}x=k\int f(x)\mathrm{d}x.$$

证明：因为 $\left[\int kf(x)\mathrm{d}x\right]'=k\left[\int f(x)\mathrm{d}x\right]'=kf(x)$，

所以 $k\int f(x)\mathrm{d}x$ 是 $kf(x)$ 的原函数，因 $k\int f(x)\mathrm{d}x$ 含不定常数，根据不定积分的定义，知 $k\int f(x)\mathrm{d}x$ 是 $kf(x)$ 的不定积分，即 $\int kf(x)\mathrm{d}x=k\int f(x)\mathrm{d}x$.

性质 3　两个函数代数和的不定积分等于这两个函数不定积分的代数和，即

$$\int [f(x)\pm g(x)]\mathrm{d}x=\int f(x)\mathrm{d}x\pm\int g(x)\mathrm{d}x.$$

证明：将上式右边求导，得

$$\left[\int f(x)\mathrm{d}x\pm\int g(x)\mathrm{d}x\right]'=\left[\int f(x)\mathrm{d}x\right]'\pm\left[\int g(x)\mathrm{d}x\right]'=f(x)\pm g(x).$$

性质 3 可推广到有限多个函数代数和的情形.

推论　$\int [af(x)\pm bg(x)]\mathrm{d}x=a\int f(x)\mathrm{d}x\pm b\int g(x)\mathrm{d}x$（其中 a，b 是常数）.

例如：$\int (2\cos x+3\mathrm{e}^x)\mathrm{d}x=2\int \cos x\mathrm{d}x+3\int \mathrm{e}^x\mathrm{d}x$.

习题 5.2

1. 如果 $F(x)$ 是 $f(x)$ 的一个原函数，C 为不等于 0 也不等于 1 的其他任意常数，则下列函数中也必是 $f(x)$ 原函数的是(　　).

A. $Cf(x)$　　B. $F(Cx)$　　C. $F\left(\frac{x}{C}\right)$　　D. $C+F(x)$

2. 下列各式正确的是(　　).

A. $\left[\int f(x)\mathrm{d}x\right]'=f(x)$　　B. $\mathrm{d}\int f(x)\mathrm{d}x=f(x)$

C. $\int f'(x)\mathrm{d}x=f(x)$　　D. $\int \mathrm{d}f(x)=f(x)$

3. 设$f(x)=\dfrac{\sin x}{x}$，那么$\left[\int f(x)\mathrm{d}x\right]'=(\quad)$.

A. $\dfrac{\cos x}{x}$　　B. $\dfrac{\sin x}{x}$　　C. $\dfrac{\cos x}{x}+C$　　D. $\dfrac{\sin x}{x}+C$

第三节　基本积分公式

由于求不定积分是求导数的逆运算，所以从基本导数公式就可以逆推出基本公式.

例如：因为$(\sin x)'=\cos x$,所以 $\sin x$ 是 $\cos x$ 的一个原函数，所以$\int\cos x\mathrm{d}x=\sin x+C$.

类似地，可以得到其他积分公式，下面把一些基本的积分公式列成一个表，这个表通常叫作基本积分表.

基本积分表	基本求导公式
(1) $\int 0\mathrm{d}x=C$	$C'=0$
(2) $\int x^{\alpha}\mathrm{d}x=\dfrac{1}{\alpha+1}x^{\alpha+1}+C(\alpha\neq-1)$	$(x^{\alpha})'=\alpha x^{\alpha-1}$
(3) $\int\dfrac{1}{x}\mathrm{d}x=\ln\|x\|+C$	$(\ln x)'=\dfrac{1}{x}$
(4) $\int a^{x}\mathrm{d}x=\dfrac{1}{\ln a}a^{x}+C$	$(a^{x})'=a^{x}\ln a$
(5) $\int \mathrm{e}^{x}\mathrm{d}x=\mathrm{e}^{x}+C$	$(\mathrm{e}^{x})=\mathrm{e}^{x}$
(6) $\int\cos x\mathrm{d}x=\sin x+C$	$(\sin x)'=\cos x$
(7) $\int\sin x\mathrm{d}x=-\cos x+C$	$(\cos x)'=-\sin x$
(8) $\int\dfrac{1}{\cos^{2}x}\mathrm{d}x=\int\sec^{2}x\mathrm{d}x=\tan x+C$	$(\tan x)'=\dfrac{1}{\cos^{2}x}=\sec^{2}x$
(9) $\int\dfrac{1}{\sin^{2}x}\mathrm{d}x=\int\csc^{2}x\mathrm{d}x=-\cot x+C$	$(\cot x)'=-\dfrac{1}{\sin^{2}x}=-\csc^{2}x$
(10) $\int\sec x\tan x\mathrm{d}x=\sec x+C$	$(\sec x)'=\sec x\tan x$
(11) $\int\csc x\cot x\mathrm{d}x=-\csc x+C$	$(\csc x)'=-\csc x\cot x$
(12) $\int\dfrac{1}{\sqrt{1-x^{2}}}\mathrm{d}x=\arcsin x+C$	$(\arcsin x)'=\dfrac{1}{\sqrt{1-x^{2}}}$
(13) $\int\dfrac{1}{1+x^{2}}\mathrm{d}x=\arctan x+C$	$(\arctan x)'=\dfrac{1}{1+x^{2}}$

利用基本积分公式和不定积分的性质，就可以直接计算一些简单函数的不定积分. 特别要注意:在应用这些公式时，通常需要对被积函数进行适当的变形，将其化为基本积分表

中公式左端的形式.

例 5.3.1 求不定积分 $\int \frac{1}{x^4}\mathrm{d}x$.

解: $\int \frac{1}{x^4}\mathrm{d}x = \int x^{-4}\mathrm{d}x = \frac{1}{-4+1}x^{-4+1} + C = -\frac{1}{3x^3} + C.$

例 5.3.2 求 $\int (x^3 - 2x + 4)\mathrm{d}x$.

解:
$$\begin{aligned}\int (x^3 - 2x + 4)\mathrm{d}x &= \int x^3\mathrm{d}x - \int 2x\mathrm{d}x + \int 4\mathrm{d}x \\ &= \frac{x^{3+1}}{3+1} - 2\int x\mathrm{d}x + 4\int \mathrm{d}x \\ &= \frac{1}{4}x^4 - 2\cdot\frac{x^{1+1}}{1+1} + 4x + C \\ &= \frac{1}{4}x^4 - x^2 + 4x + C.\end{aligned}$$

例 5.3.3 求 $\int (2^x + \mathrm{e}^x)\mathrm{d}x$.

解:
$$\begin{aligned}\int (2^x + \mathrm{e}^x)\mathrm{d}x &= \int 2^x\mathrm{d}x + \int \mathrm{e}^x\mathrm{d}x \\ &= \frac{2^x}{\ln 2} + \mathrm{e}^x + C.\end{aligned}$$

例 5.3.4 求 $\int \frac{(x-1)^2}{x}\mathrm{d}x$.

解: $\int \frac{(x-1)^2}{x}\mathrm{d}x = \int \frac{x^2-2x+1}{x}\mathrm{d}x = \int \left(x - 2 + \frac{1}{x}\right)\mathrm{d}x = \frac{x^2}{2} - 2x + \ln|x| + C.$

例 5.3.5 求 $\int \tan^2 x\mathrm{d}x$.

解:
$$\begin{aligned}\int \tan^2 x\mathrm{d}x &= \int (\sec^2 x - 1)\mathrm{d}x = \int \sec^2\mathrm{d}x - \int \mathrm{d}x \\ &= \tan x - x + C.\end{aligned}$$

例 5.3.6 求 $\int \sin^2\frac{x}{2}\mathrm{d}x$.

解: $\int \sin^2\frac{x}{2}\mathrm{d}x = \int \frac{1-\cos x}{2}\mathrm{d}x = \int \frac{1}{2}\mathrm{d}x - \int \frac{1}{2}\cos x\mathrm{d}x = \frac{1}{2}x - \frac{1}{2}\sin x + C.$

习题 5.3

1. 选择题.

(1) 如果 $\int f(x)\mathrm{d}x = 2x\mathrm{e}^{x^2} + C$, 那么 $f(x) = (\quad)$.

A. e^{x^2}　　B. $\mathrm{e}^{x^2} + C$　　C. $2\mathrm{e}^{x^2} + 4x^2\mathrm{e}^{x^2}$　　D. $2\mathrm{e}^{x^2} + 4x^2\mathrm{e}^{x^2} + C$

(2) 函数 $f(x) = \mathrm{e}^{-2x}$ 的不定积分是( ).

A. $e^{-2x}+C$　　B. $-2e^{-2x}$　　C. $-\frac{1}{2}e^{-2x}$　　D. $-\frac{1}{2}e^{-2x}+C$

2. 求下列不定积分.

(1) $\int x\sqrt[3]{x}\,dx$;　　(2) $\int 2^x 3^x\,dx$;　　(3) $\int \frac{(1+x)^2}{\sqrt{x}}dx$;

(4) $\int (2e^x-3\sin x)\,dx$;　　(5) $\int (\sqrt{x}-\frac{1}{\sqrt{x}})\,dx$;　　(6) $\int (\sqrt{x}+1)\left(x-\frac{1}{\sqrt{x}}\right)dx$.

3. 求下列不定积分.

(1) $\int \cos^2\frac{x}{2}dx$;　　(2) $\int \cot^2 x\,dx$;　　(3) $\int \frac{e^{2x}-1}{e^x-1}dx$;

(4) $\int \frac{\cos 2x}{\cos x-\sin x}dx$;　　(5) $\int \frac{1}{x^2(1+x^2)}dx$;　　(6) $\int e^x(1-\frac{e^{-x}}{1+x^2})\,dx$.

第四节　不定积分的换元积分法

上一节中，我们利用不定积分的基本积分公式和不定积分的性质直接计算了一些简单函数的不定积分，但是大多数较复杂函数的不定积分直接用基本积分公式和不定积分的性质是求不出来的. 例如，不定积分 $\int \sin 2x\,dx$ 不能通过基本积分公式求出来，不定积分 $\int \ln x\,dx$ 也是如此. 怎样求这一类不定积分呢？本节将讨论两种求不定积分的基本方法，我们首先讨论的是换元积分法，简称为换元法. 这种方法与复合函数的求导法则是对应的.

对于上面提到的不定积分 $\int \sin 2x\,dx$，

令 $2x=u$，则 $du=2dx$，代入上式得

$\int \sin 2x\,dx=\int \sin u\,\frac{1}{2}du=\frac{1}{2}\int \sin u\,du=-\frac{1}{2}\cos u+C=-\frac{1}{2}\cos 2x+C.$

这种方法对否？验证一下：

$\left(-\frac{1}{2}\cos 2x+C\right)'=-\frac{1}{2}(-\sin 2x)\cdot(2x)'=\sin 2x.$

这说明所求的不定积分是正确的.

上面所求积分方法叫作换元积分法.

定理 5.4.1　对于 u 为自变量的不定积分，若 $\int f(u)\,du=F(u)+C$，则当 $u=\varphi(x)$，$\varphi(x)$可导时，有

$$\int f[\varphi(x)]\varphi'(x)\,dx=F[\varphi(x)]+C.$$

证明：由于 $\int f(u)\,du=F(u)+C$，所以 $F'_u(u)=f(u)$，

即 $\{F[\varphi(x)]+C\}'=f[\varphi(x)]\cdot\varphi'(x)$，

这说明 $F[\varphi(x)]$是$f[\varphi(x)]\cdot\varphi'(\mathrm{x})$的原函数，

所以 $\int f[\varphi(x)]\varphi'(x)\mathrm{d}x=F[\varphi(x)]+C.$

利用此公式来计算不定积分的方法，叫作第一类换元法，也叫凑微分法.

例 5.4.1 求 $\int(x+1)^5\mathrm{d}x.$

解： 令 $u=x+1$，则 $\mathrm{d}u=\mathrm{d}x$，于是

$$\int(x+1)^5\mathrm{d}x=\int u^5\mathrm{d}u=\frac{u^{5+1}}{5+1}+C=\frac{1}{6}u^6+1=\frac{1}{6}(x+1)^6+C.$$

例 5.4.2 求不定积分 $\int\frac{1}{3x+2}\mathrm{d}x.$

解： 设 $3x+2=u$，则两边求微分得 $\mathrm{d}(3x+2)=\mathrm{d}u$，即 $3\mathrm{d}x=\mathrm{d}u$，

所以把 $\mathrm{d}x=\frac{1}{3}\mathrm{d}u$ 代入上式即得

$$\int\frac{1}{3x+2}\mathrm{d}x=\int\frac{1}{u}\cdot\frac{1}{3}\mathrm{d}u=\frac{1}{3}\int\frac{1}{u}\mathrm{d}u=\frac{1}{3}\ln|u|+C=\frac{1}{3}\ln|3x+2|+C.$$

例 5.4.3 求 $\int x^2\sin(2x^3+1)\mathrm{d}x.$

解： 先把原式变形凑微分：

$$\int x^2\sin(2x^3+1)\mathrm{d}x=\int\sin(2x^3+1)\cdot\frac{1}{6}(2x^3+1)'\mathrm{d}x=\frac{1}{6}\int\sin(2x^3+1)\mathrm{d}(2x^3+1).$$

令 $2x^3+1=u$，则原式 $=\frac{1}{6}\int\sin u\mathrm{d}u=-\frac{1}{6}\cos u+C=-\frac{1}{6}\cos(2x^3+1)+C.$

计算熟练后，可以不必把变量 u 写出来，如前面的例题：

$$\int(x+1)^5\mathrm{d}x=\int(x+1)^5\mathrm{d}(x+1)=\frac{1}{6}(x+1)^6+C,$$

$$\int\frac{1}{3x+2}\mathrm{d}x=\frac{1}{3}\int\frac{1}{3x+2}\mathrm{d}(3x+2)=\frac{1}{3}\ln|3x+2|+C,$$

$$\int x^2\sin(2x^3+1)\mathrm{d}x=\frac{1}{6}\int\sin(2x^3+1)\mathrm{d}(2x^3+1)=-\frac{1}{6}\cos(2x^3+1)+C.$$

使用这种换元积分法，要求被积表达式中一部分为 $f[\varphi(x)]$，另一部分能够凑出 $\mathrm{d}\varphi(x)$，所以也叫凑微分法.

下面介绍几种常用的凑微分类型：

设 $\int f(u)\mathrm{d}u=F(u)+C$，

(1) $\int f(ax+b)\mathrm{d}x=\frac{1}{a}\int f(ax+b)\mathrm{d}(ax+b)$；

(2) $\int f(ax^n+b)x^{n-1}\mathrm{d}x=\frac{1}{na}\int f(ax^n+b)\mathrm{d}(ax^n+b)$；

(3) $\int f(\ln x)\frac{1}{x}\mathrm{d}x=\int f(\ln x)\mathrm{d}\ln x$；

(4) $\int f(e^x)e^x\mathrm{d}x = \int f(e^x)\,\mathrm{d}e^x$;

(5) $\int f(\sin x)\cos x\mathrm{d}x = \int f(\sin x)\,\mathrm{d}\sin x$;

$\int f(\cos x)\sin x\mathrm{d}x = -\int f(\cos x)\,\mathrm{d}\cos x$;

(6) $\int f(\tan x)\sec^2 x\mathrm{d}x = \int f(\tan x)\,\mathrm{d}\tan x$;

$\int f(\cot x)\csc^2 x\mathrm{d}x = -\int f(\cot x)\,\mathrm{d}\cot x$;

(7) $\int f(\arcsin x)\dfrac{\mathrm{d}x}{\sqrt{1-x^2}} = \int f(\arcsin x)\,\mathrm{d}\arcsin x$;

(8) $\int f(\arctan x)\dfrac{\mathrm{d}x}{1+x^2} = \int f(\arctan x)\,\mathrm{d}\arctan x$;

(9) $\int \dfrac{\varphi'(x)}{\varphi(x)}\mathrm{d}x = \int \dfrac{1}{\varphi(x)}\mathrm{d}\varphi(x)$.

例 5.4.4　求不定积分 $\int \dfrac{1}{3x-1}\mathrm{d}x$.

解： $\int \dfrac{1}{3x-1}\mathrm{d}x = \int \dfrac{1}{3x-1}\cdot\dfrac{1}{3}\mathrm{d}(3x-1) = \dfrac{1}{3}\int \dfrac{1}{3x-1}\mathrm{d}(3x-1) = \dfrac{1}{3}\ln|3x-1| + C$.

例 5.4.5　求不定积分 $\int \dfrac{\ln x}{x}\mathrm{d}x$.

解： $\int \dfrac{\ln x}{x}\mathrm{d}x = \int \ln x\mathrm{d}\ln x = \dfrac{\ln^2}{2} + C$.

例 5.4.6　求 $\int \tan x\mathrm{d}x$.

解： $\int \tan x\mathrm{d}x = \int \dfrac{\sin x}{\cos x}\mathrm{d}x = -\int \dfrac{\mathrm{d}\cos x}{\cos x} = -\ln|\cos x| + C$.

例 5.4.7　求 $\int e^x(1+e^x)^4\mathrm{d}x$.

解： $\int e^x(1+e^x)^4\mathrm{d}x = \int (1+e^x)^4(1+e^x)'\mathrm{d}x$

$= \int (1+e^x)^4\mathrm{d}(1+e^x) = \dfrac{1}{5}(1+e^x)^5 + C$.

例 5.4.8　求 $\int \dfrac{\sin\frac{1}{x}}{x^2}\mathrm{d}x$.

解： $\int \dfrac{\sin\frac{1}{x}}{x^2}\mathrm{d}x = \int \sin\left(\dfrac{1}{x}\right)\cdot\left(-\dfrac{1}{x}\right)'\mathrm{d}x = -\int \sin\left(\dfrac{1}{x}\right)\cdot\mathrm{d}\left(\dfrac{1}{x}\right)$

$= \cos\left(\dfrac{1}{x}\right) + C$.

例 5.4.9 求 $\int \frac{1}{9+x^2}\mathrm{d}x$.

解： $\int \frac{1}{9+x^2}\mathrm{d}x = \frac{1}{3}\int \frac{1}{1+\frac{x^2}{9}} \cdot \frac{1}{3}\mathrm{d}x = \frac{1}{3}\int \frac{1}{1+\left(\frac{x}{3}\right)^2}\mathrm{d}\,\frac{x}{3} = \frac{1}{3}\arctan\frac{x}{3} + C.$

例 5.4.4 ~ 例 5.4.9 使用的凑微分法，被称为**第一类换元积分法**，下面介绍另一种换元法，称之为**第二类换元法**.

例 5.4.10 求 $\int \frac{1}{1+\sqrt{3-x}}\mathrm{d}x$.

解： 此题不能直接用凑微分法求不定积分，我们采用下面的方法.

令 $t=\sqrt{3-x}$，则 $x=3-t^2$，所以 $\mathrm{d}x=-2t\mathrm{d}t$，

因此 $\int \frac{1}{1+\sqrt{3-x}}\mathrm{d}x = -2\int \frac{t}{1+t}\mathrm{d}t = -2(t-\ln|1+t|)+C$，

再将 $t=\sqrt{3-x}$ 代回，因此

$$\int \frac{1}{1+\sqrt{3-x}}\mathrm{d}x = -2[\sqrt{3-x} - \ln(1+\sqrt{3-x})] + C.$$

***定理 5.4.2** 设函数 $x=\varphi(t)$ 及 $\varphi'(t)$ 都是连续函数，且 $\varphi'(t)\neq 0$，$x=\varphi(t)$ 的反函数 $t=\varphi^{-1}(x)$ 存在且可导，并有 $\int [\varphi(t)]\varphi'(t)\mathrm{d}t = F(t)+C$，则 $\int f(x)\mathrm{d}x = F[\varphi^{-1}(x)]+C$.

证明： 因为 $\frac{\mathrm{d}}{\mathrm{d}x}\{F[\varphi^{-1}(x)]+C\} = \frac{\mathrm{d}F(t)}{\mathrm{d}t}\cdot\frac{\mathrm{d}t}{\mathrm{d}x}$

$$= f[\varphi(t)]\cdot\varphi'(t)\cdot\frac{1}{\varphi'(t)} = f[\varphi(t)] = f(x),$$

所以 $F[\varphi^{=1}(x)]+C$ 是 $f(x)$ 的原函数，

从而有 $\int [\varphi(t)]\varphi'(t)\mathrm{d}t = F(t)+C$.

例 5.4.11 求 $\int \frac{\mathrm{d}x}{\sqrt{x}+\sqrt[3]{x}}$.

解： 令 $x=t^6$，则 $\mathrm{d}x=6t^5\mathrm{d}t$，

$$\begin{aligned}\int \frac{\mathrm{d}x}{\sqrt{x}+\sqrt[3]{x}} &= \int \frac{6t^3}{t+1}\mathrm{d}t \\ &= 6\int \frac{t^3+1-1}{t+1}\mathrm{d}t \\ &= 6\int \left(t^2-t+1-\frac{1}{t+1}\right)\mathrm{d}t \\ &= 6\left(\frac{t^3}{3}-\frac{t^2}{2}+t-\ln|t+1|\right)+C. \\ &= 2\sqrt{x}-3\sqrt[3]{x}+6\sqrt[6]{x}-6\ln|\sqrt[6]{x}+1|+C.\end{aligned}$$

例 5.4.12　求不定积分 $\int \sqrt{a^2-x^2}dx \quad (a>0)$.

解：　令 $x=a\sin t$，$-\frac{\pi}{2}<t<\frac{\pi}{2}$，

$$\begin{aligned}\int\sqrt{a^2-x^2}dx &= \int a\cos t \cdot a\cos t dt \\ &= a^2\int \cos^2 t dt \\ &= a^2\int \frac{1+\cos 2t}{2}dt \\ &= \frac{a^2}{2}\left(t+\frac{1}{2}\sin 2t\right)+C \\ &= \frac{a^2}{2}(t+\sin t\cos t)+C\end{aligned}$$

为了将 t 和 $\sin t$ 与 $\cos t$ 换回成 x 的函数，可由 $x=a\sin t$ 即 $\sin t=\frac{x}{a}$ 作辅助三角形(图 5－2)，有

$$t=\arcsin\frac{x}{a},\ \cos t=\frac{\sqrt{a^2-x^2}}{a}.$$

因此，所求不定积分为

$$\int\sqrt{a^2-x^2}dx=\frac{a^2}{2}\arcsin\frac{x}{a}+\frac{x}{2}\sqrt{a^2-x^2}+C.$$

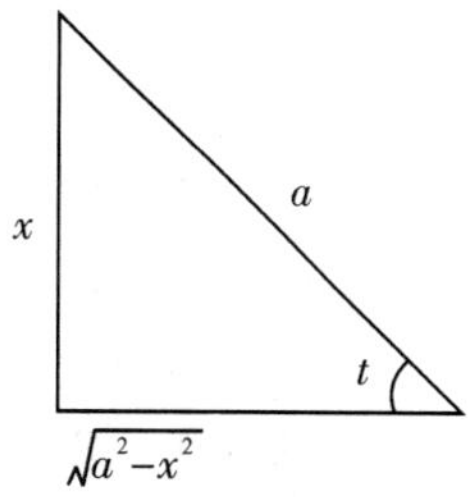

图 5－2

习题 5.4

1. 填空题.

(1) $\int d\sin(1-3x)=$ ________；

(2) 若 $\int f(x)dx=F(x)+C$，那么 $\int e^{-x}f(e^{-x})dx=$ ________.

2. 求下列不定积分.

(1) $\int(3-2x)^4dx$；　　(2) $\int\frac{dx}{x-3}$；

(3) $\int\frac{dx}{(5x+4)^2}$；　　(4) $\int e^{-\frac{t}{3}}dt$；

(5) $\int 2\sin 2x dx$；　　(6) $\int\frac{\ln^2 x}{x}dx$；

(7) $\int\frac{e^x}{\sqrt{1-e^x}}dx$；　　(8) $\int e^t\cos e^t dt$；

(9) $\int\frac{e^x}{1+e^{2x}}dx$；　　(10) $\int\frac{1}{\sqrt{3x+2}-\sqrt{3x-2}}dx$.

3. 求下列不定积分.

(1) $\int \frac{dx}{1+\sqrt{2+x}}$;　　(2) $\int \frac{dx}{e^x-1}$;

(3) $\int \frac{x}{\sqrt{x-3}}dx$;　　(4) $\int \frac{1}{x^2\sqrt{x^2+1}}dx$.

第五节　不定积分的分部积分法

下面介绍另一种积分方法，叫作分部积分法.

定理 5.5.1　若 $u=u(x)$, $v=v(x)$ 都有连续导数，则 $\int u dv = uv - \int v du$.

证明：因为若 $u=u(x)$, $v=v(x)$ 都有连续导数，根据两个函数乘积的求导法则

$$(uv)'=u'v+uv'.$$

可得 $$uv'=(uv)'-u'v,$$

两边同时求不定积分 $\int uv'dx = uv - \int u'v dx$,

即 $$\int u dv = uv - \int v du. \tag{5-1}$$

例 5.5.1　求 $\int \ln x dx$.

解：设 $u=\ln x$, $v=x$,

由公式(5-1)得 $\int \ln x dx = x\ln x - \int x \cdot \frac{1}{x}dx$

$$= x\ln x - \int dx$$

$$= x\ln x - x + C.$$

例 5.5.2　求 $\int x\cos x dx$.

解：设 $u=x$, $dv=\cos x dx$,

则 $du=dx$, $v=\sin x$.

$$\int x\cos x dx = \int x d\sin x$$

$$= x\sin x - \int \sin x dx$$

$$= x\sin + \cos x + C.$$

注意：求此积分时，如果设 $u=\cos x$, $dv=xdx$, 则 $du=-\sin x dx$, $v=\frac{x^2}{2}$, 于是 $\int x\sin x dx = \frac{x^2}{2}\cos x + \frac{1}{2}\int x^2 \sin x dx$. 上式右端的积分比原积分更难求.

可见，使用分部积分法的关键是如何将被积函数划分为 u 及 dv，如果选择不当，不但解

决不了问题，反而使问题复杂化，选择 u 及 dv 要考虑两点：

(1) v 要容易求得；(2) $\int v\mathrm{d}u$ 要比 $\int u\mathrm{d}v$ 容易计算.

例 5.5.3　求 $\int xe^x\mathrm{d}x$.

解： 设 $u=x$，$\mathrm{d}v=e^x\mathrm{d}x$，

则 $\mathrm{d}u=\mathrm{d}x$，$v=\mathrm{e}^x$

由分部积分公式(5-1)，得

$$\begin{aligned}\int x\mathrm{e}^x\mathrm{d}x &= \int x\mathrm{d}\mathrm{e}^x = x\mathrm{e}^x - \int \mathrm{e}^x\mathrm{d}x \\ &= x\mathrm{e}^x - \mathrm{e}^x + C.\end{aligned}$$

在有些情况下，可把换元法和分部积分法结合在一起使用.

例 5.5.4　求 $\int \mathrm{e}^{\sqrt{x}}\mathrm{d}x$.

解： 先用换元法，令 $\sqrt{x}=t$，则 $x=t^2$，$\mathrm{d}x=2t\mathrm{d}t$，

所以 $\int \mathrm{e}^{\sqrt{x}}\mathrm{d}x=2\int t\mathrm{e}^t\mathrm{d}t$，

再由分部积分法，可得

$$\begin{aligned}\int \mathrm{e}^{\sqrt{x}}\mathrm{d}x &= 2\int t\mathrm{e}^t\mathrm{d}t \\ &= 2\int t\mathrm{d}\mathrm{e}^t \\ &= 2t\mathrm{e}^t - 2\int \mathrm{e}^t\mathrm{d}t \\ &= 2t\mathrm{e}^t - 2\mathrm{e}^t + C \\ &= 2\sqrt{x}\mathrm{e}^{\sqrt{x}} - 2\mathrm{e}^{\sqrt{x}} + C.\end{aligned}$$

习题 5.5

1. 选择题.

(1) 下列不定积分中，常用分部积分法计算的是(　　).

A. $\int \cos(2x+1)\mathrm{d}x$　　B. $\int x\sqrt{1-x^2}\mathrm{d}x$

C. $\int x\sin 2x\mathrm{d}x$　　D. $\int \frac{x}{1+x^2}\mathrm{d}x$

(2) 下列分部积分中，u，$\mathrm{d}v$ 选择正确的是(　　).

A. $\int x\sin 2x\mathrm{d}x$，令 $u=x$，$\mathrm{d}v=\sin 2x\mathrm{d}x$　　B. $\int \ln x\mathrm{d}x$，令 $u=1$，$\mathrm{d}v=\ln x\mathrm{d}x$

C. $\int x^2\mathrm{e}^{-x}\mathrm{d}x$，令 $u=\mathrm{e}^{-x}$，$\mathrm{d}v=x^2\mathrm{d}x$　　D. $\int x\mathrm{e}^x\mathrm{d}x$，令 $u=\mathrm{e}^x$，$\mathrm{d}v=x\mathrm{d}x$

2. 求下列不定积分.

(1) $\int x\sin x\mathrm{d}x$;

(2) $\int x^2\mathrm{e}^x\mathrm{d}x$;

(3) $\int \mathrm{e}^x\cos x\mathrm{d}x$;

(4) $\int \sin\sqrt{x}\mathrm{d}x$;

(5) $\int x^2\sin x\mathrm{d}x$;

(6) $\int x^2\mathrm{e}^{-x}\mathrm{d}x$.

第六章　定积分

在前一章，我们学习了不定积分，知道如何去求一个函数的原函数，在实际问题中，有很多问题的求解，往往归结为计算和式的极限，定积分就是从这类和式极限问题中抽象出来的数学概念. 本章从实例出发，引进定积分的概念，进而讨论其性质与计算方法，并用定积分解决一些简单的实际问题.

第一节　定积分的概念和性质

一、定积分的概念

1. 引例：求曲边梯形的面积

设 $y=f(x)$ 在区间 $[a, b]$ 上非负、连续. 由直线 $x=a$, $x=b$, $y=0$ 及曲线 $y=f(x)$ 所围成的平面图形 $A'abB'$ 称为曲边梯形. 如图 6－1 所示.

由于曲边梯形在底边上各点处的高 $f(x)$ 在区间 $[a, b]$ 上是变化着的，因而它的面积不能用矩形面积公式计算. 为了计算曲边梯形的面积，我们可以先将区间 $[a, b]$ 分割成若干个子区间，相应地，曲边梯形 $A'abB'$ 被分割成若干个小曲边梯形. 在任意一个小曲边梯形中 $f(x)$ 的变化很小，可以用小矩形的面积近似代替相应的小曲边梯形的面积，用所有小矩形的面积之和近似代替整个曲边梯形的面积. 显然，分割得越细，近似程度就越高，当无限细分时，所有小矩形面积之和的极限就可定义为曲边梯形的面积.

以上过程详细描述如下：

(1) 分割：在 (a, b) 上插入 $(n-1)$ 个分点

$a=x_0<x_1<x_2<\cdots<x_{n-1}<x_n=b$,

将区间 $[a, b]$ 分成 n 个小区间

$[x_0, x_1]$, $[x_1, x_2]$, $\cdots$, $[x_{n-1}, x_n]$,

记第 i 个小区间的长度为

$$\Delta x_i=x_i-x_{i-1}(i=1, 2, \cdots, n).$$

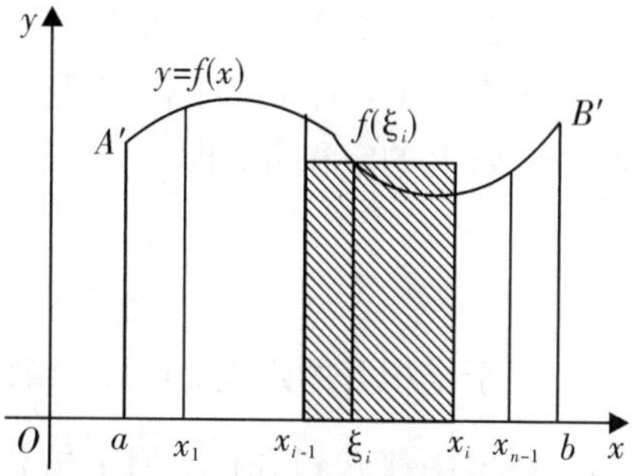

图 6－1

过每个分点 $x_i(i=1, 2, \cdots, n-1)$ 作 x 轴的垂线段，将曲边梯形 $A'abB'$ 分割为 n 个小曲边梯形，设 ΔA_i 表示第 i 个小曲边梯形的面积，则曲边梯形 $A'abB'$ 的面积为

$$A=\sum_{i=1}^{n}\Delta A_i.$$

(2) 代替：在各个小区间$[x_{i-1}, x_i](i=1, 2, \cdots, n)$任意取一点$\xi_i$，以$\Delta x_i$为底边，$f(\xi_i)$为高作小矩形，则小矩形的面积为$f(\xi_i)\Delta x_i$，当$\Delta x_i$很小时，有

$$\Delta A_i \approx f(\xi_i)\Delta x_i (i=1, 2, \cdots, n).$$

分点越多，Δx_i越小，上式的近似程度就越高.

(3) 求和：把n个小矩形的面积相加，就得到曲边梯形的面积A的近似值，即

$$A \approx f(\xi_1)\Delta x_1 + f(\xi_2)\Delta x_2 + \cdots + f(\xi_n)\Delta x_n = \sum_{i=1}^{n} f(\xi_i)\Delta x_i.$$

(4) 取极限：记$\lambda = \max\limits_{1 \leqslant i \leqslant n}\{\Delta x_i\}$，当$\lambda \to 0$时，和式$\sum\limits_{i-1}^{n} f(\xi_i)\Delta x_i$的极限便是曲边梯形的面积$A$，即

$$A = \lim_{n \to \infty}\sum_{i=1}^{n}\Delta A_i = \lim_{\lambda \to 0}\sum_{i=1}^{n} f(\xi_i)\Delta x_i.$$

2. 定积分的概念

定义 6.1.1 设函数$y=f(x)$在区间$[a, b]$上有定义，用点$a=x_0<x_1<x_2<\cdots x_{n-1}<x_n=b$把区间$[a, b]$分成$n$个小区间

$$[x_0, x_1], [x_1, x_2], \cdots, [x_{n-1}, x_n],$$

记$\Delta x_i = x_i - x_{i-1}(i=1, 2, \cdots, n)$，$\lambda = \max\limits_{1 \leqslant i \leqslant n}\left\{\Delta x_i\right\}$，在各个小区间$[x_{i-1}, x_i](i=1, 2, \cdots, n)$任意取一点$\xi_i$，作乘积$f(\xi_i)\Delta x_i$，作和$\sum\limits_{i=1}^{n} f(\xi_i)\Delta x_i$，当$\lambda \to 0$时，上述极限存在，并且这个极限值与$[a, b]$的分割方法及点$\xi_i$的取法均无关，则称此极限值为函数$f(x)$在区间$[a, b]$上的**定积分**，记为

$$\int_a^b f(x)\,\mathrm{d}x = \lim_{n \to \infty}\sum_{i=1}^{n} f(\xi_i)\Delta x_i.$$

其中，称$f(x)$为**被积函数**；$f(x)\mathrm{d}x$为**被积表达式**；x为**积分变量**；$[a, b]$为**积分区间**，a，b分别称为积分**下限**和**上限**.

根据定义 6.1.1，前面所讨论的引例问题可以表述为：

由直线$x=a$，$x=b$，$y=0$及曲线$y=f(x)$所围成的曲边梯形的面积A是函数$f(x)$在区间$[a, b]$上的定积分，即

$$A = \int_a^b f(x)\,\mathrm{d}x.$$

关于定积分的定义，可以明确以下几点：

(1) 函数$f(x)$在$[a, b]$上可积，是指$\int_a^b f(x)\mathrm{d}x$存在，即不论对区间$[a, b]$怎样划分及点ξ_i如何选取，当$\lambda \to 0$时，和式$\sum\limits_{i=1}^{n} f(\xi_i)\Delta x_i$的极限值都唯一存在，如果该极限不存在，则说函数$f(x)$在$[a, b]$上不可积，可以证明：若函数$f(x)$在$[a, b]$上连续，或只有有限个第一类间断点，则$f(x)$在$[a, b]$上可积.

(2) 定积分表示一个数值，它只与被积函数$f(x)$和积分区间$[a, b]$有关，与积分变量

用什么字母无关，即

$$\int_a^b (x)\,dx = \int_a^b f(u)\,du = \int_a^b f(t)\,dt.$$

（3）在定义中，$a<b$，规定：

① $\int_b^a f(x)\,dx = -\int_a^b f(x)\,dx$；

② $\int_a^a f(x)\,dx = 0$.

下面讨论定积分的几何意义.

（1）在区间$[a, b]$上，当 $y=f(x)\geqslant 0$ 时，我们已经知道，定积分 $\int_a^b f(x)\,dx$ 在几何上表示由连续曲线 $y=f(x)$，直线 $x=a$，$y=b$ 及 x 轴所围成的曲边梯形的面积；

（2）在区间$[a, b]$上，当 $y=f(x)\leqslant 0$ 时，如图 6－2 所示，直线 $x=a$，$y=b$ 及 x 轴所围成的平面图形位于 x 轴的下方，定积分 $\int_a^b f(x)\,dx$ 的几何意义表示上述曲边梯形面积的负值. 若以 A 表示曲边梯形的面积，则

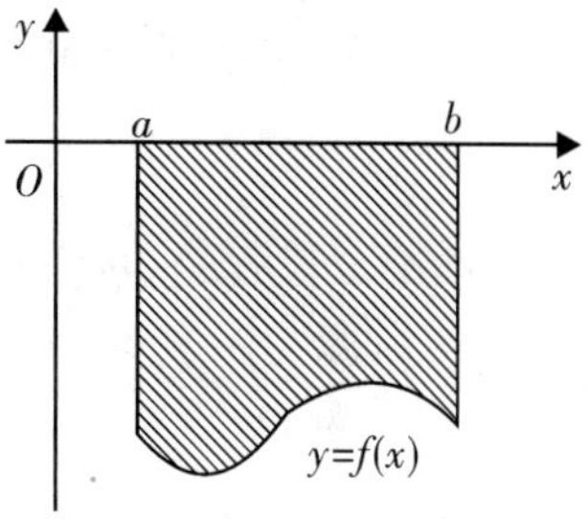

图 6－2

$$A = -\int_a^b f(x)\,dx;$$

（3）当 $f(x)$ 在区间$[a, b]$上有正有负时，如图 6－3所示，定积分 $\int_a^b f(x)\,dx$ 的几何意义表示直线 $x=a$，$y=b$ 及 x 轴所围成的在 x 轴上方和下方曲边梯形的面积的差，此时 $\int_a^b f(x)\,dx = (A_1+A_3)-(A_2+A_4)$

$$=A_1-A_2+A_3-A_4.$$

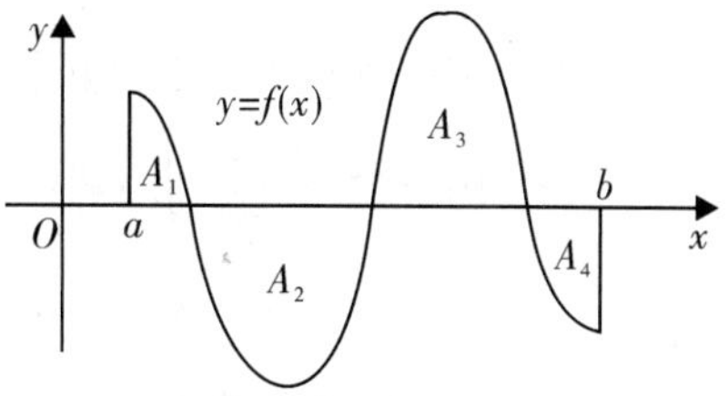

图 6－3

二、定积分的性质

假定函数 $f(x)$、$g(x)$ 在所给区间上是可积的.

性质 1　两个函数代数和的定积分等于这两个函数定积分的代数和，即

$$\int_a^b [f(x)\pm g(x)]\,dx = \int_a^b f(x)\,dx \pm \int_a^b g(x)\,dx.$$

证明： $\int_a^b [f(x)\pm g(x)]\,dx = \lim\limits_{\lambda\to 0}\sum\limits_{i=1}^{n}[f(\xi_i)\pm g(\xi_i)]\Delta x_i$

$$= \lim_{\lambda\to 0}\sum_{i=1}^{n} f(\xi_i)\Delta x_i \pm \lim_{\lambda\to 0}\sum g(\xi_i)\Delta x_i$$

$$= \int_a^b f(x)\,dx \pm \int_a^b g(x)\,dx.$$

此性质可推广到有限个函数代数和的情形，类似地，也可以证明.

性质 2　被积函数的常数因子可以提到积分号外面，即

$$\int_a^b kf(x)\,dx = k\int_a^b f(x)\,dx\,(k\text{ 为常数}).$$

性质3(定积分的可加性) 如果积分区间$[a,b]$被点c分成两个区间$[a,c]$与$[c,b]$，则有

$$\int_a^b f(x)\,dx = \int_a^c f(x)\,dx + \int_c^b f(x)\,dx.$$

如果c不在a与b之间，不论c在a的左边还是在b的右边，只要$f(x)$在$[a,c]$和$[c,b]$上可积，性质仍然成立.

性质4 如果在区间$[a,b]$上$f(x)\equiv 1$，则$\int_a^b 1\,dx = \int_a^b dx = b-a$.

性质5 如果在区间$[a,b]$上$f(x)\leqslant g(x)$，则

$$\int_a^b f(x)\,dx \leqslant \int_a^b g(x)\,dx\,(a<b).$$

推论 若$f(x)$、$g(x)$在$[a,b]$上可积，则$|f(x)|$在$[a,b]$上也可积，且有

$$\left|\int_a^b f(x)\,dx\right| \leqslant \int_a^b |f(x)|\,dx \quad (a<b).$$

性质6(积分的估值定理) 设M及m分别是函数$f(x)$在区间$[a,b]$上的最大值和最小值，则

$$m(b-a)\leqslant \int_a^b f(x)\,dx \leqslant M(b-a)\,(a<b).$$

证明：因为在$[a,b]$上可积，$m\leqslant f(x)\leqslant M$，

由性质5得 $\int_a^b m\,dx \leqslant \int_a^b f(x)\,dx \leqslant \int_a^b M\,dx$，

即 $m(b-a)\leqslant \int_a^b f(x)\,dx \leqslant M(b-a)$.

性质7(积分的中值定理) 如果函数$f(x)$在闭区间$[a,b]$上连续，则在积分区间$[a,b]$上至少存在一点ξ，使下式成立：

$$\int_a^b f(x)\,dx = f(\xi)(b-a)\,(a\leqslant\xi\leqslant b).$$

积分的中值定理的几何意义是：在区间$[a,b]$上至少有一点ξ，使得以区间$[a,b]$为底，以曲线$y=f(x)$为曲边的曲边梯形的面积等于同一底边而高为$f(\xi)$的矩形的面积，如图6-4所示.

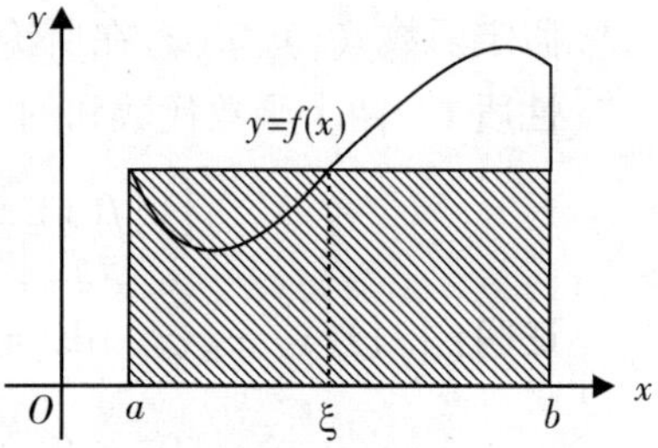

图6-4

性质8 如果$f(x)$在对称区间$[-a,a]$上连续且为奇函数，那么$\int_{-a}^a f(x)\,dx = 0$；如果$f(x)$在对称区间$[-a,a]$上连续且为偶函数，那么

$$\int_{-a}^a f(x)\,dx = 2\int_0^a f(x)\,dx.$$

例 6.1.1　利用性质 6 估计 $\int_1^2 x^2 dx$ 所在的范围.

解： $f(x)=x^2$ 在[1, 2]上的最小值是 $m=f(1)=1$，最大值是 $M=f(2)=4$，区间[1, 2]的长为 $2-1=1$，由性质 6 有

$$2\times1\leqslant\int_1^2 x^2 dx\leqslant4\times1,\ 即\ 2\leqslant\int_1^2 x^2 dx\leqslant4.$$

例 6.1.2　若已知 $\int_1^4 f(x)dx=15$，求 $f(x)$ 在区间 $[1, 4]$ 上的平均值.

解：　设 $f(x)$ 在[1, 4]上的平均值为 $\bar{y}$，则

$$\bar{y}=\frac{1}{4-1}\int_1^4 f(x)dx=\frac{15}{3}=5.$$

习题 6.1

1. 选择题.

（1）如果 $f(x)$ 在[−1, 1]上连续，且平均值为 2，则 $\int_{-1}^1 f(x)dx=$ (　　).

A. 1　　B. −1　　C. 4　　D. −4

（2）下列积分值等于零的是(　　).

A. $\int_1^1 x^2\cos x dx$　　B. $\int_{-1}^1 x\sin x dx$

C. $\int_{-1}^1 (x+\sin x)dx$　　D. $\int_{-1}^1 (x+e^x)dx$

2. 填空.

（1）根据定积分的几何意义求下列积分的值.

① $\int_{-1}^1 \sqrt{1-x^2}dx=$ ________；　② $\int_{-1}^1 x dx=$ ________.

（2）不计算积分，将下列每对定积分用不等号“ < ”或“ > ”连接起来.

① $\int_0^1 x dx$ ________ $\int_0^1 x^2 dx$；　② $\int_1^2 \ln x dx$ ________ $\int_1^2 (\ln x)^2 dx$.

3. 利用定积分估值定理估计定积分 $\int_0^1 e^x dx$ 的范围.

第二节　微积分的基本公式

一、积分上限函数及其性质

1. 积分上限函数

定义 6.2.1　设函数 $f(x)$ 在[a, b]上连续，对于任一点 $x\in[a, b]$，$f(x)$ 在[a, x]上也连续，因而可积，定积分 $\int_a^x f(t)dt$ 的值随 x 的变化而变化，所以它是积分上限 x 的函数. 记

作 $\Phi(x)$，即

$$\Phi(x)=\int_a^x f(t)\,\mathrm{d}t \quad (a\leqslant x\leqslant b),$$

那么称 $\Phi(x)$ 为**积分上限函数**.

2. 微分与积分的联系

定理 6.2.1 设函数 $f(x)$ 在 $[a, b]$ 上连续，则函数 $F(x)=\int_a^x f(t)\,\mathrm{d}t\,(x\in[a, b])$ 可导，且 $F'(x)=\frac{\mathrm{d}}{\mathrm{d}x}\int_a^x f(t)\,\mathrm{d}t=f(x)$.

证明：根据导数定义，对于函数 $F(x)$，当自变量 x 取得增量 Δx 时，相应地，函数有增量

$$\begin{aligned}\Delta F&=F(x+\Delta x)-F(x)=\int_a^{x+\Delta x} f(t)\,\mathrm{d}t-\int_a^x f(t)\,\mathrm{d}t\\&=\int_a^x f(t)\,\mathrm{d}t+\int_x^{x+\Delta x} f(t)\,\mathrm{d}t-\int_a^x f(t)\,\mathrm{d}t\\&=\int_x^{x+\Delta x} f(t)\,\mathrm{d}t,\end{aligned}$$

由积分的中值定理可得：$\Delta F=\int_x^{x+\Delta x} f(t)\,\mathrm{d}t=f(\xi)\Delta x,\ \xi\in[x, x+\Delta x]$，

$$\frac{\Delta F}{\Delta x}=f(\xi),$$

当 $\Delta x\to 0$ 时，$\xi\to x$，又由函数 $f(x)$ 的连续性，得

$$F'(x)=\lim_{\Delta x\to 0}\frac{\Delta F}{\Delta x}=\lim_{\xi\to x}f(\xi)=f(x).$$

例 6.2.1 已知 $f(x)=\int_0^x \sin 2t^2\,\mathrm{d}t$，求 $f'(x)$.

解：根据定理 6.2.1 得 $f'(x)=\frac{\mathrm{d}}{\mathrm{d}x}\int_0^x \sin 2t^2\,\mathrm{d}t=\sin 2x^2$.

二、微积分学的基本公式

定理 6.2.2 设函数 $f(x)$ 在 $[a, b]$ 上连续，如果 $F(x)$ 是 $f(x)$ 的一个原函数，则

$$\int_a^b f(x)\,\mathrm{d}x=F(b)-F(a) \qquad (6-1).$$

证明：因为 $f(x)$ 在 $[a, b]$ 上连续，由定义 6.2.1 知 $\Phi(x)=\int_a^x f(t)\,\mathrm{d}t$ 也是 $f(x)$ 的一个原函数，因而与 $F(x)$ 相差一个常数，即

$$\int_a^x f(t)\,\mathrm{d}t-F(x)=C,$$

当 $x=a$ 时，$\int_a^a f(t)\,\mathrm{d}t=0$，所以 $C=-F(a)$，上式变为

$$\int_a^x f(t)\,\mathrm{d}t = F(x) - F(a),$$

再令 $x=b$，即得 $\int_a^b f(t)\,\mathrm{d}t = F(b) - F(a)$.

公式(6－1)叫作牛顿—莱布尼兹公式.

该公式告诉我们：计算定积分 $\int_a^b f(x)\mathrm{d}x$，只需求出 $f(x)$ 在 $[a, b]$ 上的一个原函数 $F(x)$，计算它由端点 a 到端点 b 的改变量 $F(b)-F(a)$ 即可，也就是说，把求定积分的问题转化为求被积函数的原函数的问题，从而揭示了定积分与不定积分这两个完全不同的概念的内在联系，给定积分提供了一个有效而简便的计算工具. 我们在计算过程中用 $F(x)\Big|_a^b$ 表示 $F(b)-F(a)$.

例 6.2.2　求 $\int_{-1}^{1}\frac{\mathrm{d}x}{1+x^2}$.

解：　$\int_{-1}^{1}\frac{\mathrm{d}x}{1+x^2} = \arctan x\Big|_{-1}^{1} = \frac{\pi}{4} - \left(-\frac{\pi}{4}\right) = \frac{\pi}{2}$.

例 6.2.3　计算 $\int_1^2 x^2\mathrm{d}x$.

解：　因为 $\left(\frac{1}{3}x^3\right)' = x^2$，所以由牛顿—莱布尼兹公式，得

$$\int_1^2 x^2\mathrm{d}x = \frac{1}{3}x^3\Big|_1^2 = \frac{1}{3}\times 2^3 - \frac{1}{3}\times 1^3 = \frac{7}{3}.$$

习题 6.2

1. 选择题.

(1) 下列各式不正确的是(　　).

A. $\left[\int_a^x f(x)\mathrm{d}x\right]' = f(x)$　　B. $\left[\int_a^x -f(x)\mathrm{d}x\right]' = -f(x)$

C. $\left[\int_x^a -f(x)\mathrm{d}x\right]' = f(x)$　　D. $\left[\int_x^a -f(x)\mathrm{d}x\right]' = -f(x)$

(2) 已知 $F(x)$ 是连续函数 $f(x)$ 的一个原函数，那么 $\int_a^x f(t)\mathrm{d}t =$ (　　).

A. $F(t)-F(a)$　　B. $F(x)-F(a)$

C. $F(t+a)-F(2a)$　　D. $F(x+a)-F(2a)$

(3) 设函数 $y=\int_0^x (t-1)^2(t-2)\mathrm{d}t$，则 $\frac{\mathrm{d}y}{\mathrm{d}x}\Big|_{x=0} =$ (　　).

A. 2　　B. -2　　C. 1　　D. 0

2. 求下列函数的导数.

(1) $\int_0^x \sqrt{1+t}\,\mathrm{d}t$；　(2) $\int_x^0 \sin^2 t\,\mathrm{d}t$.

3. 用牛顿—莱布尼兹公式计算下列定积分.

(1) $\int_0^2 x^3\mathrm{d}x$；　(2) $\int_0^4 \sqrt{x}\mathrm{d}x$；　(3) $\int_\pi^{2\pi} \sin x\mathrm{d}x$；　(4) $\int_2^4 \frac{1}{x}\mathrm{d}x$.

第三节　定积分的换元积分和分部积分

依据微积分的基本公式，可将求定积分的问题转化为求不定积分(或原函数)的问题，但是，能直接求积分的函数是非常少的，对于不能直接求积分的函数，不定积分的计算有换元法与分部积分法，相应地，定积分的计算也有换元法与分部积分法.

一、换元法

我们在学习不定积分时，有第一类换元法和第二类换元法，相应地，在计算定积分时也有第一类换元法和第二类换元法.

定理 6.3.1(**第一类换元法**)　设$f(x)$是$[a, b]$上的连续函数，若

$$\int_a^b f(x)\mathrm{d}x = \int_a^b f(u(x))u'(x)\mathrm{d}x,$$

其中$f(x)$在$[\alpha, \beta]$上连续，$u(x)$在$[\alpha, \beta]$上可导，且$x=a$时，$u(a)=\alpha$；$x=b$时，$u(b)=\beta$，则作代换$u(x)=u$，可得

$$\int_a^b f(x)\mathrm{d}x = \int_\alpha^\beta f(u)\mathrm{d}u.$$

例 6.3.1　求$\int_0^1 (2x+1)^2\mathrm{d}x$.

解：设$u=2x+1$，则$\mathrm{d}u=2\mathrm{d}x$，

当$x=0$时，$u=1$；当$x=1$时，$u=3$，于是有

$$\int_0^1 (2x+1)^2\mathrm{d}x = \int_1^3 \frac{u^2}{2}\mathrm{d}u = \frac{u^3}{6}\Big|_1^3 = \frac{27}{6}-\frac{1}{6}=\frac{26}{6}=\frac{13}{3},$$

例 6.3.2　求$\int_1^e \frac{\ln x}{x}\mathrm{d}x$.

解：设$u=\ln x$，则$\mathrm{d}u=\frac{\mathrm{d}x}{x}$，

当$x=1$时，$u=0$；当$x=\mathrm{e}$时，$u=1$，

于是有$\int_1^e \frac{\ln x}{x}\mathrm{d}x = \int_0^1 u\mathrm{d}u = \frac{u^2}{2}\Big|_0^1 = \frac{1}{2}$.

注意：如果用凑微分法求得$f(x)$的原函数，我们可以不写出中间变量u，即不进行变量代换，此时积分上下限就不必改变，如上面两例题可写成：

$$\int_0^1 (2x+1)^2\mathrm{d}x = \frac{1}{2}\int_0^1 (2x+1)^2\mathrm{d}(2x+1) = \frac{(2x+1)^3}{6}\Big|_0^1 = \frac{27}{6}-\frac{1}{6}=\frac{13}{3},$$

$$\int_1^e \frac{\ln x}{x}\mathrm{d}x = \int_1^e \ln x\mathrm{d}\ln x = \frac{\ln^2 x}{2}\Big|_1^e = \frac{1}{2}(1-0)=\frac{1}{2}.$$

定理6.3.2（第二类换元法）　设$f(x)$是$[a, b]$上的连续函数，作变换$x=\varphi(t)$，若函数$x=\varphi(t)$在区间$[\alpha, \beta]$上是单调的并且有连续的导数$\varphi'(t)$，当$t\in[\alpha, \beta]$时，$\varphi(t)\in[a, b]$，且$\varphi(\alpha)=a$，$\varphi(\beta)=b$，那么

$$\int_a^b f(x)\,dx = \int_\alpha^\beta f[\varphi(t)]\varphi'(t)\,dt.$$

证明：因函数$f(x)$和$f[\varphi(t)]\varphi'(t)$都是连续函数，所以它们都是可积的.

设$F(x)$为$f(x)$的一个原函数，则$f[\varphi(t)]$为$f[\varphi(t)]\varphi'(t)$的一个原函数，由牛顿—莱布尼兹公式得

$$\int_a^b f(x)\,dx = F(b)-F(a),$$

$$\begin{aligned}\int_\alpha^\beta f[\varphi(t)]\varphi'(t)\,dt &= [F[\varphi(t)]]_\alpha^\beta \\ &= F[\varphi(\beta)-\varphi(\alpha)] \\ &= F(b)-F(a),\end{aligned}$$

从而

$$\int_a^b f(x)\,dx = \int_\alpha^\beta f[\varphi(t)]\varphi'(t)\,dt.$$

例6.3.3　计算$\int_0^a \sqrt{a^2-x^2}\,dx\ (a>0)$.

解：　设$x=a\sin t$，则$dx=a\cos t\,dt$，当$x=0$时，$t=0$；当$x=a$时，$t=\frac{\pi}{2}$，

$$\begin{aligned}\text{因此}\int_0^a \sqrt{a^2-x^2}\,dx &= a^2\int_0^{\frac{\pi}{2}} \cos^2 t\,dt \\ &= \frac{a^2}{2}\int_0^{\frac{\pi}{2}}(1+\cos 2t)\,dt \\ &= \frac{a^2}{2}\left[t+\frac{\sin 2t}{2}\right]_0^{\frac{\pi}{2}} \\ &= \frac{\pi\cdot a^2}{4}.\end{aligned}$$

例6.3.4　证明：

(1) 若$f(x)$在$[-a, a]$上连续且为奇函数，则

$$\int_{-a}^a f(x)\,dx = 0;$$

(2) 若$f(x)$在$[-a, a]$上连续且为偶函数，则

$$\int_{-a}^a f(x)\,dx = 2\int_0^a f(x)\,dx.$$

证明：因为$\int_{-a}^a f(x)\,dx = \int_{-a}^0 f(x)\,dx + \int_0^a f(x)\,dx$

对积分$\int_{-a}^0 f(x)\,dx$作变换$x=-t$，则得

$$\int_{-a}^{0} f(x)\mathrm{d}x = -\int_{a}^{0} f(-t)\mathrm{d}t = \int_{0}^{a} f(-t)\mathrm{d}t = \int_{0}^{a} f(-x)\mathrm{d}x,$$

$$\begin{aligned}\int_{-a}^{a} f(x)\mathrm{d}x &= \int_{0}^{a} f(-x)\mathrm{d}x + \int_{0}^{a} f(x)\mathrm{d}x \\ &= \int_{0}^{a} [f(-x)+f(x)]\mathrm{d}x.\end{aligned}$$

(1) 若$f(x)$为奇函数，即$f(-x) = -f(x)$，则$f(-x)+f(x)=0$，所以$\int_{-a}^{a} f(x)\mathrm{d}x=0$；

(2) 若$f(x)$为偶函数，即$f(-x)=f(x)$，则$f(-x)+f(x)=2f(x)$，

$\therefore \int_{-a}^{a} f(x)\mathrm{d}x = 2\int_{0}^{a} f(x)\mathrm{d}x.$

二、分部积分法

与求不定积分的方法类似，求定积分也有分部积分法.

设函数 $u=u(x)$与 $v=v(x)$在区间$[a, b]$上有连续导数，则

$$(uv)' = vu' + uv',$$

即 $uv' = (uv)' - vu'$,

等式两边同时取定积分 $\int_{a}^{b} uv'\mathrm{d}x = \int_{a}^{b} (uv)'\mathrm{d}x - \int_{a}^{b} vu'\mathrm{d}x.$

即 $\int_{a}^{b} u\mathrm{d}v = (uv)\Big|_{a}^{b} - \int_{a}^{b} v\mathrm{d}u.$

例 6.3.5 求$\int_{0}^{1} x\mathrm{e}^{x}\mathrm{d}x$.

解： $\int_{0}^{1} x\mathrm{e}^{x}\mathrm{d}x = \int_{0}^{1} x\mathrm{d}\mathrm{e}^{x} = x\mathrm{e}^{x}\Big|_{0}^{1} - \int_{0}^{1} \mathrm{e}^{x}\mathrm{d}x = \mathrm{e} - \mathrm{e}^{x}\Big|_{0}^{1} = \mathrm{e}-(\mathrm{e}-1)=1.$

例 6.3.6 求$\int_{0}^{\pi} x\cos x\mathrm{d}x$.

解：
$$\begin{aligned}\int_{0}^{\pi} x\cos x\mathrm{d}x &= \Big[x\sin x\Big]_{0}^{\pi} - \int_{0}^{\pi} \sin x\mathrm{d}x \\ &= 0 - \Big[-\cos x\Big]_{0}^{\pi} = -2.\end{aligned}$$

例 6.3.7 求$\int_{0}^{1} \mathrm{e}^{\sqrt{x}}\mathrm{d}x$.

解： 先用换元法，再用分部积分法.

设$\sqrt{x}=t$，则 $x=t^2$，$\mathrm{d}x=2t\mathrm{d}t$，当 $x=0$ 时，$t=0$；当 $x=4$ 时，$t=2$.

因此
$$\begin{aligned}\int_{0}^{1} \mathrm{e}^{\sqrt{x}}\mathrm{d}x &= 2\int_{0}^{1} t\mathrm{e}^{t}\mathrm{d}t \\ &= 2\left(\Big[t\mathrm{e}^{t}\Big]_{0}^{1} - \int_{0}^{1} \mathrm{e}^{t}\mathrm{d}t\right) = 2\left(\mathrm{e} - \Big[\mathrm{e}^{t}\Big]_{0}^{1}\right) \\ &= 2\Big[\mathrm{e}-(\mathrm{e}-1)\Big] = 2.\end{aligned}$$

习题 6.3

1. 求下列定积分.

(1) $\int_0^3 e^{\frac{x}{3}}\,dx$；　(2) $\int_0^1 \frac{x}{x^2+1}dx$；　(3) $\int_0^1 2xe^{x^2}dx$；　(4) $\int_2^4 \frac{1}{x\sqrt{x-1}}dx$.

2. 求下列定积分.

(1) $\int_0^1 xe^{-x}dx$；　(2) $\int_1^e \ln x dx$；　(3) $\int_0^{\frac{\pi}{2}} x\sin x dx$；　(4) $\int_1^e \frac{\ln x}{x^2}dx$.

*第四节　广义积分

前面所讨论的求定积分都是在有限的积分区间和被积函数有界(特别是连续)的条件下进行的, 在科学技术和经济管理中常需要处理积分区间为无限区间或被积函数在有限区间上为无界的积分问题, 这两种积分都被称为广义积分(或反常积分), 相应地, 前面讨论的积分称为常义积分, 下面我们分别讨论两种情况的广义积分.

一、无穷区间上的积分

定义 6.4.1　设函数 $f(x)$ 在区间 $[a, +\infty)$ 上连续, 如果 $\lim\limits_{b\to+\infty}\int_a^b f(x)dx\ (a<b)$ 存在, 就称此极限值为 $f(x)$ 在区间 $[a, +\infty)$ 上的广义积分, 记作

$$\int_a^{+\infty} f(x)dx = \lim_{b\to+\infty}\int_a^b f(x)dx.$$

这时我们说广义积分 $\int_a^{+\infty} f(x)dx$ **存在或收敛**, 否则称为**不存在或发散**.

类似地, 定义 $f(x)$ 在无穷区间 $(-\infty, b]$ 上的积分为

$$\int_{-\infty}^b f(x)dx = \lim_{a\to-\infty}\int_a^b f(x)dx,$$

若上式等号右边的极限存在, 则称之为收敛, 否则称之为发散.

函数 $f(x)$ 在无穷区间 $(-\infty, +\infty)$ 上的积分定义为

$$\int_{-\infty}^{+\infty} f(x)dx = \int_{-\infty}^c f(x)dx + \int_c^{+\infty} f(x)dx.$$

其中 c 为任意常数, 当上式右端两个积分都收敛时, 则称之为收敛, 否则称之为发散.

例 6.4.1　计算无穷积分 $\int_0^{+\infty} e^{-x}dx$.

解:　$\int_0^{+\infty} e^{-x}dx = \lim\limits_{b\to+\infty}\int_0^b e^{-x}dx = \lim\limits_{b\to+\infty}(-e^{-x})\Big|_0^b = \lim\limits_{b\to+\infty}\left(-\frac{1}{e^b}+1\right) = 1.$

例 6.4.2 计算无穷积分 $\int_{e}^{+\infty}\frac{dx}{x\ln^2 x}$.

解：$\int_{e}^{+\infty}\frac{dx}{x\ln^2 x}=\lim_{a\to+\infty}\int_{e}^{a}\frac{dx}{x\ln^2 x}=\lim_{a\to+\infty}\int_{e}^{a}\frac{1}{\ln^2 x}d\ln x$

$=\lim_{a\to+\infty}\left[-\frac{1}{\ln x}\right]_{e}^{a}=\lim_{a\to+\infty}(1-\frac{1}{\ln a})=1.$

例 6.4.3 计算无穷积分 $\int_{-\infty}^{0}xe^x dx$.

解：$\int_{-\infty}^{0}xe^x dx=\int_{-\infty}^{0}xde^x=\left[xe^x\right]_{-\infty}^{0}-\int_{-\infty}^{0}e^x dx=\lim_{x\to-\infty}(-xe^x)-\left[e^x\right]_{-\infty}^{0}$

$=\lim_{x\to-\infty}\frac{-x}{e^{-x}}+\lim_{x\to-\infty}e^x-1$

$=0+0-1=-1.$

例 6.4.4 计算 $\int_{-\infty}^{+\infty}\frac{1}{1+x^2}dx$.

解：$\int_{-\infty}^{+\infty}\frac{1}{1+x^2}dx=\left[\arctan x\right]_{-\infty}^{+\infty}=\lim_{x\to+\infty}\arctan x-\lim_{x\to-\infty}\arctan x=\frac{\pi}{2}-(-\frac{\pi}{2})=\pi.$

二、无界函数的积分

定义 6.4.2 设函数 $f(x)$ 在 $(a, b]$ 上连续，当 $x\to a^+$ 时 $f(x)\to\infty$，如果 $\lim_{\varepsilon\to0^+}\int_{a+\varepsilon}^{b}f(x)dx$ $(\varepsilon>0)$ 存在，就称此极限值为无界函数 $f(x)$ 在 $[a, b]$ 上的广义积分，记作

$$\int_{a}^{b}f(x)dx=\lim_{\varepsilon\to0^+}\int_{a+\varepsilon}^{b}f(x)dx\ (\varepsilon>0),$$

若上式右端极限存在，则称此无界函数的积分收敛；否则，称之为发散.

类似地，定义 $x=b$ 为函数 $f(x)$ 的无穷间断点时的无界函数的积分为

$$\int_{a}^{b}f(x)dx=\lim_{\varepsilon\to0^+}\int_{a}^{b-\varepsilon}f(x)dx.$$

若上式右端极限存在，则称之收敛；否则，称之为发散.

对于 $f(x)$ 在 $[a, b]$ 上除 $c(a<c<b)$ 一点外连续，而 $\lim_{x\to c}f(x)=\infty$ 的情形，则定义为：

$$\int_{a}^{b}f(x)dx=\int_{a}^{c}f(x)dx+\int_{c}^{b}f(x)dx$$

$$=\lim_{\varepsilon_1\to0^+}\int_{a}^{c-\varepsilon_1}f(x)dx+\lim_{\varepsilon_2\to0^+}\int_{c+\varepsilon_2}^{b}f(x)dx.$$

当上式右端两个极限都存在时，则称之为收敛；否则，称之为发散.

当 $x=a$，$x=b$ 均为 $f(x)$ 的无穷间断点，则 $f(x)$ 在 $[a, b]$ 上的无界函数的积分定义为：

$$\int_{a}^{b}f(x)dx=\int_{a}^{c}f(x)dx+\int_{c}^{b}f(x)dx$$

$$=\lim_{\varepsilon_1\to0^+}\int_{a+\varepsilon_1}^{c_1}f(x)dx+\lim_{\varepsilon_2\to0^+}\int_{c}^{b-\varepsilon_2}f(x)dx.$$

上式中 c 为 a 与 b 之间的任意实数，当上式右端两个极限都存在时，则称之为收敛；否

则，称之为发散.

上面所述的无界函数的积分也称为瑕积分，无界函数的间断点也称为瑕点.

例 6.4.5　计算瑕积分 $\int_0^1 \frac{1}{\sqrt{x}}\mathrm{d}x$.

解：$x=0$ 为瑕点，于是

$$\int_0^1 \frac{1}{\sqrt{x}}\mathrm{d}x = \lim_{\varepsilon\to 0^+}\int_{0+\varepsilon}^1 \frac{1}{\sqrt{x}}\mathrm{d}x = \lim_{\varepsilon\to 0^+} 2\sqrt{x}\Big|_{\varepsilon}^{1} = \lim_{\varepsilon\to 0^+}(2-2\sqrt{\varepsilon}) = 2.$$

例 6.4.6　求广义积分 $\int_0^1 \frac{\mathrm{d}x}{\sqrt{1-x}}$.

解：$\int_0^1 \frac{\mathrm{d}x}{\sqrt{1-x}} = \lim_{\varepsilon\to 0^+}\int_0^{1-\varepsilon} \frac{\mathrm{d}x}{\sqrt{1-x}} = \lim_{\varepsilon\to 0^+}\left(-2\sqrt{1-x}\Big|_0^{1-\varepsilon}\right) = \lim_{\varepsilon\to 0^+} 2(1-\sqrt{\varepsilon}) = 2.$

例 6.4.7　讨论 $\int_{-1}^1 \frac{1}{x^2}\mathrm{d}x$ 的敛散性.

解：显然，$x=0$ 为 $\frac{1}{x^2}$ 在 $[-1, 1]$ 上的间断点，若按牛顿—莱布尼兹公式计算，则
$\int_{-1}^1 \frac{1}{x^2}\mathrm{d}x = -\frac{1}{x}\Big|_{-1}^{1} = -1-1 = -2$,

此结果是错误的，因为被积函数 $\frac{1}{x^2}$ 在 $[-1, 1]$ 内，不能直接使用牛顿—莱布尼兹公式计算，它是一个广义积分，应考察：

$$\int_{-1}^1 \frac{1}{x^2}\mathrm{d}x = \int_{-1}^0 \frac{1}{x^2}\mathrm{d}x + \int_0^1 \frac{1}{x^2}\mathrm{d}x,$$

由于 $\int_{-1}^0 \frac{1}{x^2}\mathrm{d}x = \lim_{\varepsilon\to 0^+}\int_{-1}^{0-\varepsilon} \frac{1}{x^2}\mathrm{d}x = \lim_{\varepsilon\to 0^+}\left(-\frac{1}{x}\right)\Big|_{-1}^{-\varepsilon} = \lim_{\varepsilon\to 0^+}\left(\frac{1}{\varepsilon}-1\right) = +\infty$,

所以原广义积分 $\int_{-1}^1 \frac{1}{x^2}\mathrm{d}x$ 发散.

习题 6.4

1. 讨论下列无穷积分的收敛性，若收敛，求其值.

(1) $\int_1^{+\infty} \frac{1}{x^4}\mathrm{d}x$;　　(2) $\int_0^{+\infty} \mathrm{e}^{-\lambda t}\mathrm{d}t\ (\lambda>0)$;

(3) $\int_{-\infty}^0 \frac{1}{1+x^2}\mathrm{d}x$;　　(4) $\int_0^{+\infty} \mathrm{e}^{-x}\sin x\mathrm{d}x$.

2. 讨论下列无界函数的积分的收敛性，若收敛，求其值.

(1) $\int_{-1}^8 \frac{\mathrm{d}x}{\sqrt[3]{x^2}}$;　(2) $\int_0^1 \frac{x}{\sqrt{1-x^2}}\mathrm{d}x$;　(3) $\int_1^2 \frac{x}{\sqrt{x-1}}\mathrm{d}x$.

第五节　定积分的应用

一、微元法

微元法是运用定积分解决实际问题的常用方法. 在本章第一节讨论曲边梯形面积的四个步骤中，关键是第二步，即确定 $\Delta S_i \approx f(\xi_i) \cdot \Delta x_i$，为简便起见，省略下标 i，用 ΔS 表示任一小区间 $[x, x+\mathrm{d}x]$ 上的窄曲边梯形的面积，这样

$$S = \sum \Delta S.$$

取 $[x, x+\mathrm{d}x]$ 的左端点 x 为 ξ，以点 x 处的函数值 $f(x)$ 为高，$\mathrm{d}x$ 为底的矩形面积为 ΔA 的近似值（如图 6－5 中阴影部分所示），

$$即\ \Delta S \approx f(x)\,\mathrm{d}x.$$

上式右端 $f(x)\,\mathrm{d}x$ 叫作**面积微元**，记为 $\mathrm{d}S = f(x)\,\mathrm{d}x$，于是面积 S 就是这些微元在区间 $[a, b]$ 上的"无限累加"，即从 a 到 b 的定积分为

$$S = \int_a^b \mathrm{d}S = \int_a^b f(x)\,\mathrm{d}x.$$

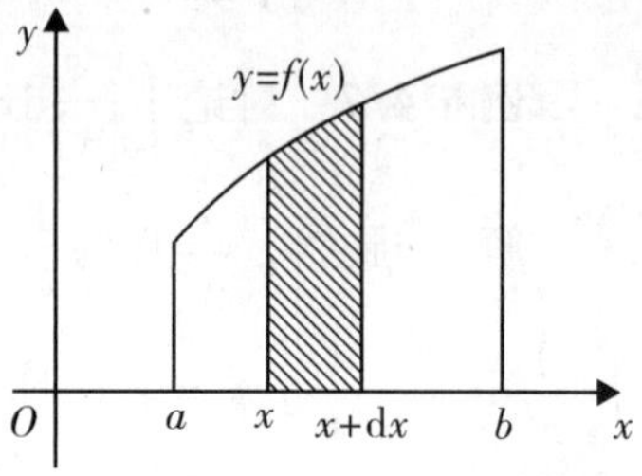

图 6－5

这种方法通常称为**微元分析法**，简称微元法，微元法在自然科学研究和生产实践中有着广泛的应用——凡是具有可加性连续分布的非均匀量的求和问题，一般可通过微元法得到解决.

二、平面图形的面积

下面讨论的图形均为平面图形，函数 $f(x)$、$f_1(x)$、$f_2(x)$ 等均为连续函数.

1. 由 $y=f(x)$，$x=a$，$x=b$ 及 x 轴所围成的曲边梯形的面积为 $S = \int_a^b |f(x)|\,\mathrm{d}x$

（1）若 $f(x) \geqslant 0$，则 $S = \int_a^b f(x)\,\mathrm{d}x$，如图 6－6 所示.

（2）若 $f(x) \leqslant 0$，则 $S = -\int_a^b f(x)\,\mathrm{d}x$，如图 6－7 所示.

（3）若 $f(x)$ 时正时负，则分块求面积，如图 6－8 所示，

$$S = \int_a^{x_1} f(x)\,\mathrm{d}x - \int_{x_1}^{x_2} f(x)\,\mathrm{d}x + \int_{x_2}^b f(x)\,\mathrm{d}x.$$

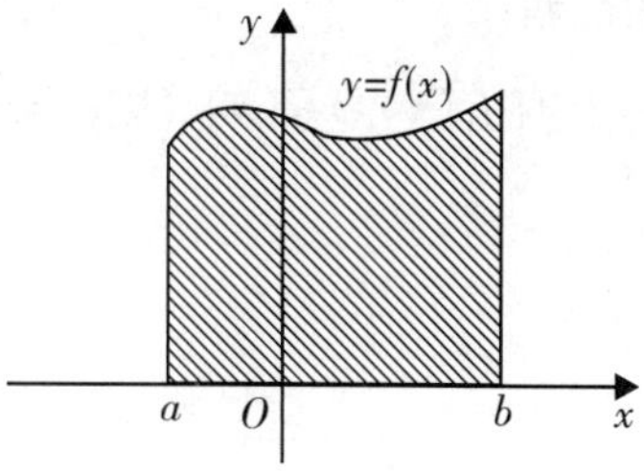

图 6－6

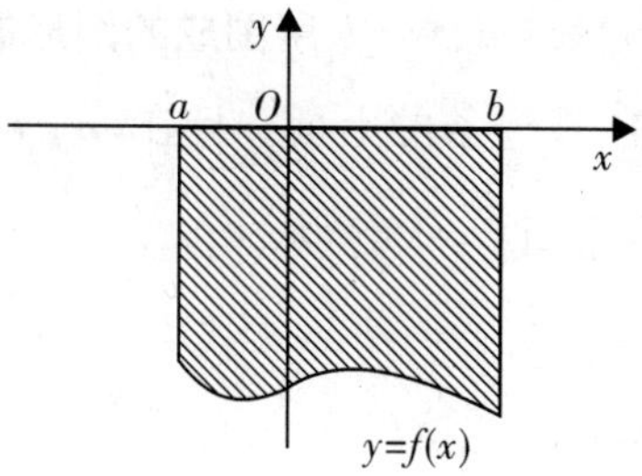

图 6－7

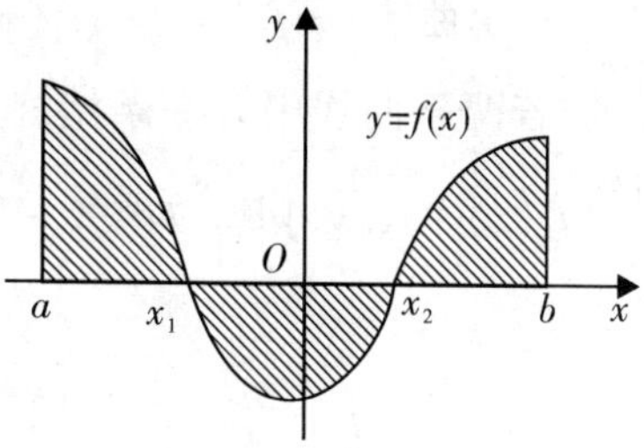

图 6－8

例 6.5.1 求由曲线 $y=x^3$ 与直线 $y=0$，$x=-1$，$x=1$ 所围图形的面积.

解： 如图 6－9 所示，

$$S=S_1+S_2=-\int_{-1}^{0}x^3\mathrm{d}x+\int_{0}^{1}x^3\mathrm{d}x=-\frac{1}{4}x^4\Big|_{-1}^{0}+\frac{1}{4}x^4\Big|_{0}^{1}$$

$$=\frac{1}{4}+\frac{1}{4}=\frac{1}{2}.$$

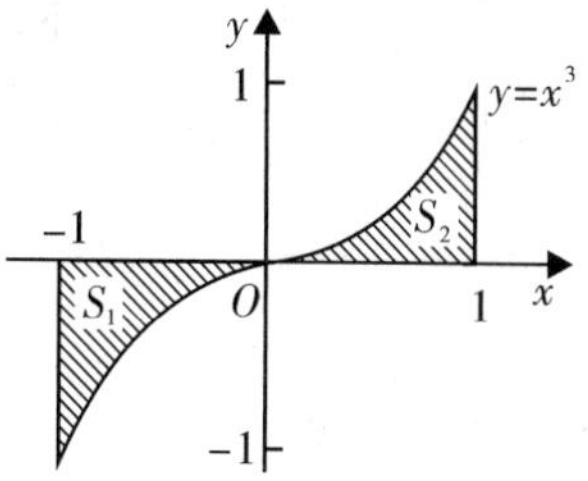

图 6－9

2. **由曲线** $x=\varphi(y)$，$y=c$，$y=d$ **及** y **轴所围成的曲边梯形的面积为** $S=\int_{c}^{d}|\varphi(y)|\mathrm{d}y$.

如图 6－10、图 6－11、图 6－12 所示，选 y 为积分变量，将曲线方程 $y=f(x)$ 改写为 $x=\varphi(y)$，分类的方法同 1.

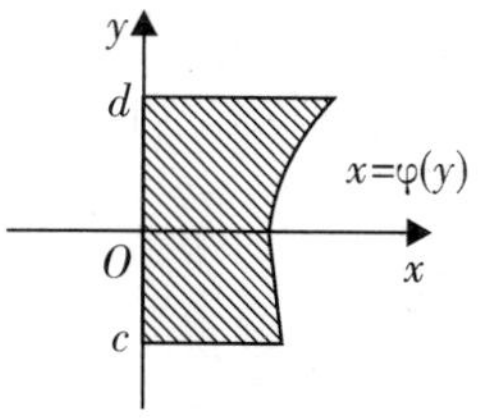

图 6－10

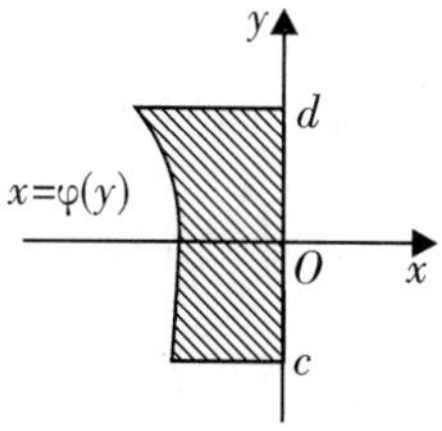

图 6－11

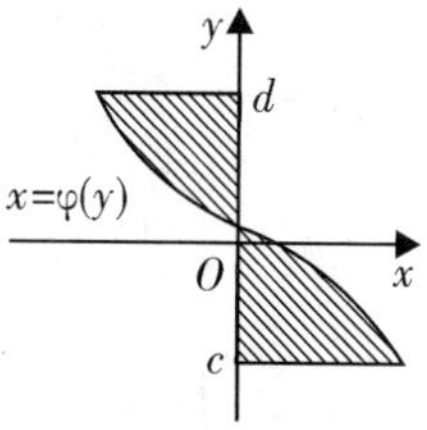

图 6－12

例 6.5.2 求由曲线 $y=x^2-1$ 在第一、四象限部分和 $y=1$ 及 y 轴所围成的曲边梯形的面积.

解： 如图 6－13 所示，

选 y 为积分变量，由 $y=x^2-1$ 解出 $x=\sqrt{y+1}$，则有

$$S=\int_{-1}^{1}\sqrt{y+1}\mathrm{d}y$$

$$=\int_{-1}^{1}\sqrt{y+1}\mathrm{d}(y+1)$$

$$=\frac{2}{3}(y+1)^{\frac{3}{2}}\Big|_{-1}^{1}=\frac{4}{3}\sqrt{2}.$$

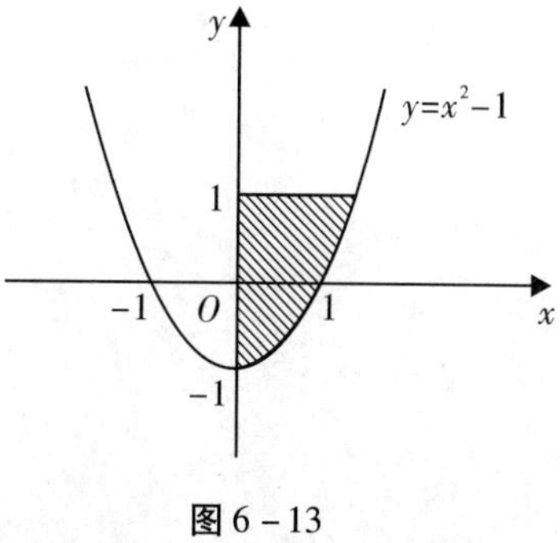

图 6－13

3. **由曲线 $y=f_1(x)$, $y=f_2(x)$, $x=a$, $x=b$ 所围成的图形的面积**

若两条曲线中有一条始终在另一条的上面，且在 $[a, b]$ 上有 $f_1(x)\geqslant f_2(x)$，则 $S=\int_a^b [f_1(x)-f_2(x)]\mathrm{d}x$. 如图 6－14、图 6－15 所示.

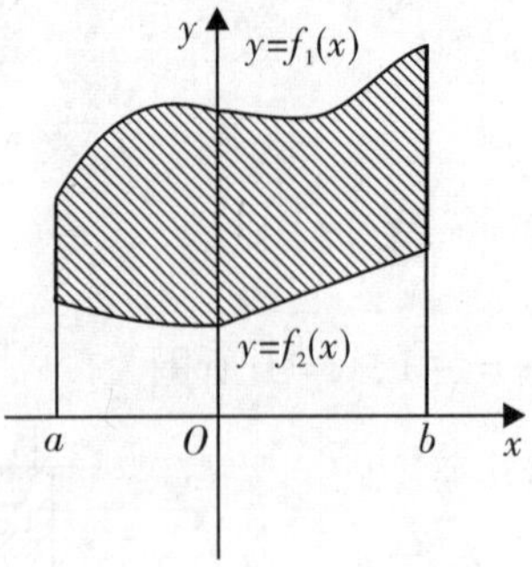

图 6－14

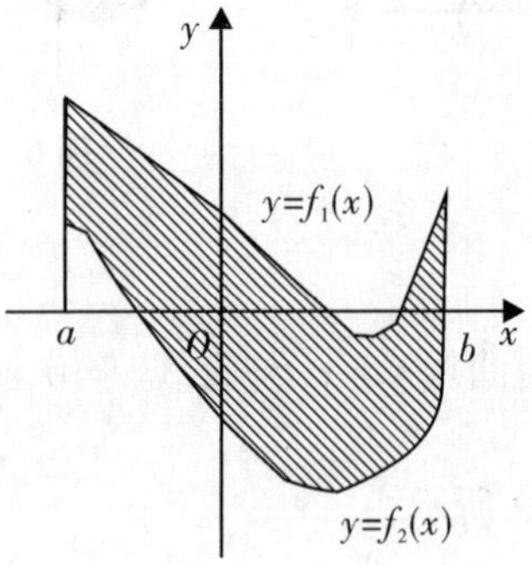

图 6－15

例 6.5.3 求由曲线 $y=x^2$ 与直线 $y=x+2$ 围成的曲边梯形的面积.

解： 作平面图形如图 6－16，解方程组 $\begin{cases} y=x^2 \\ y=x+2 \end{cases}$，求得所围图形的边界线的交点为 $(-1, 1)$ 和 $(2, 4)$，故所围平面图形的面积为

$$S=\int_{-1}^{2}\left[(x+2)-x^2\right]\mathrm{d}x=\frac{1}{2}(x+2)^2\Big|_{-1}^{2}-\frac{1}{3}x^3\Big|_{-1}^{2}=\frac{15}{2}-3=\frac{9}{2}.$$

（2）若曲线 $y=f_1(x)$ 不全在曲线 $y=f_2(x)$ 的上方，如图 6－17 所示，则

$$\begin{aligned} S &= \int_a^c [f_1(x)-f_2(x)]\mathrm{d}x+\int_c^b [f_2(x)-f_1(x)]\mathrm{d}x \\ &= \int_a^c |f_1(x)-f_2(x)|\mathrm{d}x+\int_c^b |f_1(x)-f_2(x)|\mathrm{d}x \\ &= \int_a^b |f_1(x)-f_2(x)|\mathrm{d}x \end{aligned}$$

即 $S=\int_a^b |f_1(x)-f_2(x)|\mathrm{d}x$.

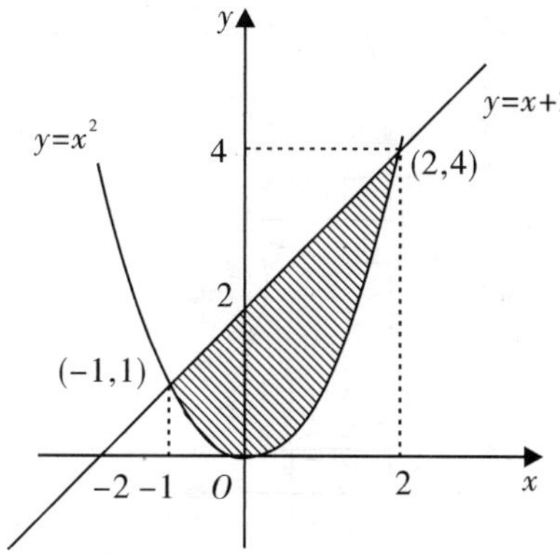

图 6－16

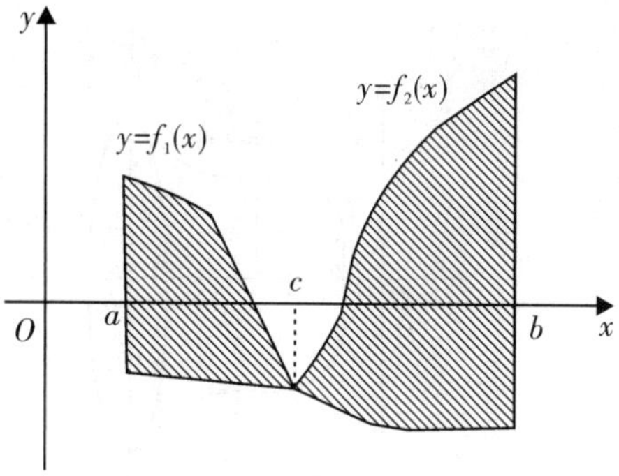

图 6－17

4. 由曲线 $x=\varphi_1(y)$，$x=\varphi_2(y)$，$x=c$，$x=d$ 所围成的图形的面积

类似地，可推导出阴影部分的面积为 $S=\int_c^d|\varphi_1(y)-\varphi_2(y)|\mathrm{d}y$ 如图 6－18、图 6－19 所示.

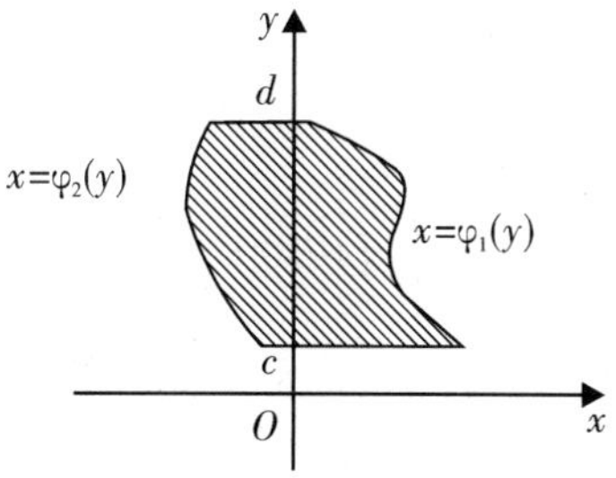

图 6－18

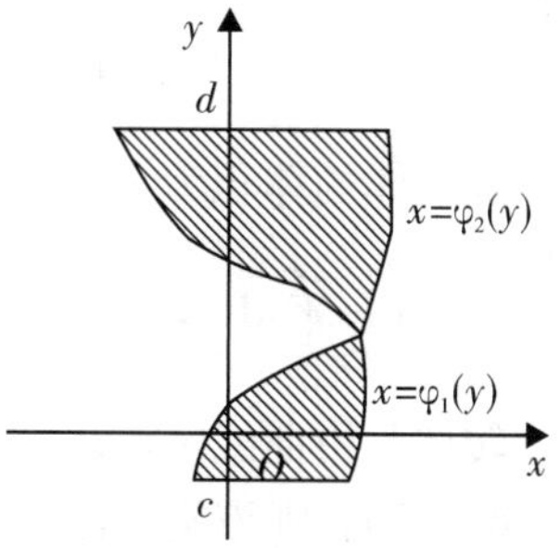

图 6－19

例 6.5.4 求抛物线 $y^2=2x$ 与直线 $y=x-4$ 所围成的图形的面积.

解： 解方程组 $\begin{cases}y^2=2x\\y=x-4\end{cases}$ 得抛物线与直线的交点是 $A(8,4)$，$B(2,-2)$.

画出图形 6－20，显然此题应选 y 为积分变量，将抛物线与直线的方程改写为 $x=\dfrac{y^2}{2}$ 与 $x=y+4$.

故所求面积为

$$S=\int_{-2}^{4}\left(y+4-\frac{y^2}{2}\right)\mathrm{d}y=\left(\frac{y^2}{2}+4y-\frac{y^3}{6}\right)\Bigg|_{-2}^{4}=18.$$

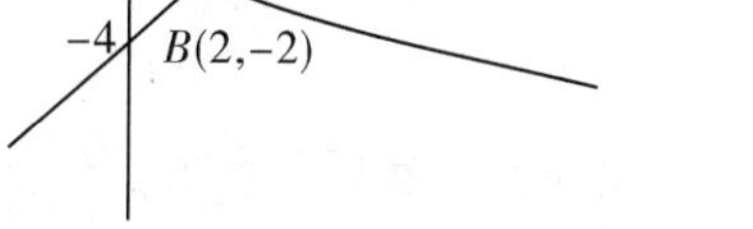

图 6－20

三、旋转体体积

旋转体是一个平面图形绕一条直线(旋转轴)旋转而成的立体. 我们所熟悉的圆柱、圆锥、圆台、球体等都是由一个平面图形绕着这个平面内的一条直线旋转而形成的，它们统称为旋转体，这条直线叫作旋转轴.

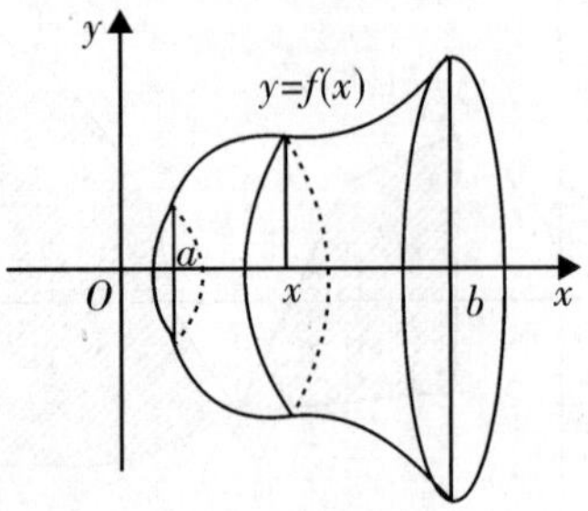

图 6－21

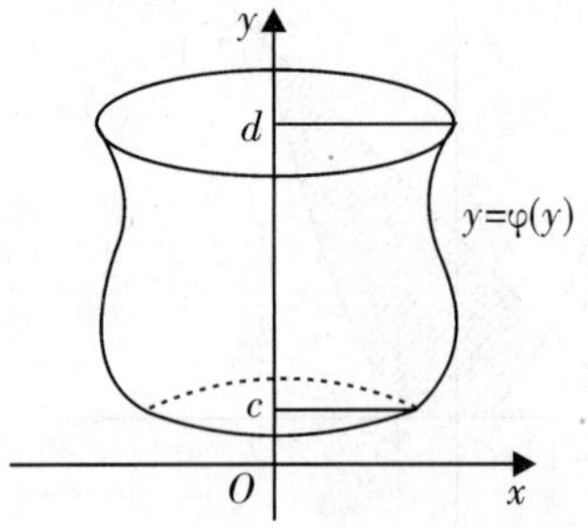

图 6－22

先考察由曲线 $y=f(x)$，直线 $x=a$，$x=b$ 及 x 轴所围成的曲边梯形绕 x 轴旋转一周而形成的立体的体积(图 6－21).

取 x 为积分变量，$x\in[a,b]$，过点 x 且垂直于 x 轴的平面截得旋转体的截面是半径为 $|f(x)|$ 的圆，其面积为 $S(x)=\pi[f(x)]^2$，所以旋转体的体积微元为：

$$dV=\pi[f(x)]^2dx,$$

从而，所求的旋转体的体积为

$$V=\int_a^b dV=\int_a^b \pi[f(x)]^2dx=\pi\int_a^b [f(x)]^2dx.$$

类似地，若旋转体是由曲线 $x=\varphi(y)$，直线 $y=c$，$y=d$ 及 y 轴所围成的图形绕 y 轴旋转一周而成的(图 6－22)，则该旋转体的体积为

$$V=\int_c^d dV=\int_c^d \pi[\varphi(y)]^2dy=\pi\int_c^d [\varphi(y)]^2dy.$$

例 6.5.5 求底圆半径为 r，高为 h 的圆锥体的体积.

解： 圆锥体可看成是直角三角形绕着它的一条直角边旋转一周形成的几何体(图 6－23).

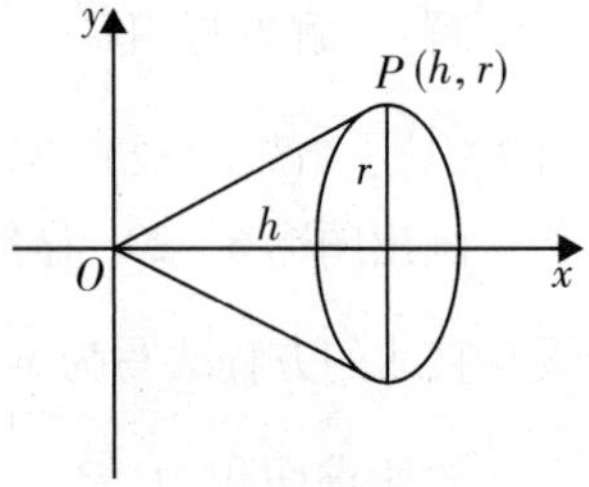

图 6－23

以圆锥体的轴线为 x 轴，顶点为原点建立直角坐标系，过原点及点 $P(h,r)$ 的直线方程为

$$y=\frac{r}{h}x.$$

此圆锥可看成由直线 $y=\frac{r}{h}x$，$x=h$ 及 x 轴所围成的三角形绕 x 轴旋转而成的，故其体积为

$$V=\pi\int_0^h y^2dx=\pi\int_0^h \left(\frac{r}{h}x\right)^2dx=\frac{\pi r^2}{h^2}\cdot\frac{r^3}{3}\bigg|_0^h=\frac{1}{3}\pi r^2h.$$

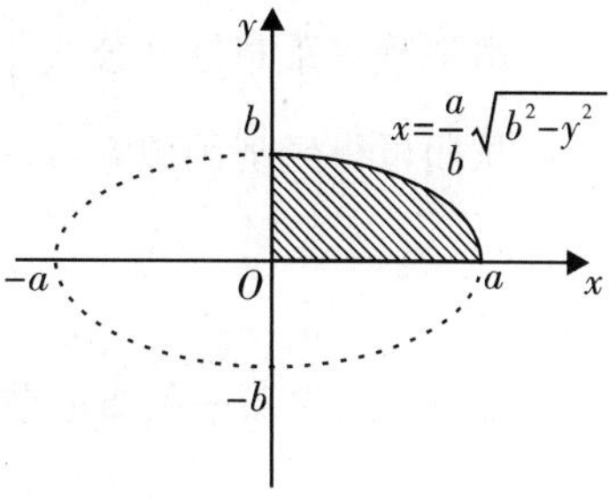

图 6－24

例 6.5.6　求椭圆$\frac{x^2}{a^2}+\frac{y^2}{b^2}=1$绕 y 轴旋转产生的旋转体的体积.

解： 作椭圆图形，因图形与两坐标轴对称，故只考察第一象限，如图 6－24 所示.

在第一象限内，$x>0$ 由原方程解得 $x=\frac{a}{b}\sqrt{b^2-y^2}$，

$$V_y=2\int_0^b x^2\mathrm{d}y=2\pi\int_0^b \frac{a^2}{b^2}(b^2-y^2)\mathrm{d}y=\frac{4}{3}\pi a^2 b,$$

特别地，当 $a=b$ 时，得以 a 为半径的球体体积为$V=\frac{4}{3}\pi a^3$.

习题 6.5

1. 求由下列各曲线及直线所围成的平面图形的面积.

（1）$y=x^2+3$，$x=1$ 及 x 轴、y 轴；（2）$y=x^2$ 与 $y=2-x^2$；（3）$y^2=x$ 与 $x+y=2$.

2. 求下列平面图形绕轴旋转所形成的旋转体的体积.

（1）求曲线 $y=\frac{1}{2}x^2$ 与 $x=1$ 及 x 轴所围成的平面图形分别绕 x 轴、y 轴旋转而成的旋转体的体积.

（2）求在区间$\left[0,\frac{\pi}{2}\right]$上，由曲线 $y=\sin x$ 与直线 $x=\frac{\pi}{2}$，$y=0$ 所围成的平面图形绕 x 轴旋转而成的旋转体的体积.

第六节　定积分在经济分析中的应用

数学来源于生产实践和科学实验，它的发展又为生产实践和科学实验服务. 下面将介绍定积分在经济学中的具体应用.

一、由边际函数求原经济函数

由第三章“边际分析”可知经济函数 $F(x)$（如需求函数 $Q(p)$、总成本函数 $C(q)$、总收入函数 $R(q)$ 和利润函数 $L(q)$ 等），它的边际函数就是它的导数 $F'(x)$，作为导数的逆运算，若对已知的边际函数 $F'(x)$ 求定积分，可求得原经济函数

$$F(x)=\int F'(x)\mathrm{d}x.$$

其中，积分常数 C 由 $F(0)=F_0$ 的具体条件确定.

还有另外一种方法可求原经济函数.

由牛顿—莱布尼兹公式 $\int_0^x F'(x)\,dx = F(x) - F(0)$，

从而可得经济函数

$$F(x) = \int_0^x F'(x)\,dx + F(0).$$

此外，由牛顿—莱布尼兹公式可求出经济函数从 a 到 b 的变动值(或称为增量)，

$$\Delta F = F(b) - F(a) = \int_a^b F'(x)\,dx.$$

例 6.6.1 已知对某商品的需求量是价格 p 的函数，且边际需求 $Q'(p) = -4$，该商品的最大需求量为 80(即 $p=0$ 时，$Q=80$)，求需求量与价格的函数关系.

解： $Q(p) = \int Q'(p)\,dp = \int -4\,dp = -4p + C$，

将 $p=0$，$Q=80$ 代入上式可求得 $C=80$.

所以需求量与价格的函数关系是 $Q(p) = -4p + 80$.

本例也可用变上限的定积分公式直接求得

$$Q(p) = \int_0^p Q'(p)\,dp + Q(0) = \int_0^p (-4)\,dp + 80 = -4p + 80.$$

例 6.6.2 某一企业生产某产品的边际成本是产量 q 的函数 $C'(q) = 2e^{0.2q}$，固定成本 $C_0 = 90$，求总成本函数.

解： $C(q) = \int C'(q)\,dq = \int 2e^{0.2q}\,dq = \dfrac{2}{0.2}e^{0.2q} + C$，

将条件 $C_0 = 90$，即 $q=0$ 时，$C(0) = 90$ 代入上式两边得 $90 = 10 + C$，解得 $C = 80$，

于是总成本函数为 $C(q) = 10e^{0.2q} + 80$.

例 6.6.3 已知某产品总产量的变化率为 $Q'(t) = 40 + 12t - \dfrac{3}{2}t^2$，求从第二天到第十天产品的总产量.

解： 第二天到第十天产品的总产量为

$$\begin{aligned}\left[Q\right]_2^{10} &= \int_2^{10} Q'(t)\,dt = \int_2^{10} \left(40 + 12t - \frac{3}{2}t^2\right)dt \\ &= \left[40t + 6t^2 - \frac{1}{2}t^3\right]_2^{10} \\ &= 400(\text{单位}).\end{aligned}$$

类似地，我们可以利用求积分的方法处理求其他类型的经济函数问题.

二、由边际函数求最优化问题

例 6.6.4 某企业生产 q 吨产品时的边际成本为 $C'(q) = \dfrac{1}{50}q + 30$ (元/吨)，且固定成本为 900 元，试求产量为多少时平均成本最低？

解： 先求出总成本函数

$$C(q)=\int_0^q C'(q)\mathrm{d}q+C_0$$

$$=\int_0^q \left(\frac{1}{50}q+30\right)\mathrm{d}q+900$$

$$=\frac{1}{100}q^2+30q+900,$$

再求平均成本函数，得

$$\overline{C}(q)=\frac{C(q)}{q}=\frac{1}{100}q+30+\frac{900}{q},$$

所以 $\overline{C'}(q)=\frac{1}{100}-\frac{900}{q^2}$.

令 $\overline{C'}(q)=0$，解得 $q_1=300$，$q_2=-300$（舍去）.

所以，$\overline{C'}(q)$ 仅有一个驻点 $q_1=300$，再由实际问题本身可知，$\overline{C'}(q)$ 有最小值，故当产量为 300 吨时，平均成本最低.

习题 6.6

1. 选择题.

（1）设 C_0，q，C' 分别表示固定成本、产量、边际成本，则总成本函数表示为（　　）.

A. $C=\int_0^q C'\mathrm{d}q$　　B. $C=\int_q^0 C'\mathrm{d}q+C_0$

C. $C=\int_0^q C'\mathrm{d}q+C_0$　　D. $C=\int_0^q C'\mathrm{d}q-C_0$

（2）设 $R'=100-4q$，若销售量由 10 单位减少到 5 单位，则收入 R 的改变量是（　　）.

A. -550　　B. -350　　C. 350　　D. 以上答案都不对

2. 解答题.

（1）某产品边际成本为 $C'(q)=3+q$（万元/百台），边际收入为 $R'(q)=12-q$（万元/百台），固定成本为 5（万元），求利润函数 $L(q)$.

（2）已知生产某种产品 q 件时总收入的变化率是 $R'(q)=100-\frac{q}{20}$（元/件），试求生产此种产品 1000 件时的总收入和从生产 1000 件到 2000 件所增加的收入及产量为 1 000 件时的平均收入.

（3）已知生产某种产品的边际收入 $R'(q)=25-2q$，边际成本 $C'(q)=13-4q$，固定成本为 $C_0=10$，求当 $q=5$ 时的毛利和纯利.

第七章　多元函数微积分

前面各章我们所讨论的函数都是具有一个自变量的函数，称为一元函数. 但在自然科学和经济学的许多问题中，通常遇到具有两个或更多个自变量的函数，这类函数称为多元函数. 本章将在一元函数微分学的基础上，简单介绍二元函数的微分法及其应用.

第一节　空间直角坐标系及曲面方程

一、空间直角坐标系

过空间一个定点 O，作三条互相垂直的数轴，它们都以 O 为原点且一般具有相同的长度单位. 这三条轴分别称为 x 轴(横轴)、y 轴(纵轴)、z 轴(竖轴)，统称为坐标轴，它们构成了一个**空间直角坐标系**，称为 $Oxyz$ 坐标系，通常把 x 轴和 y 轴配置在水平面上，而 z 轴则是铅垂线；它们的正方向要符合右手法则：即以右手握住 z 轴，当右手的四个手指从正向 x 轴以 $\frac{\pi}{2}$ 角度转向 y 轴时，大拇指的指向就是 z 轴的正向. 如图 7－1 所示.

三条坐标轴中的任意两条所确定的平面，称为坐标面. x 轴和 y 轴所确定的坐标面叫作 xOy 面. 另两个由 y 轴及 z 轴和由 x 轴及 z 轴所确定的坐标面分别叫作 yOz 面及 zOx 面. 三个坐标面把空间分成八个部分，每一部分叫作卦限. 含有 x 轴、y 轴及 z 轴的正半轴的那个卦限叫作第一卦限. 其他第二、第三及第四卦限在 xOy 面上方，按逆时针方向确定. 在 xOy 面下方与第一至第四卦限相对应的是第五至第八卦限，这八个卦限分别用Ⅰ、Ⅱ、Ⅲ、Ⅳ、Ⅴ、Ⅵ、Ⅶ、Ⅷ表示，如图 7－2 所示.

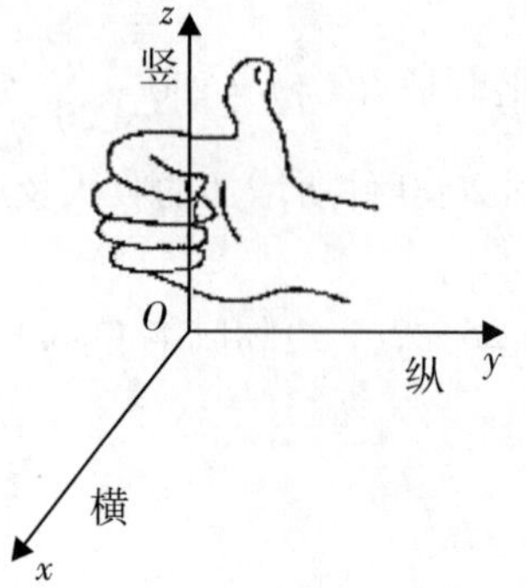

图 7－1

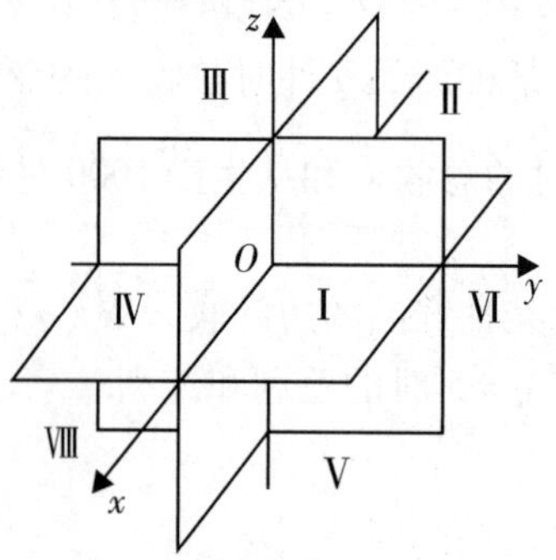

图 7－2

二、空间直角坐标系中点的位置的确定

设 M 为空间一已知点，过点 M 作三个平面分别垂直于 x 轴、y 轴和 z 轴，它们与 x 轴、y 轴和 z 轴的交点(垂足)依次为 P、Q、R，如图 7 - 3 所示. 这三点在 x 轴、y 轴和 z 轴的坐标依次为 x，y 和 z，于是空间的一点 M 就确定了唯一一个有序数组 (x, y, z)；反之，已知一有序数组 (x, y, z)，我们可以在 x 轴上取坐标为 x 的点 P，在 y 轴上取坐标为 y 的点 Q，在 z 轴上取坐标为 z 的点 R，然后通过点 P，Q，R 分别作 x 轴、y 轴和 z 轴的垂直平面，这三个垂直平面的交点 M 就是由有序数组 (x, y, z) 所确定的唯一的点. 这样就建立了空间点 M 和有序数组 (x, y, z) 之间的一一对应关系. 这组数 (x, y, z) 叫作点 M 的坐标，通常记为 $M(x, y, z)$，依次称 x，y 和 z 为点 M 的横坐标、纵坐标和竖坐标.

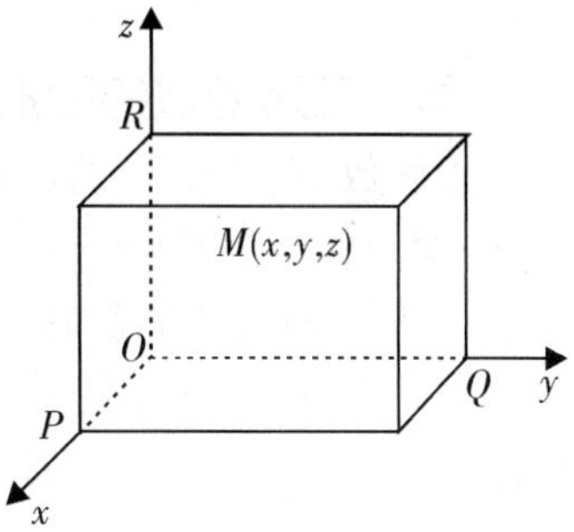

图 7 - 3

三、空间任意两点间的距离

设 $M_1(x_1, y_1, z_1)$ 与 $M_2(x_2, y_2, z_2)$ 是空间的两点，可以证明，这两点的距离为

$$d = |M_1M_2| = \sqrt{(x_2 - x_1)^2 + (y_2 - y_1)^2 + (z_2 - z_1)^2}.$$

特别地，点 $M(x, y, z)$ 与坐标原点 $O(0, 0, 0)$ 的距离为

$$d = |OM| = \sqrt{x^2 + y^2 + z^2}.$$

四、二元函数的定义

在实际问题中，经常会遇到多个变量的依赖关系.

定义 7.1.1　设 x，y，z 是三个变量，D 是 xOy 面上的非空点集，若对于 D 内的每一点 $P(x, y)$，变量 z 按照一定的法则 f 总有确定的数值与它对应，则称变量 z 是变量 x，y 的二元函数，或称 z 是点 P 的函数，记为

$$z = f(x, y) \text{ 或 } z = f(P).$$

其中，x，y 称为自变量，z 称为因变量，D 称为函数的定义域.

例如，　圆柱体的体积 V 和它的底半径 r，高 h 之间满足关系式

$$V = \pi \cdot r^2 h \, (r > 0,\ h > 0)$$

这里，当 r，h 在集合 $\{(r, h) \mid r > 0, h > 0\}$ 内取定一对值 (r, h) 时，V 的对应值就随之确定.

例 7.1.1　求函数 $f(x, y) = \sqrt{(1 - x^2 - y^2)} + \sqrt{x - y^2}$ 的定义域。

解：　要使函数有意义必须有

$$\begin{cases} x - y^2 \geqslant 0 \\ 1 - x^2 - y^2 \geqslant 0 \end{cases},$$

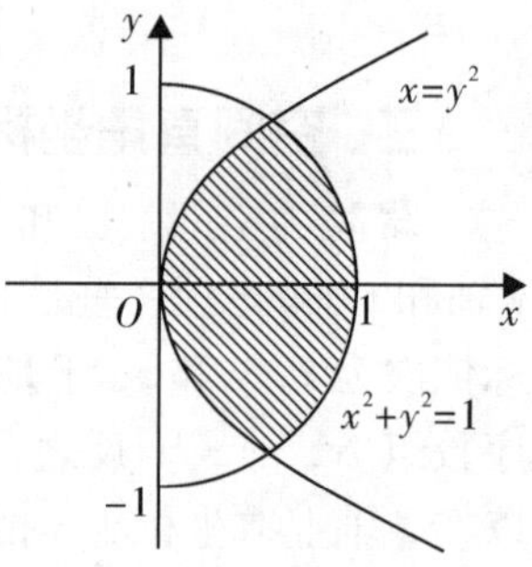

图7-4

即 $\begin{cases}x\geqslant y^2\\x^2+y^2\leqslant 1\end{cases}$，

于是，函数$f(x,y)$的定义域为$D=\left\{(x,y)\,\middle|\,x\geqslant y^2,\ x^2+y^2\leqslant 1\right\}$. 它的图像如图7-4所示.

五、二元函数的图形

设函数$z=f(x,y)$的定义域为D，对于任意取定的点$P(x,y)\in D$，对应的函数值为$z=f(x,y)$，这样，以x为横坐标、y为纵坐标、z为竖坐标在空间就确定了一点$M(x,y,z)$，当取遍D上一切点时，得一个空间点集$\{(x,y,z)\mid z=f(x,y),(x,y)\in D\}$，这个点集称为二元函数的图形，它通常是一张曲面，该曲面在xOy面上的投影就是函数$z=f(x,y)$的定义域D，如图7-5所示.

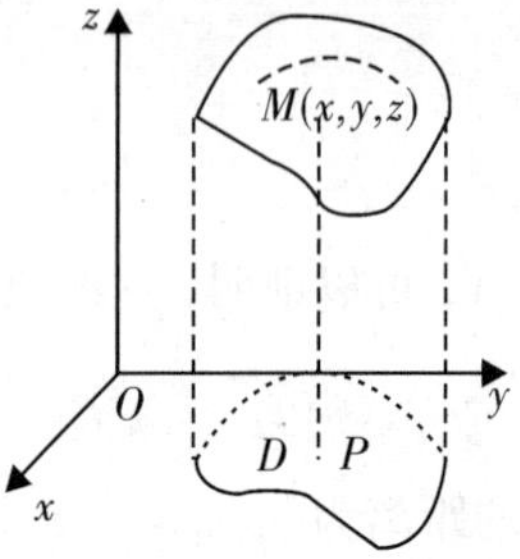

图7-5

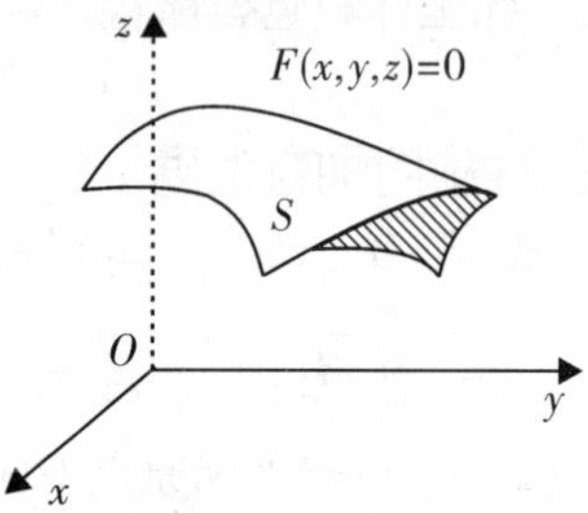

图7-6

定义7.1.2 如果曲面S上任意一点的坐标都满足方程$F(x,y,z)=0$，而不在曲面S上的点的坐标都不满足方程$F(x,y,z)=0$，则方程$F(x,y,z)=0$称为曲面S的方程，而曲面S称为方程$F(x,y,z)=0$所对应的图形，如图7-6所示.

例7.1.2 建立球心在点$M_0(x_0,y_0,z_0)$，半径为R的球面的方程.

解： 设$M(x,y,z)$是球面上的任意一点，由两点间的距离公式可得$|M_0M|=R$，

$$\text{即}\sqrt{(x-x_0)^2+(y-y_0)^2+(z-z_0)^2}=R,$$

$$\text{亦即}(x-x_0)^2+(y-y_0)^2+(z-z_0)^2=R^2.$$

如果球心在原点，则半径为R的球面方程为

$$x^2+y^2+z^2=R^2.$$

六、二元函数的极限与连续性

定义7.1.3 设$P_0(x_0,y_0)$是xOy平面上的一个点，δ是某一正数，以$P_0(x_0,y_0)$为圆心，δ为半径的开圆域$\{(x,y)\mid\sqrt{(x_0-y_0)^2+(x_0-y_0)^2}<\delta\}$称为点$P_0(x_0,y_0)$的**邻域**.

定义7.1.4 设函数$z=f(x,y)$在点$P_0(x_0,y_0)$的某一邻域内有定义（点P_0处除外），当(x,y)以任何方式无限趋近(x_0,y_0)时，对应的函数值(x,y)就无限趋近一个确定的常数

A，这时则称当(x, y)无限趋近(x_0, y_0)时，函数$f(x, y)$以常数A为**极限**，记作 $\lim\limits_{(x, y)\to(x_0, y_0)} f(x, y) = A$ 或 $\lim\limits_{\substack{x\to x_0 \\ y\to y_0}} f(x, y) = A$. 式中的$(x, y)\to(x_0, y_0)$，是指平面上的点$(x, y)$以任何路径无限趋近点$P_0(x_0, y_0)$.

定义 7.1.5　设函数$z = f(x, y)$在点(x_0, y_0)的某一邻域内有定义，如果$\lim\limits_{\substack{x\to x_0 \\ y\to y_0}} f(x, y) = f(x_0, y_0)$，则称函数$z = f(x, y)$在点$(x_0, y_0)$处连续；否则，称函数$z = f(x, y)$在点$(x_0, y_0)$处**间断**，点$(x_0, y_0)$称为该函数的**间断点**.

定义 7.1.6　如果函数$z = f(x, y)$在平面区域D内的每一点都连续，则称该函数在区域D内**连续**.

若二元函数在平面区域D内连续，则二元函数的图像是对应于平面区域D上的空间中的连续曲面.

例 7.1.3　讨论$\lim\limits_{\substack{x\to 0 \\ y\to 0}} \dfrac{xy}{x^2 + y^2}$是否存在.

解：　设点$P(x, y)$沿直线$y = kx$趋于点$O(0, 0)$，则有

$$\lim_{\substack{x\to 0 \\ y\to 0}} \frac{xy}{x^2 + y^2} = \lim_{x\to 0} \frac{kx^2}{(1 + k^2)x^2} = \frac{k}{1 + k^2},$$

当k值不同时，上式的值也不同，故当$P(x, y)\to O(0, 0)$时，函数$f(x, y) = \dfrac{xy}{x^2 + y^2}$极限不存在.

例 7.1.4　求$\lim\limits_{\substack{x\to 0 \\ y\to 1}} \dfrac{1 - xy}{x^2 + y^2}$.

解：　$\lim\limits_{\substack{x\to 0 \\ y\to 1}} \dfrac{1 - xy}{x^2 + y^2} = \dfrac{\lim\limits_{\substack{x\to 0 \\ y\to 1}}(1 - xy)}{\lim\limits_{\substack{x\to 0 \\ y\to 1}}(x^2 + y^2)} = \dfrac{1}{1} = 1.$

例 7.1.5　讨论函数$f(x, y) = \begin{cases} \dfrac{xy}{x^2 + y^2}, & (x, y) \neq (0, 0) \\ 0, & (x, y) = 0 \end{cases}$的连续性.

解：　当$(x, y) \neq (0, 0)$时，$f(x, y)$为初等函数，故函数在$(x, y) = (0,0)$处连续.

当$(x, y) = 0$时，由例 7.1.3 知$\lim\limits_{\substack{x\to 0 \\ y\to 0}} f(x, y) = \lim\limits_{\substack{x\to 0 \\ y\to 0}} \dfrac{xy}{x^2 + y^2}$不存在，

所以函数$f(x, y)$在点$(0, 0)$处不连续，即原点$O(0, 0)$是函数的间断点.

二元函数如果在有界闭区域上连续，则具有如下性质：

性质 1　在有界闭区域上的连续的二元函数，必有最大值和最小值.

性质 2　在有界闭区域上的连续的二元函数，必能取得介于函数的最大值与最小值之间的任何值.

习题 7.1

1. 在空间直角坐标系下，指出下列各点在哪个卦限.

$A(1, -2, 3)$，$B(2, 3, -4)$，$C(2, -3, -4)$，$D(-2, -3, 1)$.

2. 求 $M_1(0, 1, 3)$ 和 $M_2(2, 3, 2)$ 两点间的距离.

3. 写出以点 $C(1, 3, -2)$ 为球心并且通过坐标原点的球面方程.

4. 设 $f(x, y)=\dfrac{x^2-y^2}{2xy}$，求 $f(1, 1)$，$f(\dfrac{1}{x}, \dfrac{1}{y})$.

5. 求下列函数的定义域，并画出定义域的图形.

(1) $z=\sqrt{1-x^2}+\sqrt{1-y^2}$；　　(2) $z=\ln(xy)$.

6. 求下列函数的极限.

(1) $\lim\limits_{\substack{x\to 0\\ y\to 0}}\dfrac{\sin(xy)}{x}$；　　(2) $\lim\limits_{\substack{x\to 0\\ y\to 0}}\dfrac{2-\sqrt{xy+4}}{xy}$.

7. 讨论下列函数在何处间断.

(1) $z=\dfrac{y^2+x}{y^2-2x}$；　　(2) $z=\sin\dfrac{1}{xy}$.

第二节　偏导数与全微分

一、偏导数

在一元函数微分学中，我们由一元函数 $y=f(x)$ 的变化率问题引入了导数的概念，对于二元函数 $z=f(x, y)$，由于函数 $z=f(x, y)$ 有两个自变量，我们首先考虑二元函数中关于其中一个自变量的变化率. 如果把自变量 y 固定（即看作常量），这时二元函数 $z=f(x, y)$ 就是 x 的一元函数，此时，对 x 的导数就称为二元函数 $z=f(x, y)$ 对于 x 的偏导数.

设函数 $z=f(x, y)$ 在点 $P_0(x_0, y_0)$ 的某一邻域内有定义，当自变量 x 在 x_0 处有改变量 $\Delta x(\Delta x\neq 0)$，而自变量 $y=y_0$ 保持不变时，函数相应的改变量为 $\Delta_x z=f(x_0+\Delta x, y_0)-f(x_0, y_0)$，称为函数 $f(x, y)$ 关于 x 的偏增量. 类似地，函数 $f(x, y)$ 关于 y 的偏增量为 $\Delta_y z=f(x_0, y_0+\Delta y)-f(x_0, y_0)$. 当自变量 x，y 分别在 x_0，y_0 处取得相应的改变量 Δx，Δy 时，函数相应的改变量为 $\Delta z=f(x_0+\Delta x, y_0+\Delta y)-f(x_0, y_0)$，称为函数 $f(x, y)$ 的全增量.

定义 7.2.1　设函数 $z=f(x, y)$ 在点 $P_0(x_0, y_0)$ 的某一邻域内有定义，如果

$$\lim_{\Delta x\to 0}\frac{f(x_0+\Delta x, y_0)-f(x_0, y_0)}{\Delta x}\text{存在，}$$

则称此极限为 $f(x, y)$ 在点 (x_0, y_0) 处对 x 的偏导数，记为

$$\left.\frac{\partial z}{\partial x}\right|_{\substack{x=x_0\\ y=y_0}}，\left.z'_x\right|_{\substack{x=x_0\\ y=y_0}}，\left.\frac{\partial f}{\partial x}\right|_{\substack{x=x_0\\ y=y_0}}\text{或} f'_x(x_0, y_0).$$

类似地，函数 $z=f(x,y)$ 在点 $P_0(x_0,y_0)$ 处对 y 的偏导数定义为

$$\lim_{\Delta y\to 0}\frac{f(x_0,y_0+\Delta y)-f(x_0,y_0)}{\Delta y},$$

记为

$$\left.\frac{\partial z}{\partial y}\right|_{\substack{x=x_0\\y=y_0}},\quad \left.z'_x\right|_{\substack{x=x_0\\y=y_0}},\quad \left.\frac{\partial f}{\partial y}\right|_{\substack{x=x_0\\y=y_0}}\text{或} f_y'(x_0,y_0).$$

如果函数 $z=f(x,y)$ 在区域 D 内任一点 (x,y) 处对 x 和对 y 的偏导数都存在，那么我们就称 $f(x,y)$ 在区域 D 内偏导数存在，并称 $f(x,y)$ 在区域 D 内可导，函数 $z=f(x,y)$ 对 x 和对 y 在区域 D 内仍是 x，y 的二元函数，称为**偏导函数**，简称偏导数，记作

$$\frac{\partial z}{\partial x},\ \frac{\partial f}{\partial x},\ z_x,\ f_x(x,y)\text{或}\frac{\partial z}{\partial y},\ \frac{\partial f}{\partial y}, Z_y,\ f_y(x,y).$$

例 7.2.1　求 $z=x^3+\dfrac{x}{y}-y^2$ 在(1，2)处的偏导数.

解：　将 y 看作常量，对 x 求导，则

$$\frac{\partial z}{\partial x}=3x^2+\frac{1}{y},$$

将 x 看作常量，对 y 求导，则

$$\frac{\partial z}{\partial y}=-\frac{x}{y^2}-2y,$$

将 $x=1$，$y=2$ 代入以上两式得

$$\left.\frac{\partial z}{\partial x}\right|_{\substack{x=1\\y=2}}=\left.(3x^2+\frac{1}{y})\right|_{\substack{x=1\\y=2}}=\frac{7}{2},$$

$$\left.\frac{\partial z}{\partial y}\right|_{\substack{x=1\\y=2}}=\left.\left(-\frac{x}{y^2}-2y\right)\right|_{\substack{x=1\\y=2}}=-\frac{17}{4}.$$

例 7.2.2　求 $z=x^2\sin 2y$ 的偏导数.

解：　将 y 看作常量，对 x 求导，得到

$$\frac{\partial z}{\partial x}=2x\sin 2y,$$

将 x 看作常量，对 y 求导，得到

$$\frac{\partial z}{\partial y}=2x^2\cos 2y.$$

二、偏导数的几何意义

二元函数 $z=f(x,\ y)$ 在点 $(x_0,\ y_0)$ 处的偏导数有以下的几何意义.

设 $M_0(x_0,\ y_0,\ f(x_0,\ y_0))$ 为曲面 $z=f(x,\ y)$ 上的一点，过 M_0 作平面 $y=y_0$，截此曲面得到一条曲线，此方程为 $z=f(x,\ y_0)$，则导数 $\frac{d}{\mathrm{d}x}f(x,\ y_0)\big|_{x=x_0}$（即 $f_x(x_0,\ y_0)$）就是这条曲线在点 M_0 处的切线 M_0T_x 对 x 轴的斜率（如图 7－7 所示），同样，$f_y(x_0,\ y_0)$ 的几何意义就是曲面被平面 $x=x_0$ 所截得的曲线在点 M_0 处的切线 M_0T_y 对 y 轴的斜率.

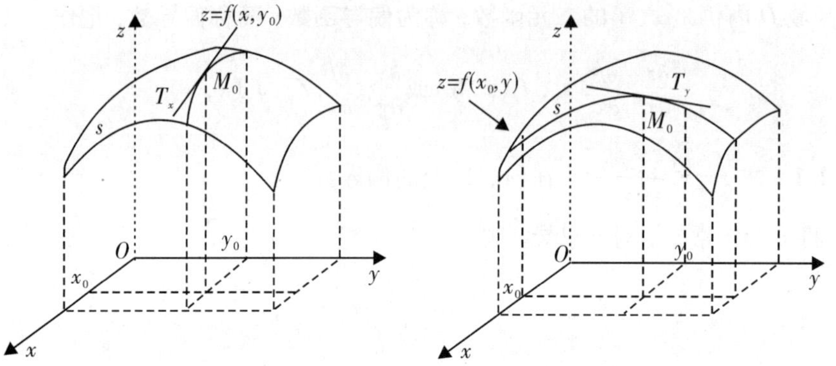

图 7－7

三、高阶偏导数

设函数 $z=f(x,\ y)$ 在区域 D 内具有偏导数，如果函数 $f_x(x,\ y)$，$f_y(x,\ y)$ 的偏导数也存在，则称这两个函数的偏导数为函数 $z=f(x,\ y)$ 的二阶偏导数，这样的二阶偏导数有 4 个：

$$\frac{\partial}{\partial x}\left(\frac{\partial z}{\partial x}\right)=\frac{\partial^2 z}{\partial x^2}=f_{xx}(x,\ y),\quad \frac{\partial}{\partial y}\left(\frac{\partial z}{\partial x}\right)=\frac{\partial^2 z}{\partial x\partial y}=f_{xy}(x,\ y),$$

$$\frac{\partial}{\partial x}\left(\frac{\partial z}{\partial y}\right)=\frac{\partial^2 z}{\partial y\partial x}=f_{yx}(x,\ y),\quad \frac{\partial}{\partial y}\left(\frac{\partial z}{\partial y}\right)=\frac{\partial^2 z}{\partial y^2}=f_{yy}(x,\ y).$$

例 7.2.3　求函数 $z=x^4+x^3y^2-y^3+5$ 的二阶偏导数.

解： $\frac{\partial z}{\partial x}=4x^3+3x^2y^2$，$\frac{\partial z}{\partial y}=2x^3y-3y^2$，

$$\frac{\partial^2 z}{\partial x^2}=12x^2+6xy^2,\quad \frac{\partial^2 z}{\partial x\partial y}=6x^2y,$$

$$\frac{\partial^2 z}{\partial y\partial x}=6x^2y,\quad \frac{\partial^2 z}{\partial y^2}=2x^3-6y.$$

四、全微分概念

在一元函数微分学中，函数 $y=f(x)$ 的微分 $\mathrm{d}y=f'(x)\mathrm{d}x$，并且当自变量 x 的增量 $\Delta x\to 0$ 时，相应地，函数 $y=f(x)$ 的改变量 Δy 与 $\mathrm{d}y$ 的差是比 Δx 高阶无穷小的，这一结论可以推广

到二元函数的情形.

定义 7.2.2　如果函数 $z=f(x, y)$ 对应于自变量在点 (x, y) 处的改变量为 Δx，则 Δy 对应的全增量 $\Delta z=f(x+\Delta x, y+\Delta y)-f(x, y)$，可表示为 $\Delta z=A\Delta x+B\Delta y+0(\rho)$ $(\rho=\sqrt{(\Delta x)^2+(\Delta y)^2})$.

其中，如果 A，B 不依赖于 Δx，Δy 而仅与 x 有关，则称函数 $z=f(x, y)$ 在点 (x, y) 处可微，$A\Delta x+B\Delta y$ 称为函数 $z=f(x, y)$ 在点 (x, y) 处的全微分，记为 $\mathrm{d}z$.

$$\mathrm{d}z=A\Delta x+B\Delta y.$$

可以证明：如果函数 $z=f(x, y)$ 在点 (x, y) 的某一邻域内有连续偏导数 $f_x(x, y)$，$f_y(x, y)$，则函数 $z=f(x, y)$ 在点 (x, y) 处可微，且 $A=f_x(x, y)$，$B=f_y(x, y)$，于是

$$\mathrm{d}z=f_x(x, y)\Delta x+f_y(x, y)\Delta y.$$

例 7.2.4　计算函数 $z=\mathrm{e}^{xy}$ 在点 $(2, 1)$ 处的全微分.

解： $\frac{\partial z}{\partial x}=y\mathrm{e}^{xy}$，$\frac{\partial z}{\partial y}=x\mathrm{e}^{xy}$，

将 $x=2$，$y=1$ 代入 $\left.\frac{\partial z}{\partial x}\right|_{\substack{x=2\\y=1}}=\mathrm{e}^2$，$\left.\frac{\partial z}{\partial y}\right|_{\substack{x=2\\y=1}}=2\mathrm{e}^2$.

于是函数 $z=\mathrm{e}^{xy}$ 在点 $(2, 1)$ 处的全微分为

$$\mathrm{d}z=\mathrm{e}^2\mathrm{d}x+2\mathrm{e}^2\mathrm{d}y.$$

例 7.2.5　求当 $\Delta x=0.04$，$\Delta y=0.02$ 时，函数 $z=\mathrm{e}^x\sin y$ 在点 $(0, \frac{\pi}{6})$ 处的全微分.

解： $\frac{\partial z}{\partial x}=\mathrm{e}^x\sin y$，$\frac{\partial z}{\partial y}=\mathrm{e}^x\cos y$，

$$\left.\frac{\partial z}{\partial x}\right|_{\substack{x=0\\y=\frac{\pi}{6}}}=\frac{1}{2}，\left.\frac{\partial z}{\partial y}\right|_{\substack{x=0\\y=\frac{\pi}{6}}}=\frac{\sqrt{3}}{2}.$$

$$\mathrm{d}z=\frac{\partial z}{\partial x}\Delta x+\frac{\partial z}{\partial y}\Delta y=\frac{1}{2}\times 0.04+\frac{\sqrt{3}}{2}\times 0.02\approx 0.037.$$

习题 7.2

1. 求下列函数的一阶偏导数.

(1) $z=x^2y-xy^2$；　　(2) $z=x^2-\frac{x}{y^2}$；

(3) $z=\sqrt{\ln(xy)}$；　　(4) $z=\sin x^2y-\sqrt[3]{x+y}$.

2. 求 $z=x^2+5xy+y^2$ 在点 $(0, 1)$ 的偏导数.

3. 求下列函数的二阶偏导数.

(1) $z=\sin^2(ax+by)$；　　(2) $z=\arctan\frac{x+y}{1-xy}$.

4. 求下列函数的全微分.

(1) $z=e^{x^2y}$;　　(2) $z=\operatorname{arccot}\dfrac{y}{x}$;

(3) $z=(1+xy)^y$;　　(4) $z=e^x+\sin\dfrac{y}{2}$.

5. 求二元函数 $z=e^{x^2+y^2}$ 在点(1, 1)处的全微分.

第三节　复合函数与隐函数的求导法则

一、二元复合函数的求导法则

设函数 $z=f(u,v)$ 是变量 u、v 的函数，而 u、v 又是变量 x、y 的函数，$u=g(x,y)$，$v=h(x,y)$，因此 $z=f[g(x,y)]$ 是变量 x、y 的复合函数.

定理 7.3.1　如果函数 $u=g(x,y)$，$v=h(x,y)$ 在点 (x,y) 处的一阶偏导数均存在，且在对应于 (x,y) 的点 (u,v) 处函数 $z=f(u,v)$ 有连续的偏导数，则复合函数 $z=f[g(x,y)]$ 在 (x,y) 的一阶偏导数均存在，且

$$\frac{\partial z}{\partial x}=\frac{\partial z}{\partial u}\cdot\frac{\partial u}{\partial x}+\frac{\partial z}{\partial v}\cdot\frac{\partial v}{\partial x},$$

$$\frac{\partial z}{\partial y}=\frac{\partial z}{\partial u}\cdot\frac{\partial u}{\partial y}+\frac{\partial z}{\partial v}\cdot\frac{\partial v}{\partial y}.$$

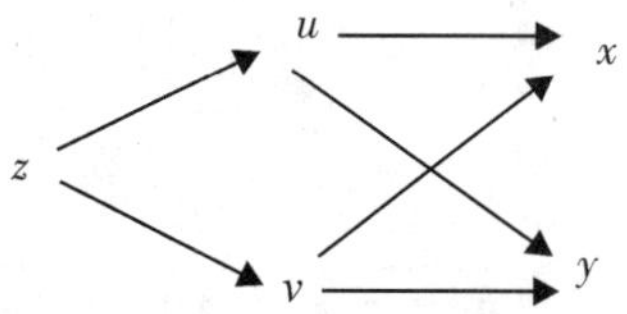

图 7－8

为了正确使用上式，我们可以画出如右图所示的变量关系图 7－8.

例 7.3.1　设 $z=ue^v$，$u=x^2+y^2$，$v=xy$，求 $\dfrac{\partial z}{\partial x}$，$\dfrac{\partial z}{\partial y}$.

解： $\dfrac{\partial z}{\partial x}=\dfrac{\partial z}{\partial u}\cdot\dfrac{\partial u}{\partial x}+\dfrac{\partial z}{\partial v}\cdot\dfrac{\partial v}{\partial x}=e^v(2x)+ue^vy=2xe^{xy}+(x^2+y^2)ye^{xy}=(2x+x^2y+y^3)e^{xy}$，

$\dfrac{\partial z}{\partial y}=\dfrac{\partial z}{\partial u}\cdot\dfrac{\partial u}{\partial y}+\dfrac{\partial z}{\partial v}\cdot\dfrac{\partial v}{\partial y}=e^v(2y)+ue^vx=(x^3+xy^2+2y)e^{xy}$.

例 7.3.2　求函数 $z=\ln(u^2+2v)$，而 $u=e^{x+y}$，$v=x^2+y$，求 $\dfrac{\partial z}{\partial x}$，$\dfrac{\partial z}{\partial y}$.

解： $\dfrac{\partial z}{\partial x}=\dfrac{\partial z}{\partial u}\cdot\dfrac{\partial u}{\partial x}+\dfrac{\partial z}{\partial v}\cdot\dfrac{\partial v}{\partial x}=\dfrac{2u}{u^2+2v}e^{x+y}+\dfrac{2}{u^2+2v}2x=\dfrac{2}{u^2+2v}(ue^{x+y}+2x)$，

$\dfrac{\partial z}{\partial y}=\dfrac{\partial z}{\partial u}\cdot\dfrac{\partial u}{\partial y}+\dfrac{\partial z}{\partial v}\cdot\dfrac{\partial v}{\partial y}=\dfrac{2u}{u^2+2v}e^{x+y}+\dfrac{2}{u^2+2v}=\dfrac{2}{u^2+2v}(ue^{x+y}+1)$.

在定理 7.3.1 中，如果中间变量均为一元函数，则可以得到如下定理.

定理 7.3.2　设函数 $u=u(x)$，$v=v(x)$ 在点 x 处可导，且在对应的点 (u,v) 处函数 $z=f(u,v)$ 具有连续偏导数，则复合函数 $f[u(x),v(x)]$ 在点 x 处的导数存在，且可用公式 $\dfrac{dz}{dx}=\dfrac{\partial z}{\partial u}\cdot\dfrac{du}{dx}+\dfrac{\partial z}{\partial v}\cdot\dfrac{dv}{dx}$ 计算.

这时 z 对 x 的导数称为全导数，可由图 7－9 表示求导数思路.

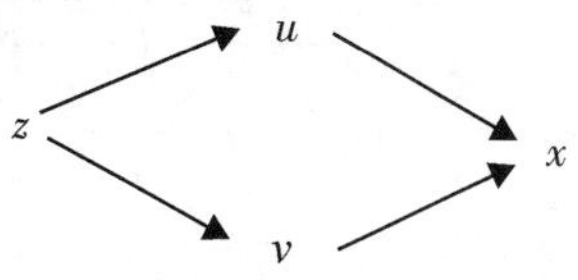

图 7－9

例 7. 3. 3　设 $z=uv$，而 $u=e^x$，$v=e^x\cos x$，求全导数$\dfrac{dz}{dx}$.

解： $\dfrac{dz}{dx}=\dfrac{\partial z}{\partial u}\cdot\dfrac{du}{dx}+\dfrac{\partial z}{\partial v}\cdot\dfrac{dv}{dx}=ve^x-u\sin x=e^x(\cos x-\sin x)$.

二、隐函数的求导法则

在一元微分学中，我们已经学过利用复合函数求导法则求由方程 $F(x,\ y)=0$ 所确定的隐函数 $y=f(x)$ 的导数$\dfrac{dy}{dx}$，在学习了二元复合函数求导法则以后，我们可以利用复合函数的求导法则推出导数的一般公式.

对方程 $F(x,\ y)=0$，则由 $F[x,f(x)]\equiv0$，结合定理 7. 3. 2 可得$\dfrac{\partial F}{\partial x}+\dfrac{\partial F}{\partial y}\cdot\dfrac{dy}{dx}=0$. 当$\dfrac{\partial F}{\partial y}\neq0$时，得到公式

$$\frac{dy}{dx}=-\frac{\frac{\partial F}{\partial x}}{\frac{\partial F}{\partial y}}=-\frac{F_x}{F_y}.$$

例 7. 3. 4　求由方程 $y-x\ln y+2x=0$ 所确定的 y 对 x 的函数的导数.

解： 设 $F(x,\ y)=y-x\ln y+2x$，因为

$$\frac{\partial F}{\partial x}=-\ln y+2,\ \frac{\partial F}{\partial y}=1-\frac{x}{y}=\frac{y-x}{y},$$

$$\frac{dy}{dx}=-\frac{-\ln y+2}{\frac{y-x}{y}}=\frac{(\ln y-2)y}{y-x}.$$

类似地，对于方程 $F(x,\ y,\ z)\equiv0$ 所确定的函数 $z=f(x,\ y)$，如果$\dfrac{\partial F}{\partial z}\neq0$，则由 $F[x,\ y,f(x,\ y)]\equiv0$ 得到

$$\frac{\partial F}{\partial x}+\frac{\partial F}{\partial z}\cdot\frac{dz}{dx}=0,\ \frac{\partial F}{\partial y}+\frac{\partial F}{\partial z}\cdot\frac{dz}{dy}=0,$$

从而$\dfrac{\partial z}{\partial x}=-\dfrac{\frac{\partial F}{\partial x}}{\frac{\partial F}{\partial z}}$，$\dfrac{\partial z}{\partial y}=-\dfrac{\frac{\partial F}{\partial y}}{\frac{\partial F}{\partial z}}$.

例 7. 3. 5　设 $\sin(x+y-z)=z+x$，求$\dfrac{\partial z}{\partial x}$，$\dfrac{\partial z}{\partial y}$.

解： 令 $F(x,\ y,z)=\sin(x+y-z)-z-x$，

因为 $F_x(x,\ y,z)=\cos(x+y-z)-1$，$F_y(x,\ y,z)=\cos(x+y-z)$，

所以 $F_z(x, y, z) = -\cos(x+y-z)-1$，

$$\frac{\partial z}{\partial x} = -\frac{F_x}{F_z} = \frac{\cos(x+y-z)-1}{\cos(x+y-z)+1},\ \frac{\partial z}{\partial y} = -\frac{F_y}{F_z} = \frac{\cos(x+y-z)}{\cos(x+y-z)+1}.$$

习题 7.3

1. 设 $z = e^u \sin v$，$u = xy$，$v = x+y$，求 $\frac{\partial z}{\partial x}$，$\frac{\partial z}{\partial y}$.

2. 设 $z = e^{u-2v}$，$u = \sin x$，$v = x^3$，求全导数 $\frac{dz}{dx}$.

3. 设 $x^2 + z^2 = 2ye^z$，求 $\frac{\partial z}{\partial x}$，$\frac{\partial z}{\partial y}$.

4. 设 $x + 2y + z - 2\sqrt{xyz} = 0$，求 $\frac{\partial z}{\partial x}$，$\frac{\partial z}{\partial y}$.

第四节　二元函数的极值及其求法

一、二元函数的极值

定义 7.4.1　设函数 $z = f(x, y)$ 在点 (x_0, y_0) 的某一邻域内有定义，如果对于该邻域内异于 (x_0, y_0) 的任意点 (x, y)，总有 $f(x, y) < f(x_0, y_0)$，则称 $f(x_0, y_0)$ 是函数 $f(x, y)$ 的极大值；如果总有 $f(x, y) > f(x_0, y_0)$，则称 $f(x_0, y_0)$ 是函数 $f(x, y)$ 的极小值. 函数 $f(x, y)$ 的极大值和极小值统称为极值，使函数取得极值的点称为极值点.

在求函数 $f(x, y)$ 的极值时，如果没有其他任何限制条件，则此极值问题称为无条件极值问题，否则，称为条件极值问题. 求一个函数 $f(x, y)$ 的无条件极值，通常是指在整个坐标平面或某个区域内讨论.

定理 7.4.1（必要条件）　设函数 $z = f(x, y)$ 在点 (x_0, y_0) 处具有偏导数，且在点 (x_0, y_0) 处有极值，则有 $f_x(x_0, y_0) = 0$，$f_y(x_0, y_0) = 0$.

与一元函数类似，凡是能使一阶偏导数同时为零的点，均称为函数的驻点.

极值点必为驻点，驻点不一定是极值点. 例如点 $(0, 0)$ 是函数 $z = xy$ 的驻点，但不是极值点. 二元函数的极值也可能在偏导数不存在的点达到.

定理 7.4.2（充分条件）　设函数 $z = f(x, y)$ 在点 (x_0, y_0) 的某邻域内有二阶连续偏导数，且 $f_x(x_0, y_0) = 0$，$f_y(x_0, y_0) = 0$，记 $A = f_{xx}(x_0, y_0)$，$B = f_{xy}(x_0, y_0)$，$C = f_{yy}(x_0, y_0)$，则：

(1) 当 $B^2 - AC > 0$ 时，函数 $z = f(x, y)$ 没有极值；

(2) 当 $B^2 - AC < 0$ 时，若 $A < 0$，$f(x_0, y_0)$ 是极大值，若 $A > 0$，$f(x_0, y_0)$ 是极小值；

(3) 当 $B^2 - AC = 0$ 时，不能判断 $f(x_0, y_0)$ 是否为极值，情况有待讨论.

例 7.4.1　求函数$f(x, y)=x^2+xy+y^2+x-y+1$的极值.

解：　解方程组

$$\begin{cases} f_x(x, y)=2x+y+1=0 \\ f_y(x, y)=2y+x-1=0 \end{cases}，\quad 解得\begin{cases} x=-1 \\ y=1 \end{cases}，$$

得到驻点$(-1, 1)$，可求得$f_{xx}=2$，$f_{xy}=1$，$f_{yy}=2$，即在点$(-1, 1)$处$A=C=2$，$B=1$，$B^2-AC=-3<0$，根据定理7.4.2，点$(-1, 1)$为该函数极小值点，函数的极小值为$f(-1, 1)=0$.

例 7.4.2　求由方程$x^2+y^2+z^2-2x+2y-4z-10=0$确定的函数$z=f(x, y)$的极值.

解：　将方程两边分别对x，y求偏导，得

$$\begin{cases} 2x+2z\cdot z'_x-2-4z'_x=0 \\ 2y+2z_y\cdot z'_y+2-4z'_y=0 \end{cases}，$$

由函数取极值的必要条件知，驻点为$P(1, -1)$，将上述方程组再分别对x，y求偏导数，得

$$A=z''_{xx}\Big|_P=\frac{1}{2-z}，\ B=z''_{xy}\Big|_P=0，\ C=z''_{yy}\Big|_P=\frac{1}{2-z}，$$

于是，$B^2-AC=-\dfrac{1}{(2-z)^2}<0(z\neq2)$，函数在点$P$处有极值.

将$P(1, -1)$代入原方程，有$z_1=-2$，$z_2=6$.

当$z_1=-2$时，$A=\dfrac{1}{4}>0$，所以$z=f(1, -1)=-2$为极小值；

当$z_2=6$时，$A=-\dfrac{1}{4}<0$，所以$z=f(1, -1)=6$为极大值.

二、条件极值

上面所讨论的极值问题中，对于自变量仅限制在定义域内，对自变量没有任何约束，通常称为无条件极值. 但在实际问题中，常常会遇到自变量还有其他附加的约束条件，这类附有约束条件的极值问题，称为条件极值. 下面介绍条件极值的一般解法——拉格朗日乘数法.

设函数$z=f(x, y)$满足约束条件$\varphi(x, y)=0$，求解步骤如下：

(1) 构造辅助函数

$$F(x, y)=f(x, y)+\lambda\varphi(x, y),$$

称其为拉格朗日函数，λ称为**拉格朗日常数**.

(2) 解联立方程组

$$\begin{cases} F_x(x, y)=f_x(x, y)+\lambda\varphi_x(x, y)=0 \\ F_y(x, y)=f_y(x, y)+\lambda\varphi_y(x, y)=0, \\ \varphi(x, y)=0 \end{cases}$$

从中消去 λ，解出 x，y，点 (x, y) 即是可能的极值点.

例 7.4.3 某工厂生产两种商品的日产量分别为 x 和 y（单位：件），总成本函数 $z(x, y)=8x^2-xy+12y^2$（单位：元），商品的限额为 $x+y=42$，求最小成本.

解： 在本题中，约束函数为 $\varphi(x, y)=x+y-42$，

设拉格朗日函数

$$F(x, y)=8x^2-xy+12y^2+\lambda(x+y-42),$$

于是
$$\begin{cases} F_x=16x-y+\lambda=0 \\ F_y=-x+24y+\lambda=0, \\ x+y-42=0 \end{cases}$$

解得 $x=25$，$y=17$，因此唯一驻点 $(25, 17)$ 是最小值点，

最小成本为

$$z(25, 17)=8\times25^2-25\times17+12\times17^2=8\ 043(\text{元}).$$

习题 7.4

1. 求函数 $f(x, y)=4(x-y)-x^2-y^2$ 的极值点及极值.

2. 求函数 $z=f(x, y)=(x^2+y^2-2x)^2$ 在圆域 $x^2+y^2\leqslant 2x$ 上的最大值和最小值.

3. 某单位同时销售煤气和电力，并且它自己也以煤气和电力为能源，设煤气的销售量为 x（单位：万立方米），电力的销售量为 y（单位：千瓦），每月总成本为 C（单位：万元），总成本函数为 $C(x, y)=\dfrac{1}{2}x^2+\dfrac{3}{4}y^2-7xy+134x+12y+250$，其中 x，y 满足条件 $y+4x-36=0$，试求其最低总成本.

第五节　二重积分

现在我们来考虑被积函数是二元函数，积分范围是平面区域的积分问题，即所谓二重积分. 在讨论一元函数的定积分时，被积函数是一元函数，积分范围是 x 轴上的一个区间，我们从求曲边梯形的面积入手，通过分割、求近似值、求和、取极限四个步骤，引入一元函数的定积分 $\int_a^b f(x)\mathrm{d}x$ 的概念，这种方法的基本思想可以推广到二元函数和一般的多元函数中，从而建立多元函数微积分的概念.

一、二重积分的概念

为了引入二重积分的概念，我们先看下面的例子.

例 7.5.1 求曲顶柱体的体积.

现在，我们考虑如何计算曲顶柱体的体积. 设二元连续函数 $z=f(x, y)$ 在有界闭区域 D 上

连续且$f(x, y)\geqslant 0$，其图形为曲面S，试求以区域D为底，以沿着区域D的边界曲线且平行于Oz轴的动直线运动所组成的曲面为侧面，以曲面S为顶的曲顶柱体的体积(图7－10).

求曲顶柱体体积V与求曲边梯形面积的做法相仿：先在局部上“以直代曲”求出曲顶柱体体积的近似值；然后把这些值相加，就得到整个曲顶柱体体积的一个近似值；最后通过取极限，由近似值得到曲顶柱体体积的精确值. 具体做法如下：

(1) 分割：用有限条曲线把区域D分成n个小区域：$\Delta\sigma_1$，$\Delta\sigma_2$，…，$\Delta\sigma_n$，同时$\Delta\sigma_i(i=1, 2, \cdots, n)$也表示第$i$个小区域的面积. 相应地，此曲顶柱体被分为$n$个小曲顶柱体.

(2) 代替：在每个小区域上任取一点$(\xi_i, \eta_i)\in\Delta\sigma_i$. 用高为$f(\xi_i, \eta_i)$，底为$\Delta\sigma_i$的平顶柱体的体积$f(\xi_i, \eta_i)\Delta\sigma_i$来代替作为第$i$个小曲顶柱体体积的近似值.

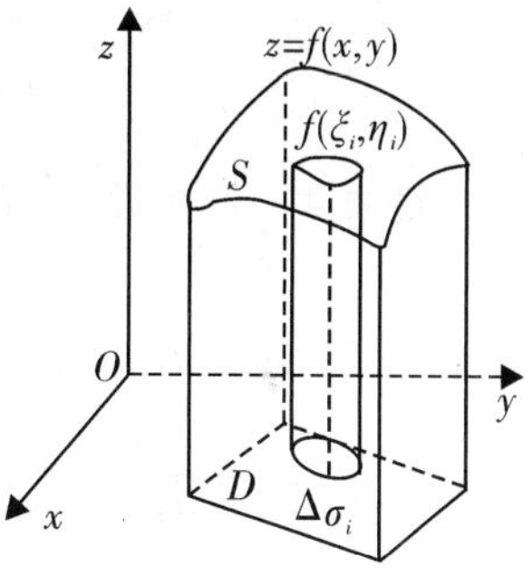

图7－10

(3) 求和：这n个平顶柱体体积之和$\sum\limits_{i=1}^{n}f(\xi_i, \eta_i)\Delta\sigma_i$就是曲顶柱体体积的一个近似值.

(4) 取极限：当n无限增大，且这n个小区域中的最大直径λ趋于零时，即当每一个小区域都收缩于一点时，上述和式的极限就是曲顶柱体的体积V，即　$V=\lim\limits_{\lambda\to 0}\sum\limits_{i=1}^{n}f(\xi_i, \eta_i)\Delta\sigma_i$.

以上我们用极限的思想解决了求曲顶柱体体积的问题，下面我们给出二重积分的定义.

定义7.5.1　设函数$f(x, y)$是有界闭区域D上的有界函数，将闭区域D任意分成n个小区域：$\Delta\sigma_1$，$\Delta\sigma_2$，…，$\Delta\sigma_n$.

其中$\Delta\sigma_i(i=1, 2, \cdots, n)$表示第$i$个小区域，也表示它的面积. 在每个小区域上任取一点$(\xi_i, \eta_i)\in\Delta\sigma_i(i=1, 2, \cdots, n)$，作乘积$f(\xi_i, \eta_i)\Delta\sigma_i$，并作和$\sum\limits_{i=1}^{n}f(\xi_i, \eta_i)\Delta\sigma_i$，当各个小闭区域的直径中最大值$\lambda\to 0$时，上述和的极限总存在，则称此极限为函数$z=f(x, y)$在闭区域$D$上的**二重积分**，记作$\iint\limits_D f(x, y)\mathrm{d}\sigma$，即

$$\iint\limits_D f(x, y)\mathrm{d}\sigma = \lim_{\lambda\to 0}\sum_{i=1}^{n}f(\xi_i, \eta_i)\Delta\sigma_i .$$

其中，$f(x, y)$叫作**被积函数**，$f(x, y)\mathrm{d}\sigma$叫作**被积表达式**，$\mathrm{d}\sigma$叫作**面积元素**，x，y叫作**积分变量**，D叫作**积分区域**，$\sum\limits_{i=1}^{n}f(\xi_i, \eta_i)\Delta\sigma_i$叫作**积分和**.

由定义可知，曲顶柱体的体积V等于表示的函数$f(x, y)$在其底面D上的二重积分，即$V=\iint\limits_D f(x, y)\mathrm{d}\sigma$.

二、二重积分的性质

二重积分有与定积分类似的下列性质(证明略).

设二元函数$f(x, y)$与$g(x, y)$在闭区域D上都是可积的.

性质1 $\iint\limits_D kf(x,y)\mathrm{d}\sigma = k\iint\limits_D f(x,y)\mathrm{d}\sigma$($k$ 为常数).

性质2 $\iint\limits_D (f(x,y) \pm g(x,y))\mathrm{d}\sigma = \iint\limits_D f(x,y)\mathrm{d}\sigma \pm \iint\limits_D g(x,y)\mathrm{d}\sigma$.

性质3 若 D 被划分成 D_1、D_2，则

$$\iint\limits_D f(x,y)\mathrm{d}\sigma = \iint\limits_{D_1} f(x,y)\mathrm{d}\sigma + \iint\limits_{D_2} f(x,y)\mathrm{d}\sigma.$$

性质4 若在 D 上有不等式 $f(x,y) \leqslant g(x,y)$，则

$$\iint\limits_D f(x,y)\mathrm{d}\sigma \leqslant \iint\limits_D g(x,y)\mathrm{d}\sigma$$

特别地，$\left|\iint\limits_D f(x,y)\mathrm{d}\sigma\right| \leqslant \iint\limits_D |f(x,y)|\mathrm{d}\sigma$.

性质5 若 $f(x,y) \equiv 1$，则 $\sigma = \iint\limits_D \mathrm{d}\sigma$ 表示 D 的面积.

性质6 设 $f(x,y)$ 在 D 上有最大值 M、最小值 m，σ 为 D 的面积，则

$$m\sigma \leqslant \iint\limits_D f(x,y)\mathrm{d}\sigma \leqslant M\sigma.$$

性质7 设 $f(x,y)$ 在 D 上连续，则在 D 上至少存在一点 (ξ,η)，使得

$$\iint\limits_D f(x,y)\mathrm{d}\sigma = f(\xi,\eta)\sigma.$$

三、在直角坐标系中计算二重积分

由定义可知，二重积分的值与区域 D 的分法是无关的，在直角坐标系中，我们用平行于 x 轴和 y 轴的直线来分割区域 D(如图 7－11 所示). 除了与边界有关的小区域，其余小区域 $\Delta\sigma$ 是一个边长为 Δx 与 Δy 的小矩形，因而 $\Delta\sigma = \Delta x \cdot \Delta y$，我们把 $\mathrm{d}\sigma$ 记成 $\mathrm{d}x\mathrm{d}y$，并称它为直角坐标系中的面积元素. 因此二重积分也常记成 $\iint\limits_D f(x,y)\mathrm{d}x\mathrm{d}y$，即

$$\iint\limits_D f(x,y)\mathrm{d}\sigma = \iint\limits_D f(x,y)\mathrm{d}x\mathrm{d}y.$$

当连续函数 $f(x,y) \geqslant 0$ 时，我们先来讨论二重积分 $\iint\limits_D f(x,y)\mathrm{d}x\mathrm{d}y$ 的计算问题.

设积分区域 D 是由两条平行直线 $x=a$，$x=b$ 以及两条连续曲线 $y=y_1(x)$，$y=y_2(x)$ 所围成的，区域 D 可以用不等式组 $\begin{cases} a \leqslant x \leqslant b \\ y_1(x) \leqslant y \leqslant y_2(x) \end{cases}$ 来表示(如图 7－12 所示).

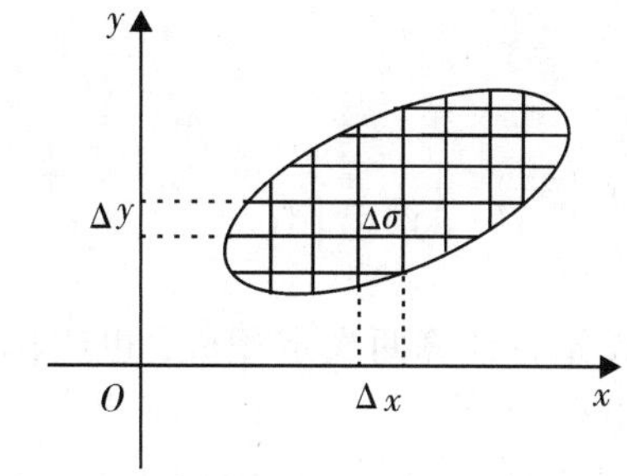

图 7－11

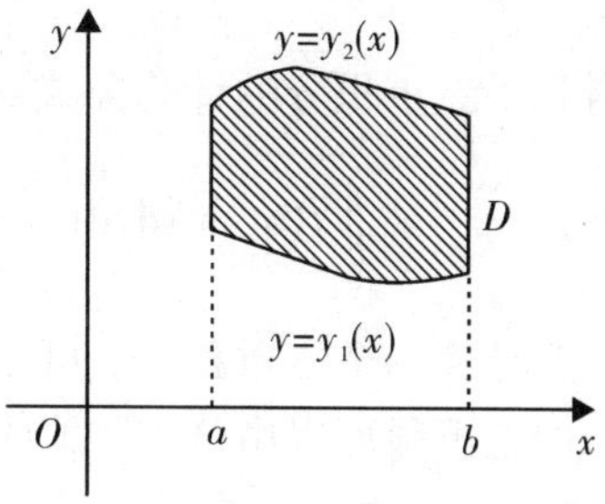

图 7－12

由二重积分的几何意义，$\iint\limits_{D} f(x, y)\mathrm{d}x\mathrm{d}y$ 的值等于以区域 D 为底，以曲面 $z=f(x, y)$ 为顶的曲顶柱体体积. 下面我们用**微元法**来计算曲顶柱体体积 V.

任取 $x_0 \in [a, b]$，作与 yoz 坐标平面平行的平面 $x=x_0$，此平面与曲顶柱体相交所得的截面是一个以区间$[y_1(x_0), y_2(x_0)]$为底，以 $z=f(x_0, y)$为曲边的曲边梯形(如图 7－13 中的阴影部分). 显然这个截面的面积为

$$A(x_0)=\int_{y_1(x_0)}^{y_2(x_0)} f(x_0, y)\mathrm{d}y.$$

一般地，过区间$[a, b]$上任意一点 x 且平行于 yOz 坐标面的平面，与曲顶柱体相交所得截面的面积为

$$A(x)=\int_{y_1(x_0)}^{y_2(x_0)} f(x, y)\mathrm{d}y.$$

上式中，y 是积分变量，而 x 在积分时保持不变，对任一 $x \in [a, b]$，都有截面积 $A(x)$ 与之对应. 我们可以证明 $A(x)$为 x 的连续函数，因此，对于区间$[x, x+\mathrm{d}x]$，由微元法可知曲顶柱体体积的微元为 $\mathrm{d}V=A(x)\mathrm{d}x$. 将 $\mathrm{d}V$ 从 a 到 b 求定积分，就得到曲顶柱体的体积

$$V=\int_a^b A(x)\mathrm{d}x=\int_a^b \left[\int_{y_1(x)}^{y_2(x)} f(x, y)\mathrm{d}y\right]\mathrm{d}x.$$

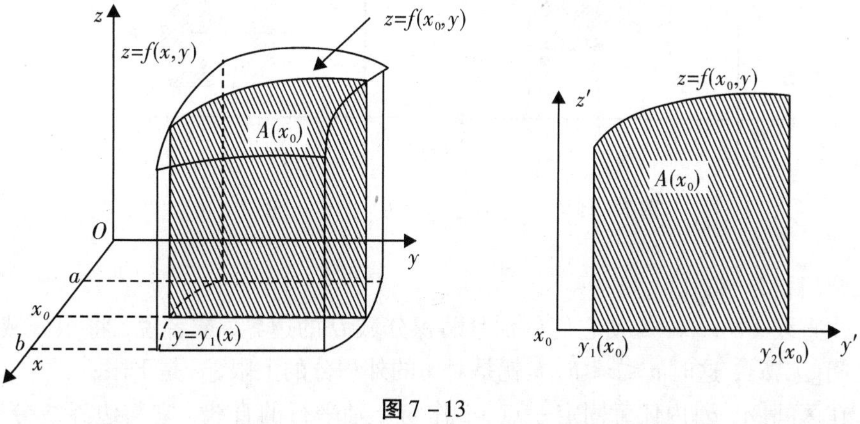

图 7－13

于是，就得到了二重积分的计算公式

$$\iint_D f(x, y)\mathrm{d}x\mathrm{d}y = \int_a^b \left[\int_{y_1(x)}^{y_2(x)} f(x, y)\mathrm{d}y\right]\mathrm{d}x \tag{7-1}$$

由此看到，要计算一个二重积分，可以化成先后计算两次定积分，也叫作计算累次积分，每个定积分的上下限可以由区域 D 的不等式给出.

注意：在上式中，我们是假定 $f(x, y) \geqslant 0$，实际上当 $f(x, y) \leqslant 0$ 时也可，右式亦可写成

$$\int_a^b \left[\int_{y_1(x)}^{y_2(x)} f(x, y)\mathrm{d}y\right]\mathrm{d}x = \int_a^b \mathrm{d}x \int_{y_1(x)}^{y_2(x)} f(x, y)\mathrm{d}y.$$

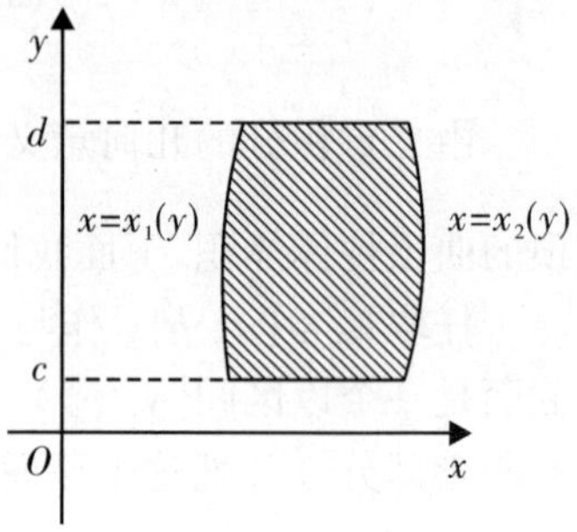

图 7－14

在计算上式中的累次积分时，先从里层的积分开始，把 x 看作常量，y 是积分变量. 把上下限代入里层的积分结果，得到 x 的函数；再对 x 计算定积分，得出的结果就是一个数值. 这种计算二重积分的方法，叫作**累次积分法**.

类似地，我们也可以把二重积分化成先对 x 后对 y 的累次积分. 其结论叙述如下：

若函数 $z=f(x, y)$ 在区域 D 上连续，其中 D：$c \leqslant y \leqslant d$，$x_1(y) \leqslant x \leqslant x_2(y)$，如图 7－14 所示，则

$$\iint_D f(x, y)\mathrm{d}x\mathrm{d}y = \int_c^d \left[\int_{x_1(y)}^{x_2(y)} f(x, y)\mathrm{d}x\right]\mathrm{d}y = \int_c^{\mathrm{d}} \mathrm{d}y \int_{x_1(y)}^{x_2(y)} f(x, y)\mathrm{d}x \tag{7-2}$$

要把二重积分化为累次积分关键是定出两次积分的上下限，若先对 y 积分后对 x 积分，它的做法归纳如下（如图 7－15 所示）：

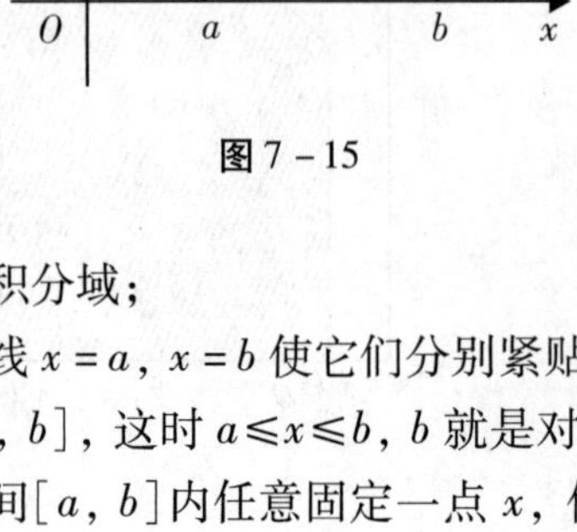

图 7－15

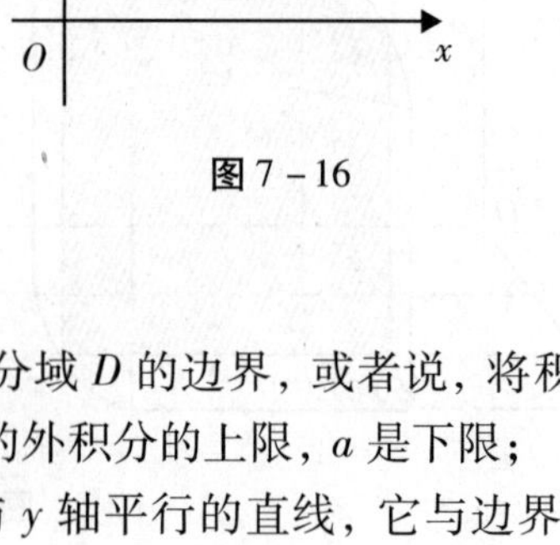

图 7－16

（1）画出积分域；

（2）作直线 $x=a$，$x=b$ 使它们分别紧贴积分域 D 的边界，或者说，将积分域投影到 x 轴上的区间 $[a, b]$，这时 $a \leqslant x \leqslant b$，$b$ 就是对 x 的外积分的上限，a 是下限；

（3）在区间 $[a, b]$ 内任意固定一点 x，作与 y 轴平行的直线，它与边界线分别相交于

B, C, 设其纵坐标分别为 $y_1(x)$ 与 $y_2(x)$, 且 $y_1(x) \leqslant y_2(x)$, 这时 $y_2(x)$ 就是对 y 的内积分的上限, $y_1(x)$ 是下限.

综上可得计算式(7－1).

类似地, 可以归纳出先对 x 积分, 后对 y 积分, 如图 7－16, 可得计算式(7－2).

例 7.5.2　计算 $\iint\limits_D x^2 \mathrm{d}\sigma$, 其中 D 为由抛物线 $y=x^2$ 及直线 $y=0$, $x=2$ 所围成的闭区域.

解:　画出积分区域图如图 7－17 所示, 若考虑先对 y 积分, 则

$D: \begin{cases} 0 \leqslant x \leqslant 2 \\ 0 \leqslant y \leqslant x^2 \end{cases}$, 利用公式(7－1)式, 得

$$\iint\limits_D x^2 \mathrm{d}\sigma = \int_0^2 \mathrm{d}x \int_0^{x^2} x^2 \mathrm{d}y = \int_0^2 x^2 y \Big|_0^{x^2} \mathrm{d}x = \int_0^2 x^4 \mathrm{d}x = \frac{x^5}{5}\Big|_0^2 = \frac{32}{5}.$$

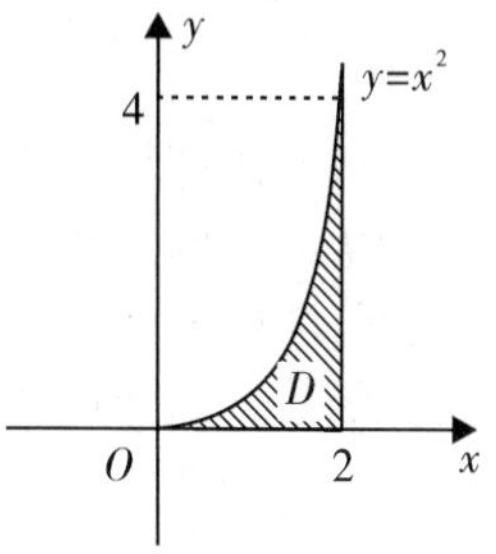

图 7－17

本题也可先对 x 积分.

另解:

$$\iint\limits_D x^2 \mathrm{d}\sigma = \int_0^4 \mathrm{d}y \int_{\sqrt{y}}^2 x^2 \mathrm{d}x$$

$$= \int_0^4 \frac{x^3}{3}\Big|_{\sqrt{y}}^2 \mathrm{d}y = \int_0^4 \frac{8-y^{\frac{3}{2}}}{3} \mathrm{d}y = \frac{1}{3}\left(8y - \frac{2}{5}y^{\frac{5}{2}}\right)\Big|_0^4 = \frac{1}{3}\left(32 - \frac{64}{5}\right) = \frac{32}{5}.$$

比较两种做法, 发现前一种做法简单.

例 7.5.3　计算 $\iint\limits_D \frac{x}{y^2} \mathrm{d}\sigma$, 其中 D 为由双曲线 $xy=1$ 及直线 $y=x$, $x=3$ 所围成的闭区域.

解:　画出积分区域如图 7－18 所示.

若考虑先对 y 积分, D: $\begin{cases} 1 \leqslant x \leqslant 3 \\ \frac{1}{x} \leqslant y \leqslant x \end{cases}$, 则

$$\iint\limits_D \frac{x}{y^2} \mathrm{d}\sigma = \int_1^3 \mathrm{d}x \int_{\frac{1}{x}}^{x} \frac{x}{y^2} \mathrm{d}y = \int_1^3 x\left[-\frac{1}{y}\right]_{\frac{1}{x}}^{x} \mathrm{d}x$$

$$= \int_1^3 (x^2-1)\mathrm{d}x = \left[\frac{x^3}{3} - x\right]_1^3 = \frac{20}{3}.$$

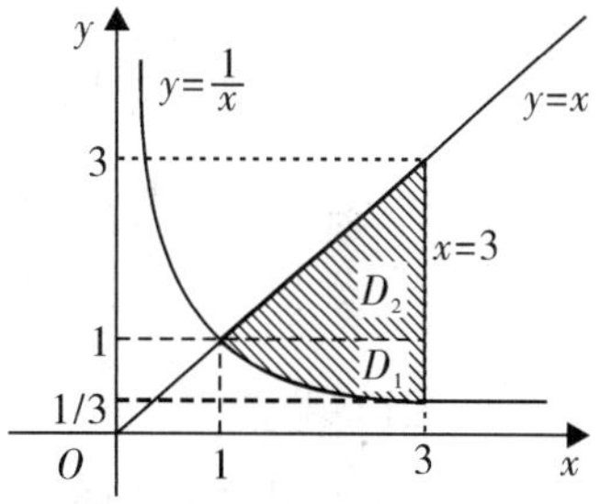

图 7－18

若采用先对 x 积分的方法, 则因区域 D 的左边边界曲线由 $y=\frac{1}{x}$, $y=z$ 两曲线所组成, 必须用直线 $y=1$ 把 D 分成 D_1 和 D_2 两部分, 如图 7－18 所示, D_1 上 y 的变化范围为$\left[\frac{1}{3}, 1\right]$. 在$\left[\frac{1}{3}, 1\right]$上任取一点 y, 过 y 作平行于 x 轴的直线, 该直线(由左向右)进入积分区域的边界曲线方程为 $x=\frac{1}{y}$(定为积分下限), 出积分区域的边界曲线方程为 $x=3$(定为积分上限); D_2 上 y 的变化范围为$[1, 3]$, 在$[1, 3]$上任取一点 y, 过 y 作平行于 x 轴的直线, 该直线(由左向右)进入积分区域的边界曲线方程为 $x=y$(定为积分下限), 出积分区域的边界曲线方程为 $x=3$(定为积分上限), 则

$$\iint_D \frac{x}{y^2}d\sigma = \iint_{D_1} \frac{x}{y^2}d\sigma + \iint_{D_2} \frac{x}{y^2}d\sigma = \int_{\frac{1}{3}}^{1} dy \int_{\frac{1}{y}}^{3} \frac{x}{y^2}dx + \int_1^3 dy \int_y^3 \frac{x}{y^2}dx$$

$$= \int_{\frac{1}{3}}^{1} \frac{1}{y^2}\left[\frac{x^2}{2}\right]_{\frac{1}{y}}^{3} dy + \int_1^3 \frac{1}{y^2}\left[\frac{x^2}{2}\right]_y^3 dy$$

$$= \int_{\frac{1}{3}}^{1} \left(\frac{9}{2y^2} - \frac{1}{2y^4}\right)dy + \int_1^3 \left(\frac{9}{2y^2} - \frac{1}{2}\right)dy$$

$$= \frac{20}{3}.$$

从上述计算可知，本题选用先对 y 积分的计算方法较为简便.

从上述的这些例题可见，在化二重积分为累次积分时，好的积分次序可简化计算. 主要从积分区域 D 的形状，确定累次积分的次序，而有时也要根据被积函数 $f(x, y)$ 的特性，选择恰当的积分次序，才能进行积分计算.

例 7.5.4 计算二重积分 $\iint_D xy\,dx\,dy$，其中 D 是由直线 $y = 2x$，$y = x$ 与 $x = 2$ 所围成的区域，如图 7－19 所示.

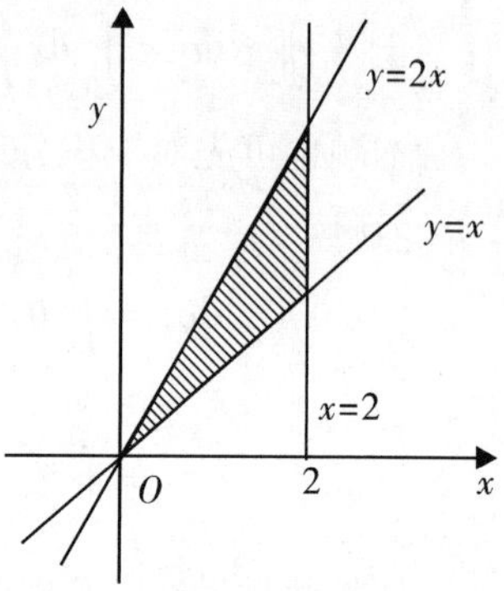

图 7－19

解： 考虑先对 y 积分，D：$\begin{cases} 0 \leqslant x \leqslant 2 \\ x \leqslant y \leqslant 2x \end{cases}$，

$$\iint_D xy\,dx\,dy = \int_0^2 dx \int_x^{2x} xy\,dy = \int_0^2 \left[\frac{xy^2}{2}\right]_x^{2x} dx$$

$$= \int_0^2 \frac{3}{2}x^3 dx = \left[\frac{3}{8}x^4\right]_0^2 = 6.$$

习题 7.5

1. 选择题.

(1) 设二重积分的积分区域 D 是 $\{(x, y) \mid 1 \leqslant x^2 + y^2 \leqslant 4\}$，则 $\iint_D dx\,dy = ($　　$)$.

A. π　　B. 4π　　C. 3π　　D. 15π

(2) 设二重积分的积分区域 D 是由 $|x| = \frac{1}{2}$，$|y| = \frac{1}{2}$ 所围成的，则 $\iint_D xy\,dx\,dy = ($　　$)$.

A. 0　　B. $\frac{1}{4}$　　C. $\frac{1}{2}$　　D. 1

2. 计算二重积分.

(1) $\iint_D xy\,d\sigma$，D 是由 $y = x^2$ 与 $y^2 = x$ 所围成的区域；

(2) $\iint_D \frac{\sin x}{x}dx\,dy$，$D$ 是由 $y = x$，$y = \frac{x}{2}$ 和 $x = 2$ 所围成的区域；

(3) $\iint_D x\ln y\,dx\,dy$，D 是由曲线 $0 \leqslant x \leqslant 4$ 和 $1 \leqslant y \leqslant e$ 所围成的区域.

第八章　概率论

第一节　预备知识

一、排列和组合

1. 排列

定义 8.1.1　从 n 个不同元素中，任取 $m(m\leqslant n$，m 与 n 均为自然数，下同)个元素按照一定的顺序排成一列，叫作从 n 个不同元素中取出 m 个元素的一个排列；从 n 个不同元素中取出 $m(m\leqslant n)$ 个元素的所有排列的个数，叫作从 n 个不同元素中取出 m 个元素的排列数，记为 A_n^m.

$$A_n^m=n(n-1)\cdots(n-m+1)=\frac{n!}{(n-m)!}.$$

当 $n=m$ 时，即把 n 个元素都取出来的排列又称为 n 个元素的全排列，此时排列数

$$A_n^n=n(n-1)\cdots3\cdot2\cdot1=n!\ (\text{规定}\ 0!=1).$$

例 8.1.1　求用 1、2、3 三个数字组成没有重复数字的两位数及三位数的个数.

解：　两位数的排列数为 $A_3^2=3\times2=6$，三位数的全排列数为 $A_3^3=3\times2\times1=6$.

2. 组合

定义 8.1.2　从 n 个不同元素中，任取 $m(m\leqslant n)$ 个元素组成一组，叫作从 n 个不同元素中取出 m 个元素的一个组合；从 n 个不同元素中取出 $m(m\leqslant n)$ 个元素的所有组合的个数，叫作从 n 个不同元素中取出 m 个元素的**组合数**，记为 C_n^m.

$$C_n^m=\frac{A_n^m}{m!}=\frac{n!}{m!\ (n-m)!}.$$

性质：(1) $C_n^0=1$，$C_n^n=1$；

(2) $C_n^{n-m}=C_n^m$；

(3) $C_n^m+C_n^{m-1}=C_{n+1}^m$.

例 8.1.2 求从编号为 1、2、3 的三位同学中任取两位同学组成一组做值日的组合数.

解： 组合数 $C_3^2=\frac{A_3^2}{2!}=\frac{3\times 2}{2}=3.$

排列与组合的区别在于组合与所取到的元素顺序无关，而排列却与元素的顺序有关.

3. 加法原理和乘法原理

(1) 加法原理：做一件事，完成它可以有 n 类办法，在第一类办法中有 m_1 种不同的方法，在第二类办法中有 m_2 种不同的方法，…，在第 n 类办法中有 m_n 种不同的方法，那么完成这件事共有 $N=m_1+m_2+m_3+\cdots+m_n=\sum\limits_{i=1}^{n}m_i$ 种不同方法. 每一种方法都能够直接达成目标.

例如，某人到工厂上班可以步行，可以骑自行车，可坐汽车，而坐汽车又有三种方法（打的、坐公交车、坐工厂班车），那么此人去工厂上班的方法共有 $1+1+3=5$ 种方法.

(2) 乘法原理：做一件事，完成它需要分成 n 个步骤，做第一步有 m_1 种不同的方法，做第二步有 m_2 种不同的方法，…，做第 n 步有 m_n 种不同的方法，那么完成这件事共有 $N=m_1\times m_2\times m_3\times\cdots\times m_n=\prod\limits_{i=1}^{n}m_i$ 种不同的方法.

例如，某人从一楼到三楼，已知从一楼到二楼的楼梯有 3 个，二楼到三楼的楼梯有 2 个，那么此人从一楼到三楼就有 $3\times 2=6$ 种不同走法.

二、无穷级数

1. 无穷级数的基本概念

定义 8.1.3 设 u_1，u_2，…，u_k，…为无穷数列，那么称 $u_1+u_2+\cdots+u_k+\cdots$为无穷级数，用$\sum\limits_{k=1}^{n}u_k$ 为级数的前 n 项和.

例如，$1+\frac{1}{2}+\frac{1}{4}+\frac{1}{8}+\cdots$就是一个无穷级数，可用$\sum\limits_{k=1}^{\infty}\frac{1}{2^{k-1}}$表示，它的前 n 项和为

$$\sum_{k=1}^{n}\frac{1}{2^{k-1}}=1+\frac{1}{2}+\frac{1}{4}+\frac{1}{8}+\cdots+\frac{1}{2^{n-1}}=\frac{1-\left(\frac{1}{2}\right)^n}{1-\frac{1}{2}}=2\left[1-\left(\frac{1}{2}\right)^n\right].$$

2. 级数的收敛和发散

定义 8.1.4 设级数$\sum\limits_{k=1}^{\infty}u_k$ 的前 n 项和为 $S_n=\sum\limits_{k=1}^{n}u_k$，当 $n\to\infty$ 时，极限$\lim\limits_{n\to\infty}S_n=S$（常数），就称级数$\sum\limits_{k=1}^{\infty}u_k$ 收敛，并称极限值 S 为级数的和，即$\sum\limits_{k=1}^{\infty}u_k=S$.

例如级数$\sum\limits_{k=1}^{\infty}\frac{1}{2^{k-1}}$的前 n 项和 $S_n=2\left[1-\left(\frac{1}{2}\right)^n\right]$，因为$\lim\limits_{n\to\infty}S_n=2$，所以$\sum\limits_{k=1}^{\infty}\frac{1}{2^{k-1}}$收敛，且$\sum\limits_{k=1}^{\infty}\frac{1}{2^{k-1}}=2.$

习题 8.1

1. 甲校有 4 名学生，乙校有 6 名学生，丙校有 5 名学生，分别获得市数学竞赛一等奖.

（1）从中任选 1 名学生参加全国决赛，有多少种不同的选法？

（2）从 3 个学校获一等奖的学生中各选 1 名学生参加全国决赛，有多少种不同的选法？

2. 某段铁路上有 12 个车站，共需要准备普通客票多少种？

3. 一个集合有 8 个元素，这个集合中包含 3 个元素的子集有多少个？

4. 某信号兵用红、黄、蓝旗从上至下挂在竖直的旗杆上表示信号，一共可以表示的不同信号有多少种？

第二节 随机事件及其概率

一、随机事件的概念

1. 随机试验

对客观现象进行观察的过程称为**随机试验**，它有三个特点：

（1）每次试验的可能结果不止一个，并且能事先明确试验的所有可能结果；

（2）进行一次试验之前无法确定哪一个结果会出现；

（3）可以在同一条件下重复进行试验.

一般用 E 表示随机试验，例如抛一枚硬币，可能徽面向上，也可能数字面向上(以下称徽面为正面，数字为反面)，是随机现象，观察哪个面朝上是一个随机试验，掷一颗骰子，观察出现的点数也是一个随机试验，可以分别用 E_1，E_2 来表示这两个不同的实验.

2. 随机事件

在随机试验中，可能发生也可能不发生，而在大量重复试验中具有某种规律性的事件叫作**随机事件**，简称事件. 随机事件通常用大写英文字母 A、B、C 等表示.

例如掷一枚质地均匀的硬币究竟是正面向上，还是反面向上，事先无法知道，但是经过很多次反复试验可知其向上的可能性是 50%，具有一定的规律性.

人们在生活、生产实践中经常遇到随机现象，所谓随机现象就是概率论的随机事件，这种事件虽然在一次试验中是否发生是随机的，但它的发生存在一定的规律性，这种规律性以统计规律呈现出来，又可以用它发生的可能性大小来表示. 概率论的主要任务就是用数学方法研究随机事件发生的可能性大小.

3. 样本点与样本空间

我们将随机试验 E 的一切可能基本结果(或试验过程如取法或分配法)组成的集合称为样本空间，记为 Ω，样本空间的元素，即 E 的每一个基本事件，称为**样本点**. 用 ω 表示样本点，用 $\{\omega\}$ 表示全体样本点，即 $\Omega=\{\omega\}$.

二、事件间的关系及其运算

设试验 E 的样本空间为 Ω, A、B 为 E 的事件, 并用维恩(Venn)图加以说明, 图中以长方形表示样本空间 Ω, 长方形内的每一点表示样本点, 圆 A 和圆 B 分别表示事件 A 和事件 B.

1. 包含关系

定义 8.2.1 如果事件 A 发生, 则事件 B 一定发生, 就称事件 B 包含事件 A, 记作 $A\subseteq B$ 或 $B\supseteq A$, 如图 8 - 1 所示.

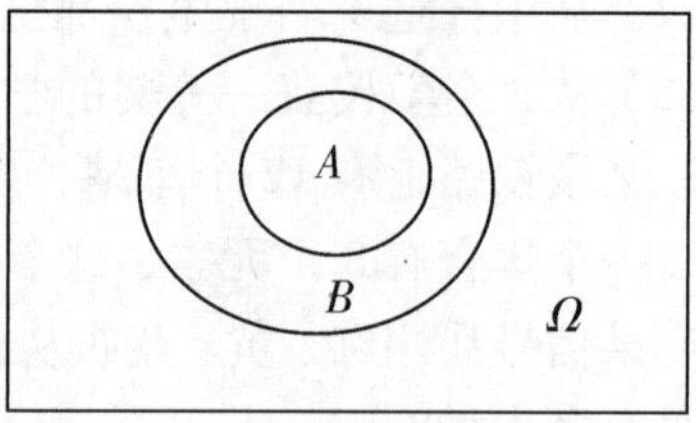

图 8 - 1

2. 事件的相等

定义 8.2.2 如果 $A\subseteq B$ 且 $B\supseteq A$, 则称事件 A 与事件 B 相等, 记作 $A=B$, 也可以说 A 与 B 等价.

3. 事件的和

定义 8.2.3 事件 A 与事件 B 至少有一个发生, 即事件 A 或事件 B 发生, 称这个事件为事件 A 与事件 B 的和或并,记作 $A+B$ 或 $A\cup B$. 事件 $A+B$是指 A 发生或 B 发生. 如图 8 - 2 所示.

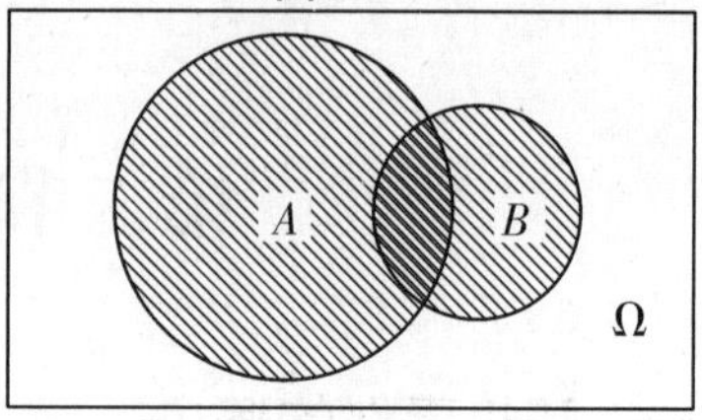

图 8 - 2

4. 事件的积

定义 8.2.4 事件 A 与 B 同时发生, 即事件 A 发生且事件 B 发生, 称这个事件为事件 A 与事件 B 的积或交, 记作 AB 或 $A\cap B$, 如图 8 - 3 所示.

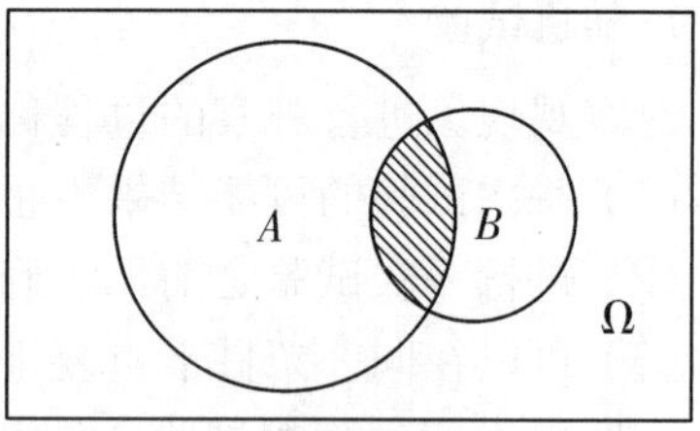

图 8 - 3

5. 事件的差

定义 8.2.5 事件 A 发生且事件 B 不发生的事件称为事件 A 与 B 的差, 记作 $A-B$, 如图 8 - 4 所示.

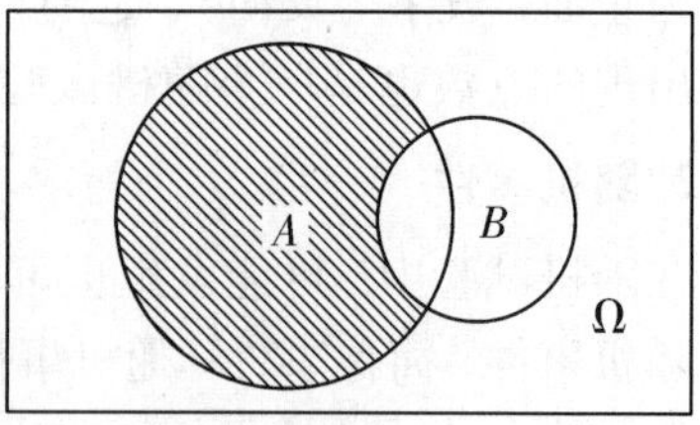

图 8 - 4

6. 互斥事件

定义 8.2.6 若事件 A 与 B 不能同时发生, 即 $AB=\varnothing$, 则称它们是互斥事件或互不相容事件.

A 与 B 互不相容仅表明这两个事件不能在一次试验中同时发生, 但它们可以同时都不发生, 如图 8 - 5 所示.

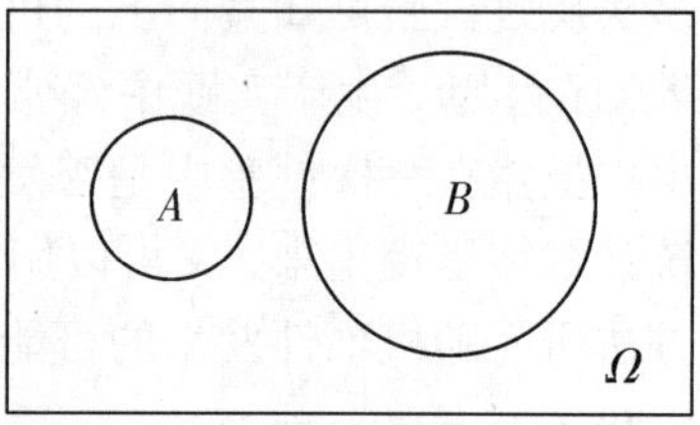

图 8 - 5

7. 对立事件

定义 8.2.7 若事件 A 与事件 B 必有一个发生, 但不能同时发生, 即 $AB=\varnothing$ 且 $A+B=\Omega$, 则称 A 与 B 对立或互逆, 记作 $\overline{A}=B$ 或 $\overline{B}=A$, 如图 8 - 6 所示.

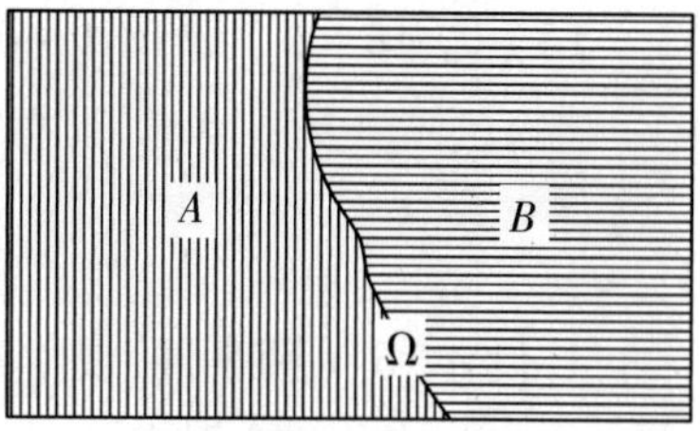

图 8－6

性质：对任何事件，都有 $\overline{A}=\Omega-A$，$\overline{\overline{A}}=A$，$A-B=A\overline{B}$.

8. 完备事件组

定义 8.2.8　设 Ω 为试验 E 的样本空间，A_1，A_2，…，A_n 为 E 的一组事件.

若① $A_iA_j=\varnothing$，$i\neq j$，i，$j=1$，2，…，n；② $A_1+A_2+\cdots+A_n=\Omega$. 则称 A_1，A_2，…，A_n 构成一个完备事件组.

例如：我们现在把一块豆腐看成是试验 E 的样本空间 Ω，现在把这块豆腐横竖各切一刀，那么这块豆腐就变成了 4 块小豆腐，这 4 块小豆腐就是样本空间 Ω 的一个完备事件组. 因为任意两块小豆腐之间互不包含，且 4 块小豆腐组成整一块的豆腐.

9. 事件的运算法则

（1）交换律 $A+B=B+A$，$AB=BA$；

（2）结合律 $A+(B+C)=(A+B)+C$，$A(BC)=(AB)C$；

（3）分配律 $A(B+C)=AB+AC$，$A+BC=(A+B)(A+C)$；

（4）吸收律 $AB+A=A$，$(A+B)A=A$；

（5）德・摩根律 $\overline{A+B}=\overline{A}\,\overline{B}$，$\overline{AB}=\overline{A}+\overline{B}$.

以上的运算律均可推广到 n 个事件的运算中.

三、事件的概率

1. 事件的频率

定义 8.2.9　设事件 A 在 n 次试验中发生了 m 次，则称 $\frac{m}{n}$ 为事件 A 在这 n 次试验中发生的**频率**，记作 $f_n(A)$.

因为 $m\leqslant n$，所以 $0\leqslant f_n(A)\leqslant 1$ 且 $f_n(\varnothing)=0$，$f_n(\Omega)=1$.

如果 A，B 是两个互不相容的事件，在 n 次试验中，A 发生了 m_A 次，B 发生了 m_B 次，那么 A 和 B 共发生了 (m_A+m_B) 次，即

$$f_n(A+B)=\frac{m_A+m_B}{n}=\frac{m_A}{n}+\frac{m_B}{n}=f_n(A)+f_n(B).$$

2. 事件的概率

定义 8.2.10　在一定条件下，重复进行 n 次试验，当 n 很大时，事件 A 发生的频率 $f_n(A)$ 在某个常数 p 附近摆动，而且随着试验次数 n 的继续增加而逐渐稳定于 p，则称常数 p 为事件 A 的**概率**，记作 $P(A)$.

例如，将一枚硬币抛几千次后，就发现"正面向上"的频率就在 0.5 附近摆动，而且随着抛币次数继续增加，频率越趋于 0.5，即抛一枚硬币，"正面向上"的概率为 0.5.

基本性质：

（1）$0\leqslant P(A)\leqslant 1$；

（2）$P(\varnothing)=0$；

(3) 若 $AB=\varnothing$, 则 $P(A+B)=P(A)+P(B)$.

习题 8.2

1. 设 A, B 为两事件, 则(　　)一定正确.

A. $\overline{A}B$ 与 A 对立　　B. $\overline{A}B$ 与 A 互不相容

C. $\overline{AB}$ 与 AB 对立　　D. $A+B$ 与 $\overline{A}+\overline{B}$ 对立

2. 设 A, B 为两事件, 则 $(A+B)(\overline{A}+\overline{B})$ 表示(　　).

A. 必然事件　　B. 不可能事件

C. A 与 B 恰有一个发生　　D. A 与 B 不同时发生

3. 试验 E 为同时掷两颗骰子, 观察出现的点数之和.

(1) 写出 E 的样本空间;

(2) 若设 A="点数和为奇数", B="点数和为偶数", C="点数和不超过 8", 说明 $\overline{A}$, $\overline{C}$, $A+B$, AB, $B+C$, BC, $A-C$, $C-B$ 各表示什么事件.

4. 设 A, B, C 为三个事件, 用 A, B, C 表示下列事件.

(1) A, B, C 中恰有一个发生;

(2) A, B, C 中至少有一个发生;

(3) A 发生而 B 与 C 都不发生;

(4) A, B, C 中最多有一个发生;

(5) A, B, C 不能同时发生;

(6) A, B, C 都不发生.

第三节　古典概型

一、古典概型

定义 8.3.1　如果每次试验只有有限个基本事件, 而且在每次试验中各基本事件出现的可能性完全相同, 就称这类试验为**古典试验概型**, 简称古典概型.

古典概型有三个主要特征: 互不相容性、完备性、等可能性.

例如, 抛一枚硬币的事件和掷一枚骰子的事件都属于古典概型.

二、古典概型中对概率的定义

定义 8.3.2　若在某个随机现象试验中, 共有 n 个等可能的样本点, 而随机事件 A 是由其中的 $m(0\leqslant m\leqslant n)$ 个样本点组成的, 则规定 $\frac{m}{n}$ 为 A 的概率, 记作 $P(A)$,

$$P(A)=\frac{m}{n}=\frac{A\text{ 包含的样本点数}}{\text{样本空间所有的样本点数}}.$$

三、古典概型概率的计算

例 8.3.1　从 0，1，2，…，9 这 10 个数字中，任取一个，求下列各事件的概率.

（1）取到的数是 5；（2）取到的是奇数；（3）取到的是偶数；（4）取到的数能被 3 整除.

解：　设 A、B、C、D 分别表示（1）、（2）、（3）、（4）各事件，则样本空间为

$\Omega=\{0, 1, 2, \cdots, 9\}$；

$A=\{5\}$；

$B=\{1, 3, 5, 7, 9\}$；

$C=\{0, 2, 4, 6, 8\}$；

$D=\{0, 3, 6, 9\}$.

由于 Ω 包含有限个元素，且每个基本事件发生的可能性相等，故有：$P(A)=\frac{1}{10}$；$P(B)=\frac{5}{10}=\frac{1}{2}$；$P(C)=\frac{5}{10}=\frac{1}{2}$；$P(D)=\frac{4}{10}=\frac{2}{5}$.

例 8.3.2　袋内有 5 个白球，3 个黑球，从中任取两球，求取出的两球都是白球及两球为一白一黑的概率.

解：　设 A =“两球都是白球”，B =“两球为一白一黑”.

因为从袋中 8 个球中任意取出两球的方法共有 $C_8^2=28$ 种，即试验的结果（基本事件）共有 $n=28$ 个，有利于事件 A 发生的结果 $C_5^2=10$ 个，有利于 B 发生的结果有 $C_5^1\cdot C_3^1=15$ 个，

所以 $P(A)=\frac{10}{28}=0.357$，$P(B)=\frac{15}{28}=0.536$.

例 8.3.3　从 0、1、2、3、4 这五个数字中一次任取两个数，求可以组成两位数的概率.

解：　从 5 个数字中，任取 2 个数的排列数为 $P_5^2=20$，

即试验的结果，共有 20 个，设 $A=\{$两位数$\}$，

所以 $P(A)=\frac{P_4^1\cdot P_4^1}{P_5^2}=\frac{16}{20}=\frac{4}{5}$.

习题 8.3

1. 100 个外形一样的 40W 灯泡，其中正品 93 个，次品 7 个，求下列事件的概率.

（1）从中任意取出 1 个，这个灯泡是正品的概率是多少？是次品的概率是多少？

（2）从中任意取出 2 个，抽中两个灯泡都是正品的概率是多少？抽中两个灯泡都是次品的概率是多少？

（3）从中任意取出 3 个，三个灯泡都是正品的概率是多少？

（4）从中任意取出 3 个，恰有 1 个正品，2 个次品的概率是多少？

2. 一枚硬币抛两次，求恰有一次正面朝上及至少有一次正面朝上的概率.

3. 同时掷两个骰子，求点数和等于 7 及点数和不小于 10 的概率.

第四节　概率的加法公式与乘法公式

一、概率的加法公式

定理 8.4.1　若事件 A, B 互不相容，则 $P(A+B)=P(A)+P(B)$.

推论 1　若 $A_1, A_2, \cdots, A_n$ 是两两互不相容的事件，则 $P(A_1+A_2+\cdots+A_n)=P(A_1)+P(A_2)+\cdots+P(A_n)$.

推论 2　设 A 为一个事件，则 $P(A)=1-P(\bar{A})$.

推论 3　设 A, B 为任意两个事件，则 $P(A+B)=P(A)+P(B)-P(AB)$.

证明：对于任意事件 A, B，总有

$A+B=A+\bar{A}B$, $B=AB+\bar{A}B$（参看图 8-7）.

又因为 A 与 $\bar{A}B$ 互不相容，AB 与 $\bar{A}B$ 互不相容，

$P(A+B)=P(A)+P(\bar{A}B)$,

所以 $P(B)=P(AB)+P(\bar{A}B)$,

因为 $P(\bar{A}B)=P(B)-P(AB)$,

所以 $P(A+B)=P(A)+P(B)-P(AB)$.

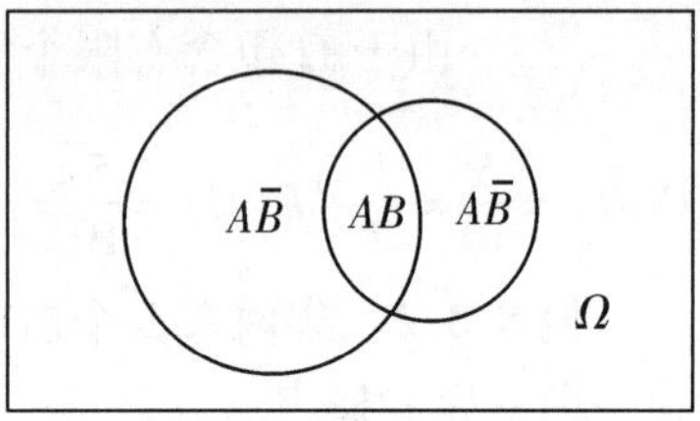

图 8-7

例 8.4.1　一批产品共 50 件，其中有 5 件是次品，从这批产品中任取 3 件，求其中有次品的概率.

解法一　设 $A=\{$取到的 3 件产品中有次品$\}$；$A_i=\{$取到的 3 件产品中恰有 i 件次品$\}$ $(i=1, 2, 3)$，则 A_1、A_2、A_3 两两互不相容，并且 $A=A_1+A_2+A_3$，由定理 8.4.1 推论 1 可知

$$P(A)=P(A_1)+P(A_2)+P(A_3)=\frac{C_{45}^2C_5^1}{C_{50}^3}+\frac{C_{45}^1C_5^2}{C_{50}^3}+\frac{C_{45}^0C_5^3}{C_{50}^3}=0.276.$$

解法二　设 $A=\{$取到的 3 件产品中有次品$\}$；$\bar{A}=\{$取到的 3 件产品中无次品$\}$，则根据定理 8.4.1 的推论 2 得 $P(A)=1-P(\bar{A})=1-\dfrac{C_{45}^3}{C_{50}^3}=0.276$.

例 8.4.2　设 A, B 为两随机事件，已知 $P(A)=0.7$, $P(A\bar{B})=0.3$，求 $P(\overline{AB})$.

解：因为 $A=A\bar{B}+AB$，且 $A\bar{B}$ 与 AB 互不相容，

所以 $P(A)=P(A\bar{B})+P(AB)$,

$P(AB)=P(A)-P(A\bar{B})=0.7-0.3=0.4$,

$P(\overline{AB})=1-P(AB)=0.6$.

二、条件概率与乘法公式

1. 条件概率

定义 8.4.1　在事件 B 已经发生的条件下，事件 A 发生的概率称为 A 对 B 的**条件概率**，记作 $P(A|B)$.

例 8.4.3　100 个产品中有 60 个一等品，30 个二等品，10 个废品，若规定一、二等品均为合格品，从这 100 个产品中任取一个，试比较“取得的是一等品”的概率与“已知取得的是合格品，它是一等品”的概率.

解：设 A =“任取一个产品是一等品”，B =“任取一个产品是合格品”，则

$$P(A)=\frac{C_{60}^{1}}{C_{100}^{1}}=0.6,\ P(A|B)=\frac{C_{60}^{1}}{C_{90}^{1}}=0.667.$$

若以古典概型为例，则

$$P(A)=\frac{A\text{ 包含的样本点数}}{\text{样本空间中的样本点数}},\ P(A|B)=\frac{AB\text{ 包含的样本点数}}{\text{B 包含的样本点数}}.$$

例 8.4.4　一个盒子有 3 只坏晶体管和 7 只好晶体管，在其中取两次，每次任意地取一只，取后不放回，发现第一只是好的，问另一只也是好的概率是多少？

解：设 A =“第一只是好的”，B =“第二只是好的”，根据题意求 $P(B|A)$，我们给出三种解法：

解法一　把盒子中的 10 只晶体管看成是可区别的（设想将它们编上号码），抽取两次的所有试验结果为 $10\times9=90$ 个，而在 A 发生的条件下，即在第一只是好的限制下，原来的基本事件总数缩减为 $7\times9=63$ 个，其中属于 B 的基本事件数为 $7\times6=42$ 个，所以 $P(B|A)=\frac{42}{63}=\frac{2}{3}$.

解法二　在 A 已发生的条件下（即取出的第一只是好的），盒子中剩下 9 只晶体管. 其中 6 只是好的，因此第二次再取出好的晶体管的概率为 $\frac{6}{9}$，即

$$P(B|A)=\frac{6}{9}=\frac{2}{3}.$$

解法三　由题意，易知 $P(A)=\frac{7}{10}$，$P(AB)=\frac{42}{90}$，

$$\text{所以 } P(B|A)=\frac{P(AB)}{P(A)}=\frac{\frac{42}{90}}{\frac{7}{10}}=\frac{2}{3}.$$

比较上述三种不同的解法，以第二种方法为好. 实际上，对于古典概型、几何概型中条件概率的计算，常可根据问题的条件去考虑，不必拘泥于条件概率的定义.

条件概率仍然是事件的概率，它也具有如下性质：

(1) $0\leqslant P(A|B)\leqslant1$；

(2) 若 A_1、A_2 互不相容，仍有 $P((A_1+A_2)|B)=P(A_1|B)+P(A_2|B)$；

(3) $P(A|B)=1-P(\overline{A}|B)$.

2. 乘法公式

定理 8.4.2 对于事件 A，B，若 $P(A)>0$，$P(B)>0$，则有 $P(AB)=P(A)P(B|A)$ 或 $P(AB)=P(B)P(A|B)$.

推广：对于 n 个事件 A_1，A_2，…，A_n，则有

$$P(A_1, A_2, \cdots, A_n)=P(A_1)P(A_2|A_1)P(A_3|A_1A_2)\cdots P(A_n|A_1A_2\cdots A_{n-1}).$$

例 8.4.5 100 件产品有 95 件合格品与 5 件次品，不放回抽样两次，每次从中抽取 1 件产品，求抽得的 2 件产品都是合格品的概率.

解：设 A =“第一次抽得 1 件合格品”，B =“第两次抽得 1 件合格品”，

那么 AB =“两次抽得的 2 件产品都是合格品”，

由古典概率定义与条件概率的定义易知

$$P(A)=\frac{95}{100},\ P(B|A)=\frac{94}{99},$$

由概率的乘法公式可得

$$P(AB)=P(A)P(B|A)=\frac{95}{100}\times\frac{94}{99}\approx 0.902.$$

三、事件的独立性的定义

1. 事件的独立性

定义 8.4.2 设 A、B 是两个事件，若满足：$P(AB)=P(A)P(B)$，则称事件 A，B 为相互独立的事件.

若 $n(n\geqslant 2)$ 个事件 A_1，A_2，…，A_n 中的任何一个事件是否发生都不受到其他 $m(m=1, 2, \cdots, n-1)$ 个事件是否发生的影响，则称事件 A_1，A_2，…，A_n 是相互独立的.

事件 A 与 B 是否相互独立，一般根据实际意义来判定.

2. 事件独立性的性质

(1) 如果事件 A 与事件 B 相互独立，而且 $P(A)>0$，则

$$P(B|A)=P(B).$$

(2) 若 A_1，A_2，…，A_n 相互独立，则

$$P(A_1A_2\cdots A_n)=P(A_1)P(A_2)P(A_3)\cdots P(A_n).$$

(3) 如果 A，B 相互独立，则 $\overline{A}$ 与 B，A 与 $\overline{B}$，$\overline{A}$ 与 $\overline{B}$ 也相互独立.

证明：(1)、(2) 直接由定义可知，现在来证明(3).

由于 $\overline{A}B=B-AB$ 且 $B\supseteq AB$，所以有

$P(\overline{A}B)=P(B-AB)=P(B)-P(AB)=P(B)-P(A)P(B)=P(B)[1-P(A)]=$

$P(\overline{A})P(B)$,

因此 A 与 B 相互独立.

类似地，可以证明 A 与 $\overline{B}$，$\overline{A}$ 与 $\overline{B}$ 也相互独立.

例 8.4.6　加工某零件共需三道工序. 设各道工序次品率分别为 0.01，0.02，0.03. 若各道工序互不影响，加工出来的零件为次品的概率是多少?

解： 设 A、B、C 依次表示三道工序生产出来的为合格品的事件，则有

$P(A)=1-0.01=0.99$，$P(B)=1-0.02=0.98$，$P(C)=1-0.03=0.97$.

经过三道工序加工出来的零件是合格品的事件为 ABC，由于各道工序互不影响，故事件 A、B、C 相互独立，所以加工出来的零件是合格品的概率为：

$$P(ABC)=P(A)P(B)P(C)=0.99\times0.98\times0.97\approx0.9411,$$

从而加工出来的零件是次品的概率为

$$1-P(ABC)=1-0.9411=0.0589.$$

例 8.4.7　已知一批玉米种子的出苗率为 0.9，现每穴种两粒，问：两粒都出苗、一粒出苗一粒不出苗、两粒都不出苗的概率分别等于多少?

解： 设两粒种子为甲和乙，$A=$"甲出苗"，$B=$"乙出苗"，则 $AB=$"甲、乙都出苗"；$\overline{AB}=$"甲、乙都不出苗"；$A\overline{B}+\overline{A}B=$"一粒出苗一粒不出苗". 由于 A 与 B、$\overline{B}$，$\overline{A}$ 与 B、$\overline{B}$ 相互独立，$\overline{AB}$ 与 $\overline{A}B$ 互不相容，于是 $P(A)=P(B)=0.9$，$P(\overline{A})=P(\overline{B})=0.1$.

所以，根据加法定理与乘法定理有

$$P(AB)=P(A)P(B)=0.9\times0.9=0.81,$$

$$\begin{aligned}P(A\overline{B}+\overline{A}B)&=P(A\overline{B})+P(\overline{A}B)=P(A)P(\overline{B})+P(\overline{A})P(B)\\&=0.9\times0.1+0.1\times0.9=0.18,\end{aligned}$$

$$P(\overline{A}\,\overline{B})=P(\overline{A})P(\overline{B})=0.1\times0.1=0.01.$$

四、贝努利试验

随机现象的规律性只有在相同的条件下进行大量重复试验或观察才能归纳出来，这些试验还应是相互独立的. 前面讨论了事件的独立性，接下来，我们考察试验的独立性.

掷 n 次硬币，某射手对同一目标射击 n 次，观察 n 个元件的使用寿命等等，都可看成 n 次独立试验，也称为独立试验序列. 下面考察一种重要的独立试验序列.

定义 8.4.3　如果重复地做 n 次独立的试验，每次试验只有两个可能的结果，而且每个结果发生的概率不变，则称这样的试验为 n **重贝努利试验**，简称为贝努利概型.

定理 8.4.3　设在每次试验中，事件 A 发生的概率为 $p(0<p<1)$，则在 n 重贝努利试验中，事件 A 恰好发生 k 次的概率为

$$P_n(k)=C_n^kp^kq^{n-k}(k=0,1,2,\cdots,n) \tag{8-1}$$

其中 $P(\overline{A})=q=1-p$.

例 8.4.8　某人打靶，每次命中率均为 0.7，独立地射击 5 次，求恰好命中 2 次的概率.

解： 每次射击可看成一次试验，每次试验中，只有两个结果："命中"或"没有命中". 独立地射击5次，可看成五重贝努利试验. 设事件 $A=\{$命中目标$\}$，由题设知

$$P(A)=0.7,\ P(\overline{A})=1-P(A)=1-0.7=0.3,$$

则根据(8-1)式，得 $P_5(2)=C_5^2\ (0.7)^2\ (0.3)^3=0.13323.$

例 8.4.9 将一颗骰子掷三次，求点数6恰好出现一次的概率.

解： 设 $A=$"点数6恰好出现一次"，因为每掷一次骰子就是一次试验，则三次试验是独立的，而且事件"点数6出现"在每次试验中或者发生或者不发生，发生的概率均为$\frac{1}{6}$，不发生的概率均为$\frac{5}{6}$，此问题为三重贝努利试验，由(8-1)式得

$$P(A)=P_3(1)=C_3^1\left(\frac{1}{6}\right)\left(\frac{5}{6}\right)^2=0.347.$$

习题 8.4

1. 填空题.

(1)设 A、B、C 是三个事件，试用 A、B、C 的运算关系表述下述事件.

① $\{A$、B 至少一个出现，C 不出现$\}=$________.

② $\{A$、B、C 都不出现$\}=$________.

③ $\{A$ 出现，B、C 至少一个不出现$\}=$________.

(2)若 $A+B=U$，$AB=\varnothing$，则 A 是 B 的________，$P(A)=$________.

(3)若 $P(A|B)=P(A)$，则 $P(B|\overline{A})=$________.

(4)设两事件 A、B，已知 $P(A)=\frac{1}{2}$，$P(B)=\frac{1}{3}$，$P(B|A)=\frac{1}{2}$，则 $P(A+B)=$____.

2. 选择题.

(1)抽查10件产品，设 $A=\{$至少2件次品$\}$，则 $\overline{A}=$(　　).

A. {至少2件次品}　　B. {至多1件次品}

C. {至多2件正品}　　D. {至少2件正品}

(2)掷两颗均匀的骰子，出现"点数和为3"的概率是(　　).

A. $\frac{1}{6}$　　B. $\frac{1}{6}\times\frac{1}{6}$　　C. $\frac{1}{6}+\frac{1}{6}$　　D. $\frac{1}{36}+\frac{1}{36}$

(3)据统计，某地区一年中下雨(记为事件 A)的概率是$\frac{4}{15}$，刮风(三级以上的风记为 B)的概率是$\frac{2}{15}$，既刮风又下雨的概率是$\frac{1}{10}$，则下列各式正确的是(　　).

A. $P(AB)=\frac{2}{15}$　　B. $P(A|B)=\frac{1}{2}$

C. $P(B|A)=\frac{1}{4}$　　D. $P(A+B)=\frac{3}{10}$

3. 解答题.

(1)设A、B为两个事件，$P(A)=0.6$，$P(B|\bar{A})=0.4$，求$P(A+B)$.

(2)设A、B、C为三个事件，已知$P(A)=P(B)=P(C)=\frac{1}{4}$，且$A$与$B$互不相容，$B$与$C$互不相容，$P(AC)=\frac{1}{6}$，求$A$、$B$、$C$都不发生的概率.

(3)设A、B为两个事件，$P(A-B)=0.2$，$P(A)=0.8$，求$P(B|A)$.

(4)生产某种产品要经过三道工序，如果各道工序出次品的概率分别为0.1，0.06，0.03，且各道工序相互独立，求该种产品的次品率.

(5)一批商品的次品率为0.1，进行有放回抽样检查，每次抽一件，独立地重复10次，求10次中恰有7次抽到次品的概率.

第五节　全概公式与逆概公式

一、全概公式

定理8.5.1(全概公式)　如果事件$A_1, A_2, \cdots, A_n$构成一个完备事件组，并且$P(A_i)>0$ $(i=1, 2, \cdots, n)$，则对于任一事件B，有

$$P(B)=\sum_{i=1}^{n}P(A_i)P(B|A_i) \tag{8-2}$$

证明：　因为$A_1, A_2, \cdots, A_n$两两互不相容，且$A_1+A_2+\cdots+A_n=\Omega$，

所以$B=B\Omega=B(A_1+A_2+\cdots+A_n)=A_1B+A_2B+\cdots+A_nB$.

又因为$A_1B, A_2B, \cdots, A_nB$两两互不相容，

所以$P(B)=P(A_1B)+P(A_2B)+\cdots+P(A_nB)$

$=P(A_1)P(B|A_1)+P(A_2)P(B|A_2)+\cdots+P(A_n)P(B|A_n)$，

即$P(B)=\sum_{i=1}^{n}P(A_i)P(B|A_i)$.

例8.5.1　设某工厂有三个车间，生产同一种产品，每个车间的产量分别占全厂总产量的0.25，0.35，0.40，各车间的次品率分别是车间产量的0.05，0.04，0.02. 求从总产品中任取一件进行检验是次品的概率.

解：　设A_1、A_2、A_3分别表示取到的产品是甲、乙、丙车间的产品，

$B=\{$取到的产品是次品$\}$，显然，A_1、A_2、A_3构成一个完备事件组，由题意知

$$P(A_1)=0.25, P(A_2)=0.35, P(A_3)=0.40,$$

$$P(B|A_1)=0.05, P(B|A_2)=0.04, P(B|A_3)=0.02.$$

应用全概公式(8-2)，得$P(B)=\sum_{i=1}^{n}P(A_i)P(B|A_i)$

$=0.25\times0.05+0.35\times0.04+0.40\times0.02=0.0345$.

二、逆概公式(贝叶斯公式)

下面要介绍的逆概公式是全概公式的逆问题：若已知“结果”B已经发生了，要求某一

种“原因”A 发生的概率.

定理 8.5.2 设 $A_1, A_2, \cdots, A_n$ 构成一个完备事件组，则对于任一事件 B，$P(B)>0$，有

$$P(A_j|B)=\frac{P(A_j)P(B|A_j)}{\sum_{i=1}^{n}P(A_i)P(B|A_i)} \quad (j=1,2,\cdots,n) \tag{8-3}$$

证明：由条件概率的定义及乘法公式可知

$$P(BA_j)=P(B)P(A_j|B)=P(A_j)P(B|A_j),$$

由此可得 $P(A_j|B)=\dfrac{P(A_j)P(B|A_j)}{P(B)}$，

再将全概公式(8-2)代入上式即得

$$P(A_j|B)=\frac{P(A_j)P(B|A_j)}{\sum_{i=1}^{n}P(A_i)P(B|A_i)} \quad (j=1,2,\cdots,n).$$

此公式被称为**逆概公式**(或**贝叶斯公式**).

例 8.5.2 设 8 支枪中有 3 支没有经过试射校正，5 支经过试射校正. 一射手用校正过的枪射击时，中靶的概率为 0.8，用未校正的枪射击时，中靶的概率为 0.3，今从 8 支枪中任取一支进行射击，结果中靶. 求所用的这支枪是经过校正过的概率.

解： 设 $A_1=\{$枪经过试射校正$\}$，$A_2=\{$枪没有经过试射校正$\}$，$B=\{$中靶$\}$. A_1、A_2 构成完备事件组. 由题意知

$$P(A_1)=\frac{5}{8},\ P(A_2)=\frac{3}{8},\ P(B|A_1)=0.8,\ P(B|A_2)=0.3.$$

由全概公式(8-2)可得

$$P(B)=\sum_{i=1}^{2}P(A_i)P(B|A_i)=\frac{5}{8}\times 0.8+\frac{3}{8}\times 0.3=0.6125.$$

由逆概公式(8-3)得

$$P(A_1|B)=\frac{P(A_1)P(B|A_1)}{P(B)}=\frac{\frac{5}{8}\times 0.8}{\frac{5}{8}\times 0.8+\frac{3}{8}\times 0.3}=\frac{0.5}{0.6125}\approx 0.82.$$

若事件 $A_1, A_2, \cdots, A_n$ 是导致事件 B 发生的“原因”，今事件 B 已经发生，在对导致 B 发生的原因进行考察时，求事件 $P(A_j|B)(j=1,2,\cdots,n)$ 的概率可通过逆概公式求得. 换句话说，逆概公式常用于这样的实际问题：设只可能出现 $A_1, A_2, \cdots, A_n$ 种不同的情况，而事件 B 只能伴随这些情况之一发生；在 B 已发生的条件下，求事件 A 发生的概率.

习题 8.5

1. 某车间工人分早、中、夜三班轮班生产同一种产品. 某星期各班产量分别占总产量的 36%，34%，30%，各班的次品率分别为 0.01，0.02，0.03. 现从该星期生产的产品中任取一件进行检查，该产品正好是次品的概率为多大？如果取到的产品正好是次品，它是由夜班工人生产的概率为多大？

2. 甲、乙、丙三门高射炮同时向一架敌机各发射一发炮弹. 已知它们击中敌机的概率分别为 0.4，0.5，0.7，又知敌机若只中一发炮弹被击落的概率为 0.2，中两发炮弹被击落的概率为 0.6，中三发炮弹肯定被击落，求敌机被击落的概率.

3. 某商场出售某产品，进货 10 件，其中有 3 件次品，已经售出 2 件，现在要从剩下的 8 件产品任取一件，求这件产品是正品的概率.

4. 一道考题列出四个答案，要求学生把其中的一个正确答案选择出来，假设他知道正确答案的概率是$\frac{1}{2}$，而乱猜的概率也是$\frac{1}{2}$，设他乱猜答案猜对的概率为$\frac{1}{4}$. 如果已知他答对了，问他确实知道哪个是正确答案的概率为多少？

第六节　随机变量

在前面的章节里我们学习了随机事件及其概率，其中随机事件都是用定性的语言描述的，与数学最基本的研究对象——数及变量尚未建立直接联系. 为了进一步深入研究随机现象，我们将引入随机变量的概念. 由于随机变量概念的引入，我们可利用微积分知识，更全面更深刻地揭示随机现象的内在规律. 本节进一步介绍随机变量及其分布，较全面地讨论随机现象的概率规律.

一、随机变量的概念

定义 8.6.1　设 $\Omega=\{\omega\}$ 为试验 E 的样本空间，如果对于每一个样本点，$\omega\in\Omega$，都唯一地对应一个实数 $X(\omega)$，并且对于任意实数 x，事件 $\{X\leqslant x\}$ 都有确定的概率，就称定义在 Ω 上的实单值函数 $X(\omega)$ 为一随机变量，一般用 X，Y，Z，…或 ξ，η，ζ…表示.

例 8.6.1　抛掷一枚硬币，试验的结果为“出现正面”和“出现反面”，引入变量 ξ，

$$\xi=\begin{cases}0, & \text{出现正面}\\ 1, & \text{出现反面}\end{cases}$$

则 ξ 为随机变量，$(\xi=0)$，$(\xi=1)$ 是随机事件.

例如 24 小时内，电话总机接到的呼叫次数 e 是一个随机变量，它可取一切非负整数 0，1，2，…. 同时，随机变量 e 取不同的值就表示不同的随机事件，例如 $(\xi=0)$，$(\xi=10)$，$(5\leqslant\xi\leqslant 20)$ 等表示不同的随机事件.

例 8.6.2 从一副扑克牌(52 张)中任取一张，观察其花色.

解： 这个实验的样本空间 $\Omega=\{\omega\}$ 中有 4 个样本点，它们取得的牌为“红桃”、“方块”、“黑桃”、“梅花”，如果定义这样一个函数：

$$Z(\omega)=\begin{cases}1, & \omega=\text{“红桃”}\\ 2, & \omega=\text{“方块”}\\ 3, & \omega=\text{“黑桃”}\\ 4, & \omega=\text{“梅花”}\end{cases},$$

则 Z 就是一个随机变量，它的定义域为 Ω，自变量可分别取 Ω 中的 4 个样本点，则对应的函数值就是 Z 的可能取值 1, 2, 3, 4 这 4 个实数，Z 表示的是“抽得的一张扑克牌的花色”.

二、离散型随机变量及其概率函数

1. 离散型随机变量

定义 8.6.2 如果随机变量 X 的所有可能取值为有限个或无限可列个，就称 X 为**离散型随机变量**，不是这类的随机变量称为非离散型随机变量.

如上面例题中的 ξ 与 Z 均为离散型随机变量，因为 ξ,Z 的所有可能取值均为有限个.

一般地，离散型随机变量 ξ 只可能取有限个或可列个值，设 ξ 可能的取值为 x_1, x_2, …, x_n 或 x_1, x_2, …, x_n, …. 如果把这些数值用数轴上的点表示，那么相邻两点间必有一定的距离.

2. 概率函数

定义 8.6.3 设离散型随机变量 X 的所有可能取值为 x_1, x_2, …, x_k, …, 如果

$$P\{X=x_k\}=p_k(k=1,2,\cdots) \tag{8-3}$$

其中 $p_k\geqslant 0$，且 $\sum\limits_{k=1}^{\infty}p_k=1$，则称(8-3)式为 X 的**概率函数**.

随机变量的概率函数表明了某个离散型随机变量的概率分布情况，有时也用列表形式给出，如表 8-1 所示.

表 8-1

X	x_1	x_2	…	x_k	…
P	p_1	p_2	…	p_k	…

例 8.6.3 已知离散型随机变量的分布如表 8-2 所示. 求：(1) $P(-1<\xi\leqslant 6)$；(2) $P(\xi=1)$.

表 8-2

ξ	-4	0	3	6	7
P	$\frac{1}{8}$	$\frac{1}{8}$	$\frac{1}{6}$	$\frac{1}{4}$	$\frac{1}{3}$

解：（1）因为 $-1<\xi\leqslant 6$，离散型随机变量 ξ 的可能取值只有三个，即 $\xi=0$，$\xi=3$，$\xi=6$.

所以 $P(-1<\xi\leqslant 6)=P(\xi=0)+P(\xi=3)+P(\xi=6)=\frac{1}{8}+\frac{1}{6}+\frac{1}{4}=\frac{13}{24}$.

（2）因为 ξ 的可能取值没有 $\xi=1$，说明 $(\xi=1)$ 是不可能事件，所以 $P(\xi=1)=0$.

例 8.6.4　将一枚硬币连抛 3 次，如果 X 表示"正面朝上的次数"，求 X 的概率分布.

解：　因为一枚硬币连抛三次，正面朝上的次数是三重贝努利试验，所以

$$P(X=k)=C_3^k\left(\frac{1}{2}\right)^k\left(\frac{1}{2}\right)^{3-k}\ (k=0,\ 1,\ 2,\ 3).$$

用分布律表示如表 8－3 所示.

表 8－3

X	0	1	2	3
P	$\frac{1}{8}$	$\frac{3}{8}$	$\frac{3}{8}$	$\frac{1}{8}$

定义 8.6.4　如果离散型随机变量 X 的概念函数是 $P(X=k)=C_n^kP^k(1-p)^{n-k}(O<P<1;k=0,1,2,\cdots,n)$，则称 X 服从参数为 n、p 的**二项分布**，记作 $x\sim B(n,p)$，服从二项分布的随机变量常见于贝努利试验中。

三、连续型随机变量及其概率密度

定义 8.6.5　对于随机变量 X，如果存在一个定义在 $(-\infty,\ +\infty)$ 内的非负可积函数 $f(x)$，使得对于任意实数 a，$b(a<b)$，都有 $P(a<X\leqslant b)=\int_a^b f(x)\mathrm{d}x$ 且 $\int_{-\infty}^{+\infty}f(x)\mathrm{d}x=1$，则称 X 为**连续型随机变量**，函数 $f(x)$ 称为 X 的**概率密度函数**，简称**概率密度**.

从几何意义上看，X 的取值落在 $(a,\ b)$ 内的概率等于区间 $[a,\ b]$ 上曲线 $y=f(x)$ 下的曲边梯形的面积，如图 8－8 阴影部分所示.

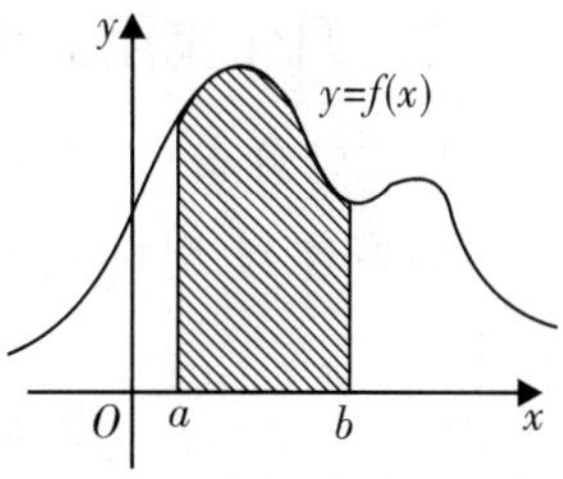

图 8－8

由定义可知：对于连续型随机变量 X，有 $P(X=a)=0$ 及 $P(a<X\leqslant b)=P(a\leqslant X<b)=P(a\leqslant X\leqslant b)=P(a<X<b)=\int_a^b f(x)\mathrm{d}x$，且有如下性质：

（1）$f(x)\geqslant 0\ (-\infty<x<+\infty)$；

（2）$\int_{-\infty}^{+\infty}f(x)\mathrm{d}x=P(-\infty<x<+\infty)=P(\Omega)=1$.

例 8.6.5 设随机变量 X 的概率密度为 $f(x)=\begin{cases}\lambda, & 0<x<5(\lambda>0)\\ 0, & 其他\end{cases}$,求 λ 值及 $P(X=1)$，$P(X<1)$，$P(0<X\leqslant 2)$，$P(1\leqslant X\leqslant 3)$.

解： 因为 $\int_{-\infty}^{+\infty} f(x)\,\mathrm{d}x = \int_{-\infty}^{0} f(x)\,\mathrm{d}x + \int_{0}^{5} f(x)\,\mathrm{d}x + \int_{5}^{+\infty} f(x)\,\mathrm{d}x$

$$= \int_{-\infty}^{0} 0\mathrm{d}x + \int_{0}^{5} \lambda\,\mathrm{d}x + \int_{5}^{+\infty} 0\mathrm{d}x = 5\lambda = 1.$$

所以 $\lambda=\frac{1}{5}$，即 $f(x)=\begin{cases}\frac{1}{5}, & 0<x<5\\ 0, & 其他\end{cases}$，

所以 $P(X=1)=0$，

$$P(X<1)=\int_{-\infty}^{1} f(x)\,\mathrm{d}x = \int_{-\infty}^{0} 0\mathrm{d}x + \int_{0}^{1}\frac{1}{5}\mathrm{d}x = \frac{1}{5},$$

$$P(0<X\leqslant 2)=\int_{0}^{2} f(x)\,\mathrm{d}x = \int_{0}^{2}\frac{1}{5}\mathrm{d}x = \frac{2}{5},$$

$$P(1\leqslant X\leqslant 3)=\int_{1}^{3} f(x)\,\mathrm{d}x = \int_{1}^{3}\frac{1}{5}\mathrm{d}x = \frac{2}{5}.$$

例 8.6.6 设连续型随机变量 X 的概率密度函数为 $f(x)=\frac{A}{1+x^2}$，试确定常数 A，求 $P(-1\leqslant X\leqslant 1)$.

解： 由 $\int_{-\infty}^{+\infty} f(x)\,\mathrm{d}x = 1$ 可得

$$1=\int_{-\infty}^{+\infty} f(x)\,\mathrm{d}x = \int_{-\infty}^{+\infty}\frac{A}{1+x^2}\mathrm{d}x = A\cdot\arctan x\Big|_{-\infty}^{+\infty} = A\pi,$$

所以 $A=\frac{1}{\pi}$，$P(-1\leqslant X\leqslant 1)=\int_{-1}^{1}\frac{1}{\pi(1+x^2)}\mathrm{d}x = \frac{1}{\pi}\arctan x\Big|_{-1}^{1} = \frac{1}{2}$.

四、几个常用的连续型随机变量

1. 均匀分布

如果连续型随机变量 X 在有限区间 $(a,\ b)$ 内取值，其概率密度为 $f(x)=\begin{cases}\frac{1}{b-a}, & a\leqslant x\leqslant 15\\ 0, & 其他\end{cases}$,那么就称 X 服从 $(a,\ b)$ 上的均匀分布.

特点：X 落在 $(a,\ b)$ 内任意等长度的子区间内的可能性是相同的，或者说它落在 $(a,\ b)$ 内某个子区间内的概率只依赖于子区间的长度，而与子区间在 $(a,\ b)$ 内的位置无关.

例 8.6.7 武汉到咸宁的公共汽车每隔 15 分钟一趟，若一乘客到站的时间是随机的，问：其候车时间超过 8 分钟的概率是多少？

解： 设 ξ 为候车时间，则 ξ 在 $[0,\ 15]$ 上服从均匀分布，其概率密度函数为

$$f(x)=\begin{cases}\frac{1}{15}, & 0\leqslant x\leqslant 15\\ 0, & 其他\end{cases},$$

于是 $P(8<\xi\leqslant 15)=\int_{8}^{15}f(x)\mathrm{d}x=\frac{1}{15}(15-8)\approx 0.47$.

2. **指数分布**

若随机变量 ξ 的概率密度为 $f(x)=\begin{cases}\lambda \mathrm{e}^{-\lambda x}, & x\geqslant 0\\ 0, & x<0\end{cases}$,

其中 $\lambda>0$ 为常数，则称 ξ 服从参数为 λ 的指数分布，如图 8 -9所示.

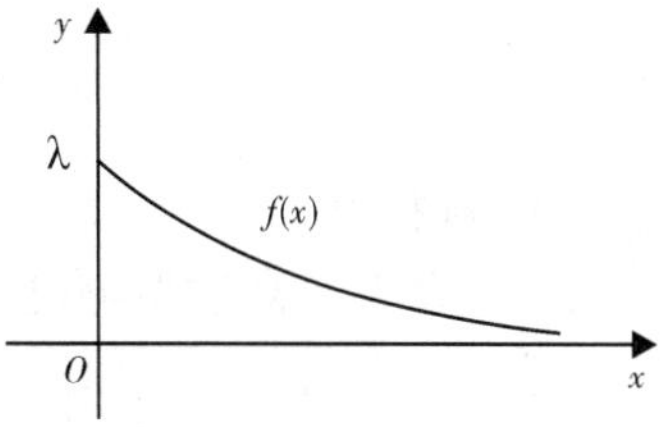

图 8 -9

显然，$f(x)\geqslant 0$ 且 $\int_{-\infty}^{+\infty}f(x)\mathrm{d}x=\int_{0}^{+\infty}\lambda \mathrm{e}^{-\lambda x}\mathrm{d}x=1$.

在实际问题中，动物的寿命和电子元件的寿命等都服从指数分布.

例 8.6.8 假设某元件的寿命服从参数 $\lambda=0.0015$ 的指数分布，求它使用 1000 小时后还没有坏的概率.

解： 设 ξ 为该元件的寿命，则

$$P(\xi>1000)=\int_{1000}^{+\infty}f(x)\mathrm{d}x=0.0015\int_{1000}^{+\infty}\mathrm{e}^{-0.0015x}\mathrm{d}x=\mathrm{e}^{-1.5}\approx 0.223.$$

3. **正态分布**

若随机变量 ξ 的概率密度函数为 $f(x)=\frac{1}{\sigma\sqrt{2\pi}}\mathrm{e}^{-\frac{1}{2\sigma^2}(x-\mu)^2}(-\infty<x<+\infty)$，其中 μ 和 $\sigma(\sigma>0)$ 为常数，则称 ξ 服从次数为 μ, σ 的正态分布，记作 $\xi\sim N(\mu,\sigma^2)$.

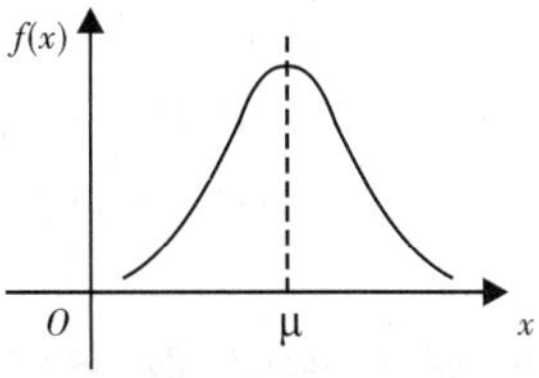

图 8 -10

正态分布的概率密度函数 $f(x)$ 的图像呈钟形（如图 8 -10 所示），它以直线 $x=\mu$ 为对称轴，在 $x=\mu$ 处取得最大值 $\frac{1}{\sigma\sqrt{2\pi}}$. 特别地，当 $\mu=0$, $\sigma=1$ 时，即 $N(0,1)$，称为标准正态分布，它的概率密度函数为

$$\varphi(x)=\frac{1}{\sqrt{2\pi}}\mathrm{e}^{-\frac{x^2}{2}},$$

作标准化代换 $u=\frac{x-\mu}{\sigma}$，则 $\mu\sim N(0,1)$.

任意一个正态分布都可以通过标准代换转化为标准正态分布.

显然，$\varphi(x)\geqslant 0$，可以证明

$$\int_{-\infty}^{+\infty}\varphi(x)\mathrm{d}x=\frac{1}{\sqrt{2\pi}}\int_{-\infty}^{+\infty}\mathrm{e}^{-\frac{x^2}{2}}\mathrm{d}x=\frac{1}{\sqrt{2\pi}}\sqrt{2\pi}=1.$$

习题 8.6

1. 选择题.

(1)设 X 是离散型随机变量，以下可作为 X 的概率分布的是(　　).

A.

X	x_1	x_2	x_3	x_4
P_k	$\frac{1}{2}$	$\frac{1}{4}$	$\frac{1}{8}$	$\frac{1}{16}$

B.

X	x_1	x_2	x_3	x_4
P_k	$\frac{1}{2}$	$\frac{1}{4}$	$\frac{1}{8}$	$\frac{1}{8}$

C.

X	x_1	x_2	x_3	x_4
P_k	$\frac{1}{2}$	$\frac{1}{3}$	$\frac{1}{4}$	$\frac{1}{12}$

D.

X	x_1	x_2	x_3	x_4
P_k	$\frac{1}{2}$	$\frac{1}{3}$	$\frac{1}{4}$	$-\frac{1}{12}$

(2)下列函数中，可以作为随机变量 X 密度函数的是(　　).

A. $P(x)=\begin{cases}4x(1-x^2), & 0\leqslant x<1\\ 0, & \text{其他}\end{cases}$　　B. $P(x)=\begin{cases}2x(1-x^2), & 0\leqslant x<1\\ 0, & \text{其他}\end{cases}$

C. $P(x)=\mathrm{e}^{-x}(-\infty<x<+\infty)$　　D. $P(x)=\mathrm{e}^{-|x|}(-\infty<x<+\infty)$

(3)$P(X=x_k)=\dfrac{2}{p_k}(k=1,2,\cdots)$为一离散型随机变量 X 的概率函数的必要条件是(　　).

A. x_k 非负　　B. x_k 为整数　　C. $0<p_k<1$　　D. $p_k\geqslant 2$

(4)若函数 $y=f(x)$ 是一连续型随机变量 X 的概率密度，则(　　)一定成立.

A. $f(x)$的定义域为$[0,1]$　　B. $f(x)$的值域为$[0,1]$

C. $f(x)$非负　　D. $f(x)$在$(-\infty,+\infty)$内连续

2. 解答题.

(1)罐中有 5 个红球，3 个白球，从中每次任取一球后放入一个红球，直到取到红球为止，用 X 表示取球次数，求 X 的分布律及 $P(1<X\leqslant 3)$.

(2)随机变量 X 服从区间$(0,5)$上的均匀分布，求关于 y 的方程 $y^2+2xy+4x-3=0$ 有实根的概率.

第七节　分布函数与正态分布

一、随机变量的分布函数

对于连续型随机变量的概率密度$f(x)$，事件$(a<X\leqslant b)$的概率$P(a<X\leqslant b)$可通过计算定积分$\int_a^b f(x)\,\mathrm{d}x$而求得. $\int_a^b f(x)\,\mathrm{d}x=\int_{-\infty}^b f(x)\,\mathrm{d}x-\int_{-\infty}^a f(x)\,\mathrm{d}x$，如果对于任意实数$x$，若用$\int_{-\infty}^x f(t)\,\mathrm{d}t$的值造表，则$\int_{-\infty}^b f(x)\,\mathrm{d}x$及$\int_{-\infty}^a f(x)\,\mathrm{d}x$的值均可在这张表上$x=a$与$x=b$处查得，这样就使计算$\int_a^b f(x)\,\mathrm{d}x$变得十分简单.

定义 8.7.1　设ξ为一随机变量，x为任一实数，称$F(x)=P(\xi<x)(-\infty<x<+\infty)$为$\xi$的**概率分布函数**，简称为**分布函数**.

分布函数具有下列性质：

(1) $0\leqslant F(x)\leqslant 1(-\infty<x<+\infty)$；

(2) $F(x)$是x的单调不减函数；

(3) $\lim\limits_{x\to-\infty}F(x)=0$，$\lim\limits_{x\to+\infty}F(x)=1$；

(4) $F(x)$最多有可列个间断点，在其间断点处$F(x)$是右连续的，即若x_0为$F(x)$的一个间断点，则$\lim\limits_{x\to x_0^+}F(x)=F(x_0)$；

(5) 若$F(x)$是连续型随机变量X的分布函数，$f(x)$是X的概率密度，则$F(x)$在$(-\infty,+\infty)$内连续，在$f(x)$连续点处有$F'(x)=f(x)$.

例 8.7.1　设离散型随机变量ξ的概率分布为表 8－4，求$F(x)$和$P(0\leqslant\xi<4)$.

表 8－4

ξ	-1	1	2
P_k	$\frac{1}{6}$	$\frac{1}{2}$	$\frac{1}{3}$

解： 当$x\leqslant-1$时，$F(x)=P(\xi<x)=P(\varnothing)=0$；

当$-1<x\leqslant 1$时，$F(x)=P(\xi<x)=P(\xi=-1)=\frac{1}{6}$；

当$1<x\leqslant 2$时，
$$F(x)=P(\xi<x)=P\{(\xi=-1)\cup(\xi=1)\}=P(\xi=-1)+P(\xi=1)=\frac{1}{6}+\frac{1}{2}=\frac{2}{3};$$

当$x>2$时，
$$F(x)=P(\xi<x)=P\{(\xi=-1)\cup(\xi=1)\cup(\xi=2)\}=P(\xi=-1)+P(\xi=1)+P(\xi=2)$$

$$=\frac{1}{6}+\frac{1}{2}+\frac{1}{3}=1.$$

所以 $F(x)=\begin{cases}0, & x\leqslant -1\\ \frac{1}{6}, & -1<x\leqslant 1\\ \frac{2}{3}, & 1<x\leqslant 2\\ 1, & x>2\end{cases}$

且 $P(0\leqslant x<4)=F(4)-F(0)=1-\frac{1}{6}=\frac{5}{6}.$

函数 $F(x)$ 的图像如图 8－11 所示，它是一条阶梯曲线，它满足分布函数第 4 条性质，$x=-1$，$x=1$，$x=2$ 为函数的跳跃间断点.

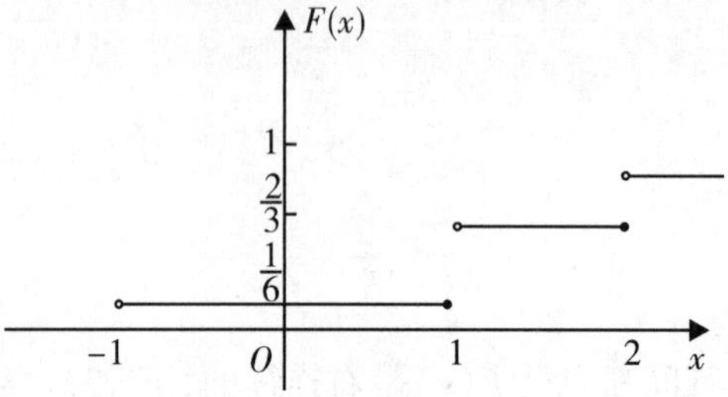

图 8－11

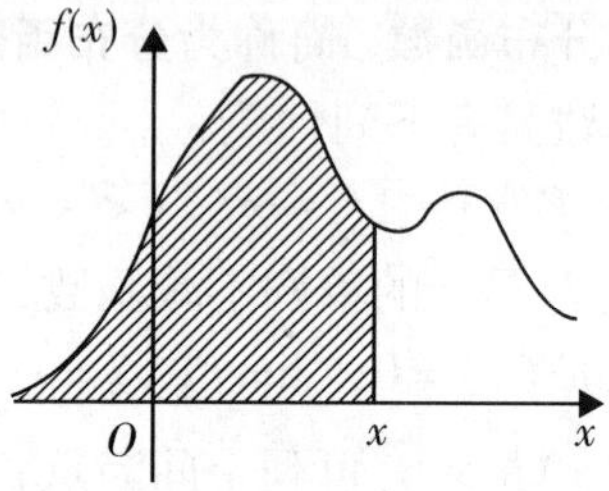

图 8－12

对于连续型随机变量 ξ，其分布函数为 $F(x)=P(\xi<x)=\int_{-\infty}^{x}f(t)\,\mathrm{d}t$，其中 $f(x)$ 为 ξ 的概率密度函数（如图 8－12）.

显然，$F(x)$ 同样满足分布函数的第 5 条性质，对于任意实数 x，有

$$P(a\leqslant\xi<b)=P(\xi<b)-P(\xi<a)=F(b)-F(a),$$
$$P(\xi\geqslant a)=1-P(\xi<a)=1-F(a).$$

由微积分中关于变上限的定积分对上限求导数及广义积分知识可知，在 $f(x)$ 的连续点 x 处有

$$\frac{\mathrm{d}}{\mathrm{d}x}F(x)=f(x).$$

例 8.7.2 设连续型随机变量 X 的分布函数为 $F(x)=A+B\cdot\arctan x\ (-\infty<x<+\infty)$，求常数 A，B 及 X 的概率密度 $f(x)$.

解： 因为 $\begin{cases}F(-\infty)=\lim\limits_{x\to-\infty}(A+B\cdot\arctan x)=A-\frac{\pi}{2}B=0\\ F(+\infty)=\lim\limits_{x\to+\infty}(A+B\cdot\arctan x)=A+\frac{\pi}{2}B=1\end{cases}$,

所以 $A=\frac{1}{2}$，$B=\frac{1}{\pi}$.

$$f(x)=F'(x)=\frac{B}{1+x^2}=\frac{1}{\pi(1+x^2)}(-\infty<x<+\infty).$$

二、标准正态分布及其分布函数

如果随机变量 $X\sim N(\mu,\sigma^2)$，且 $\mu=0$，$\sigma^2=1$，即 X 的概率密度为 $\varphi(x)=\frac{1}{\sqrt{2\pi}}e^{-\frac{x^2}{2}}$ $(-\infty<x<+\infty)$，则称 X 服从标准正态分布，记作 $X\sim N(0,1)$.

利用微分学的知识可以作出 $\varphi(x)=\frac{1}{\sqrt{2\pi}}e^{-\frac{x^2}{2}}$ 的图像，它是一条关于 y 轴对称的钟形曲线(如图 8－13 所示)，在 $x=0$ 处取得最大值 $\frac{1}{\sqrt{2\pi}}$，曲线有两个拐点，其横坐标分别为 -1 与 1.

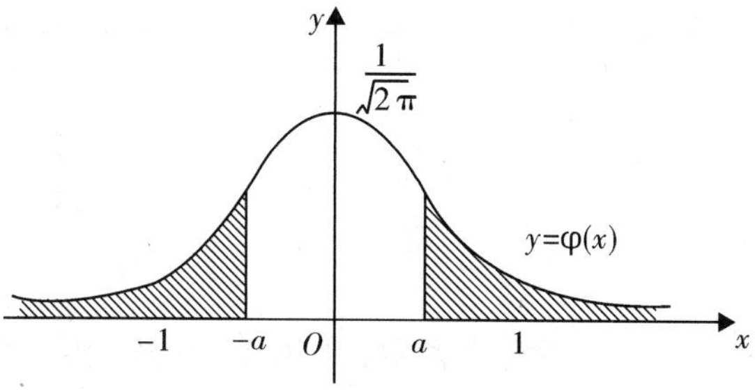

图 8－13

对于任意常数 $a>0$，由定积分的几何意义有 $\int_{-\infty}^{-a}\varphi(x)\mathrm{d}x=\int_{a}^{+\infty}\varphi(x)\mathrm{d}x$(图中阴影部分的面积)，即 $P(x\leqslant -a)=P(x>a)=1-P(x\leqslant a)$.

设 $\Phi(x)=P(X\leqslant x)=\int_{-\infty}^{x}\frac{1}{\sqrt{2\pi}}e^{-\frac{t^2}{2}}\mathrm{d}t$，那么，由上式 $\Phi(-a)=1-\Phi(a)$，这样 $\Phi(-a)$ 的值可用 $\Phi(a)$ 的值计算得到. 把 $\Phi(x)$ $(x\geqslant 0)$ 的值进行计算制成表，称为标准正态分布函数值表(见附表 I)，这样对于服从标准正态分布的随机变量 X 落在区间 $(a,b]$ 内的概率 $P(a<X\leqslant b)$，就可以用查表的方法求得，因为 $P(a<X\leqslant b)=\Phi(b)-\Phi(a)$.

例 8.7.3　设随机变量 $X\sim N(0,1)$，求 $P(1<x\leqslant 2)$，$P(|x|\leqslant 1.96)$.

解：　因为 $X\sim N(0,1)$，

所以通过在标准正态分布函数值表中查 $\Phi(1)$，$\Phi(2)$，$\Phi(1.96)$ 的值可得：

$$P(1<x\leqslant 2)=\Phi(2)-\Phi(1)=0.97725-0.8413=0.13595,$$

$$P(|x|\leqslant 1.96)=P(-1.96\leqslant X\leqslant 1.96)=\Phi(1.96)-\Phi(-1.96)$$
$$=2\Phi(1.96)-1=2\times 0.975-1=0.95.$$

三、标准正态分布与一般正态分布的关系

设随机变量 $X \sim N(\mu, \sigma^2)$，用微分学的知识作出 X 的概率密度 $f(x)=\dfrac{1}{\sigma\sqrt{2\pi}}e^{-\frac{1}{2\sigma^2}(x-\mu)^2}$ 的图像如图 8－14 所示，它是一条关于 $x=\mu$ 对称的钟形曲线，在 $x=\mu$ 处取得最大值 $\dfrac{1}{\sigma\sqrt{2\pi}}$，所以，$\sigma$ 越小，曲线越陡，σ 越大，曲线越平缓，曲线的两个拐点的横坐标分别为 $\mu-\sigma$ 与 $\mu+\sigma$.

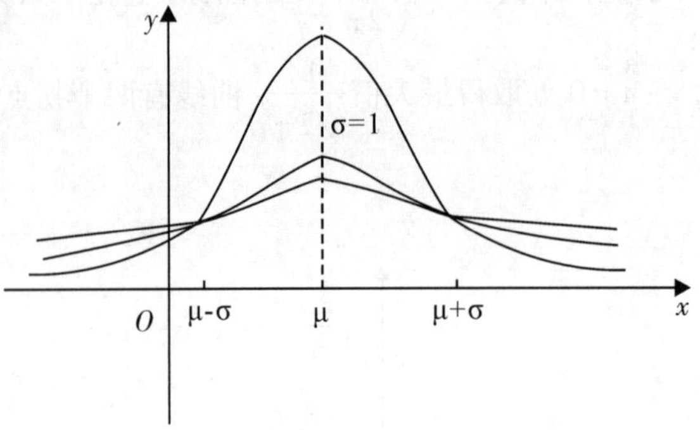

图 8－14

若用 $F(x)$ 表示 $X \sim N(\mu, \sigma^2)$ 的分布函数，仍用 $\Phi(x)$ 表示 $X \sim N(0, 1)$ 的分布函数，则有 $F(x)=\Phi(\dfrac{x-\mu}{\sigma})$.

因为 $F(x)=P(X\leqslant x)=\int_{-\infty}^{x}\dfrac{1}{\sigma\sqrt{2\pi}}e^{-\frac{(t-\mu)^2}{2}}dt$,

令 $y=\dfrac{t-\mu}{\sigma}$，则有 $F(x)=\int_{-\infty}^{\frac{x-\mu}{\sigma}}\dfrac{1}{\sqrt{2\pi}}e^{-\frac{y^2}{2}}dy$，即 $F(x)=\Phi(\dfrac{x-\mu}{\sigma})$，

所以，对于 $X \sim N(\mu, \sigma^2)$，

$$P(a<x\leqslant b)=F(b)-F(a)=\Phi(\frac{b-\mu}{\sigma})-\Phi(\frac{a-\mu}{\sigma}).$$

例 8.7.4 设随机变量 $X \sim N(1, 4)$，计算 $P(0<x\leqslant 1.6)$ 及 $P(5<x\leqslant 7.2)$.

解： 因为 $X \sim N(1, 4)$，所以 $\mu=1$，$\sigma=2$.

所以 $P(0<x\leqslant 1.6)=\Phi(\dfrac{1.6-1}{2})-\Phi(\dfrac{0-1}{2})=\Phi(0.3)-\Phi(-0.5)$

$=0.6179-1+0.6915=0.3094$,

$$P(5<x\leqslant 7.2)=\Phi(\frac{7.2-1}{2})-\Phi(\frac{5-1}{2})=\Phi(3.1)-\Phi(2)=0.99903-0.97725=0.02178.$$

习题 8.7

1. 设随机变量 ξ 的分布列为 $P(\xi=k)=\frac{k}{15}$, $k=1, 2, 3, 4, 5$. 试求：(1) $P(\xi=1$ 或 $\xi=2)$；(2) $P(\frac{1}{2}<\xi<\frac{5}{2})$；(3) $P(1\leqslant\xi\leqslant2)$.

2. 设随机变量 ξ 只能取 5, 6, 7, …, 16 这十二个值，且取每一个值的概率均相同，试求：(1) $P(\xi>8)$；(2) $P(6<\xi\leqslant14)$；(3) $P(\xi\geqslant10)$.

3. 设 $X\sim N(2, 0.3^2)$，求：(1) $P(X<2.4)$；(2) $P(X\geqslant0)$；(3) $P(-1\leqslant X<3)$.

4. 求服从参数为$\frac{1}{3}$的指数分布的随机变量 X 的分布函数.

5. 设连续型随机变量 X 的分布函数为 $F(x)=\begin{cases}0, & x<0\\ -\frac{1}{4}x^2+x, & 0\leqslant x<2\\ 1, & x\geqslant2\end{cases}$，求 $P(1<X\leqslant3)$ 及 X 的概率密度.

6. 设随机变量 $X\sim N(0, 1)$，求 $P(0.5<X\leqslant1.5)$，$P(-2<X\leqslant1)$，$P(|x|\leqslant2)$.

第八节　随机变量函数的分布及随机变量的数字特征

一、随机变量函数的分布

定义 8.8.1　对于随机变量 X 的每一个可能取值 x，函数 $y=g(x)$ 都有定义，且 $y=g(x)$ 为另一随机变量 Y 的对应取值，则称 Y 是 X 的函数，记作 $Y=g(X)$，Y 仍是一个随机变量，Y 的分布可以通过 X 的分布求得.

下面分两种情形讨论：

1. 离散型随机变量函数的分布

例 8.8.1　离散型随机变量 x 的概率分布为表 8-5，求下列随机变量函数的分布：(1) $Y=X-1$；(2) $Y=X^2$.

表 8-5

X	-1	0	1	2	$\frac{5}{2}$
Y	$\frac{1}{5}$	$\frac{2}{15}$	$\frac{1}{3}$	$\frac{1}{15}$	$\frac{4}{15}$

解： (1) 当 X 取 -1、0、1、2、$\frac{5}{2}$，由 $Y=X-1$ 可以计算出 Y 的值为 -2，-1，0，

1，$\frac{3}{2}$；

当 $X=-1$ 时，有 $Y=-2$，所以 $(X=-1)=(Y=-2)$，同理可得其他的值，$P(Y=-1)=P(X=0)=\frac{2}{15}$，$P(Y=0)=P(X=1)=\frac{1}{3}$，$P(Y=1)=P(X=2)=\frac{1}{15}$，$P(Y=\frac{3}{2})=P(X=\frac{5}{2})=\frac{4}{15}$.

于是 $Y=X-1$ 的分布律为表 8－6.

表 8－6

Y	-2	-1	0	1	$\frac{3}{2}$
P	$\frac{1}{5}$	$\frac{2}{15}$	$\frac{1}{3}$	$\frac{1}{15}$	$\frac{4}{15}$

（2）当 X 取 -1、0、1、2、$\frac{5}{2}$ 时，由 $Y=X^2$ 可以计算出 Y 的值为 1、0、4、$\frac{25}{4}$.

因为 $(Y=1)=(X=-1)\cup(X=1)$，且 $(X=-1)$ 和 $(X=1)$ 互不相容，

$P(Y=1)=P(X=-1)+P(X=1)=\frac{1}{5}+\frac{1}{3}=\frac{8}{15}$，$P(Y=0)=P(X=0)=\frac{2}{15}$，

$P(Y=4)=P(X=2)=\frac{1}{15}$，$P(Y=\frac{25}{4})=P(X=\frac{5}{2})=\frac{4}{15}$.

所以 $Y=X^2$ 的分布律为表 8－7.

表 8－7

Y	1	0	4	$\frac{25}{4}$
P	$\frac{8}{15}$	$\frac{2}{15}$	$\frac{1}{15}$	$\frac{4}{15}$

一般地，设 X 的分布律为表 8－8，

表 8－8

X	x_1	x_2	…	x_i	…
P	p_1	p_2	…	p_i	…

（1）设 $Y=g(X)$，如果 x_i 的值互不相等，则函数 $Y_i=g(X_i)\ (i=1, 2\cdots)$ 所表示的随机变量的分布律为表 8－9.

表 8 - 9

Y	y_1	y_2	…	y_i	…
P	p_1	p_2	…	p_i	…

（2）如果 y_1，y_2，…，y_i，…中有相等的，则把那些相等的值合并，并根据概率的加法公式将相应的那些 P_i 相加，便可得 $Y=g(X)$ 概率.

2. 连续型随机变量函数的分布

例 8.8.2　设连续型随机变量 X 的概率密度为 $f(x)=\begin{cases}2x, & 0<x<1\\ 0, & \text{其他}\end{cases}$，求 $Y_1=3X+1$ 及 $Y_2=1-3X$ 的概率密度.

解：　连续型随机变量的概率密度可以通过对它的分布函数求导数得到，而 Y 的分布函数是事件"$Y\leqslant y$"的概率，可以将其转化为与它等价的事件"$g(X)\leqslant y$"的概率来处理. 设 X 的分布函数为 $F_X(x)$，Y_1，Y_2 的分布函数分别为 $F_{Y_1}(y)$，$F_{Y_2}(y)$.

因为 $F_{Y_1}(y)=P(Y_1\leqslant y)=P(3X+1\leqslant y)=P(X\leqslant\frac{y-1}{3})=F_X(\frac{y-1}{3})$，

又因为 $F'_{Y_1}(y)=F'_x(\frac{y-1}{3})\cdot\left(\frac{y-1}{3}\right)'=\frac{1}{3}f_X(\frac{y-1}{3})$，

所以 $Y_1=3X+1$ 的概率密度为

$$f_{Y_1}=\begin{cases}\frac{1}{3}\cdot\frac{2(y-1)}{3}, & 0<\frac{y-1}{3}<1\\ 0, & \text{其他}\end{cases}$$

$$=\begin{cases}\frac{2(y-1)}{9}, & 1<y<4\\ 0, & \text{其他}\end{cases},$$

因为 $F_{Y_2}(y)=P(Y_2\leqslant y)=P(1-3X\leqslant y)=P(X\geqslant\frac{1-y}{3})=1-P(X\leqslant\frac{1-y}{3})=1-F_X(\frac{1-y}{3})$，

又因为 $F'_{Y_2}(y)=-F'_X(\frac{1-y}{3})(\frac{1-y}{3})$

$$=\frac{1}{3}f(\frac{1-y}{3}),$$

所以 $Y_2=1-3X$ 的概率密度为

$$f_{Y_2}(y)=\begin{cases}\frac{1}{3}\cdot\frac{2(1-y)}{3}, & 0<\frac{1-y}{3}<1\\ 0, & \text{其他}\end{cases}$$

$$=\begin{cases}\frac{2(1-y)}{3}, & -2<y<1\\ 0, & \text{其他}\end{cases}$$

这种方法可以使我们通过对已知的随机变量在 X 的分布获得新的随机变量 $Y=g(X)$ 的分布.

二、随机变量的数字特征

随机变量及其分布，描述的是随机变量的概率规律，它是对随机变量的一种完整的描述. 也就是说，随机变量的概率分布全面地反映了一个随机变量的取值及其概率(或取值于各个区间内的概率大小). 然而在实际问题中要确定一个随机变量的分布函数常常是很困难的. 在许多情形下，我们并不需要全面地掌握一个随机变量的取值规律，而只需或只要知道它的某些方面的特征就可以了. 例如：随机变量在哪个值附近的概率较大？一个随机变量取值是比较集中还是分散？分散程度如何？如考察某地区水稻产量时，只需要知道水稻的平均单产量；在检验一批棉花的质量时，一方面要知道棉花纤维的平均长度，另一方面还需知道对于平均纤维长度的偏离程度，因为当纤维长度达到一定的值且偏离程度较小时，就意味着棉花的纤维差不多长，棉花的质量就高. 这些问题可以通过与随机变量有关的某些数值来描述，这些数值作为用来显示随机变量分布的特征的数字，其中最重要的有两个——数学期望和方差.

1. 离散型随机变量的数学期望

例 8.8.3 甲、乙两射手，在同样条件下进行射击，他们命中的环数分别记为 ξ、η，其概率分布分别为表 8 - 10、表 8 - 11，怎样评价两射手的技术水平？

表 8 - 10

ξ	8	9	10
P	0.2	0.5	0.3

表 8 - 11

η	8	9	10
P	0.3	0.1	0.6

解： 若考虑平均射中的环数则可求得问题的答案，假设他们各射击 100 次，则甲平均射中的环数约为

$$\frac{1}{100}(8\times20+9\times50+10\times30)=9.1(\text{环}),$$

乙平均射中的环数约为

$$\frac{1}{100}(8\times30+9\times10+10\times60)=9.3(\text{环}).$$

故从平均射中的环数看，乙的技术优于甲.

可见，这种反映离散型随机变量取“平均”意义的数，正好是随机变量的可能取值与其对应的概率乘积之和.

定义 8.8.2 对于离散型随机变量 X，设 X 的概率函数为 $P(X=x_k)=p_k(k=1,2,\cdots)$，如果级数 $\sum\limits_{k=1}^{\infty}|x_k|p_k$ 收敛，则级数 $\sum\limits_{k=1}^{\infty}x_kp_k$ 的和存在，称之为 X 的数学期望或均值，记作 $E(X)$，

即 $E(X) = \sum_{k=1}^{\infty} x_k p_k$.

特别地，当离散型随机变量 X 的所有可能取值是 x_1, x_2, …, x_n(有限个) 时，X 的期望 $E(X)$ 一定存在，而且是 n 个数的和，$E(X) = \sum_{k=1}^{n} x_k p_k$.

2. **连续型随机变量的数学期望**

定义 8.8.3　设连续型随机变量 X 的密度函数为 $f(x)$，如果 $\int_{-\infty}^{+\infty} |x| f(x)\mathrm{d}x$ 收敛，则称积分 $\int_{-\infty}^{+\infty} xf(x)\mathrm{d}x$ 为随机变量 X 的数学期望或平均值. 否则称 X 的数学期望不存在.

例 8.8.4　设 X 服从区间 (a, b) 上的均匀分布，求 X 的数学期望 $E(X)$.

解：因为 X 的概率密度为 $f(x) = \begin{cases} \dfrac{1}{b-a}, & a<x<b \\ 0, & \text{其他} \end{cases}$,

所以 $E(X) = \int_a^b \dfrac{x}{b-a}\mathrm{d}x = \dfrac{a+b}{2}$.

例 8.8.5　设 X 服从 $N(0, 1^2)$，求 X 的数学期望.

解：先考虑积分的绝对收敛性.

$$\int_{-\infty}^{+\infty} |x| \frac{1}{\sqrt{2\pi}} \mathrm{e}^{-\frac{1}{2}x^2}\mathrm{d}x = 2\int_0^{+\infty} x \frac{1}{\sqrt{2\pi}} \mathrm{e}^{-\frac{1}{2}x^2}\mathrm{d}x = \sqrt{\frac{2}{\pi}} \int_0^{+\infty} \mathrm{e}^{-\frac{1}{2}x^2}\mathrm{d}\left(\frac{1}{2}x^2\right) \left(\text{令 } t = -\frac{1}{2}x^2\right)$$

$$= \sqrt{\frac{2}{\pi}} \int_0^{+\infty} \mathrm{e}^{-t}\mathrm{d}t = \sqrt{\frac{2}{\pi}} < +\infty,$$

所以 $\int_{-\infty}^{+\infty} |x| f(x)\mathrm{d}x$ 绝对收敛，$E(X) = \int_{-\infty}^{+\infty} x \dfrac{1}{\sqrt{2\pi}} \mathrm{e}^{-\frac{1}{2}x^2}\mathrm{d}x = 0$(奇函数在对称区间上的定积分为 0).

对于随机变量函数 $Y = g(X)$ 的期望 $E(Y)$ 可按下面两式计算：

(1) 若 X 为离散型随机变量，其概率函数为 $P(X = x_k) = P_k(k = 1, 2, \cdots)$，则

$$E(Y) = \sum_{k=1}^{\infty} g(x_k) p_k;$$

(2) 若 X 为连续型随机变量，其概率密度为 $f(x)$，则

$$E(Y) = \int_{-\infty}^{+\infty} g(x) f(x)\mathrm{d}x.$$

3. **方差**

例 8.8.6　设甲、乙两人炮击同一目标，弹着点与目标的距离分别为 X_1、X_2(只取离散值，单位：cm)，并有如下分布律：表 8－12、表 8－13.

表 8－12

X_1	80	85	90	95	100
P	0.2	0.2	0.2	0.2	0.2

表 8－13

X_1	85	87.5	90	92.5	95
P	0.2	0.2	0.2	0.2	0.2

由计算可知，两炮的弹着点与目标的距离有相同的期望 $E(x_i)=90(i=1,\ 2)$，比较两组数据可知乙炮更准确，因为它的弹着点比甲炮更集中. 可见在实际问题中，仅靠期望值（或均值），不能全面地说明随机变量的分布特征，还需研究其对均值的偏离程度.

定义 8.8.4 设 X 是一个随机变量，若 $[X-E(X)]^2$ 的期望存在，则称 $E[X-E(X)]^2$ 为 X 的方差，记作 $D(X)$，即 $D(X)=E[X-E(X)]^2$，又称 $\sqrt{D(x)}$ 为 X 的均方差或标准差.

对于离散型随机变量 X，若概率分布为 $P(X=k)=p_k(k=1,\ 2,\ \cdots)$，则

$$D(X)=\sum_{k=1}^{\infty}[x_k-E(X)]^2p_k.$$

对于连续型随机变量 X，若其密度函数为 $f(x)$，则

$$D(X)=\int_{-\infty}^{+\infty}[x-E(X)]^2f(x)\mathrm{d}x.$$

4. 期望与方差的性质

设随机变量 x，y 的期望 $E(X)$，$E(Y)$ 存在，a，b，c 为常数，

关于期望有：

(1) $E(c)=c$；

(2) $E(cX)=cE(X)$；

(3) $E(ax+b)=aE(X)+b$；

(4) $E(X\pm Y)=E(X)\pm E(Y)$.

关于方差有：

(1) $D(c)=0$；

(2) $D(cX)=c^2D(X)$；

(3) $D(aX+b)=a^2D(X)$；

(4) $D(X)=E(X^2)-[E(X)]^2$.

方差的性质通常作为计算方差的公式使用.

例 8.8.7 已知随机变量 $X\sim N(\mu,\ \sigma^2)$，求 $D(X)$.

解： 因为 $X\sim N(\mu,\ \sigma^2)$，

所以 X 的概率密度为 $f(x)=\dfrac{1}{\sqrt{2\pi}\sigma}\mathrm{e}^{-\frac{(x-\mu)^2}{2\sigma^2}}$，

$$E(X)=\int_{-\infty}^{+\infty}x\cdot\frac{1}{\sqrt{2\pi}\sigma}\mathrm{e}^{-\frac{(x-\mu)^2}{2\sigma^2}}\mathrm{d}x.$$

令 $\dfrac{x-\mu}{\sigma}=t$，则

$$E(X)=\int_{-\infty}^{+\infty}(\sigma t+\mu)\cdot\frac{1}{\sqrt{2\pi}}e^{-\frac{t^2}{2}}dt$$

$$=\frac{\mu}{\sqrt{2\pi}}\int_{-\infty}^{+\infty}e^{-\frac{t^2}{2}}dt-\frac{\sigma}{\sqrt{2\pi}}e^{-\frac{t^2}{2}}\Big|_{-\infty}^{+\infty}=\mu.$$

又　因为 $E(X^2)=\int_{-\infty}^{+\infty}x^2\cdot\frac{1}{\sqrt{2\pi}\sigma}e^{-\frac{(x-\mu)^2}{2\sigma^2}}dx$,

令 $\frac{x-\mu}{\sigma}=t$, 则

$$E(X^2)=\int_{-\infty}^{+\infty}(\sigma^2t^2+2\mu\sigma t+\mu^2)\frac{1}{\sqrt{2\pi}}e^{-\frac{t^2}{2}}dt$$

$$=\frac{1}{\sqrt{2\pi}}\left(-\sigma^2\int_{-\infty}^{+\infty}t\,de^{-\frac{t^2}{2}}+2\mu\sigma\int_{-\infty}^{+\infty}te^{-\frac{t^2}{2}}dt+\mu^2\int_{-\infty}^{+\infty}e^{-\frac{t^2}{2}}dt\right)$$

$$=\frac{1}{\sqrt{2\pi}}\left[-\sigma^2te^{-\frac{t^2}{2}}\Big|_{-\infty}^{+\infty}+\sigma^2\int_{-\infty}^{+\infty}e^{-\frac{t^2}{2}}dt-2\mu\sigma e^{-\frac{t^2}{2}}\Big|_{-\infty}^{+\infty}+\mu^2\cdot\sqrt{2\pi}\right]$$

$$=\frac{1}{\sqrt{2\pi}}[\sigma^2\sqrt{2\pi}+\mu^2\sqrt{2\pi}]=\sigma^2+\mu^2,$$

所以 $D(X)=E(X^2)-[E(X)]^2=\sigma^2+\mu^2-\mu^2=\sigma^2$.

计算结果表明, 若 $X\sim N(\mu,\sigma^2)$, 则参数 σ^2 就是 X 的方差, 所以 X 越小, X 取值越集中在 μ 值附近.

类似地, 若 $X\sim N(n,p)$, 则 $E(X)=np$; $D(X)=np(1-p)=npq$ $(q=1-p)$.

若 X 服从参数为 λ 的指数分布, 则 $E(X)=\frac{1}{\lambda}$; $D(X)=\frac{1}{\lambda^2}$.

习题 8.8

1. 选择题.

(1) 设随机变量 X, 且 $E(X)$ 存在, 则 $E(X)$ 是(　　).

A. X 的函数　　B. 确定常数　　C. 随机变量　　D. x 的函数

(2) 设随机变量 X 的方差 $D(X)$ 存在, 则 $D(aX+b)=$(　　)(a, b 均为常数).

A. $aD(X)+b$　　B. $a^2D(X)+b$　　C. $a^2D(X)$　　D. $aD(X)$

(3) 设随机变量 X 的期望 $E(X)$ 存在, 则一定有 $E[E(X)]=$(　　).

A. $E(X)$　　B. 0　　C. $E^2(X)$　　D. $[E(X)]^2$

(4) 设随机变量 $Y\sim B(n,p)$, 且 $E(Y)=2.4$, $D(Y)=1.44$, 则参数 n, p 为(　　).

A. $n=8$, $p=0.3$　B. $n=6$, $p=0.6$　C. $n=6$, $p=0.4$　D. $n=24$, $p=0.1$

2. 填空题.

(1) 设 $p(x)$ 是随机变量 X 的密度, 则对任意 $a<b$, 都有 $P(a<X<b)=$________, 那么, X 是连续型随机变量.

(2) 设离散型随机变量 X 有概率分布 $P(X=x_k)=P_k(k=1,2,\cdots)$, 则 P_k 满足_____.

(3)随机变量 X 的方差 $D(X)$ 是随机变量________________的期望.

(4)设随机变量 $X \sim B(50, 0.20)$，则 $E(X) =$____________.

3. 解答题.

(1)甲、乙两家灯泡厂生产的灯泡的寿命(单位：小时)ξ、η 的分布律分别为表 8－14、表 8－15，求 $E(\xi)$、$E(\eta)$、$D(\xi)$、$D(\eta)$.

表 8－14

ξ	900	1000	1100
P	0.1	0.8	0.1

表 8－15

η	950	1000	1050
P	0.3	0.4	0.3

(2) 设 ξ 的分布密度为 $p(x) = \dfrac{1}{2}e^{-|x|}$，求 $E(\xi)$ 与 $E(\xi^2)$.

(3) 设随机变量 X 的分布律如表 8－16 所示，求 $Y_1 = \dfrac{1}{2}X + 1$ 及 $Y_2 = (X+1)^2$ 的分布律.

表 8－16

X	-2	-1	0	1	2	3
P	$\frac{1}{12}$	$\frac{3}{12}$	$\frac{4}{12}$	$\frac{1}{12}$	$\frac{2}{12}$	$\frac{1}{12}$

(4) 设随机变量 X 的分布律如表 8－17 所示，求 $Y_1 = \sin X$ 及 $Y_2 = 2\cos X$ 的分布律.

表 8－17

X	0	$\frac{\pi}{2}$	π	$\frac{3\pi}{2}$	2π
P	0.1	0.3	0.2	0.3	0.1

(5) 设 X 的概率密度为 $f(x) = \begin{cases} 2x, & 0 < x < 1 \\ 0, & \text{其他} \end{cases}$，求 $Y = e^{-X}$ 概率密度 $\varphi(y)$.

(6) 设 X 为一随机变量，已知 $E(X) = 1$，$D\left(\dfrac{X}{2}\right) = 1$，求 $E(X-1)^2$.

(7) 设 $f(x)$ 为连续型随机变量 X 的概率密度，并已知 $E(X) = 2$，且 $\int_{-\infty}^{+\infty}(x^2 + 2x - 10)f(x)\mathrm{d}x = 0$，求 $D\left(\dfrac{1}{2}X - 1\right)$.

(8) 设连续型随机变量 X 的概率密度为 $f(x) = \begin{cases} 2(1-x), & 0 < x < 1 \\ 0, & \text{其他} \end{cases}$，求 X 的期望与方差并求 $Y = X^3$, $Z = e^X$ 的期望与方差.

*第九节　二项分布与中心极限定理

在有放回地抽取试验或大批量无放回抽取试验中常见到服从二项分布的随机变量，如果随机变量 $X \sim B(n, p)$，那么可以根据 X 的概率函数 $P(X=k)=C_n^k P^K(1-P)^{n-k}(k=0, 1, 2, \cdots, n)$ 计算事件的概率，但当 n 很大时，计算非常麻烦，可以通过求极限的方法得到关于二项分布的两个近似计算公式.

一、泊松定理

在贝努利试验中，以 P_n 代表事件 A 在试验中发生的概率，它与试验总数 n 有关，如果 $np_n \to \lambda(n \to \infty)$，则

$$\lim_{n\to\infty} C_n^k p_n^k(1-P)^{n-k}=\frac{\lambda^k e^{-\lambda}}{k!}(k=0, 1, 2, \cdots).$$

如果随机变量 X 的概率函数为 $P(X=k)=\frac{\lambda^k e^{-\lambda}}{k!}(k=0, 1, 2, \cdots)$，$\lambda>0$，则称 X 服从参数为 λ 的泊松分布，记作 $X \sim P(\lambda)$.

当 n 较大，p 较小，通常要求 $np<5$ 时，可用 $C_n^k p^k(1-p)^{n-k} \approx \frac{\lambda^k e^{-\lambda}}{k!}(k=0, 1, 2, \cdots)$ 作为二项分布的近似计算公式，专业人员已经将 $P(X=k)=\frac{\lambda^k e^{-\lambda}}{k!}$ 的值制成泊松分布表（见书后附表 Ⅱ）.

二、德莫佛—拉普拉斯中心极限定理

若随机变量 $X_n \sim B(n, p)$，则随机变量 $Y_n=\frac{X_n-np}{\sqrt{np(1-p)}}$ 的分布函数 $F_n(x)$ 对于任意的 $x \in(-\infty, +\infty)$，都有 $\lim\limits_{n\to\infty} F(x)=\lim\limits_{n\to\infty} P\left\{\frac{X_n-np}{\sqrt{np(1-p)}}\right\} \leqslant x=\Phi(x)$，其中 $\Phi(x)=\int_{-\infty}^{x} \frac{1}{\sqrt{2\pi}} e^{-\frac{t^2}{2}} dt$，这说明二项分布以正态分布为极限，所以，当 n 很大时，可用 $P\{a<X \leqslant b\} \approx \Phi\left(\frac{b-np}{\sqrt{np(1-p)}}\right)-\Phi\left(\frac{a-np}{\sqrt{np(1-p)}}\right)$ 作为二项分布的近似计算公式，其中 $X_n \sim B(n, p)$，$\Phi(x)$ 为标准正态分布函数.

例 8.9.1　电话交换台每分钟接到的呼叫次数 X 为随机变量，设 $X \sim P(3)$，求一分钟内呼叫次数不超过 1 次的概率.

解： 因为 $X \sim P(3)$，所以 $\lambda=3$，

所以 $P(X=k)=\frac{3^k}{k!}e^{-3}(k=0,1,2,\cdots)$,

于是 $P(X\leqslant 1)=P(X=0)+P(X=1)=\frac{3^0}{0!}e^{-3}+\frac{3^1}{1!}e^{-3}=4e^{-3}\approx 0.199$.

注意：这里的 λ 是该电话交换台平均每分钟接到的呼叫次数.

例 8.9.2 某汽车维修站有 4 名工人，负责 600 辆汽车的维修，每辆汽车发生故障的概率为 0.005，求汽车发生故障后都能及时得到维修的概率(假设每辆发生故障的汽车只需一名工人维修).

解： 用 X 表示 600 辆汽车中同时发生故障的车辆数，只要 $X\leqslant 4$，发生故障的汽车到站即可得到维修，因此所求是 $P(0\leqslant X\leqslant 4)$.

$$P(0\leqslant X\leqslant 4)=P(X=0)+P(X=1)+P(X=2)+P(X=3)+P(X=4),$$

显然，由每辆汽车要么需要维修，要么不需要维修，可知 X 服从以 $n=600$，$p=0.005$ 的二项分布，即 $X\sim B(600,0.005)$.

因为 $\lambda=np=600\times 0.005=3$，所以可认为 X 近似服从泊松分布，

所以 $P(0\leqslant X\leqslant 4)\approx\frac{3^0}{0!}e^{-3}+\frac{3^1}{1!}e^{-3}+\frac{3^2}{2!}e^{-3}+\frac{3^3}{3!}e^{-3}+\frac{3^4}{4!}e^{-3}$

$=(1+3+4.5+4.5+3.375)e^{-3}$

≈ 0.815.

例 8.9.3 有一批建筑房屋用的木柱，其中 80% 的长度不小于 3m. 现从这批木柱中随机抽取 100 根，求其中至少有 25 根长度小于 3m 的概率.

解： 设 X 表示取到的 100 根中长度小于 3m 的木柱数，已知 $X\sim B(100,0.2)$，如果直接用二项分布来计算，因为 $P(X\geqslant 25)=\sum_{k=25}^{100}C_{100}^k(0.2)^k(0.8)^{100-k}$，显然计算是相当麻烦的，由于 $n=100$ 较大，但 $p=0.2$ 不算很小，因而用拉普拉斯中心极限定理作近似计算.

所以 $P(X\geqslant 25)=I-P(X<25)\approx 1-\Phi\left(\frac{25-100\times 0.2}{\sqrt{100\times 0.2\times 0.8}}\right)=1-\Phi(1.25)=0.1056$.

习题 8.9

1. 在一定条件下，生产某种产品的废品率为 0.01，求生产 10 件产品中废品数不超过 2 个的概率.

2. 商店订购 1000 瓶矿物饮料，这些饮料在运输途中瓶子被打碎的概率为 0.003，求商店收到的破碎玻璃瓶（1）恰好有两个；（2）小于两个；（3）多于两个；（4）至少有一个的概率.

3. 从次品率为 0.03 的一批产品中随机抽取 100 个进行检查，如果发现其中次品个数超过 1 个，就认为这批产品不合格. 求该批产品合格的概率.

4. 若工厂规定产品的废品率不超过 0.005 时产品才可以出厂，现从某车间生产的一批

电子元件中任取 200 件，检查结果发现有 4 件废品，问这批电子元件能否出厂？

5. 某矿区让井下工人购买人身保险，规定每人每年年初向保险公司交保险金 20 元，一年保险期内若工人死亡，保险公司向家属赔偿 2000 元. 由历史资料知该矿井下工人的死亡率为 0.0036，现在矿区有 10000 名井下工人参加人身保险，试计算一年内井下工人死亡人数不超过 30 人的概率.

第九章　矩阵与线性方程组

第一节　行列式

一、二阶、三阶行列式

定义 9.1.1　$\begin{vmatrix} a_{11} & a_{12} \\ a_{21} & a_{22} \end{vmatrix} = a_{11}a_{22} - a_{12}a_{21}$称为二阶行列式.

定义 9.1.2

$$\begin{vmatrix} a_{11} & a_{12} & a_{13} \\ a_{21} & a_{22} & a_{23} \\ a_{31} & a_{32} & a_{33} \end{vmatrix} = a_{11}a_{22}a_{33} + a_{12}a_{23}a_{31} + a_{13}a_{21}a_{32} - a_{11}a_{23}a_{32} - a_{12}a_{21}a_{33} - a_{13}a_{22}a_{31}$$为

三阶行列式.

例 9.1.1　计算二阶行列式$\begin{vmatrix} 1 & 2 \\ 3 & 4 \end{vmatrix}$.

解：$\begin{vmatrix} 1 & 2 \\ 3 & 4 \end{vmatrix} = 1 \times 4 - 2 \times 3 = -2$.

例 9.1.2　计算三阶行列式$\begin{vmatrix} 1 & 2 & 3 \\ 3 & 1 & 2 \\ 2 & 3 & 1 \end{vmatrix}$.

解：$\begin{vmatrix} 1 & 2 & 3 \\ 3 & 1 & 2 \\ 2 & 3 & 1 \end{vmatrix} = 1 \times 1 \times 1 + 2 \times 2 \times 2 + 3 \times 3 \times 3 - 1 \times 2 \times 3 - 2 \times 3 \times 1 - 3 \times 1 \times 2 = 18$.

定义 9.1.3　三阶行列式 $D = \begin{vmatrix} a_{11} & a_{12} & a_{13} \\ a_{21} & a_{22} & a_{23} \\ a_{31} & a_{32} & a_{33} \end{vmatrix}$，划去行列式 D 中的第 i 行、第 j 列后剩下的元素按原来顺序构成的二阶行列式，称为三阶行列式 D 的元素 $a_{ij}(i, j=1, 2, 3)$的余子式，记作 M_{ij}，$A_{ij} = (-1)^{i+j}M_{ij}$称为元素 a_{ij}的**代数余子式**$(i, j=1, 2, 3)$. 那么

$$A_{11} = (-1)^{1+1}\begin{vmatrix} a_{22} & a_{23} \\ a_{32} & a_{33} \end{vmatrix} = \begin{vmatrix} a_{22} & a_{23} \\ a_{32} & a_{33} \end{vmatrix},$$

$$A_{12}=(-1)^{1+2}\begin{vmatrix}a_{21}&a_{23}\\a_{31}&a_{33}\end{vmatrix}=-\begin{vmatrix}a_{21}&a_{23}\\a_{31}&a_{33}\end{vmatrix},$$

…

$$A_{33}=(-1)^{3+3}\begin{vmatrix}a_{11}&a_{12}\\a_{21}&a_{22}\end{vmatrix}=\begin{vmatrix}a_{11}&a_{12}\\a_{21}&a_{22}\end{vmatrix}.$$

可以验证：$D=\sum\limits_{j=1}^{3}a_{ij}A_{ij}(i=1,2,3)$

$=\sum\limits_{i=1}^{3}a_{ij}A_{ij}(j=1,2,3)$，

验证当 $i=1$ 时，$D=\sum\limits_{j=1}^{3}a_{1j}A_{1j}$.

证明：右边 $=\sum\limits_{j=1}^{3}a_{1j}A_{1j}$

$$\begin{aligned}&=a_{11}A_{11}+a_{12}A_{12}+a_{13}A_{13}\\&=a_{11}\begin{vmatrix}a_{22}&a_{23}\\a_{32}&a_{33}\end{vmatrix}-a_{12}\begin{vmatrix}a_{21}&a_{23}\\a_{31}&a_{33}\end{vmatrix}+a_{13}\begin{vmatrix}a_{21}&a_{22}\\a_{31}&a_{32}\end{vmatrix}\\&=a_{11}(a_{22}a_{33}-a_{23}a_{32})-a_{12}(a_{21}a_{33}-a_{23}a_{31})+a_{13}(a_{21}a_{32}-a_{22}a_{31})\\&=a_{11}a_{22}a_{33}+a_{12}a_{23}a_{31}+a_{13}a_{21}a_{32}-a_{11}a_{23}a_{32}-a_{12}a_{21}a_{33}-a_{13}a_{22}a_{31}\\&=\begin{vmatrix}a_{11}&a_{12}&a_{13}\\a_{21}&a_{22}&a_{23}\\a_{31}&a_{32}&a_{33}\end{vmatrix}=D.\end{aligned}$$

同理可证 D 按其他行或其他列的代数余子式的展开式，结果表明一个三阶行列式可按任一行（列）展开为该行（列）各元素与其代数余子式乘积之和.

例 9.1.3　按三阶行列式展开公式求行列式 $\begin{vmatrix}3&1&0\\0&-1&4\\5&2&4\end{vmatrix}$ 的值.

解：　按第一列展开

$$\begin{vmatrix}3&1&0\\0&-1&4\\5&2&4\end{vmatrix}=3\times(-1)^{1+1}\begin{vmatrix}-1&4\\2&4\end{vmatrix}+0\times(-1)^{2+1}\begin{vmatrix}1&0\\2&4\end{vmatrix}+5\times(-1)^{3+1}\begin{vmatrix}1&0\\-1&4\end{vmatrix}$$

$$=-36+20=-16.$$

若按其他行（列）展开，答案相同.

二、n 阶行列式

定义 9.1.4　一阶行列式 $|a|=a$，设 $(n-1)$ 阶行列式已定义，由 n^2 个元素 $a_{ij}(i,j=1,$

$2, \cdots, n$)排列成的记号 $D=\begin{vmatrix} a_{11} & a_{12} & \cdots & a_{1n} \\ a_{21} & a_{22} & \cdots & a_{2n} \\ \vdots & \vdots & & \vdots \\ a_{n1} & a_{n2} & \cdots & a_{nn} \end{vmatrix}$，$D$ 称为 n 阶行列式．D 中划去第 i 行、第 j 列后剩下的元素按原来顺序构成 $(n-1)$ 阶行列式

$$M_{ij}=\begin{vmatrix} a_{11} & a_{12} & \cdots & a_{1,j-1} & a_{1,j+1} & \cdots & a_{1n} \\ a_{21} & a_{22} & \cdots & a_{2,j-1} & a_{2,j+1} & \cdots & a_{2n} \\ \vdots & \vdots & & \vdots & \vdots & & \vdots \\ a_{i-1,1} & a_{i-1,2} & \cdots & a_{i-1,j-1} & a_{i-1,j+1} & \cdots & a_{i-1,n} \\ a_{i+1,1} & a_{i+1,2} & \cdots & a_{i+1,j-1} & a_{i+1,j+1} & \cdots & a_{i+1,n} \\ \vdots & \vdots & & \vdots & \vdots & & \vdots \\ a_{n1} & a_{n2} & \cdots & a_{n,j-1} & a_{n,j+1} & \cdots & a_{nn} \end{vmatrix}$$ 称为 D 中元素 a_{ij} 的余子式，

$A_{ij}=(-1)^{i+j}M_{ij}$ 称为元素 a_{ij} 的代数余子式. $D=a_{11}A_{11}+a_{12}A_{12}+\cdots+a_{1n}A_{1n}=\sum\limits_{j=1}^{n}a_{1j}A_{1j}$，其中 $A_{1j}(j=1, 2, \cdots, n)$ 为 D 中元素 $a_{1j}(j=1, 2, \cdots, n)$ 的代数余子式，是 $(n-1)$ 阶行列式.

此定义说明 n 阶行列式 D 的值是按第一行各元素与其相应的代数余子式乘积之和，称为按第一行展开，可以证明 D 还可以按其他行(列)展开.

定理 9.1.1

n 阶行列式 $D=\begin{vmatrix} a_{11} & a_{12} & \cdots & a_{1n} \\ a_{21} & a_{22} & \cdots & a_{2n} \\ \vdots & \vdots & & \vdots \\ a_{n1} & a_{n2} & \cdots & a_{nn} \end{vmatrix}$，$D=\sum\limits_{j=1}^{n}a_{ij}A_{ij}$，$i=1, 2, \cdots, n$ 称为行列式按第 i 行展开公式，$D=\sum\limits_{i=1}^{n}a_{ij}A_{ij}$，$j=1, 2, \cdots, n$ 称为行列式按第 j 列展开公式.

证明略.

例 9.1.4 求四阶行列式 $\begin{vmatrix} -2 & 1 & 0 & 0 \\ -1 & 3 & -2 & 1 \\ 1 & 2 & 3 & 4 \\ 3 & -1 & 0 & 0 \end{vmatrix}$ 的值.

解： 按第一行展开

$$\begin{vmatrix} -2 & 1 & 0 & 0 \\ -1 & 3 & -2 & 1 \\ 1 & 2 & 3 & 4 \\ 3 & -1 & 0 & 0 \end{vmatrix}=-2\times(-1)^{1+1}\begin{vmatrix} 3 & -2 & 1 \\ 2 & 3 & 4 \\ -1 & 0 & 0 \end{vmatrix}+1\times(-1)^{1+2}\begin{vmatrix} -1 & -2 & 1 \\ 1 & 3 & 4 \\ 3 & 0 & 0 \end{vmatrix}$$

$$=-22-(-24-9)=11.$$

三、行列式的性质

定义 9.1.5　设 D 是一个 n 阶行列式，将 D 的行与列互换所得的行列式称作 D 的转置行列式，记作 D^T.

$$\text{即若 } D=\begin{vmatrix} a_{11} & a_{12} & \cdots & a_{1n} \\ a_{21} & a_{22} & \cdots & a_{2n} \\ \vdots & \vdots & & \vdots \\ a_{n1} & a_{n2} & \cdots & a_{nn} \end{vmatrix},\text{ 则 } D^T=\begin{vmatrix} a_{11} & a_{21} & \cdots & a_{n1} \\ a_{12} & a_{22} & \cdots & a_{n2} \\ \vdots & \vdots & & \vdots \\ a_{1n} & a_{2n} & \cdots & a_{nn} \end{vmatrix}.$$

性质 1　行列式转置，其值不变. 即 $D=D^T$.

以三阶行列式为例，按三阶行列式的定义展开式即可得到证明.

性质 2　交换行列式的两行(列)，行列式的值变号.

证明:以三阶行列式为例，

$$\text{设 } D=\begin{vmatrix} a_{11} & a_{12} & a_{13} \\ a_{21} & a_{22} & a_{23} \\ a_{31} & a_{32} & a_{33} \end{vmatrix},\ D_1=\begin{vmatrix} a_{21} & a_{22} & a_{23} \\ a_{11} & a_{12} & a_{13} \\ a_{31} & a_{32} & a_{33} \end{vmatrix}.$$

$$D=a_{11}a_{22}a_{33}+a_{12}a_{23}a_{31}+a_{13}a_{21}a_{32}-a_{11}a_{23}a_{32}-a_{12}a_{21}a_{33}-a_{13}a_{22}a_{31}$$

$$D_1=a_{11}a_{23}a_{32}+a_{12}a_{21}a_{33}+a_{13}a_{22}a_{31}-a_{11}a_{22}a_{33}-a_{12}a_{23}a_{31}-a_{13}a_{21}a_{32}$$

可见 $D_1=-D$.

推论　若行列式中有两行(列)对应元素相等，行列式的值为零.

性质 3　用常数 k 乘行列式的某一行(列)，等于用数 k 乘此行列式.

证明略.

$$\text{以三阶行列式为例，}\begin{vmatrix} a_{11} & ka_{12} & a_{13} \\ a_{21} & ka_{22} & a_{23} \\ a_{31} & ka_{32} & a_{33} \end{vmatrix}=k\cdot\begin{vmatrix} a_{11} & a_{12} & a_{13} \\ a_{21} & a_{22} & a_{23} \\ a_{31} & a_{32} & a_{33} \end{vmatrix}.$$

推论　如果行列式有两行(列)的对应元素成比例，则此行列式的值为零.

性质 4　如果行列式中某一行(列)的每一个元素都写成两个数的和，则此行列式可以写成两个行列式的和，这两个行列式分别以这两个数为所在的行(列)对应位置的元素，其他位置的元素与原行列式相同.

证明略.

$$\text{以三阶行列式为例，}\begin{vmatrix} a_{11} & a_{12} & a_{13} \\ a_{21}+b_{21} & a_{22}+b_{22} & a_{23}+b_{23} \\ a_{31} & a_{32} & a_{33} \end{vmatrix}=\begin{vmatrix} a_{11} & a_{12} & a_{13} \\ a_{21} & a_{22} & a_{23} \\ a_{31} & a_{32} & a_{33} \end{vmatrix}+\begin{vmatrix} a_{11} & a_{12} & a_{13} \\ b_{21} & b_{22} & b_{23} \\ a_{31} & a_{32} & a_{33} \end{vmatrix}.$$

性质 5　将行列式某一行(列)的所有元素同乘以数 k 后加于另一行(列)对应的位置上，行列式的值不变.

证明：设 $D=\begin{vmatrix} a_{11} & a_{12} & \cdots & a_{1n} \\ a_{21} & a_{22} & \cdots & a_{2n} \\ \vdots & \vdots & & \vdots \\ a_{i1} & a_{i2} & \cdots & a_{in} \\ \vdots & \vdots & & \vdots \\ a_{j1} & a_{j2} & \cdots & a_{jn} \\ \vdots & \vdots & & \vdots \\ a_{n1} & a_{n2} & \cdots & a_{nn} \end{vmatrix}$，$D_1=\begin{vmatrix} a_{11} & a_{12} & \cdots & a_{1n} \\ a_{21} & a_{22} & \cdots & a_{2n} \\ \vdots & \vdots & & \vdots \\ a_{i1} & a_{i2} & \cdots & a_{in} \\ \vdots & \vdots & & \vdots \\ ka_{i1}+a_{j1} & ka_{i2}+a_{j2} & \cdots & ka_{in}+a_{jn} \\ \vdots & \vdots & & \vdots \\ a_{n1} & a_{n2} & \cdots & a_{nn} \end{vmatrix}$，

将 D_1 按第 j 行展开，有

$$D_1=\sum_{l=1}^{n}(ka_{il}+a_{jl})A_{jl}=\sum_{l=1}^{n}ka_{il}A_{jl}+\sum_{l=1}^{n}a_{jl}A_{jl}$$

$$=\begin{vmatrix} a_{11} & a_{12} & \cdots & a_{1n} \\ a_{21} & a_{22} & \cdots & a_{2n} \\ \vdots & \vdots & & \vdots \\ a_{i1} & a_{i2} & \cdots & a_{in} \\ \vdots & \vdots & & \vdots \\ ka_{i1} & ka_{i2} & \cdots & ka_{in} \\ \vdots & \vdots & & \vdots \\ a_{n1} & a_{n2} & \cdots & a_{nn} \end{vmatrix}+D=0+D=D.$$

例 9.1.5 求行列式 $\begin{vmatrix} 1 & 2 & -5 \\ 1 & 3 & 4 \\ -2 & -4 & 10 \end{vmatrix}$ 的值.

解：因为此行列式的第一行与第三行对应成比例，根据性质 3 的推论，

$$\begin{vmatrix} 1 & 2 & -5 \\ 1 & 3 & 4 \\ -2 & -4 & 10 \end{vmatrix}=0.$$

定理 9.1.2 n 阶行列式 $D=\begin{vmatrix} a_{11} & a_{12} & \cdots & a_{1n} \\ a_{21} & a_{22} & \cdots & a_{2n} \\ \vdots & \vdots & & \vdots \\ a_{n1} & a_{n2} & \cdots & a_{nn} \end{vmatrix}$，其某一行(列)的元素与另一行(列)对应元素的代数余子式乘积之和为 0，即

$$\sum_{j=1}^{n}a_{ij}A_{sj}=0(i\neq s),$$

$$\sum_{i=1}^{n}a_{ij}A_{it}=0(j\neq t).$$

证明：将 D 中的第 s 行元素换成第 i 行对应元素，设所得的行列式为 D_1，将 D_1 按第 s

行展开，有 $D_1=\sum\limits_{j=1}^{n}a_{ij}A_{sj}$，但 D_1 中有两行元素(第 i 行与第 s 行)完全相同，根据行列式性质 2 推论，$D_1=0$.

所以 $\sum\limits_{j=1}^{n}a_{ij}A_{sj}=0$，$i\neq s$；$i=1,2,\cdots,n$.

同理 $\sum\limits_{i=1}^{n}a_{ij}A_{it}=0$，$j\neq t$；$j=1,2,\cdots,n$.

例 9.1.6　计算行列式 $\begin{vmatrix}1&2&3&4\\1&0&1&2\\3&-1&-1&0\\1&2&0&-5\end{vmatrix}$.

解： 下面对行列式进行行变换，用 r 表示行，用 c 表示列，如 r_3 代表第三行，c_4 表示第四列.

$$\begin{vmatrix}1&2&3&4\\1&0&1&2\\3&-1&-1&0\\1&2&0&-5\end{vmatrix}\xlongequal[r_4+(-1)\times r_1]{\substack{r_3+(-3)\times r_1\\ r_2+(-1)\times r_1}}\begin{vmatrix}1&2&3&4\\0&-2&-2&-2\\0&-7&-10&-12\\0&0&-3&-9\end{vmatrix}$$

$$\xlongequal{r_3+\left(-\frac{7}{2}\right)\times r_2}\begin{vmatrix}1&2&3&4\\0&-2&-2&-2\\0&0&-3&-5\\0&0&-3&-9\end{vmatrix}\xlongequal{r_4+(-1)\times r_3}\begin{vmatrix}1&2&3&4\\0&-2&-2&-2\\0&0&-3&-5\\0&0&0&-4\end{vmatrix}$$

$$=1\times(-2)\times(-3)\times(-4)=-24.$$

习题 9.1

1. 填空题.

(1)设 $D=\begin{vmatrix}a^2&a\\3&1\end{vmatrix}$，问 $a=$________时，$D=0$.

(2)若行列式 $D=\begin{vmatrix}k&2&3\\-1&k&0\\0&k&1\end{vmatrix}=0$，则 $k=$________.

(3)设 $D=\begin{vmatrix}1&2&3\\\lambda&0&-4\\5&\lambda&0\end{vmatrix}$，则元素 -4 的余子式 $M_{23}=$________，元素 2 的代数余子式 $A_{12}=$________.

2. 计算题.

(1)计算三阶行列式 $\begin{vmatrix} 1 & 0 & -1 \\ 3 & 5 & 0 \\ 0 & 4 & 1 \end{vmatrix}$.

(2)计算四阶行列式 $\begin{vmatrix} 1 & 2 & 0 & 1 \\ -1 & 4 & -1 & 5 \\ 2 & 3 & 3 & 1 \\ 3 & 1 & 0 & -2 \end{vmatrix}$.

(3)计算四阶行列式 $\begin{vmatrix} 1 & 1 & 1 & 1 \\ a_1 & a & a_2 & a_3 \\ a_2 & a_2 & a & a_3 \\ a_3 & a_3 & a_3 & a \end{vmatrix}$.

第二节　矩阵的概念与矩阵运算

一、矩阵的基本概念

定义 9.2.1　由 $m \times n$ 个元素 $a_{ij}(i=1, 2, \cdots, m; j=1, 2, \cdots, n)$ 排列成一个 m 行 n 列的矩形表，称为一个 $m \times n$ 矩阵，记作

$$\begin{bmatrix} a_{11} & a_{12} & \cdots & a_{1n} \\ a_{21} & a_{22} & \cdots & a_{2n} \\ \vdots & \vdots & & \vdots \\ a_{m1} & a_{m2} & \cdots & a_{mn} \end{bmatrix} \text{或简记作} [a_{ij}].$$

通常用大写字母 A，B，C，…表示，必要时可记作 $A_{m \times n}$ 或 $[a_{ij}]_{m \times n}$.

特别地，(1) 对于矩阵 $A_{m \times n}$，当 $m=n$ 时，称矩阵 $A_{n \times n}$ 为 n 阶方阵；(2) 两个矩阵 A 与 B 相等当且仅当 A 与 B 的行数与行数、列数与列数相等，且对应元素相同. 即若 $A = [a_{ij}]_{m \times n}$，$B = [b_{ij}]_{m \times n}$，$A = B \Leftrightarrow a_{ij} = b_{ij}$，$i=1, 2, \cdots, m; j=1, 2, \cdots, n$.

二、矩阵的运算

1. 矩阵的加法和数与矩阵乘法

定义 9.2.2　两个 $m \times n$ 矩阵 $A = [a_{ij}]_{m \times n}$，$B = [b_{ij}]_{m \times n}$，$A + B = [a_{ij}]_{m \times n} + [b_{ij}]_{m \times n} = [a_{ij} + b_{ij}]_{m \times n}$，$i=1, 2, \cdots, m$；$j=1, 2, \cdots, n$.

注意：若两个矩阵的行数与行数、列数与列数不完全相等，加法不可以进行.

定义 9.2.3　矩阵 $A = [a_{ij}]_{m \times n}$，$k$ 为实数，$kA = k[a_{ij}]_{m \times n} = [ka_{ij}]_{m \times n}$，$i=1, 2, \cdots, m$；$j=1, 2, \cdots, n$.

例 9.2.1　设 $A=\begin{bmatrix}3&2&-5\\0&1&4\end{bmatrix}$, $B=\begin{bmatrix}1&2&3\\-2&1&0\end{bmatrix}$, 求：(1) $\frac{1}{2}(A+B)$；(2) $3A-2B$.

解：$A+B=\begin{bmatrix}3&2&-5\\0&1&4\end{bmatrix}+\begin{bmatrix}1&2&3\\-2&1&0\end{bmatrix}=\begin{bmatrix}4&4&-2\\-2&2&4\end{bmatrix}$,

$$\frac{1}{2}(A+B)=\begin{bmatrix}2&2&-1\\-1&1&2\end{bmatrix},$$

$$\begin{aligned}3A-2B&=3\begin{bmatrix}3&2&-5\\0&1&4\end{bmatrix}-2\begin{bmatrix}1&2&3\\-2&1&0\end{bmatrix}=\begin{bmatrix}9&6&-15\\0&3&12\end{bmatrix}-\begin{bmatrix}2&4&6\\-4&2&0\end{bmatrix}\\&=\begin{bmatrix}7&2&-21\\4&1&12\end{bmatrix}.\end{aligned}$$

矩阵的加法有如下性质：

(1) $A+B=B+A$;

(2) $(A+B)+C=A+(B+C)$;

(3) $k(A+B)=kA+kB$;

(4) $(k+l)A=kA+lA$;

(5) $(kl)A=k(lA)$.

2. **矩阵乘法**

定义 9.2.4　$m\times l$ 矩阵 $A=[a_{ik}]_{m\times l}$, $l\times n$ 矩阵 $B=[b_{kj}]_{l\times n}$,

$$AB=\left[\sum_{k=1}^{l}a_{ik}b_{kj}\right]_{m\times n}.$$

即矩阵 AB 的第 i 行第 j 列元素为 A 的第 i 行元素与 B 的第 j 列对应元素乘积的和.

例 9.2.2　若 $A=\begin{bmatrix}1&2&3\\3&2&1\end{bmatrix}$, $B=\begin{bmatrix}1&-2\\-2&4\\1&-2\end{bmatrix}$, 求 AB 及 BA.

解：$AB=\begin{bmatrix}1&2&3\\3&2&1\end{bmatrix}\begin{bmatrix}1&-2\\-2&4\\1&-2\end{bmatrix}=\begin{bmatrix}0&0\\0&0\end{bmatrix}$,

$$BA=\begin{bmatrix}1&-2\\-2&4\\1&-2\end{bmatrix}\begin{bmatrix}1&2&3\\3&2&1\end{bmatrix}=\begin{bmatrix}-5&-2&1\\10&4&-2\\-5&-2&1\end{bmatrix}.$$

可见 $AB\neq BA$, 矩阵乘法运算不满足交换律.

例 9.2.3　若 $A=\begin{bmatrix}1&1\\0&2\end{bmatrix}$, $B=\begin{bmatrix}2&0\\0&2\end{bmatrix}$, $C=\begin{bmatrix}1&0\\1&0\end{bmatrix}$, 求 AC 与 BC.

解：$AC=\begin{bmatrix}1&1\\0&2\end{bmatrix}\begin{bmatrix}1&0\\1&0\end{bmatrix}=\begin{bmatrix}2&0\\2&0\end{bmatrix}$,

$$BC=\begin{bmatrix}2&0\\0&2\end{bmatrix}\begin{bmatrix}1&0\\1&0\end{bmatrix}=\begin{bmatrix}2&0\\2&0\end{bmatrix}.$$

显然，$AC=BC$ 但 $A\neq B$. 所以，矩阵乘法也不满足消去律.

矩阵的乘法有下列性质：

(1) $(AB)C=A(BC)$；

(2) $(A+B)C=AC+BC$；

(3) $C(A+B)=CA+CB$；

(4) $k(AB)=(kA)B=A(kB)$.

证明略.

3. **矩阵转置**

定义 9.2.5 将 $m\times n$ 矩阵 A 的行与列互换得到的 $n\times m$ 矩阵，称为矩阵 A 的转置矩阵，记作 A^T.

即如果 $A=\begin{bmatrix} a_{11} & a_{12} & \cdots & a_{1n} \\ a_{21} & a_{22} & \cdots & a_{2n} \\ \vdots & \vdots & & \vdots \\ a_{m1} & a_{m2} & \cdots & a_{mn} \end{bmatrix}$，则 $A^T=\begin{bmatrix} a_{11} & a_{12} & \cdots & a_{m1} \\ a_{21} & a_{22} & \cdots & a_{m2} \\ \vdots & \vdots & & \vdots \\ a_{1n} & a_{2n} & \cdots & a_{mn} \end{bmatrix}$.

转置矩阵有下列性质：

(1) $(A^T)^T=A$；

(2) $(A+B)^T=A^T+B^T$；

(3) $k(A)^T=kA^T$；

(4) $(AB)^T=B^TA^T$.

证明略.

三、几种特殊矩阵

1. **零矩阵**

所有元素都为零的矩阵称为零矩阵，记作 O. 如 $\begin{bmatrix} 0 & 0 \\ 0 & 0 \end{bmatrix}$，$[0\ \ 0\ \ 0\ \ 0]$，$\begin{bmatrix} 0 & 0 \\ 0 & 0 \\ 0 & 0 \end{bmatrix}$等等.

2. **单位矩阵**

主对角线上的元素全是 1，其余元素全是 0 的 n 阶方阵$\begin{bmatrix} 1 & 0 & \cdots & 0 \\ 0 & 1 & \cdots & 0 \\ \vdots & \vdots & \vdots & \vdots \\ 0 & 0 & \cdots & 1 \end{bmatrix}$称为 ***n* 阶单位矩阵**，记作 I 或 E，简化为 I_n 或 E_n.

3. **对角矩阵**

除主对角线上的元素外，其余元素均为零的矩阵$\begin{bmatrix} d_1 & 0 & \cdots & 0 \\ 0 & d_2 & \cdots & 0 \\ \vdots & \vdots & \vdots & \vdots \\ 0 & 0 & \cdots & d_n \end{bmatrix}$称为**对角矩阵**.

4. 三角形矩阵

主对角线下方的元素全为0的方阵$\begin{bmatrix} a_{11} & a_{12} & \cdots & a_{1n} \\ 0 & a_{22} & \cdots & a_{2n} \\ \vdots & \vdots & \vdots & \vdots \\ 0 & 0 & \cdots & a_{nn} \end{bmatrix}$称为**上三角形矩阵**.

主对角线上方的元素全为0的方阵$\begin{bmatrix} a_{11} & 0 & \cdots & 0 \\ a_{21} & a_{22} & \cdots & 0 \\ \vdots & \vdots & \vdots & \vdots \\ a_{n1} & a_{n2} & \cdots & a_{nn} \end{bmatrix}$称为**下三角形矩阵**.

5. 对称矩阵

定义 9.2.6　设n阶方阵$A=[a_{ij}]$，若满足$A^T=A$，则称A为**对称矩阵**.

如$\begin{bmatrix} 1 & 2 & 3 \\ 2 & 1 & 4 \\ 3 & 4 & 1 \end{bmatrix}$、$\begin{bmatrix} 2 & 4 & 5 & 3 \\ 4 & 2 & 6 & 7 \\ 5 & 6 & 2 & 8 \\ 3 & 7 & 8 & 2 \end{bmatrix}$都是对称矩阵.

对称矩阵有如下性质：

(1) 设A、B是两个同价对称矩阵，则$A+B$仍为对称矩阵；

(2) 设A为对称矩阵，k为一常数，则kA仍为对称矩阵.

6. 分块矩阵

将一个矩阵分成若干子块，并以所分的子块为元素的矩阵，称为**分块矩阵**.

如$A=\begin{bmatrix} 1 & 2 & -1 & 3 \\ 0 & 1 & 0 & 0 \\ 0 & 0 & 1 & 0 \\ 0 & 0 & 0 & 1 \end{bmatrix}$，令$\begin{bmatrix} 1 & 2 \\ 0 & 1 \end{bmatrix}=A_1$，$\begin{bmatrix} -1 & 3 \\ 0 & 0 \end{bmatrix}=A_2$，$\begin{bmatrix} 0 & 0 \\ 0 & 0 \end{bmatrix}=O_{2\times2}$，$\begin{bmatrix} 1 & 0 \\ 0 & 1 \end{bmatrix}=I_2$，

则$A=\left[\begin{array}{cc:cc} 1 & 2 & -1 & 3 \\ 0 & 1 & 0 & 0 \\ \hdashline 0 & 0 & 1 & 0 \\ 0 & 0 & 0 & 1 \end{array}\right]=\begin{bmatrix} A_1 & A_2 \\ O_{2\times2} & I_2 \end{bmatrix}$.

习题 9.2

1. 选择题.

(1)设A、B均为方阵，则下列结论正确的是(　　).

A. $(AB)^T=A^TB^T$　　　　B. $AA^T=A^TA$

C. $A^T=A$，则$(A^2)^T=A^2$　　　　D. 若$A^T=A$，$B^T=B$，则$(AB)^T=AB$

(2)设矩阵 $A_{s\times n}$，$B_{n\times m}$，则运算(　　)有意义.

A. A^2　　B. AB　　C. BA　　D. AB^T

(3)设 A、B、C 均为 n 阶矩阵，下列运算不是运算律的是(　　).

A. $(A+B)+C=(C+A)+B$　　B. $(A+B)C=AC+BC$

C. $A(BC)=(AB)C$　　D. $(AB)C=(AC)B$

(4)已知矩阵 $A=\begin{bmatrix} a_{11} & a_{12} \\ a_{21} & a_{22} \\ a_{31} & a_{32} \end{bmatrix}$，那么能左乘 A 的矩阵是(　).

A. $\begin{bmatrix} b_{11} & b_{12} \\ b_{21} & b_{22} \\ b_{31} & b_{32} \end{bmatrix}$　　B. $\begin{bmatrix} b_{11} & b_{12} & b_{13} \end{bmatrix}$

C. $\begin{bmatrix} b_{11} \\ b_{21} \\ b_{31} \end{bmatrix}$　　D. $\begin{bmatrix} b_{11} & b_{12} \\ b_{21} & b_{22} \end{bmatrix}$

2. 计算题.

(1)已知 $A=\begin{bmatrix} 3 & -1 & 2 & 0 \\ 1 & 5 & 7 & 9 \\ 2 & 4 & 6 & 8 \end{bmatrix}$，$B=\begin{bmatrix} 7 & 5 & -2 & 4 \\ 5 & 1 & 9 & 7 \\ 3 & 2 & -1 & 6 \end{bmatrix}$，且 $A+2X=B$，求 X.

(2)设 $A=\begin{bmatrix} -3 & 0 & 1 & 5 \\ 2 & -1 & 4 & 7 \\ 1 & 3 & 0 & 6 \end{bmatrix}$，$B=\begin{bmatrix} 7 & -1 & 2 \\ -2 & 4 & 0 \\ 0 & 5 & 3 \\ 1 & -3 & 8 \end{bmatrix}$，求 X，使 $3A+2X=B^T$.

(3)已知 $A=\begin{bmatrix} 1 & 2 \\ 0 & 4 \\ -1 & 1 \end{bmatrix}$，$B=\begin{bmatrix} 1 & -1 & 3 \\ 2 & 0 & 1 \end{bmatrix}$，$C=\begin{bmatrix} 1 & -2 & 4 \\ 3 & -1 & 2 \end{bmatrix}$，求 $A(3B-2C)$.

3. 用矩阵 $A=\begin{bmatrix} 1 & 2 & -3 \\ -4 & -5 & 6 \end{bmatrix}$，$B=\begin{bmatrix} -1 & 4 \\ 2 & -3 \\ 3 & 1 \end{bmatrix}$，验证 $(A+B)^T=A^T+B^T$，$(AB)^T=(B)^T(A)^T$.

第三节　逆矩阵

一、逆矩阵的定义

定义 9.3.1　A 为 n 阶矩阵，如果存在矩阵 B，使 $AB=BA=I$，则称 B 为 A 的逆矩阵. 可以证明若 $AB=I$，则 $BA=I$，且 A 的逆矩阵是唯一的，A 的逆矩阵记作 A^{-1}.

例 9.3.1　设 $A=\begin{bmatrix}1&1\\3&4\end{bmatrix}$，考察 A 是否可逆；如果可逆，求其逆矩阵 A^{-1}.

解：设 $B=\begin{bmatrix}x_{11}&x_{12}\\x_{21}&x_{22}\end{bmatrix}$，若 B 是 A 的逆矩阵，由 $AB=I$，得

$$\begin{bmatrix}1&1\\3&4\end{bmatrix}\begin{bmatrix}x_{11}&x_{12}\\x_{21}&x_{22}\end{bmatrix}=\begin{bmatrix}x_{11}+x_{21}&x_{12}+x_{22}\\3x_{11}+4x_{21}&3x_{12}+4x_{22}\end{bmatrix}=\begin{bmatrix}1&0\\0&1\end{bmatrix},$$

于是有 $\begin{cases}x_{11}+x_{21}=1\\3x_{11}+4x_{21}=0\end{cases}$ 及 $\begin{cases}x_{12}+x_{22}=0\\3x_{12}+4x_{22}=1\end{cases}$，

解之得 $\begin{cases}x_{11}=4\\x_{21}=-3\end{cases}$ 及 $\begin{cases}x_{12}=-1\\x_{22}=1\end{cases}$.

所以 $B=\begin{bmatrix}4&-1\\-3&1\end{bmatrix}$，即 $A^{-1}=\begin{bmatrix}4&-1\\-3&1\end{bmatrix}$.

定义 9.3.2　如果 n 阶矩阵 A 的行列式 $|A|\neq 0$，则称 A 为**非奇异矩阵**，否则，称为**奇异矩阵**.

逆矩阵 A^{-1} 有如下性质：

(1) 如果矩阵 A 可逆，则其逆矩阵 A^{-1} 惟一；

(2) $(A^{-1})^{-1}=A$；

(3) $(A^{-1})^T=(A^T)^{-1}$；

(4) $(kA)^{-1}=k^{-1}A^{-1}(k\neq 0)$；

(5) $(AB)^{-1}=B^{-1}A^{-1}$；

(6) 如果 A 可逆，则方程 $AX=B$ 有唯一解 $X=A^{-1}B$；方程 $YA=B$ 有唯一解 $Y=BA^{-1}$；

(7) A 可逆的充分必要条件是 A 非奇异.

二、用伴随矩阵求逆矩阵

定义 9.3.3　设 $A=[a_{ij}]$ 为 n 阶矩阵，A_{ij} 为行列式 $|A|$ 中元素 a_{ij} 的代数余子式，则称矩阵 $A^*=\begin{bmatrix}A_{11}&A_{21}&\cdots&A_{n1}\\A_{12}&A_{22}&\cdots&A_{n2}\\\vdots&\vdots&\vdots&\vdots\\A_{1n}&A_{2n}&\cdots&A_{nn}\end{bmatrix}$ 为 A 的伴随矩阵.

定理 9.3.1　n 阶矩阵 $A=[a_{ij}]$ 可逆的充分必要条件是 A 非奇异，而且

$$A^{-1}=\frac{1}{|A|}\begin{bmatrix}A_{11}&A_{21}&\cdots&A_{n1}\\A_{12}&A_{22}&\cdots&A_{n2}\\\vdots&\vdots&\vdots&\vdots\\A_{1n}&A_{2n}&\cdots&A_{nn}\end{bmatrix},$$其中 A_{ij} 是 A 中元素 a_{ij} 的代数余子式.

证明：必要条件：

若 A 可逆，由 $AA^{-1}=I$，有 $|AA^{-1}|=|I|=1$，

即$|A| \cdot |A^{-1}|=1$，所以$|A|\neq 0$，即A非奇异.

充分条件：

若A非奇异，存在矩阵$B=\frac{1}{|A|}\begin{bmatrix} A_{11} & A_{21} & \cdots & A_{n1} \\ A_{12} & A_{22} & \cdots & A_{n2} \\ \vdots & \vdots & \vdots & \vdots \\ A_{1n} & A_{2n} & \cdots & A_{nn} \end{bmatrix}$，

$$\text{所以} AB=\begin{bmatrix} a_{11} & a_{12} & \cdots & a_{1n} \\ a_{21} & a_{22} & \cdots & a_{2n} \\ \vdots & \vdots & & \vdots \\ a_{m1} & a_{m2} & \cdots & a_{mn} \end{bmatrix} \times \frac{1}{|A|}\begin{bmatrix} A_{11} & A_{21} & \cdots & A_{n1} \\ A_{12} & A_{22} & \cdots & A_{n2} \\ \vdots & \vdots & \vdots & \vdots \\ A_{1n} & A_{2n} & \cdots & A_{nn} \end{bmatrix}$$

$$=\frac{1}{|A|}\begin{bmatrix} |A| & 0 & \cdots & 0 \\ 0 & |A| & \cdots & 0 \\ \vdots & \vdots & & \vdots \\ 0 & 0 & \cdots & |A| \end{bmatrix}=\begin{bmatrix} 1 & 0 & \cdots & 0 \\ 0 & 1 & \cdots & 0 \\ \vdots & \vdots & \vdots & \vdots \\ 0 & 0 & \cdots & 1 \end{bmatrix}=I.$$

由此可知A可逆，且$A^{-1}=\frac{1}{|A|}\begin{bmatrix} A_{11} & A_{21} & \cdots & A_{n1} \\ A_{12} & A_{22} & \cdots & A_{n2} \\ \vdots & \vdots & \vdots & \vdots \\ A_{1n} & A_{2n} & \cdots & A_{nn} \end{bmatrix}$，

于是$A^{-1}=\frac{1}{|A|}A^*$.

例 9.3.2 若矩阵$A=\begin{bmatrix} 2 & 1 & 0 \\ 1 & 0 & 4 \\ 0 & 3 & 1 \end{bmatrix}$，考察$A$是否可逆，求$A^{-1}$.

解：$|A|=\begin{vmatrix} 2 & 1 & 0 \\ 1 & 0 & 4 \\ 0 & 3 & 1 \end{vmatrix}=-25\neq 0$，所以$A$为非奇异矩阵，$A$可逆.

$$A_{11}=\begin{vmatrix} 0 & 4 \\ 3 & 1 \end{vmatrix}=-12,\ A_{21}=-\begin{vmatrix} 1 & 0 \\ 3 & 1 \end{vmatrix}=-1,\ A_{31}=\begin{vmatrix} 1 & 0 \\ 0 & 4 \end{vmatrix}=4,$$

$$A_{12}=-\begin{vmatrix} 1 & 4 \\ 0 & 1 \end{vmatrix}=-1,\ A_{22}=\begin{vmatrix} 2 & 0 \\ 0 & 1 \end{vmatrix}=2,\ A_{32}=-\begin{vmatrix} 2 & 0 \\ 1 & 4 \end{vmatrix}=-8,$$

$$A_{13}=\begin{vmatrix} 1 & 0 \\ 0 & 3 \end{vmatrix}=3,\ A_{23}=-\begin{vmatrix} 2 & 1 \\ 0 & 3 \end{vmatrix}=-6,\ A_{33}=\begin{vmatrix} 2 & 1 \\ 1 & 0 \end{vmatrix}=-1.$$

$$\text{所以} A^*=\begin{bmatrix} -12 & -1 & 4 \\ -1 & 2 & -8 \\ 3 & -6 & -1 \end{bmatrix},\ A^{-1}=\frac{1}{|A|}A^*=\begin{bmatrix} \frac{12}{25} & \frac{1}{25} & -\frac{4}{25} \\ \frac{1}{25} & -\frac{2}{25} & \frac{8}{25} \\ -\frac{3}{25} & \frac{6}{25} & \frac{1}{25} \end{bmatrix}.$$

三、矩阵的行列式

根据矩阵的相关定义，设 A 为 n 阶方阵，可得到如下性质：

(1) $|A^T|=|A|$；

(2) $|kA|=k^n|A|$（k 为常数）；

(3) $|AB|=|A||B|$，$|A_1A_2\cdots A_m|=|A_1||A_2|\cdots|A_m|$；

(4) $|A^{-1}|=\dfrac{1}{|A|}$；

(5) $|(kA)^{-1}|=|\dfrac{1}{k}A^{-1}|=\dfrac{1}{k^n}|A^{-1}|=\dfrac{1}{k^n|A|}$（其中 $k\neq 0$，n 为矩阵 A 的阶）.

证明略.

习题 9.3

1. 填空题.

(1) 设 $A=(a_{ij})_{m\times n}$，$B=(b_{ij})_{s\times t}$，当且仅当________时，有 $A=B$.

(2) 设 $A=(a_{ij})_{m\times n}$，$B=(b_{ij})_{s\times t}$，$C=(c_{ij})_{k\times l}$，若 $AB=C$，则 m, n, s, t, k, l 之间的关系有________.

(3) 若 A 是对称矩阵，则 $A^T-A=$________.

(4) 若矩阵 A 可逆，则 $(A^T)^{-1}=$________.

(5) 设 A、B 均为方阵，若 $AB=I$，则 $A^{-1}=$________，$B^{-1}=$________.

2. 选择题.

(1) 设 A、B、C 均为 n 阶可逆矩阵，且 $ABC=I$，则下列结论必然成立的是(　　).

A. $ACB=I$　　B. $BAC=I$　　C. $BCA=I$　　D. $CBA=I$

(2) 已知 A 为三阶方阵，$|A|=a\neq 0$，A^* 为伴随矩阵，那么 $|A^*|=$(　　).

A. $\dfrac{1}{a}$　　B. a　　C. a^2　　D. a^3

3. 计算题.

(1) 用伴随矩阵求 $A=\begin{bmatrix}1 & 0 & 1\\ 2 & 1 & 0\\ -3 & 2 & -5\end{bmatrix}$ 的逆矩阵.

(2) 已知 $A=\begin{bmatrix}1 & 0 & 1\\ 2 & 1 & 0\\ -3 & 2 & -5\end{bmatrix}$，用伴随矩阵求 $(I-A)^{-1}$.

第四节　矩阵的初等变换

一、矩阵的初等变换与初等矩阵

定义 9.4.1　对矩阵施以以下三种变换，称为矩阵的初等变换.

(1) 交换矩阵的两行(列)；

(2) 以非零的数 k 乘矩阵的某一行(列)；

(3) 把矩阵的某一行(列)的 l 倍加于另一行(列)上.

对矩阵的行施以初等变换，称为初等行变换；对矩阵的列施以初等变换，称为初等列变换.

定义 9.4.2　对单位矩阵 I 施以一次初等变换得到的矩阵，称为**初等矩阵**.

定理 9.4.1　设 $m \times n$ 矩阵 $A = [a_{ij}]_{m \times n}$，对矩阵 A 施以某种初等行(列)变换得到的矩阵，等于用同种的 $m(n)$ 阶初等矩阵左(右)乘 A.

以 3×4 矩阵 $A = \begin{bmatrix} a_{11} & a_{12} & a_{13} & a_{14} \\ a_{21} & a_{22} & a_{23} & a_{24} \\ a_{31} & a_{32} & a_{33} & a_{34} \end{bmatrix}$ 验证，对 E_3 进行第一、二两行交换，可得初等矩阵 $\begin{bmatrix} 0 & 1 & 0 \\ 1 & 0 & 0 \\ 0 & 0 & 1 \end{bmatrix}$，用该初等矩阵左乘 A，有

$$\begin{bmatrix} 0 & 1 & 0 \\ 1 & 0 & 0 \\ 0 & 0 & 1 \end{bmatrix}\begin{bmatrix} a_{11} & a_{12} & a_{13} & a_{14} \\ a_{21} & a_{22} & a_{23} & a_{24} \\ a_{31} & a_{32} & a_{33} & a_{34} \end{bmatrix} = \begin{bmatrix} a_{21} & a_{22} & a_{23} & a_{24} \\ a_{11} & a_{12} & a_{13} & a_{14} \\ a_{31} & a_{32} & a_{33} & a_{34} \end{bmatrix} = A_1.$$

A_1 是对 A 施以交换第一、第二两行的初等行变换所得矩阵，它等于用对 E_3 施以同种初等行变换所得到的初等矩阵左乘 A.

同理可证对 E_4 施以初等列变换所得的初等矩阵右乘 A 等于对 A 施以同种初等列变换所得的矩阵.

二、逆矩阵的求法

(1) $A^{-1} = \frac{1}{|A|}A^*$(前面已阐述)；

(2) 分块矩阵 $[A \quad E]$ 经过一系列的初等行变换，当 A 变为 E 时，E 就变为 A^{-1}，即

$$[A \quad E] \xrightarrow{\text{一系列的初等行变换}} [E \quad A^{-1}];$$

(3) 分块矩阵 $\begin{bmatrix} A \\ E \end{bmatrix}$ 经过一系列的初等列变换，当 A 变为 E 时，E 就变为 A^{-1}，即

$$\begin{bmatrix} A \\ E \end{bmatrix} \xrightarrow{\text{一系列的初等列变换}} \begin{bmatrix} E \\ A^{-1} \end{bmatrix};$$

(4) 设 n 阶矩阵 A 和 B 满足 $AB=E$，则 A 和 B 都可逆，且 $A^{-1}=B$，$B^{-1}=A$.

例 9.4.1　利用初等行变换，求矩阵 $A=\begin{bmatrix} 2 & 1 & 0 \\ 1 & 0 & 4 \\ 0 & 3 & 1 \end{bmatrix}$ 的逆矩阵.

解： 用 r 表示行，c 代表列，下面对矩阵 A 进行初等行变换，如 r_3 代表第 3 行，c_2 代表第 2 列，下同.

$$[A \quad E]=\left[\begin{array}{ccc:ccc} 2 & 1 & 0 & 1 & 0 & 0 \\ 1 & 0 & 4 & 0 & 1 & 0 \\ 0 & 3 & 1 & 0 & 0 & 1 \end{array}\right] \xrightarrow{r_1 \leftrightarrow r_2} \left[\begin{array}{ccc:ccc} 1 & 0 & 4 & 0 & 1 & 0 \\ 2 & 1 & 0 & 1 & 0 & 0 \\ 0 & 3 & 1 & 0 & 0 & 1 \end{array}\right]$$

$$\xrightarrow{r_2-2\times r_1} \left[\begin{array}{ccc:ccc} 1 & 0 & 4 & 0 & 1 & 0 \\ 0 & 1 & -8 & 1 & -2 & 0 \\ 0 & 3 & 1 & 0 & 0 & 1 \end{array}\right] \xrightarrow{r_3-3\times r_2} \left[\begin{array}{ccc:ccc} 1 & 0 & 4 & 0 & 1 & 0 \\ 0 & 1 & -8 & 1 & -2 & 0 \\ 0 & 0 & 25 & -3 & 6 & 1 \end{array}\right]$$

$$\xrightarrow{r_3\times\frac{1}{25}} \left[\begin{array}{ccc:ccc} 1 & 0 & 4 & 0 & 1 & 0 \\ 0 & 1 & -8 & 1 & -2 & 0 \\ 0 & 0 & 1 & -\frac{3}{25} & \frac{6}{25} & \frac{1}{25} \end{array}\right] \xrightarrow[r_2+8\times r_3]{r_1-4\times r_3} \left[\begin{array}{ccc:ccc} 1 & 0 & 0 & \frac{12}{25} & \frac{1}{25} & -\frac{4}{25} \\ 0 & 1 & 0 & \frac{1}{25} & -\frac{2}{25} & \frac{8}{25} \\ 0 & 0 & 1 & -\frac{3}{25} & \frac{6}{25} & \frac{1}{25} \end{array}\right]$$

$$=[E \quad A^{-1}].$$

所以
$$A^{-1}=\begin{bmatrix} \frac{12}{25} & \frac{1}{25} & -\frac{4}{25} \\ \frac{1}{25} & -\frac{2}{25} & \frac{8}{25} \\ -\frac{3}{25} & \frac{6}{25} & \frac{1}{25} \end{bmatrix}$$

此题例 9.3.2 已用求伴随矩阵的方法求逆矩阵.

例 9.4.2　利用初等列变换，求矩阵 $A=\begin{bmatrix} 2 & 1 & 0 \\ 1 & 0 & 4 \\ 0 & 3 & 1 \end{bmatrix}$ 的逆矩阵 A^{-1}.

解：
$$\begin{bmatrix} A \\ E \end{bmatrix}=\left[\begin{array}{ccc} 2 & 1 & 0 \\ 1 & 0 & 4 \\ 0 & 3 & 1 \\ \hdashline 1 & 0 & 0 \\ 0 & 1 & 0 \\ 0 & 0 & 1 \end{array}\right] \xrightarrow{c_1 \leftrightarrow c_2} \left[\begin{array}{ccc} 1 & 2 & 0 \\ 0 & 1 & 4 \\ 3 & 0 & 1 \\ \hdashline 0 & 1 & 0 \\ 1 & 0 & 0 \\ 0 & 0 & 1 \end{array}\right] \xrightarrow{c_2-2\times c_1} \left[\begin{array}{ccc} 1 & 0 & 0 \\ 0 & 1 & 4 \\ 3 & -6 & 1 \\ \hdashline 0 & 1 & 0 \\ 1 & -2 & 0 \\ 0 & 0 & 1 \end{array}\right]$$

$$\xrightarrow{c_3-4\times c_2}\begin{bmatrix}1&0&0\\0&1&0\\3&-6&25\\\hdashline 0&1&-4\\1&-2&8\\0&0&1\end{bmatrix}\xrightarrow{\frac{1}{25}\times c_3}\begin{bmatrix}1&0&0\\0&1&0\\3&-6&1\\\hdashline 0&1&-\frac{4}{25}\\1&-2&\frac{8}{25}\\0&0&\frac{1}{25}\end{bmatrix}$$

$$\xrightarrow[c_2+6\times c_3]{c_1+(-3)\times c_3}\begin{bmatrix}1&0&0\\0&1&0\\0&0&1\\\hdashline \frac{12}{25}&\frac{1}{25}&-\frac{4}{25}\\\frac{1}{25}&-\frac{2}{25}&\frac{8}{25}\\-\frac{3}{25}&\frac{6}{25}&\frac{1}{25}\end{bmatrix}=\begin{bmatrix}E\\A^{-1}\end{bmatrix}.\quad 所以 A^{-1}=\begin{bmatrix}\frac{12}{25}&\frac{1}{25}&-\frac{4}{25}\\\frac{1}{25}&-\frac{2}{25}&\frac{8}{25}\\-\frac{3}{25}&\frac{6}{25}&\frac{1}{25}\end{bmatrix}.$$

从上述例题可以看出，求高价矩阵的逆矩阵，为了减少计算量，宜采用初等变换法求逆矩阵，利用伴随矩阵求逆矩阵可以比较方便地应用于低阶矩阵，另外，利用伴随矩阵表示逆矩阵，对于讨论有关逆矩阵的理论问题有一定意义.

习题 9.4

1. 利用伴随矩阵求下列矩阵的逆矩阵.

(1) $\begin{bmatrix}2&3\\0&4\end{bmatrix}$； (2) $\begin{bmatrix}1&0&0\\1&1&0\\1&1&1\end{bmatrix}$.

2. 利用初等变换法求下列矩阵的逆矩阵.

(1) $\begin{bmatrix}2&3&4\\5&-2&1\\1&2&3\end{bmatrix}$； (2) $\begin{bmatrix}-2&-5&2\\3&7&-3\\-4&-10&3\end{bmatrix}$.

3. 已知矩阵 $A=\begin{bmatrix}1&0&1\\2&1&0\\-3&2&-5\end{bmatrix}$，求 A^{-1} 及 $(E-A)^{-1}$.

第五节　解线性方程组的克莱姆法则和高斯消元法

一、克莱姆法则

定理 9.5.1　含有 n 个方程 n 个未知数的线性方程组

$$\begin{cases} a_{11}x_1+a_{12}x_2+\cdots+a_{1n}x_n=b_1 \\ a_{21}x_1+a_{22}x_2+\cdots+a_{2n}x_n=b_2 \\ \cdots \\ a_{n1}x_1+a_{n2}x_2+\cdots+a_{nn}x_n=b_n \end{cases} \tag{9-1}$$

当系数行列式 $D=\begin{vmatrix} a_{11} & a_{12} & \cdots & a_{1n} \\ a_{21} & a_{22} & \cdots & a_{2n} \\ \vdots & \vdots & & \vdots \\ a_{n1} & a_{n2} & \cdots & a_{nn} \end{vmatrix}\neq 0$ 时，方程组(9－1)有且仅有唯一解

$$x_j=\frac{D_j}{D}(j=1,2,\cdots,n),$$

其中 $D_j(j=1,2,\cdots,n)$ 是行列式 D 中第 j 列元素 a_{1j}，a_{2j}，$\cdots$，a_{nj} 对应的换位方程组(9－1)的常数项 b_1，b_2，$\cdots$，b_n 后所得的行列式.

证明：以行列式 D 的第 j 列$(j=1,2,\cdots,n)$的代数余子式 A_{1j}，A_{2j}，$\cdots$，A_{nj} 分别乘方程组(9－1)的第 1，2，$\cdots$，n 个方程，然后相加得：

$(a_{11}A_{1j}+a_{21}A_{2j}+\cdots+a_{n1}A_{nj})x_1+(a_{12}A_{2j}+a_{22}A_{2j}+\cdots+a_{n2}A_{nj})x_2+(a_{1j}A_{1j}+a_{2j}A_{2j}+\cdots+a_{nj}A_{nj})x_j+(a_{1n}A_{1j}+a_{2n}A_{2j}+\cdots+a_{nn}A_{nj})x_n=b_1A_{1j}+b_2A_{2j}+\cdots+b_nA_{nj}$.

根据定理 9.1.1 与定理 9.1.2，x_j 的系数等于 D，$x_s(s\neq j)$ 的系数等于 0，等式右边为 D_j，即

$$Dx_j=D_j(j=1,2,\cdots,n),$$

当 $D\neq 0$ 时，方程组(9－1)仅有形式为 $x_j=\frac{D_j}{D}$ 的解.

于是可得方程组(9－1)在系数行列式 $D\neq 0$ 时，有且仅有唯一解 $x_j=\frac{D_j}{D}(j=1,2,\cdots,n)$.

例 9.5.1　用克莱姆法则解下列线性方程组.

$$\begin{cases} x_1-x_3-x_4=1 \\ x_2+x_3-x_4=0 \\ x_1-x_2+x_3=4 \\ x_1+x_2+x_4=1 \end{cases}$$

解：$D=\begin{vmatrix}1&0&-1&-1\\0&1&1&-1\\1&-1&1&0\\1&1&0&1\end{vmatrix}\xrightarrow[r_4+(-1)\times r_1]{r_3+(-1)\times r_1}\begin{vmatrix}1&0&-1&-1\\0&1&1&-1\\0&-1&2&1\\0&1&1&2\end{vmatrix}$（行变换）

$$\xrightarrow[r_4+(-1)\times r_2]{r_3+1\times r_2}\begin{vmatrix}1&0&-1&-1\\0&1&1&-1\\0&0&3&0\\0&0&0&3\end{vmatrix}=9.$$

$$D_1=\begin{vmatrix}1&0&-1&-1\\0&1&1&-1\\4&-1&1&0\\1&1&0&1\end{vmatrix}\xrightarrow[r_4+(-1)\times r_1]{r_3+(-4)\times r_1}\begin{vmatrix}1&0&-1&-1\\0&1&1&-1\\0&-1&5&4\\0&1&1&2\end{vmatrix}$$

$$\xrightarrow[r_4+(-1)\times r_2]{r_3+1\times r_2}\begin{vmatrix}1&0&-1&-1\\0&1&1&-1\\0&0&6&3\\0&0&0&3\end{vmatrix}=18,$$

同理 可求得 $D_2=-9$，$D_3=9$，$D_4=0$.

于是 $x_1=\frac{D_1}{D}=2$，$x_2=\frac{D_2}{D}=-1$，$x_3=\frac{D_3}{D}=1$，$x_4=\frac{D_4}{D}=0$，

所以原方程组的解为 $\begin{cases}x_1=2\\x_2=-1\\x_3=1\\x_4=0\end{cases}$.

二、高斯消元法

利用克莱姆法则解方程组，需要用到行列式的计算，这种方法只能解方程个数与未知数个数相等且系数行列式不等于零的线性方程组. 下面介绍如何用高斯消元法解线性方程组.

例 9.5.2 解线性方程组

$$\begin{cases}5x_1+2x_2-4x_3=-3\\2x_1-x_2+2x_3=6\\x_1+x_2-x_3=0\end{cases}\qquad\text{(Ⅰ)}$$

把方程组的系数矩阵和常数矩阵合并就组成了新的矩阵，我们称之为增广矩阵，记作 $\tilde{A}$，如方程组(Ⅰ)的增广矩阵为

$$\tilde{A}=\left[\begin{array}{ccc:c}5&2&-4&-3\\2&-1&2&6\\1&1&-1&0\end{array}\right].$$

我们将对此增广矩阵施行初等行变换，就可完成对原方程组的消元求值过程.

$$\tilde{A}=\left[\begin{array}{ccc:c}5&2&-4&-3\\2&-1&2&6\\1&1&-1&0\end{array}\right]\xrightarrow{r_1\leftrightarrow r_3}\left[\begin{array}{ccc:c}1&1&-1&0\\2&-1&2&6\\5&2&-4&-3\end{array}\right]$$

$$\xrightarrow[r_3+(-5)\times r_1]{r_2+(-2)\times r_1}\left[\begin{array}{ccc:c}1&1&-1&0\\0&-3&4&6\\0&-3&1&-3\end{array}\right]\xrightarrow{r_3+(-1)\times r_2}\left[\begin{array}{ccc:c}1&1&-1&0\\0&-3&4&6\\0&0&-3&-9\end{array}\right]$$

$$\xrightarrow[(-\frac{1}{3})\times r_3]{(-\frac{1}{3})\times r_2}\left[\begin{array}{ccc:c}1&1&-1&0\\0&1&-\frac{4}{3}&-2\\0&0&1&3\end{array}\right]\xrightarrow[r_1+1\times r_3]{r_2+\frac{4}{3}r_3}\left[\begin{array}{ccc:c}1&1&0&3\\0&1&0&2\\0&0&1&3\end{array}\right]$$

$$\xrightarrow{r_1+(-1)\times r_2}\left[\begin{array}{ccc:c}1&0&0&1\\0&1&0&2\\0&0&1&3\end{array}\right]$$，于是得原方程组的解为 $\begin{cases}x_1=1\\x_2=2.\\x_3=3\end{cases}$

高斯消元法是解线性方程组的一般的、通用的方法，不论方程的个数与未知数的个数是否相同，也不论是唯一解、无穷多解或无解都是有效的.

例 9.5.3　解线性方程组 $\begin{cases}x_1+x_3=4\\x_1-x_2=1.\\x_2+x_3=3\end{cases}$

解：

$$\left[\begin{array}{ccc:c}1&0&1&4\\1&-1&0&1\\0&1&1&3\end{array}\right]\xrightarrow{r_2+(-1)\times r_1}\left[\begin{array}{ccc:c}1&0&1&4\\0&-1&-1&-3\\0&1&1&3\end{array}\right]\xrightarrow{r_3+1\times r_2}\left[\begin{array}{ccc:c}1&0&1&4\\0&-1&-1&-3\\0&0&0&0\end{array}\right]$$

$$\xrightarrow{(-1)\times r_2}\left[\begin{array}{ccc:c}1&0&1&4\\0&1&1&3\\0&0&0&0\end{array}\right].$$

增广矩阵经若干次初等变换后，有一行元素全为 0，这表明给定的方程组中的三个方程不是完全独立的，可将全为 0 的行所反映的方程去掉，两个方程不能约束三个未知量，我们可将其中一个未知量，不妨把 x_3 看作自由未知量. 可得 $\begin{cases}x_1=4-x_3\\x_2=3-x_3\end{cases}$，这说明给定方程组有无穷多解.

设 $x_3=c$，则方程组的解为 $\begin{cases}x_1=4-c\\x_2=3-c\\x_3=c\end{cases}$（$c$ 为任意常数）.

习题 9.5

1. 用克莱姆法则解下列线性方程组.

$$\begin{cases} x_1 + 2x_2 - 7x_3 = 0 \\ 4x_1 - 7x_2 + 2x_3 = 0 \\ 7x_1 - 4x_2 - x_3 = 12 \end{cases}$$

2. 用高斯消元法解下列方程组.

$$\begin{cases} x_1 + 2x_2 - x_3 = 1 \\ 2x_1 - x_2 + x_3 = 4 \\ 3x_1 - 4x_2 + 3x_3 = 7 \end{cases}$$

第六节　n 维向量

一、n 维向量空间

定义 9.6.1　n 个实数组成的有序数组称为 n 维向量.

例如 $\alpha = [a_1, a_2, \cdots, a_n]$，$\beta = \begin{bmatrix} b_1 \\ b_2 \\ \vdots \\ b_n \end{bmatrix}$，$a_i(i=1, 2, \cdots, n)$ 称为向量 α 的第 i 个分量，b_i $(i=1, 2, \cdots, n)$ 称为向量 β 的第 i 个分量.

矩阵 $A = \begin{bmatrix} a_{11} & a_{12} & \cdots & a_{1n} \\ a_{21} & a_{22} & \cdots & a_{2n} \\ \vdots & \vdots & & \vdots \\ a_{m1} & a_{m2} & \cdots & a_{mn} \end{bmatrix}$ 中每一行 $[a_{i1}, a_{i2}, \cdots, a_{in}]$ $(i=1, 2, \cdots, m)$ 都是 n 维向量，每一列 $\begin{bmatrix} b_{1j} \\ b_{2j} \\ \vdots \\ b_{mj} \end{bmatrix}$ $(j=1, 2, \cdots, n)$ 都是 m 维向量.

所有分量都是 0 的向量称为零向量，记为 $o = [0, 0, \cdots, 0]$.

定义 9.6.2　两个 n 维向量 $\alpha=[a_1, a_2, \cdots, a_n]$，$\beta=[b_1, b_2, \cdots, b_n]$，$\alpha+\beta=[a_1+b_1, a_2+b_2, \cdots, a_n+b_n]$.

定义 9.6.3　n 维向量 $\alpha=[a_1, a_2, \cdots, a_n]$，$k$ 为实数，$k\alpha=[ka_1, ka_2, \cdots, ka_n]$.

定义 9.6.4　设 α、β、γ 均为 n 维向量，所有实 n 维向量的集合为 R^n，则称 R^n 为实 n 维向量空间．实 n 维向量的加法和数乘两种运算满足下列运算律：

(1) $\alpha+\beta=\beta+\alpha$;

(2) $\alpha+(\beta+\gamma)=(\alpha+\beta)+\gamma$;

(3) $\alpha+o=\alpha$;

(4) $\alpha+(-\alpha)=o$;

(5) $(k+l)\alpha=k\alpha+l\alpha$;

(6) $k(\alpha+\beta)=k\alpha+k\beta$;

(7) $(kl)\alpha=k(l\alpha)$;

(8) $1\cdot\alpha=\alpha$.

例 9.6.1　设 α、β、γ 是 R^4 的一组向量 $\alpha=[1, 0, -1, 4]$，$\beta=[a, b, c, d]$，如果 $2\alpha+3(\alpha-\beta)=o$，求 a, b, c, d 的值．

解：　$\alpha-\beta=[1-a, 0-b, -1-c, 4-d]$，

$$\begin{aligned}2\alpha+3(\alpha-\beta)&=2[1, 0, -1, 4]+3[1-a, 0-b, -1-c, 4-d]\\&=[2, 0, -2, 8]+[3-3a, -3b, -3-3c, 12-3d]\\&=[5-3a, -3b, -5-3c, 20-3d]\\&=[0, 0, 0, 0].\end{aligned}$$

于是得 $\begin{cases}5-3a=0\\-3b=0\\-5-3c=0\\20-3d=0\end{cases}$，解得 $\begin{cases}a=\dfrac{5}{3}\\b=0\\c=-\dfrac{5}{3}\\d=\dfrac{20}{3}\end{cases}$.

二、向量间的线性关系

1. 线性组合

定义 9.6.5　对于一组向量 $\alpha_1, \alpha_2, \cdots, \alpha_s$ 和 β，如果存在一组数 $k_1, k_2, \cdots, k_s$，使 $\beta=k_1\alpha_1+k_2\alpha_2+\cdots+k_s\alpha_s$ 成立，则称向量 β 是向量组 $\alpha_1, \alpha_2, \cdots, \alpha_s$ 的**线性组合**，或称向量 β 是向量组 $\alpha_1, \alpha_2, \cdots, \alpha_s$ 的**线性表示**.

n 维向量组 $\varepsilon_1=[1, 0, \cdots, 0]$，$\varepsilon_2=[0, 1, \cdots, 0]$，$\cdots$，$\varepsilon_n=[0, 0, \cdots, 1]$ 称为 n 维单位向量组，任意一个 n 维向量 $\alpha=[a_1, a_2, \cdots, a_n]$ 都可以由 $\varepsilon_1, \varepsilon_2, \varepsilon_3, \cdots, \varepsilon_n$ 线性表示. 即 $\alpha=a_1\varepsilon_1+a_2\varepsilon_2+\cdots+a_n\varepsilon_n$.

线性方程组

$$\begin{cases} a_{11}x_1 + a_{12}x_2 + \cdots + a_{1n}x_n = b_1 \\ a_{21}x_1 + a_{22}x_2 + \cdots + a_{2n}x_n = b_2 \\ \cdots \\ a_{m1}x_1 + a_{m2}x_2 + \cdots + a_{mn}x_n = b_m \end{cases} \tag{9-2}$$

其系数矩阵 $A = [a_{ij}]_{m \times n}$ 的每一列及常数项均为 m 维列向量.

设 $\alpha_j = \begin{bmatrix} a_{1j} \\ a_{2j} \\ \vdots \\ a_{mj} \end{bmatrix}(j=1, 2, \cdots, n)$，$\beta = \begin{bmatrix} b_1 \\ b_2 \\ \vdots \\ b_m \end{bmatrix}$，于是方程组(9－2)可以写成

$$\begin{bmatrix} a_{11} \\ a_{21} \\ \vdots \\ a_{m1} \end{bmatrix} x_1 + \begin{bmatrix} a_{12} \\ a_{22} \\ \vdots \\ a_{m2} \end{bmatrix} x_2 + \cdots + \begin{bmatrix} a_{1n} \\ a_{2n} \\ \vdots \\ a_{mn} \end{bmatrix} x_n = \begin{bmatrix} b_1 \\ b_2 \\ \vdots \\ b_m. \end{bmatrix}.$$

即 $x_1\alpha_1 + x_2\alpha_2 + \cdots + x_n\alpha_n = \beta$.

当方程有解时，常数项向量可以由系数矩阵的列向量 α_1，α_2，…，α_s 线性表示.

2. 线性相关与线性无关

定义 9.6.6 对于一组向量 α_1，α_2，…，α_s，若存在一组不全为 0 的数 k_1，k_2，…，k_s 使得 $k_1\alpha_1 + k_2\alpha_2 + \cdots + k_s\alpha_s = o$，则称向量组 α_1，α_2，…，α_s **线性相关**，否则向量组线性无关. 当且仅当 $k_1 = k_2 = \cdots = k_s = o$ 时，才有 $k_1\alpha_1 + k_2\alpha_2 + \cdots + k_s\alpha_s = o$，则称向量组 α_1，α_2，…，α_s 线性无关.

定理 9.6.1 向量组 α_1，α_2，…，α_s 线性相关的充分必要条件是线性方程组 $k_1\alpha_1 + k_2\alpha_2 + \cdots + k_s\alpha_s = o$（$k_1, k_2, \cdots, k_s$ 为未知数）有非零解.

推论： (1) n 个 n 维向量组 α_1，α_2，…，α_n 线性相关(线性无关)的充要条件是矩阵 $A = (\alpha_1, \alpha_2, \cdots, \alpha_n)$ 的行列式等于(不等于)零；(2) 向量组 α_1，α_2，…，α_s 线性无关的充要条件是齐次线性方程组 $x_1\alpha_1 + x_2\alpha_2 + \cdots + x_s\alpha_s = o$ 仅有零解.

即 n 个 n 维向量组 $\alpha_j = (a_{1j}, a_{2j}, \cdots, a_{nj})$，$(j=1, 2, \cdots, n)$ 的向量组 α_1，α_2，…，α_n 线性相关的充要条件是

$$\begin{vmatrix} a_{11} & a_{12} & \cdots & a_{1n} \\ a_{21} & a_{22} & \cdots & a_{2n} \\ \vdots & \vdots & & \vdots \\ a_{n1} & a_{n2} & \cdots & a_{nn} \end{vmatrix} = 0.$$

也就是说，n 个 n 维向量组 $\alpha_j = (a_{1j}, a_{2j}, \cdots, a_{nj})$ $(j=1, 2, \cdots, n)$ 的向量组 α_1，α_2，…，α_n 线性无关的充要条件是

$$\begin{vmatrix} a_{11} & a_{12} & \cdots & a_{1n} \\ a_{21} & a_{22} & \cdots & a_{2n} \\ \vdots & \vdots & & \vdots \\ a_{n1} & a_{n2} & \cdots & a_{nn} \end{vmatrix} \neq 0.$$

例 9.6.2　考察向量组（1）$\alpha_1=[3,\ -6]$，$\alpha_2=[-2,4]$；（2）$\alpha_1=\begin{bmatrix}1\\2\end{bmatrix}$，$\alpha_2=\begin{bmatrix}-1\\2\end{bmatrix}$的线性关系.

解：（1）$\alpha_1=[3,\ -6]$，$\alpha_2=[-2,4]$，

$\begin{vmatrix} 3 & -2 \\ -6 & 4 \end{vmatrix}=0$，所以 α_1，α_2 线性相关.

（2）$\alpha_1=\begin{bmatrix}1\\2\end{bmatrix}$，$\alpha_2=\begin{bmatrix}-1\\2\end{bmatrix}$，

$\begin{vmatrix} 1 & 2 \\ -1 & 1 \end{vmatrix}=3\neq 0$，所以 α_1，α_2 线性无关.

例 9.6.3　判断向量组 $\alpha_1=[1,0,\ -1,2]$，$\alpha_2=[-1,\ -1,2,\ -4]$，$\alpha_3=[2,3,\ -5,10]$是否线性相关。

解：　设有一组数 k_1，k_2，k_3 使 $k_1\alpha_1+k_2\alpha_2+k_3\alpha_3=o$，即

$k_1[1,0,\ -1,2]+k_2[-1,\ -1,2,\ -4]+k_3[2,3,\ -5,10]=[0,0,0,0]$，则

$$\begin{cases} k_1-k_2+2k_3=0 \\ -k_2+3k_3=0 \\ -k_1+2k_2-5k_3=0 \\ 2k_1-4k_2+10k_3=0 \end{cases} \tag{9-3}$$

增广矩阵 $\left[\begin{array}{ccc:c} 1 & -1 & 2 & 0 \\ 0 & -1 & 3 & 0 \\ -1 & 2 & -5 & 0 \\ 2 & -4 & 10 & 0 \end{array}\right] \xrightarrow[r_4+(-2)\times r_1]{r_3+1\times r_1} \left[\begin{array}{ccc:c} 1 & -1 & 2 & 0 \\ 0 & -1 & 3 & 0 \\ 0 & 1 & -3 & 0 \\ 0 & -2 & 6 & 0 \end{array}\right]$

$\xrightarrow{\substack{r_3+1\times r_2 \\ r_4+(-2)\times r_2}} \left[\begin{array}{ccc:c} 1 & -1 & 2 & 0 \\ 0 & -1 & 3 & 0 \\ 0 & 0 & 0 & 0 \\ 0 & 0 & 0 & 0 \end{array}\right].$

显然，方程组(9-3)有非零解，所以，α_1，α_2，α_3 线性相关.

3. 向量组的秩与矩阵的秩

定义 9.6.7　如果向量组 α_1，α_2，…，α_s 的一个部分组 α_{j1}，α_{j2}，…，α_{jr}($r\leqslant s$)满足条件（1）α_{j1}，α_{j2}，…，α_{jr}线性无关；（2）α_1，α_2，…，α_s 中任意($r+1$)个向量($r<s$)都线性相关.则称 α_{j1}，α_{j2}，…，α_{jr}为向量组 α_1，α_2，…，α_s 的一个极大无关部分组，简称极大无关组.

定义 9.6.8　向量组 α_1，α_2，…，α_s 的一个极大无关组中所含向量的个数称为向量秩，记作 $r(\alpha_1,\alpha_2,\cdots,\alpha_s)$.

一个向量组的一个极大无关组不一定是唯一的，但其秩是唯一确定的.

如向量组 $\alpha_1=[0,1]$，$\alpha_2=[1,0]$，$\alpha_3=[1,1]$，$\alpha_4=[0,2]$，两个向量以上的二维向量组必线性相关，但 α_1，α_2 线性无关，所以 α_1，α_2 是向量组 α_1，α_2，α_3，α_4 的一个极大无关组，α_1，α_3 也是 α_1，α_2，α_3，α_4 的一个极大无关组．向量组 α_1，α_2，α_3，α_4 的秩 $r(\alpha_1,\alpha_2,\alpha_3,\alpha_4)=2$.

定义 9.6.9 矩阵 $A=[a_{ij}]_{m\times n}$ 的行向量组的秩称为矩阵 A 的行秩，其列向量组的秩称为矩阵 A 的列秩.

可以证明，矩阵的行秩与列秩相同，矩阵 $A=[a_{ij}]_{m\times n}$ 的行秩与列秩统称为矩阵的秩.

定理 9.6.2 任意一个矩阵 $A_{m\times n}$ 经过若干次初等变换，可以化为下面形式的矩阵 $D=\begin{bmatrix}E_r & 0\\ 0 & 0\end{bmatrix}$，则 r 为矩阵 A 的秩.

证明略.

求向量组的秩可以转化为求矩阵的秩，求矩阵的秩可以经过若干次初等变换化为标准型 $\begin{bmatrix}E_r & 0\\ 0 & 0\end{bmatrix}$，则可得出矩阵的秩，但在实际应用中，可以把矩阵化为有 r 个非零行(元素不全为 0 的行)，其他行元素均为 0 的阶梯矩阵，非零行的行数即为矩阵的秩.

例 9.6.4 向量组 $\alpha_1=[1,1,2,1]$，$\alpha_2=[1,-3,-2,5]$，$\alpha_3=[3,4,7,2]$，$\alpha_4=[4,5,9,3]$，求 $r(\alpha_1,\alpha_2,\alpha_3,\alpha_4)$.

解： 设 $A=\begin{bmatrix}1 & 1 & 3 & 4\\ 1 & -3 & 4 & 5\\ 2 & -2 & 7 & 9\\ 1 & 5 & 2 & 3\end{bmatrix}\xrightarrow[r_4+(-1)\times r_1]{\substack{r_2+(-1)\times r_1\\ r_3+(-2)\times r_1}}\begin{bmatrix}1 & 1 & 3 & 4\\ 0 & -4 & 1 & 1\\ 0 & -4 & 1 & 1\\ 0 & 4 & -1 & -1\end{bmatrix}$

$$\xrightarrow[r_4+1\times r_2]{r_3+(-1)\times r_2}\begin{bmatrix}1 & 1 & 3 & 4\\ 0 & -4 & 1 & 1\\ 0 & 0 & 0 & 0\\ 0 & 0 & 0 & 0\end{bmatrix}$$，故 $r(A)=2$，即 $r(\alpha_1,\alpha_2,\alpha_3,\alpha_4)=2$.

习题 9.6

1. 已知 $\alpha_1=[1,2,-1]$ $\alpha_2=[2,5,3]$ $\alpha_3=[1,3,4]$ 求 $4\alpha_3+3\alpha_1-2\alpha_2$.

2. 已知 $\alpha_1=[1,0,1]$ $\alpha_2=[1,1,1]$ $\alpha_3=[0,-1,-1]$ $\beta=[3,5,-6]$，将 β 表示成 α_1，α_2，α_3 的线性组合.

3. 求向量组 $\alpha_1=[2,4,2]$ $\alpha_2=[1,1,0]$ $\alpha_3=[2,3,1]$ $\alpha_4=[3,5,2]$ 的极大无关组，并把其余向量用该极大无关组线性表示.

4. 判断向量组 $\alpha_1=[1,0,2]$，$\alpha_2=[1,1,1]$，$\alpha_3=[3,1,5]$ 是否线性相关.

5. 求矩阵 $A=\begin{bmatrix}1 & -3 & 4 & 5\\ 2 & -2 & 7 & 9\\ 3 & 3 & 9 & 12\end{bmatrix}$ 的秩.

第七节　线性方程组解的判定

一、线性方程组解的判定

在前面我们已学习了用消元法解线性方程组，归结起来，解的情况有三种：唯一解、无穷多解、无解. 下面我们来讨论一下如何在未求解之前判断方程组解的情况. 回顾前面例题中我们利用方程组的增广矩阵的初等变换过程.

$$\text{方程组}\begin{cases}a_{11}x_1+a_{12}x_2+\cdots+a_{1n}x_n=b_1\\a_{21}x_1+a_{22}x_2+\cdots+a_{2n}x_n=b_2\\\cdots\\a_{m1}x_1+a_{m2}x_2+\cdots+a_{mn}x_n=b_m\end{cases}\qquad(9-4)$$

$$\text{增广矩阵 }\tilde{A}=\begin{bmatrix}a_{11}&a_{12}&\cdots&a_{1n}&b_1\\a_{21}&a_{22}&\cdots&a_{2n}&b_2\\\vdots&\vdots&&\vdots&\vdots\\a_{m1}&a_{m2}&\cdots&a_{mn}&b_m\end{bmatrix}$$

通过初等变换化成如下形式的阶梯形矩阵，

$$\begin{bmatrix}c_{11}&c_{12}&\cdots&c_{1j}&\cdots&c_{1n}&d_1\\0&c_{22}&\cdots&c_{2j}&\cdots&c_{2n}&d_2\\\vdots&\vdots&\vdots&\vdots&\vdots&\vdots&\vdots\\0&0&\cdots&c_{rj}&\cdots&c_{rn}&d_r\\0&0&\cdots&0&\cdots&0&d_{r+1}\\\vdots&\vdots&\vdots&\vdots&\vdots&\vdots&\vdots\\0&0&\cdots&0&\cdots&0&0\end{bmatrix}\quad(c_{rj}\neq0).$$

可见，当 $d_{r+1}=0$ 时，方程组(9－4)有解，当 $d_{r+1}\neq0$ 时，方程组(9－4)无解.

这就说明方程组是否有解关键在于增广矩阵 $\tilde{A}$ 化为阶梯形矩阵后，d_{r+1} 是否为 0，即增广矩阵 $\tilde{A}$ 化成阶梯形矩阵后的非零行数和系数矩阵 A 化为阶梯形矩阵后的非零行是否相同，因为一个矩阵经初等变换化为阶梯形矩阵后，其非零行的数目就是该矩阵的秩，注意到当 $d_{r+1}=0$ 时，$r(A)=r(\tilde{A})=r$，当 $d_{r+1}\neq0$ 时，$r(A)\neq r(\tilde{A})$，因此，线性方程组是否有解，就可以用系数矩阵和增广矩阵的秩来刻画.

定理 9.7.1　线性方程组 $AX=B$ 有解的充分必要条件是它的系数矩阵的秩和增广矩阵的秩相等. 即

$$r(A)=r(\tilde{A}),$$

这样，当方程组有解时，$d_{r+1}=0$，$r(A)=r(\tilde{A})$，增广矩阵 $\tilde{A}$ 可化为如下阶梯形矩阵.

$$\begin{bmatrix} c_{11} & c_{12} & \cdots & c_{1j} & \cdots & c_{1n} & d_1 \\ 0 & c_{22} & \cdots & c_{2j} & \cdots & c_{2n} & d_2 \\ \vdots & \vdots & \vdots & \vdots & \vdots & \vdots & \vdots \\ 0 & 0 & \cdots & c_{rj} & \cdots & c_{rn} & d_r \\ 0 & 0 & \cdots & 0 & \cdots & 0 & 0 \\ \vdots & \vdots & \vdots & \vdots & \vdots & \vdots & \vdots \\ 0 & 0 & \cdots & 0 & \cdots & 0 & 0 \end{bmatrix} (c_{rj} \neq 0) \tag{9-5}$$

此阶梯形矩阵有 r 个非零行，每个非零行的第一个元素称为**主元素**，有 r 个，主元素所在的列对应的未知量称为**基本未知量**，也有 r 个，其余的未知量作为自由未知量，有 $(n-r)$ 个，将阶梯形矩阵(9-5)表示的方程组中含有的基本未知量项放在方程的左端，含有自由未知量的项放在方程的右端，并用逐个方程回代的方法就得到方程组的一般解，在一般解中，对于自由未知量的任意取定的一组值，可以唯一地确定相应基本未知量的一组值，构成方程组的一个解，所以，只要存在自由未知量，方程组(9-4)就有无穷多个解；若没有自由未知量，即 $n-r=0$，亦即 $n=r$，方程组就只有唯一解，于是得如下定理.

定理 9.7.2 若线性方程组 $AX=B$（方程组(9-4)）满足 $r(A)=r(\tilde{A})=r$，则当 $r=n$ 时，线性方程组有解且只有唯一解；当 $r<n$ 时，线性方程组有无穷多解；当 $r(A)\neq r(\tilde{A})$，线性方程组无解.

例 9.7.1 判定下列方程组是否有解．

$$(1)\begin{cases} x_1-2x_2+x_3=0 \\ 2x_1-3x_2+x_3=-4 \\ 4x_1-3x_2-2x_3=-2 \\ 3x_1-2x_3=5 \end{cases};(2)\begin{cases} x_1-2x_2+x_3=0 \\ 2x_1-3x_2+x_3=-4 \\ 4x_1-3x_2-2x_3=-2 \\ 3x_1-2x_3=-42 \end{cases};(3)\begin{cases} x_1-2x_2+x_3=0 \\ 2x_1-3x_2+x_3=-4 \\ 4x_1-3x_2-x_3=-20 \\ 3x_1-3x_3=-24 \end{cases}.$$

解： （1）对线性方程组的增广矩阵进行初等变换：

$$\tilde{A}=\begin{bmatrix} 1 & -2 & 1 & 0 \\ 2 & -3 & 1 & -4 \\ 4 & -3 & -2 & -2 \\ 3 & 0 & -2 & 5 \end{bmatrix} \xrightarrow[r_4+(-3)\times r_1]{\substack{r_2+(-2)\times r_1 \\ r_3+(-4)\times r_1}} \begin{bmatrix} 1 & -2 & 1 & 0 \\ 0 & 1 & -1 & -4 \\ 0 & 5 & -6 & -2 \\ 0 & 6 & -5 & 5 \end{bmatrix}$$

$$\xrightarrow[r_4+(-6)\times r_2]{r_3+(-5)\times r_2} \begin{bmatrix} 1 & -2 & 1 & 0 \\ 0 & 1 & -1 & -4 \\ 0 & 0 & -1 & 18 \\ 0 & 0 & 1 & 29 \end{bmatrix} \xrightarrow{r_3+r_4} \begin{bmatrix} 1 & -2 & 1 & 0 \\ 0 & 1 & -1 & -4 \\ 0 & 0 & -1 & 18 \\ 0 & 0 & 0 & 47 \end{bmatrix}.$$

因为 $r(A)=3$，$r(\tilde{A})=4$，$r(A)\neq r(\tilde{A})$，所以该方程组无解.

同理，将线性方程组(2)、(3) 的增广矩阵化为阶梯形矩阵.

$$(2)\ \tilde{A}=\begin{bmatrix} 1 & -2 & 1 & 0 \\ 2 & -3 & 1 & -4 \\ 4 & -3 & -2 & -2 \\ 3 & 0 & -2 & -42 \end{bmatrix} \longrightarrow \begin{bmatrix} 1 & -2 & 1 & 0 \\ 0 & 1 & -1 & -4 \\ 0 & 0 & -1 & 18 \\ 0 & 0 & 0 & 0 \end{bmatrix},$$

因为 $r(A)=r(\tilde{A})=3$，所以该方程组有唯一解.

(3) $\tilde{A}=\begin{bmatrix}1 & -2 & 1 & 0\\ 2 & -3 & 1 & -4\\ 4 & -3 & -1 & -20\\ 3 & 0 & -3 & -24\end{bmatrix}\longrightarrow\begin{bmatrix}1 & -2 & 1 & 0\\ 0 & 1 & -1 & -4\\ 0 & 0 & 0 & 0\\ 0 & 0 & 0 & 0\end{bmatrix}$,

因为 $r(A)=r(\tilde{A})=2<3$，所以该方程组有无穷多解.

二、齐次线性方程组

定义 9.7.1　常数项全为 0 的线性方程组 $\begin{cases}a_{11}x_1+a_{12}x_2+\cdots+a_{1n}x_n=0\\ a_{21}x_1+a_{22}x_2+\cdots+a_{2n}x_n=0\\ \cdots\\ a_{m1}x_1+a_{m2}x_2+\cdots+a_{mn}x_n=0\end{cases}$ 称为齐次线性方程组.

根据定理 9.7.2 可得如下定理.

定理 9.7.3　齐次线性方程组总有 $r(A)=r(\tilde{A})$，故齐次线性方程组总有解(至少有零解).

(1) $r(A)=n$ 时，仅有零解；

(2) $r(A)<n$ 时，有非零解.

例 9.7.2　试确定 t 的值，使齐次线性方程组 $\begin{cases}x_1-3x_3=0\\ x_1+2x_2+tx_3=0\\ 2x_1+tx_2-x_3=0\end{cases}$ (1) 只有零解；(2) 有非零解.

解：　对系数矩阵 A 进行初等行变换：

$$A=\begin{bmatrix}1 & 0 & -3\\ 1 & 2 & t\\ 2 & t & -1\end{bmatrix}\xrightarrow[r_3+(-2)\times r_1]{r_2+(-1)\times r_1}\begin{bmatrix}1 & 0 & -3\\ 0 & 2 & t+3\\ 0 & t & 5\end{bmatrix}\xrightarrow{(-2)\times r_3-t\times r_2}\begin{bmatrix}1 & 0 & 3\\ 0 & 2 & t+3\\ 0 & 0 & -(t+5)(t-2)\end{bmatrix}.$$

所以当 $t\neq-5$ 和 2 时，$r(A)=3$，方程只有零解.

当 $t=-5$ 或 2 时，$r(A)=2<3$，方程有非零解.

例 9.7.3　解齐次线性方程组 $\begin{cases}2x_1+7x_3=0\\ x_2+3x_3=0\\ x_1-x_2+x_3=0\end{cases}$.

解： $A=\begin{bmatrix}2 & 0 & 7\\ 0 & 1 & 3\\ 1 & -1 & 1\end{bmatrix}\xrightarrow{r_1\leftrightarrow r_3}\begin{bmatrix}1 & -1 & 1\\ 0 & 1 & 3\\ 2 & 0 & 7\end{bmatrix}\xrightarrow{r_3+(-2)\times r_1}\begin{bmatrix}1 & -1 & 1\\ 0 & 1 & 3\\ 0 & 2 & 5\end{bmatrix}$

$$\xrightarrow{r_3+(-2)\times r_2}\begin{bmatrix}1 & -1 & 1\\ 0 & 1 & 3\\ 0 & 0 & -1\end{bmatrix}.$$

$r(A)=3=n$.

所以，原齐次方程组仅有零解$\begin{cases}x_1=0\\x_2=0.\\x_3=0\end{cases}$

习题 9.7

1. 填空题.

(1)线性方程组$\begin{cases}a_{11}x_1+a_{12}x_2+\cdots+a_{1n}x_n=0\\a_{21}x_1+a_{22}x_2+\cdots+a_{2n}x_n=0\\\cdots\\a_{m1}x_1+a_{m2}x_2+\cdots+a_{mn}x_n=0\end{cases}$ 的系数矩阵 $A=$________，增广矩阵

$\tilde{A}=$________，其解有三种情况：① ________；② ________；③________，将增广矩阵 $\tilde{A}$ 用初等变换化成阶梯形矩阵时，若出现"________"(________)行，则线性方程组无解；否则，若非零行个数________未知量个数，则有唯一解；若非零行个数________未知量个数，则有无穷多解.

(2)已知线性方程组 $AX=B$ 的增广矩阵是

$\tilde{A}=\begin{bmatrix}1&2&-3&0&-7\\0&1&-1&2&-5\\0&-2&2&-4&10\\0&0&0&0&0\end{bmatrix}$，则方程组的一般解是________.

(3)用高斯消元法解线性方程组 $AX=B$，其增广矩阵 $\tilde{A}$ 经初等行变换化为阶梯形矩阵

$\tilde{A}\longrightarrow\begin{bmatrix}1&2&3&1&1\\0&1&-1&2&0\\0&0&1&-1&2\\0&0&0&s&t\end{bmatrix}$，则

① 当 s ________，t ________时，$AX=B$ 无解；

② 当 s ________，t ________时，$AX=B$ 有无穷多解；

③ 当 s ________，t ________时，$AX=B$ 有唯一解.

(4)当 $\lambda=$________时，齐次线性方程组$\begin{cases}x_1+x_2=0\\\lambda x_1+x_2=0\end{cases}$有非零解.

(5)某个线性方程组的一般解为$\begin{cases}x_1=-x_3+x_4+1\\x_2=2x_3-x_4-2\end{cases}$（其中 x_3，x_4 是自由未知量），若用 x_1，x_2 作自由未知量，则一般解表示为________.

2. 选择题.

(1)线性方程组 $A_{m\times n}X=B$ 有解的充分必要条件是(　　).

A. $B=O$　　B. $m<n$　　C. $m=n$　　D. 秩(A)=秩$(\tilde{A})$

(2)以下结论正确的是(　　).

A. 方程的个数小于未知量的个数的线性方程组一定有无穷多解

B. 方程的个数等于未知量的个数的线性方程组一定有唯一解

C. 方程的个数大于未知量的个数的线性方程组一定无解

D. A, B, C 都不对

3. 解下列方程组.

(1) $\begin{cases}2x_1-5x_2+3x_3+2x_4=1\\5x_1-8x_2+5x_3+4x_4=3\end{cases}$;　(2) $\begin{cases}5x_1+9x_2+3x_3=8\\2x_1+5x_2+x_3=1\\x_1+3x_2+x_3=0\end{cases}$.

4. 解齐次方程组 $\begin{cases}x_1+3x_2-x_3=0\\3x_1-x_2+2x_3=0\\-2x_1+5x_2+x_3=0\\3x_1+10x_2+x_3=0\end{cases}$.

5. 判断下列齐次方程组是否有非零解,如果有, 求其解.

$$\begin{cases}x_1+x_2+x_3+4x_4-3x_5=0\\x_1-x_2+3x_3-2x_4-x_5=0\\2x_1+x_2+3x_3+5x_4-5x_5=0\\3x_1+x_2+5x_3+6x_4-7x_5=0\end{cases}$$

附　录

常用数学公式汇编

一、代数

（一）乘法及因式分解

1. $(a \pm b)^2 = a^2 \pm 2ab + b^2$
2. $(a \pm b)^3 = a^3 \pm 3a^2b + 3ab^2 \pm b^3$
3. $a^2 - b^2 = (a+b)(a-b)$
4. $a^3 \pm b^3 = (a \pm b)(a^2 \mp ab + b^2)$
5. $x^2 + (a+b)x + ab = (x+a)(x+b)$
6. $a^n - b^n = (a-b)(a^{n-1} + a^{n-2}b + \cdots + ab^{n-2} + b^{n-1})$

（二）一元一次方程 $ax^2 + bx + c = 0$ 的根为 $x_{1,2} = \frac{-b \pm \sqrt{b^2 - 4ac}}{2a}$

（三）指数

1. $a^m \cdot a^n = a^{m+n}$
2. $\frac{a^m}{a^n} = a^{m-n}$
3. $(a^m)^n = a^{m \cdot n}$
4. $(a \cdot b)^m = a^m \cdot b^m$
5. $\left(\frac{a}{b}\right)^m = \frac{a^m}{b^m}(b \neq 0)$
6. $a^0 = 1(a \neq 0)$
7. $a^{-n} = \frac{1}{a^n}(a \neq 0)$
8. $a^{\frac{m}{n}} = \sqrt[n]{a^m}$

（四）对数（$a > 0,\ a \neq 1,\ b > 0,\ b \neq 1$）

1. $\log_a a = 1$
2. $\log_a 1 = 0$

3. $\log_a(mn)=\log_a m+\log_a n$

4. $\log_a \frac{m}{n}=\log_a m-log_a n$

5. $\log_a m^n=n\log_a m$

6. $\log_a b=\frac{1}{\log_b a}$

7. $\log_a x=\frac{\log_b x}{\log_b a}$

8. 若 $a^y=x$，则 $y=\log_a x$

(五)共轭根式

$(\sqrt{a}+\sqrt{b})(\sqrt{a}-\sqrt{b})=a-b(a>0,\ b>0)$

$(\sqrt[3]{a}\pm\sqrt[3]{b})(\sqrt[3]{a^2}\mp\sqrt[3]{a}\sqrt[3]{b}+\sqrt[3]{b^2})=a\pm b$

(六)阶乘

$n!=n(n-1)\cdot\cdots\cdot 2\cdot 1$

$0!=1$

(七)数列

1. 等差数列

首项 a_1，公差 d

第 n 项 $a_n=a_1+(n-1)d$

前 n 项和 $S_n=\frac{n}{2}(a_1+a_n)$

2. 等比数列

首项 a_1，公比 q

第 n 项 $a_n=a_1q^{n-1}$

前 n 项和 $S_n=\frac{a_1(1-q^n)}{1-q}$

3. 自然数平方和

$1^2+2^2+3^2+\cdots+n^2=\frac{1}{6}n(n+1)(2n+1)$

二、面积、体积

(一)圆口半径 r

面积 $=\pi r^2$

圆周长 $=2\pi r$

(二)正圆柱体口底半径 r，高 h

体积 $=\pi r^2 h$

侧面积 $=2\pi rh$

(三)正圆锥体口底半径 r，高 h

体积 $=\frac{1}{3}\pi r^2 h$

(四)球口半径 r

体积 $=\frac{4}{3}\pi r^3$

三、三角

(一)基本公式

1. 倒数关系

$\sin x=\frac{1}{\csc x}$　　$\cos x=\frac{1}{\sec x}$　　$\tan x=\frac{1}{\cot x}$

2. 平方关系

$\sin^2 x+\cos^2 x=1$

$1+\tan^2 x=\sec^2 x$

$1+\cot^2 x=\csc^2 x$

3. 分式关系

$\tan x=\frac{\sin x}{\cos x}$　　$\cot x=\frac{\cos x}{\sin x}$

(二)余角

1. $\sin\left(\frac{\pi}{2}-x\right)=\cos x$

2. $\cos\left(\frac{\pi}{2}-x\right)=\sin x$

3. $\tan\left(\frac{\pi}{2}-x\right)=\cos x$

(三)负角

1. $\sin(-x)=-\sin x$
2. $\cos(-x)=\cos x$
3. $\tan(-x)=-\tan x$

(四)倍角

1. $\sin 2x=2\sin x\cos x$
2. $\cos 2x=\cos^2 x-\sin^2 x$

$=1-2\sin^2 x$

$=2\cos^2 x-1$

(五)半角

1. $\sin^2\frac{x}{2}=\frac{1-\cos x}{2}$

2. $\cos^2\frac{x}{2}=\frac{1+\cos x}{2}$

（六）和差化积

1. $\sin x-\sin y=2\sin\frac{x-y}{2}\cdot\cos\frac{x+y}{2}$

2. $\cos x-\cos y=-2\sin\frac{x-y}{2}\cdot\sin\frac{x+y}{2}$

（七）特殊角的三角函数值

r	0	$\frac{\pi}{6}$	$\frac{\pi}{4}$	$\frac{\pi}{3}$	$\frac{\pi}{2}$	π	$\frac{3\pi}{2}$	2π
$\sin x$	0	$\frac{1}{2}$	$\frac{\sqrt{2}}{2}$	$\frac{\sqrt{3}}{2}$	1	0	-1	0
$\cos x$	1	$\frac{\sqrt{3}}{2}$	$\frac{\sqrt{2}}{2}$	$\frac{1}{2}$	0	-1	0	1
$\tan x$	0	$\frac{\sqrt{3}}{3}$	1	$\sqrt{3}$	不存在	0	不存在	0

四、平面曲线及其方程

（一）直线

1. $Ax+By+C=0$　　一般式直线方程
2. $y=kx+b$　　点斜式直线方程
3. $\frac{x}{a}+\frac{y}{b}=1$　　截距式直线方程
4. $y=kx$　　过原点的直线
5. $y=c$　　平行于 x 轴的直线
6. $x=a$　　平行于 y 轴的直线

（二）抛物线

1. $y=ax^2(a\neq0)$的图像为顶点在原点的抛物线. $a>0$，开口向上；$a<0$，开口向下.
2. $y^2=ax(a\neq0)$的图像为顶点在原点的抛物线. $a>0$，开口向右；$a<0$，开口向左.

（三）圆

1. $x^2+y^2=r^2(r>0)$表示圆点为原点，半径为 r 的圆.
2. $(x-a)^2+(y-b)^2=r^2(r>0)$表示圆心为(a, b)，半径为 r 的圆.

（四）反比曲线

$y=\frac{k}{x}$是以 x 轴、y 轴为渐近线的双曲线.

附表Ⅰ　标准正态分布表

$$\Phi(x)=\int_{-\infty}^{x}\frac{1}{\sqrt{2\pi}}e^{-\frac{t^2}{2}}dt=P(x\leqslant X)$$

x	0.00	0.01	0.02	0.03	0.04	0.05	0.06	0.07	0.08	0.09
0.0	0.5000	0.5040	0.5080	0.5120	0.5160	0.5199	0.5239	0.5279	0.5319	0.5359
0.1	0.5398	0.5438	0.5478	0.5517	0.5557	0.5596	0.5636	0.5675	0.5714	0.5753
0.2	0.5793	0.5832	0.5871	0.5910	0.5948	0.5987	0.6026	0.6064	0.6103	0.6141
0.3	0.6179	0.6217	0.6255	0.6293	0.6331	0.6368	0.6404	0.6443	0.6480	0.6517
0.4	0.6554	0.6591	0.6628	0.6664	0.6700	0.6736	0.6772	0.6808	0.6844	0.6879
0.5	0.6915	0.6950	0.6985	0.7019	0.7054	0.7088	0.7123	0.7157	0.7190	0.7224
0.6	0.7257	0.7291	0.7324	0.7357	0.7389	0.7422	0.7454	0.7486	0.7517	0.7549
0.7	0.7580	0.7611	0.7642	0.7673	0.7703	0.7734	0.7764	0.7794	0.7823	0.7852
0.8	0.7881	0.7910	0.7939	0.7967	0.7995	0.8023	0.8051	0.8078	0.8106	0.8133
0.9	0.8159	0.8186	0.8212	0.8238	0.8264	0.8289	0.8355	0.8340	0.8365	0.8389
1.0	0.8413	0.8438	0.8461	0.8485	0.8508	0.8531	0.8554	0.8577	0.8599	0.8621
1.1	0.8643	0.8665	0.8686	0.8708	0.8729	0.8749	0.8770	0.8790	0.8810	0.8830
1.2	0.8849	0.8869	0.8888	0.8907	0.8925	0.8944	0.8962	0.8980	0.8997	0.9015
1.3	0.9032	0.9049	0.9066	0.9082	0.9099	0.9115	0.9131	0.9147	0.9162	0.9177
1.4	0.9192	0.9207	0.9222	0.9236	0.9251	0.9265	0.9279	0.9292	0.9306	0.9319
1.5	0.9332	0.9345	0.9357	0.9370	0.9382	0.9394	0.9406	0.9418	0.9430	0.9441
1.6	0.9452	0.9463	0.9474	0.9484	0.9495	0.9505	0.9515	0.9525	0.9535	0.9535
1.7	0.9554	0.9564	0.9573	0.9582	0.9591	0.9599	0.9608	0.9616	0.9625	0.9633
1.8	0.9641	0.9648	0.9656	0.9664	0.9672	0.9678	0.9686	0.9693	0.9700	0.9706
1.9	0.9713	0.9719	0.9726	0.9732	0.9738	0.9744	0.9750	0.9756	0.9762	0.9767
2.0	0.9772	0.9778	0.9783	0.9788	0.9793	0.9798	0.9803	0.9808	0.9812	0.9817
2.1	0.9821	0.9826	0.9830	0.9834	0.9838	0.9842	0.9846	0.9850	0.9854	0.9857
2.2	0.9861	0.9864	0.9868	0.9871	0.9874	0.9878	0.9881	0.9884	0.9887	0.9890
2.3	0.9893	0.9896	0.9898	0.9901	0.9904	0.9906	0.9909	0.9911	0.9913	0.9916
2.4	0.9918	0.9920	0.9922	0.9925	0.9927	0.9929	0.9931	0.9932	0.9934	0.9936
2.5	0.9938	0.9940	0.9941	0.9943	0.9945	0.9946	0.9948	0.9949	0.9951	0.9952
2.6	0.9953	0.9955	0.9956	0.9957	0.9959	0.9960	0.9961	0.9962	0.9963	0.9964
2.7	0.9965	0.9966	0.9967	0.9968	0.9969	0.9970	0.9971	0.9972	0.9973	0.9974
2.8	0.9974	0.9975	0.9976	0.9977	0.9977	0.9978	0.9979	0.9979	0.9980	0.9981
2.9	0.9981	0.9982	0.9982	0.9983	0.9984	0.9984	0.9985	0.9985	0.9986	0.9986
x	0.0	0.1	0.2	0.3	0.4	0.5	0.6	0.7	0.8	0.9
3	0.9987	0.9990	0.9993	0.9995	0.9997	0.9998	0.9998	0.9999	0.9999	1.0000

附表Ⅱ 泊松分布数值表

$$P\{\xi = m\} = \frac{\lambda^m}{m!}e^{-\lambda}$$

m \ λ	0. 1	0. 2	0. 3	0. 4	0. 5	0. 6	0. 7	0. 8	0. 9	1	1. 5	2	2. 5	3
0	0. 9048	0. 8187	0. 7408	0. 6703	0. 6065	0. 5488	0. 4966	0. 4493	0. 4066	0. 3679	0. 2231	0. 1353	0. 0821	0. 0498
1	0. 0905	0. 1637	0. 2223	0. 2681	0. 3033	0. 3293	0. 3476	0. 3595	0. 3659	0. 3679	0. 3347	0. 2707	0. 2052	0. 1494
2	0. 0045	0. 0164	0. 0333	0. 0536	0. 0758	0. 0988	0. 1216	0. 1438	0. 1647	0. 1839	0. 251	0. 2707	0. 2565	0. 224
3	0. 0002	0. 0011	0. 0033	0. 0072	0. 0126	0. 0198	0. 0284	0. 0383	0. 0494	0. 0613	0. 1255	0. 1804	0. 2138	0. 224
4		0. 0001	0. 0003	0. 0007	0. 0016	0. 003	0. 005	0. 0077	0. 0111	0. 0153	0. 0471	0. 0902	0. 1336	0. 1681
5				0. 0001	0. 0002	0. 0003	0. 0007	0. 0012	0. 002	0. 0031	0. 0141	0. 0361	0. 0668	0. 1008
6							0. 0001	0. 0002	0. 0003	0. 0005	0. 0035	0. 012	0. 0278	0. 0504
7										0. 0001	0. 0008	0. 0034	0. 0099	0. 0216
8											0. 0001	0. 0009	0. 0031	0. 0081
9												0. 0002	0. 0009	0. 0027
10													0. 0002	0. 0008
11													0. 0001	0. 0002
12														0. 0001

（续上表）

λ / m	3. 5	4	4. 5	5	6	7	8	9	10	λ / m	20	λ / m	30
0	0. 0302	0. 0183	0. 0111	0. 0067	0. 0025	0. 0009	0. 0003	0. 0001	0. 00005	5	0. 0001	12	0. 0001
1	0. 1057	0. 0733	0. 05	0. 0337	0. 0149	0. 0064	0. 0027	0. 0011	0. 0004	6	0. 0002	13	0. 0002
2	0. 185	0. 1465	0. 1125	0. 0842	0. 0446	0. 0223	0. 0107	0. 005	0. 0023	7	0. 0005	14	0. 0005
3	0. 2158	0. 1954	0. 1687	0. 1404	0. 0892	0. 0521	0. 0286	0. 015	0. 0076	8	0. 0013	15	0. 0010
4	0. 1888	0. 1954	0. 1898	0. 1755	0. 1339	0. 0912	0. 0573	0. 0337	0. 0189	9	0. 0029	16	0. 0019
5	0. 1322	0. 1563	0. 1708	0. 1755	0. 1606	0. 1277	0. 0916	0. 0607	0. 0378	10	0. 0058	17	0. 0034
6	0. 0771	0. 1042	0. 1281	0. 1462	0. 1606	0. 149	0. 1221	0. 0911	0. 0631	11	0. 0106	18	0. 0057
7	0. 0385	0. 0595	0. 0824	0. 1044	0. 1377	0. 149	0. 1396	0. 1171	0. 0901	12	0. 0176	19	0. 0089
8	0. 0169	0. 0298	0. 0463	0. 0653	0. 1033	0. 1304	0. 1396	0. 1318	0. 1126	13	0. 0271	20	0. 0134
9	0. 0065	0. 0132	0. 0232	0. 0363	0. 0688	0. 1014	0. 1241	0. 1318	0. 1251	14	0. 1382	21	0. 0192
10	0. 0023	0. 0053	0. 0104	0. 0181	0. 0413	0. 071	0. 0993	0. 1186	0. 1251	15	0. 0517	22	0. 0261
11	0. 0007	0. 0019	0. 0043	0. 0082	0. 0225	0. 0452	0. 0722	0. 097	0. 1137	16	0. 0646	23	0. 0341
12	0. 0002	0. 0006	0. 0015	0. 0034	0. 0113	0. 0264	0. 0481	0. 0728	0. 0948	17	0. 0760	24	0. 0426
13	0. 0001	0. 0002	0. 0006	0. 0013	0. 0052	0. 0142	0. 0296	0. 0504	0. 0729	18	0. 0814	25	0. 0571
14		0. 0001	0. 0002	0. 0005	0. 0023	0. 0071	0. 0169	0. 0324	0. 0521	19	0. 0888	26	0. 0590
15			0. 0001	0. 0002	0. 0009	0. 0033	0. 009	0. 0194	0. 0347	20	0. 0888	27	0. 0655
16				0. 0001	0. 0003	0. 0015	0. 0045	0. 0109	0. 0217	21	0. 0846	28	0. 0702
17					0. 0001	0. 0006	0. 0021	0. 0058	0. 0128	22	0. 0767	29	0. 0726
18						0. 0002	0. 001	0. 0029	0. 0071	23	0. 0669	30	0. 0726
19						0. 0001	0. 0004	0. 0014	0. 0037	24	0. 0557	31	0. 0703

习题参考答案

第一章

习题 1.1

1. (1)(D)； (2)(D)； (3)(B).

2. (1)$(-2, 2)$； (2)$(-\infty, -3]\cup[3, +\infty)$； (3)$[-2, 1)\cup(1, 4]$.

习题 1.2

1. (C).

2. $f(0)=-1, f(1)=0, f(-\frac{1}{2})=-3, f(a)=\frac{a-1}{a+1}(a\neq -1)$,

$$f(-x)=\frac{x+1}{x-1}, f(\frac{1}{x})=\frac{x+1}{x-1}, f(x+1)=\frac{x}{x+2}.$$

3. $f(x^2+1)=\dfrac{2x^2+2}{x^4+2x^2+2}$.

4. $f(-1)=-3, f(0)=0, f(-x)=\begin{cases}-x-2, & x>0\\ 0 & x=0\\ -x+2 & x<0\end{cases}$.

5. (1)$D=\{x|x\neq 1, x\in R\}$； (2)$D=(\frac{1}{2}, +\infty)$；

(3)$D=[\frac{1}{2}, 4)$； (4)$D=[3, 5)\cup(5, 10)$.

习题 1.3

1. (D).

2. (1)奇函数； (2) 奇函数； (3)偶函数； (4) 偶函数.

3. (1)增函数； (2) 减函数.

习题 1.4

1. (1) $y=\dfrac{x+1}{3}$； (2)$y=\sqrt[5]{x+8}$； (3) $y=\dfrac{4x-3}{1-x}$.

2. (1) $y=\sqrt{u}$, $u=x^2+1$； (2)$y=u^3$, $u=\cos v$, $v=1+3^w$, $w=-2x$.

习题 1.5

1. (B).

2. (1)$0.5^{\frac{3}{2}}<0.6^{\frac{3}{2}}$； (2)$4.5^{\frac{3}{4}}<4.7^{\frac{3}{4}}$； (3)$\sqrt{2}^{-\frac{4}{5}}>\sqrt{5}^{-\frac{4}{5}}$； (4)$1.8^{-\frac{1}{3}}>2.5^{-\frac{1}{3}}$.

习题 1.6

1. 收入函数 $R = Q \cdot (40 - \frac{Q}{5}) = 40Q - \frac{Q^2}{5}$，总收入 $R = 720$，平均收入 $\overline{R} = 36$.

2. 总成本 $C(100) = 1880$；平均成本 $\overline{C}(100) = \frac{C(100)}{100} = 18.8$.

第二章

习题 2.1

1. (1)有；(2)无；(3)有.

2. (D).

3. $k = 2$.

习题 2.2

1. 无穷小量有：$\sqrt{x}$，$\frac{x^2}{x}$，$\sin x$，$\frac{x}{\sqrt{1+x}}$；

   无穷大量有：$\frac{x}{x^2}$，$\cot x$，$\frac{x+1}{x}$.

2. 当 $x \to \infty$ 时为无穷小量，当 $x \to 1$ 时为无穷大量.

习题 2.3

1. (1)$\frac{3}{4}$；(2)$-\frac{1}{4}$.

2. (1)0；(2)$\frac{1}{2}$.

3. (1)2；(2)2；(3)$\frac{4}{3}$.

4. $a = 1$，$b = -1$.

5. (1)0；(2)1.

6. (1)1；(2)$\frac{3}{2}$.

7. (1)-1；(2)$\frac{2}{3}$.

8. (1)$\frac{1}{3}$；(2)0.

9. (1)$\frac{\sqrt{2}}{4}$；(2)0.

习题 2.4

1. (1)$\frac{3}{5}$；(2)$\frac{3}{5}$；(3)1；(4)$\frac{1}{2}$.

2. (1)e^2；(2)e；(3)e^{-2}；(4)1.

3. 利用复利公式计算:8 年本利和 $=10\times(1+\frac{2.5\%}{12})^{96}$;

利用连续复利公式计算:8 年本利和 $=10\times e^{0.2}$.

4. $A=2.5e^{-0.25}$.

习题 2.5

1. (1)$x=3$; (2)$x=2$ 或 $x=1$.

2. 函数 $f(x)$ 在点 $x=0$ 处不连续.

3. 略.

第三章

习题 3.1

1. -5.

2. 29 米/秒(提示因为 $s'=4t+5$, 所以 $s'(6)=4\times6+5=29$).

3. 12 米/秒.

4. $f'(-1)=-20$.

5. $y'\big|_{x=2}=4$.

6. $4x-y-4=0$.

7. 切线方程为 $x-y-1=0$;法线方程为 $x+y-3=0$.

8. 切线方程为 $3x-y-2=0$;法线方程为 $x+3y-4=0$.

9. $a=2$, $b=-1$.

提示:要使 $f(x)$ 在 $x=1$ 处连续, 须 $\lim\limits_{x\to1^-}f(x)=\lim\limits_{x\to1^+}f(x)=f(1)$, 而 $\lim\limits_{x\to1^-}f(x)=\lim\limits_{x\to1^-}x^2=1$, $\lim\limits_{x\to1^+}f(x)=\lim\limits_{x\to1^+}(ax+b)=a+b$, $f(1)=1$.

从而 $a+b=1$.

又 $f'_-(1)=\lim\limits_{\Delta x\to0^-}\frac{\Delta y}{\Delta x}=\lim\limits_{\Delta x\to0^-}\frac{(x+\Delta x)^2-x^2}{\Delta x}=\lim\limits_{\Delta x\to0^-}(2x+\Delta x)=2x\big|_{x=1}=2$.

$f'_+(1)=\lim\limits_{\Delta x\to0^+}\frac{\Delta y}{\Delta x}=\lim\limits_{\Delta x\to0^+}\frac{a(x+\Delta x)+b-(ax+b)}{\Delta x}=\lim\limits_{\Delta x\to0^+}a=a$.

要使 $f(x)$ 在 $x=1$ 处可导, 须 $f'_+(1)=f'_-(1)$, 即 $a=2$.

又 $a+b=1$, 得 $b=-1$.

注意:本题中 $f'_+(1)$ 及 $f'_-(1)$ 亦可由求导公式获得.

10. 函数 $f(x)$ 在 $x=1$ 处不可导.

提示:方法一, 证明函数在 $x=1$ 处不连续, 则不可导;方法二, 证明函数在 $x=1$ 处的左导数≠右导数, 故不可导.

11. $f'_+(0)=0$, $f'_-(0)=-1$, 故 $f'(0)$ 不存在.

提示:$f'_+(0)=\lim\limits_{x\to0^+}\frac{f(x)-f(0)}{x-0}=\lim\limits_{x\to0^+}\frac{x^2}{x}=0$, $f'_-(0)=\lim\limits_{x\to0^-}\frac{f(x)-f(0)}{x-0}=\lim\limits_{x\to0^-}\frac{-x}{x}=-1$,

故 $f'(0)$ 不存在.

习题 3.2

1. (1) $y'=12x^3-69x^2+40$； (2) $y'=3ax^2-b$； (3) $y'=2x-\sin x$.

2. (1) $y'=-9x^2+12x-1$； (2) $y'=(1-2x)\cos x-2(1+\sin x)$； (3) $y'=6x^5-36x^3+46x$.

3. (1) $y'=\dfrac{2}{(x+1)^2}$； (2) $y'=\dfrac{(x^2-1)\sin x+2x\cos x}{(1-x^2)^2}$； (3) $y'=\dfrac{x\cos x-\sin x}{x^2}$.

4. (1) $y'=-\dfrac{2}{x^2}-\dfrac{6}{x^3}+\dfrac{12}{x^4}$； (2) $y'=-\dfrac{20}{x^6}-\dfrac{28}{x^5}+\dfrac{2}{x^2}$； (3) $y'=-3-\dfrac{3}{x^2}+\dfrac{15}{x^4}$.

5. (1) $y'=\dfrac{14x}{(1+3x^2)(2-x^2)}$； (2) $y'=\dfrac{-\lg e\cdot\sin x}{1+\cos x}$； (3) $y'=\dfrac{1}{x\ln x}$.

6. (1) $y'=x^{n-1}e^{-x}(n-x)$； (2) $y'=e^{2x}(2\ln x+\dfrac{1}{x})$；

(3) $y'=2xe^{x^2+1}$； (4) $y'=2a^{2x+1}\ln a$.

7. (1) $y'=8(2x+5)^3$； (2) $y'=3\sin(4-3x)$.

8. (1) $y'=-\dfrac{1}{\sqrt{x-x^2}}$； (2) $y'=\dfrac{2x}{1+x^4}$； (3) $y'=\dfrac{2\arcsin x}{\sqrt{1-x^2}}$；

(4) $y'=\arcsin x+\dfrac{x}{\sqrt{1-x^2}}$； (5) $y'=\dfrac{1}{\sqrt{2x-x^2}}$； (6) $y'=\dfrac{2\arctan x}{1+x^2}$.

9. (1) $y=\dfrac{y}{y-x}$； (2) $y=\dfrac{e^{x+y}-y}{x-e^{x+y}}$； (3) $y=-\dfrac{e^y}{1+xe^y}$.

习题 3.3

1. (C).

2. (1) $\dfrac{1}{x}$； (2) $2\sec^2x\tan x$； (3) $4-\dfrac{1}{x^2}$； (4) $4e^{2x-1}$；(5) $-2\sin x-x\cos x$；

(6) $-\dfrac{2(1+x^2)}{(1-x^2)^2}$.

3. $f''(2)=72$.

习题 3.4

1. (1) $dy=(3ax^2+2bx+c)dx$； (2) $dy=(18x^2+16x-9)dx$； (3) $dy=2\cos(2x+1)dx$.

2. $2r=50$, $r_{外}=25$, $\Delta r=0.1$,

$V=\dfrac{4}{3}\pi r^3$, $dV=4\pi\cdot r^2dr$.

当 $r=25$, $dr=0.1$ 时, $dV=4\pi\cdot25^2\cdot0.1=250\pi$.

故球壳体积的近似值是 $250\pi cm^3$.

3. (1) $\sqrt{9.01}=\sqrt{9(1+\dfrac{0.01}{9})}=3\sqrt{1+\dfrac{0.01}{9}}\approx3(1+\dfrac{0.01}{18})\approx3.0017$；

(2) $\ln1.01=\ln(1+0.01)\approx0.01$.

第四章

习题 4. 1

1. (1) $\xi=2$； (2) $\xi=0$.

2. (1) $\xi=1$； (2) $\xi=e-1$.

3. (C).

习题 4. 2

1. (1) $\ln a-\ln b$； (2) -1； (3) $\frac{2}{3}$； (4) n； (5) 2.

2. (1) 0； (2) $\frac{1}{2}$； (3) 0； (4) 0； (5) $\frac{1}{2}$.

习题 4. 3

(1) $(-\infty, 1)$ 及 $(1, +\infty)\nearrow$，$(-1, 1)\searrow$； (2) $(-\infty, 0)\searrow$，$(0, +\infty)\nearrow$；
(3) $(-\infty, 0)\nearrow$，$(0, +\infty)\searrow$； (4) $(0, +\infty)\nearrow$，$(-1, 0)\searrow$.

习题 4. 4

1. (1) 极大值 $f(0)=7$，极小值 $f(2)=3$；
   (2) 极小值 $f(-1)=1$ 和 $f(1)=1$，极大值 $f(0)=2$；
   (3) 极大值 $f(\frac{3}{2})=\frac{27}{16}$；
   (4) 极小值 $f(0)=0$；
   (5) 极大值 $f(-2)=-4$，极小值 $f(0)=0$.

2. (A).

3. -4.

习题 4. 5

1. (1) 最小值 $f(3)=-32$，最大值 $f(6)=49$；
   (2) 最小值 $f(0)=0$，最大值 $f(2)=\ln 5$；
   (3) 最小值 $f(-1)=-\frac{5}{2}$，最大值 $f(0)=f(\frac{27}{8})=0$.

2. 当小正方形的边长为 1cm 时，盒子的容积最大，最大容积 $V=18\text{cm}^3$.

3. 每批生产 300 吨时总利润最大，此时总利润为 800 万元.

4. (B).

5. 4.

习题 4. 6

(1) $(0, 1)$ 和 $(1, 0)$ 是拐点，函数在 $(-\infty, 0)$ 和 $(1, +\infty)$ 下凸，在 $(0, 1)$ 上凸；
(2) $(-1, 0)$ 是拐点，函数在 $(-\infty, -1)$ 下凸，在 $(-1, 0)$ 上凸；
(3) $(-1,\ln 2)$，$(1,\ln 2)$ 是拐点，函数在 $(-\infty, -1)$、$(1, +\infty)$ 上凸，在 $(-1,1)$ 下凸；
(4) 无拐点，函数在 $(-\infty, +\infty)$ 上凸；

(5)$(1, -\frac{5}{3})$是拐点，函数在$(-\infty, 1)$上凸，在$(1, +\infty)$下凸.

习题 4.7

1. 平均成本 $\overline{C}\Big|(10)=22.5$，边际成本 $C'(10)=5$；

2. 需求弹性函数为$\frac{EQ}{EP}=-\frac{P}{4}$，当 $P=4$ 时的需求弹性为 -1.

第五章

习题 5.1

1. 略.

2. (1) $\frac{2}{5}x^{\frac{5}{2}}+C$； (2)$e^x-\cos x+C$.

3. $y=\ln|x|+1$.

习题 5.2

1. (D). 2. (A). 3. (B).

习题 5.3

1. (1)(C)； (2)(D).

2. (1) $\int x\sqrt[3]{x}\mathrm{d}x=\frac{3}{7}x^{\frac{7}{3}}+C$；

(2) $\int 2^x3^x\mathrm{d}x=\frac{6^x}{\ln 6}+C$；

(3) $\int\frac{(1+x)^2}{\sqrt{x}}\mathrm{d}x=2x^{\frac{1}{2}}+\frac{4}{3}x^{\frac{3}{2}}+\frac{2}{5}x^{\frac{5}{2}}+C$；

(4) $\int(2e^x-3\sin x)\mathrm{d}x=2e^x+3\cos x+C$；

(5) $\int(\sqrt{x}-\frac{1}{\sqrt{x}})\mathrm{d}x=\frac{2}{3}x\sqrt{x}-2\sqrt{x}+C$；

(6) $\int(\sqrt{x}+1)\left(x-\frac{1}{\sqrt{x}}\right)\mathrm{d}x=\frac{2}{5}x^2\sqrt{x}+\frac{x^2}{2}-x-2\sqrt{x}+C$.

3. (1) $\int\cos^2\frac{x}{2}\mathrm{d}x=\frac{1}{2}x+\frac{1}{2}\sin x+C$； (2) $\int\cot^2 x\mathrm{d}x=-\cot x-x+C$；

(3) $\int\frac{e^{2x}-1}{e^x-1}\mathrm{d}x=e^x+x+C$； (4) $\int\frac{\cos 2x}{\cos x-\sin x}\mathrm{d}x=\sin x-\cos x+C$；

(5) $\int\frac{1}{x^2(1+x^2)}\mathrm{d}x=-\frac{1}{x}-\arctan x+C$； (6) $\int e^x(1-\frac{e^{-x}}{1+x^2})\mathrm{d}x=e^x-\arctan x+C$.

习题 5.4

1. (1)$\sin(1-3x)+C$； (2)$-F(e^{-x})+C$.

2. (1) $-\frac{1}{10}(3-2x)^5+C$； (2)$\ln|x-3|+C$； (3) $-\frac{1}{5(5x-4)}+C$； (4) $-3e^{-\frac{t}{3}}+C$；

(5) $-\cos 2x+C$； (6) $\frac{1}{3}\ln^3 x+C$； (7) $-2\sqrt{1-e^x}+C$； (8) $\sin e^t+C$；

(9) $\arctan e^x+C$； (10) $\frac{1}{18}(3x+2)^{\frac{3}{2}}+\frac{1}{18}(3x-2)^{\frac{3}{2}}+C$.

3. (1) $2(\sqrt{x+2}-\ln|1+\sqrt{2+x}|)+C$； (2) $\ln|e^x-1|-x+C$；

(3) $\frac{2}{3}(x+3)^{\frac{3}{2}}+6(x-3)^{\frac{1}{2}}+C$； (4) $-\frac{\sqrt{1+x^2}}{x}+C$.

习题5.5

1. (1)(C)； (2)(A).

2. (1) $-x\cos x+\sin x+C$； (2) $(x^2-2x+2)e^x+C$； (3) $\frac{1}{2}e^x(\sin x+\cos x)+C$；

(4) $-2\sqrt{x}\cos\sqrt{x}+2\sin\sqrt{x}+C$； (5) $-x^2\cos x+2x\sin x+2\cos x+C$；

(6) $-(x^2+2x+2)e^{-x}+C$.

第六章

习题6.1

1. (1)(C)； (2)(C).

2. (1)① $\frac{\pi}{2}$； ② 0； (2)① >； ② >.

3. $1<\int_0^1 e^x dx<e$.

习题6.2

1. (1)(D)； (2)(B)； (3)(B).

2. (1) $\sqrt{1+x}$； (2) $-\sin^2 x$.

3. (1)4； (2) $\frac{16}{3}$； (3) -2； (4) $\ln 2$.

习题6.3

1. (1) $3(e-1)$； (2) $\frac{1}{2}\ln 2$； (3) $e-1$； (4) $\frac{\pi}{6}$.

2. (1) $1-\frac{2}{e}$； (2)1； (3)1； (4) $1-\frac{2}{e}$.

习题6.4

1. (1) $\frac{1}{3}$； (2) $\frac{1}{\lambda}$； (3) $\frac{\pi}{2}$； (4) $\frac{1}{2}$.

2. (1)9； (2)1； (3) $\frac{8}{3}$.

习题6.5

1. (1) $\frac{10}{3}$； (2) $\frac{8}{3}$； (3) $\frac{9}{2}$.

2. (1) $\frac{\pi}{20}$, $\frac{\pi}{4}$; (2) $\frac{\pi^2}{4}$.

习题 6.6

1. (1)(C); (2)(B).

2. (1) $L(q)=R(q)-C(q)=9q-q^2-5$;

(2) $R(1000)=75000$, $\Delta R=25000$, $\bar{R}(1000)=75$;

(3) 纯利: $L(5)=R(5)-C(5)=100-25=75$, 毛利: $L(5)+C_0=75+10=85$.

第七章

习题 7.1

1. A: Ⅳ; B: Ⅴ; C: Ⅷ; D: Ⅲ.

2. 3.

3. $(x-1)^2+(y-3)^2+(z+2)^2=14$.

4. $f(1, 1)=0$, $f(\frac{1}{x}, \frac{1}{y})=\frac{y^2-x^2}{2xy}$.

5. (1) $|x|\leqslant 1$ 且 $|y|\leqslant 1$; (2) $x>0$ 且 $y>0$ 和 $x<0$ 且 $y<0$.

6. (1) 0; (2) $-\frac{1}{4}$.

7. (1) $y^2=2x$ 上所有点; (2) x 轴和 y 轴.

习题 7.2

1. (1) $\frac{\partial z}{\partial x}=2xy-y^2$, $\frac{\partial z}{\partial y}=x^2-2xy$; (2) $\frac{\partial z}{\partial x}=2x-\frac{1}{y^2}$, $\frac{\partial z}{\partial y}=\frac{2x}{y^3}$;

(3) $\frac{\partial z}{\partial x}=\frac{1}{2x\sqrt{\ln(xy)}}$, $\frac{\partial z}{\partial y}=\frac{1}{2y\sqrt{\ln(xy)}}$;

(4) $\frac{\partial z}{\partial x}=2xy\cos x^2y-\frac{1}{3\sqrt[3]{(x+y)^2}}$, $\frac{\partial z}{\partial y}=x^2\cos x^2y-\frac{1}{3\sqrt[3]{(x+y)^2}}$.

2. $\frac{\partial z}{\partial x}\Big|_{(0, 1)}=5$, $\frac{\partial z}{\partial y}\Big|_{(0, 1)}=2$.

3. (1) $\frac{\partial^2 z}{\partial x^2}=2a^2\cos 2(ax+by)$, $\frac{\partial^2 z}{\partial y^2}=2b^2\cos 2(ax+by)$,

$\frac{\partial^2 z}{\partial x\partial y}=\frac{\partial^2 z}{\partial y\partial x}=2ab\cos 2(ax+by)$;

(2) $\frac{\partial^2 z}{\partial x^2}=-\frac{2x}{(1+x^2)^2}$, $\frac{\partial^2 z}{\partial x\partial y}=\frac{\partial^2 z}{\partial y\partial x}=0$, $\frac{\partial^2 z}{\partial y^2}=-\frac{2y}{(1+y^2)^2}$.

4. (1) $dz=xe^{x^2y}(2ydx+xdy)$; (2) $dz=\frac{1}{x^2+y^2}(ydx-xdy)$;

(3) $dz=y^2(1+xy)^{y-1}dx+(1+xy)^y\left[\ln(1+xy)+\frac{xy}{1+xy}\right]dy$;

(4) $dz=e^x dx+\frac{1}{2}\cos\frac{y}{2}dy$.

5. $2e^2(dx+dy)$.

习题7.3

1. $\frac{\partial z}{\partial x}=\frac{\partial z}{\partial u}\cdot\frac{\partial u}{\partial x}+\frac{\partial z}{\partial v}\cdot\frac{\partial v}{\partial x}=e^u\sin v\cdot y+e^v\cos v=e^{xy}[y\sin(x+y)+\cos(x+y)]$,

$\frac{\partial z}{\partial y}=\frac{\partial z}{\partial u}\cdot\frac{\partial u}{\partial y}+\frac{\partial z}{\partial v}\cdot\frac{\partial v}{\partial y}=xe^u\sin v+e^u\cos v=xe^{xy}\sin(x+y)+e^{xy}\cos(x+y)$.

2. $\frac{dz}{dx}=\frac{\partial z}{\partial u}\cdot\frac{du}{dx}+\frac{\partial z}{\partial v}\cdot\frac{dv}{dx}=e^{u-2v}\cos x+e^{u-2v}(-2)\cdot 3x^2=e^{\sin x-2x^3}(\cos x-6x^2)$.

3. $\frac{\partial z}{\partial x}=-\frac{x}{z-ye^z}$, $\frac{\partial z}{\partial y}=\frac{e^z}{z-ye^z}$.

4. $\frac{\partial z}{\partial x}=\frac{yz-\sqrt{xyz}}{\sqrt{xyz}-xy}$, $\frac{\partial z}{\partial y}=\frac{xz-2\sqrt{xyz}}{\sqrt{xyz}-xy}$.

习题7.4

1. 极大值$f(2,-2)=8$.

2. 最大值$z(1,0)=1$，最小值$z|_{x^2+y^2=2x}=0$.

3. 解:设$F(x,y)=\frac{1}{2}x^2+\frac{3}{4}y^2-7xy+134x+12y+250+\lambda(y+4x-36)$，

解方程组$\begin{cases}F_x=x-7y+134+4\lambda=0\\F_y=1.5y-7x+12+\lambda=0\\y+4x-36=0\end{cases}$，

消去λ，解得$x=4.716$，$y=17.136$，即可得唯一驻点(4.716，17.136)，依题意可知，$C(x,y)$存在最小值，故所求的最低总成本应为$C(4.716,17.136)=753.35$(万元).

习题7.5

1. (1)(C)；(2)(A).

2. (1)$\frac{1}{12}$；(2)$\frac{1}{2}(1-\cos 2)$；(3)8.

第八章

习题8.1

1. (1)$4+6+5=15$；(2)$4\times5\times6=120$.

2. 132种.

3. 56个.

4. 15种.

习题8.2

1. (B).

2. (C).

3. (1)$\Omega=\{\omega_2,\omega_3,\cdots,\omega_{12}\}$，其中$\omega_i=$“点数和为$i$”($i=2,3,\cdots,12$).

(2)$\overline{A}$表示事件“点数和为偶数”$=B$，$\overline{C}$表示事件“点数和为9，10，11，12”，$A+B$表

示必然事件“点数和或者是奇数或者是偶数”，AB 表示不可能事件“点数和既是奇数又是偶数”，$B+C$ 表示事件“点数和为2，3，4，5，6，7，8，9，10，12”，BC 表示事件“点数和为2，4，6，8”，$A-C$ 表示事件“点数和为9 或11”，$C-B$ 表示事件“点数和为3，5，7”.

4. (1)$A\overline{B}\overline{C}+\overline{A}B\overline{C}+\overline{A}\overline{B}C$； (2)$A+B+C$； (3)$A\overline{B}\overline{C}$ 或 $A-B-C$；
(4)$\overline{AB}+\overline{AC}+\overline{BC}$； (5)$\overline{ABC}$或 $\overline{A}+\overline{B}+\overline{C}$； (6)$\overline{A}\overline{B}\overline{C}$ 或$\overline{A+B+C}$.

习题 8.3

1. (1)$\frac{93}{100}$，$\frac{7}{100}$ ；(2)$\frac{713}{825}$，$\frac{7}{1650}$ ；(3)$\frac{9269}{11550}$ ；(4)$\frac{93}{7700}$.

2. 0.5；0.75.

3. $\frac{1}{6}$；$\frac{1}{6}$.

习题 8.4

1. (1)①$(A+B)\overline{C}$；②$\overline{ABC}$；③$(\overline{B}+\overline{C})A$. (2)对立事件，$1-P(B)$. (3)$P(B)$. (4)$\frac{7}{12}$.

2. (1)(B)； (2)(D)； (3)(D).

3. (1) 0.76(利用 $P(A+B)=1-P(\overline{A+B})=1-P(\overline{A}\overline{B})$)；

(2) $\frac{5}{12}$； (3) 0.75(提示：此题用到 $A-B=A-AB$，且 $A\supseteq AB$)；

(4) 0.179； (5) $P_{10}(7)=C_{10}^{7}(0.1)^{7}(0.9)^{3}\approx 0.00000875$.

习题 8.5

1. 0.0194，0.464. 2. 0.458. 3. $\frac{7}{10}$. 4. $\frac{4}{5}$.

习题 8.6

1. (1)(B)；(2)(A)；(3)(D)；(4)(C).

2. (1)

X	1	2	3	4
P	$\frac{5}{8}$	$\frac{9}{32}$	$\frac{21}{256}$	$\frac{3}{256}$

；

$P(1<x\leqslant 3)=0.363$.

(2) 0.6 (提示：利用一元二次方程有实根的充分必要条件找出 X 的取值范围).

习题 8.7

1. (1)$\frac{1}{5}$； (2)$\frac{1}{5}$； (3)$\frac{1}{5}$. 2. (1)$\frac{2}{3}$； (2)$\frac{2}{3}$； (3)$\frac{7}{12}$.

3. (1)$P(X<2.4)=0.9082$； (2)$P(X\geqslant 0)=1$； (3)$P(-1\leqslant X<3)=0.9995$.

4. $f(x)=\begin{cases}0, & x\leqslant 0\\ 1-\mathrm{e}^{-\frac{x}{3}}, & x>0\end{cases}$,

5. 0.25；$f(x)=\begin{cases}1-\frac{1}{2}x, & 0\leqslant x<2\\ 0, & \text{其他}\end{cases}$,

6. 0. 24169;0. 81855;0. 9545.

习题 8. 8

1. (1)(B).　(2)(C).　(3)(A).　(4)(C).

2. (1) $\int_a^b p(x)\mathrm{d}x$.　(2) $p_k \geqslant 0$; $\sum_k p_k = 1$.　(3) $[X-E(X)]^2$.　(4) 10.

3. (1) $E(\xi)=E(\eta)=1000$, $D(\xi)=2000$, $D(\eta)=1500$.

(2) $E(\xi)=0$, $E(\xi^2)=2$.

(3)

Y_1	0	$\frac{1}{2}$	1	$\frac{3}{2}$	2	$\frac{5}{2}$
P	$\frac{1}{12}$	$\frac{3}{12}$	$\frac{4}{12}$	$\frac{1}{12}$	$\frac{2}{12}$	$\frac{1}{12}$

Y_2	0	1	4	9	16
P	$\frac{3}{12}$	$\frac{5}{12}$	$\frac{1}{12}$	$\frac{2}{12}$	$\frac{1}{12}$

(4)

Y_1	-1	0	1
P	0. 3	0. 4	0. 3

Y_2	-2	0	2
P	0. 2	0. 6	0. 2

(5) $\varphi(y)=\begin{cases}\frac{-2\ln y}{y}, & \frac{1}{\mathrm{e}}<y<1\\ 0, & 其他\end{cases}$.　(6) 4.　(7) 0. 5.

(8) $E(X)=\frac{1}{3}$, $D(X)=\frac{1}{18}$, $E(Y)=\frac{1}{10}$, $D(Y)=0.026$, $E(Z)=1.437$, $D(Z)=0.130$.

习题 8. 9

1. $P(\xi\leqslant 2)=\sum_{k=0}^{2}C_{10}^{k}(0.01)^k(0.99)^{10-k}=\sum_{k=0}^{2}\frac{\mathrm{e}^{-0.1}(0.1)^k}{k!}\approx 1\ (\lambda=np=0.1)$.

2. $\lambda=np=1000\times 0.003=3$, (1) $P(X=2)=0.224$;

(2) $P(X=0)+P(X=1)=0.1992$;

(3) $P(X>2)=1-P(X\leqslant 2)=1-0.224-0.1992=0.5768$;

(4) $P(X\geqslant 1)=1-P(X<1)=1-P(X=0)=0.95$.

3. 0. 1992(提示:用泊松分布).

4. 不能出厂.

5. 0. 159.

第九章

习题 9.1

1. (1) $a=0$ 或 3；(2) $k=1$ 或 2；(3) $M_{23}=\lambda-10$, $A_{12}=-20$.

2. (1) -7. (2) 0. (3) $(a-a_1)(a-_2)(a-a_3)$.

习题 9.2

1. (1)(C). (2)(B). (3)(D). (4)(B).

2. (1) $X=\begin{bmatrix} 2 & 3 & -2 & 2 \\ 2 & -2 & 1 & -1 \\ \frac{1}{2} & -1 & -\frac{7}{2} & -1 \end{bmatrix}$, 提示：$X=\frac{1}{2}(B-A)$.

(2) $X=\frac{1}{2}\begin{bmatrix} 16 & -2 & -3 & -14 \\ -7 & 7 & -7 & -24 \\ -1 & -9 & 3 & -10 \end{bmatrix}$

(3) $\begin{bmatrix} 1 & 5 & -1 \\ 0 & 8 & -4 \\ -1 & 1 & -2 \end{bmatrix}$.

3. 略.

习题 9.3

1. (1) $a_{ij}=b_{ij}$, $m=s$, $n=t$；(2) $n=s$, $m=k$, $t=l$；(3) O；(4) $(A^{-1})^T$；(5) B, A.

2. (1) (C). (2) (C).

3. (1) $\begin{bmatrix} -\frac{5}{2} & 1 & -\frac{1}{2} \\ 5 & -1 & 1 \\ \frac{7}{2} & -1 & \frac{1}{2} \end{bmatrix}$；　(2) $\begin{bmatrix} 0 & -\frac{1}{2} & 0 \\ -3 & -\frac{3}{4} & -\frac{1}{2} \\ -1 & 0 & 0 \end{bmatrix}$.

习题 9.4

1. (1) $\begin{bmatrix} \frac{1}{2} & -\frac{3}{8} \\ 0 & \frac{1}{4} \end{bmatrix}$；　(2) $\begin{bmatrix} 1 & 0 & 0 \\ -1 & 1 & 0 \\ 0 & -1 & 1 \end{bmatrix}$.

2. (1) $\begin{bmatrix} \frac{4}{5} & \frac{1}{10} & -\frac{11}{10} \\ \frac{7}{5} & -\frac{1}{5} & -\frac{9}{5} \\ -\frac{6}{5} & \frac{1}{10} & \frac{19}{10} \end{bmatrix}$；　(2) $\begin{bmatrix} 9 & 5 & -1 \\ -3 & -2 & 0 \\ 2 & 0 & -1 \end{bmatrix}$.

3. $A^{-1}=\begin{bmatrix}-\frac{5}{2} & 1 & -\frac{1}{2}\\ 5 & -1 & 1\\ \frac{7}{2} & -1 & \frac{1}{2}\end{bmatrix}$, $(E-A)^{-1}=\begin{bmatrix}0 & -\frac{1}{2} & 0\\ -3 & -\frac{3}{4} & -\frac{1}{2}\\ -1 & 0 & 0\end{bmatrix}$.

习题 9.5

1. $\begin{cases}x_1=3\\x_2=2.\\x_3=1\end{cases}$ 2. $\begin{cases}x_1=\frac{9}{5}-\frac{1}{5}c\\x_2=-\frac{2}{5}+\frac{3}{5}c\\x_3=c\end{cases}$ (c 为任意常数).

习题 9.6

1. [3, 8, 7].
2. $\beta=-11\alpha_1+14\alpha_2+9\alpha_3$.
3. 一个极大无关组为 α_1, α_2;并且 $\alpha_3=\frac{1}{2}\alpha_1+\alpha_2$, $\alpha_4=\alpha_1+\alpha_2$.
4. 线性相关.
5. $r(A)=2$.

习题 9.7

1. (1) $\begin{bmatrix}a_{11} & a_{12} & \cdots & a_{1n}\\ a_{21} & a_{22} & \cdots & a_{2n}\\ \vdots & \vdots & & \vdots\\ a_{m1} & a_{m2} & \cdots & a_{mn}\end{bmatrix}$, $\begin{bmatrix}a_{11} & a_{12} & \cdots & a_{1n} & b_1\\ a_{12} & a_{22} & \cdots & a_{2n} & b_2\\ \vdots & \vdots & & \vdots & \vdots\\ a_{m1} & a_{m2} & \cdots & a_{mn} & b_m\end{bmatrix}$, 无解, 唯一解, 无穷多解,

"0 0 ⋯ 0 d"($d\neq0$), 等于, 小于.

(2) $\begin{cases}x_1=x_3+4x_4+3\\x_2=x_3-2x_4-5\end{cases}$ (x_3, x_4 是自由未知量).

(3) ①$s=0$, $t\neq0$;② $s=0$, $t=0$;③$s\neq0$, t 是任意常数.

(4) 1.

(5) $\begin{cases}x_3=x_1+x_2+1\\x_4=2x_1+x_2\end{cases}$ (x_1, x_2 是自由未知量).

2. (1)(D). (2)(D).

3. (1) $\begin{cases}x_1=-\frac{1}{9}x_3-\frac{4}{9}x_4+\frac{7}{9}\\x_2=\frac{5}{9}x_3+\frac{2}{9}x_4+\frac{1}{9}\end{cases}$ (x_3, x_4 是自由未知量). (2) $\begin{cases}x_1=4\\x_2=-\frac{3}{2}.\\x_3=\frac{1}{2}\end{cases}$

4. 只有零解.

5. 有解，解为$\begin{cases} x_1 = -2c_1 - c_2 + 2c_3 \\ x_2 = c_1 - 3c_2 + c_3 \\ x_3 = c_1 \\ x_4 = c_2 \\ x_5 = c_3 \end{cases}$ （c_1，c_2，c_3 为任意常数）.

参考文献

1. 赵树嫄等．高等数学基础．北京：中国人民大学出版社，2004.
2. 郭子君，李绍明等．经济数学．广州：中山大学出版社，2008.
3. 陈庆华．高等数学．北京：高等教育出版社，2001.
4. 黎诣远，李林曙．经济数学基础．北京：高等教育出版社，1999.
5. 李林曙．跟我学经济数学．北京：高等教育出版社，1999.
6. 唐国兴．高等数学（二）第二分册　概率统计．武汉：武汉大学出版社，1991.
7. 袁荫棠，刘书田等．经济数学基础（二）线性代数．北京：世界图书出版公司，1998.
8. 张唯春，刘汝臣．实用经济数学．沈阳：东北大学出版社，2008.
9. 龚友运，李雪银．概率与统计．武汉：华中科技大学出版社，2004.
10. 李祥伦．概率与统计初步．北京：高等教育出版社，1987.
11. 柴伟文等．简明线性代数教程．北京：科学出版社，2012.
12. 孙海元．高等数学——微积分．武汉：华中科技大学出版社，2009.
13. 唐志丰等．微积分学（下册）．杭州：浙江大学出版社，2010.
14. 柳宿荣，梅家斌．微积分．武汉：华中科技大学出版社，2009.
15. 任平．经济数学基础（第四版）．广州：暨南大学出版社，2006.
16. 张小康等．经济数学（第二版）．广州：广东高等教育出版社，2008.
17. 赖章荣等．数学．广州：暨南大学出版社，2010.